房地产概论

（第二版）

周 云　田鹏许　黄国华　高 荣　汪安娜　潘 琦　编著

中国环境出版集团・北京

图书在版编目（CIP）数据

房地产概论/周云等编著. —2 版. —北京：中国环境出版集团，2023.10

ISBN 978-7-5111-5647-1

Ⅰ. ①房… Ⅱ. ①周… Ⅲ. ①房地产—高等学校—教材 Ⅳ. ①F293.3

中国国家版本馆 CIP 数据核字（2023）第 196501 号

出 版 人 武德凯
责任编辑 史雯雅
封面设计 岳 帅

出版发行 中国环境出版集团
（100062 北京市东城区广渠门内大街 16 号）
网　　址：http://www.cesp.com.cn
电子邮箱：bjgl@cesp.com.cn
联系电话：010-67112765（编辑管理部）
发行热线：010-67125803，010-67113405（传真）
印　　刷 玖龙（天津）印刷有限公司
经　　销 各地新华书店
版　　次 2006 年 12 月第 1 版 2023 年 10 月第 2 版
印　　次 2023 年 10 月第 1 次印刷
开　　本 787×1092 1/16
印　　张 21.5
字　　数 375 千字
定　　价 68.00 元

编者序（第二版）

自 2006 年本教材系列第一版面世以来，我国社会经济已进入了一个全新的发展阶段，高等教育无论是人才培养理念，还是专业设置与培养方案都在发生着与时俱进的变化，教材作为教育教学执行的重要指导“文件”也在不断地更新。

苏州科技大学作为一所以工为主、工理文管艺多学科协调发展的全日制普通高校，在长期办学中，从专业设置到教学实施坚持理论联系实际，并始终强调学生在应用能力方面的培养、训练和体现。在多年的教学实践中，作为教师，我们不断汲取国内外专家学者之长和各类专业教材、著作、研究成果的精髓，注重对自己知识、见识和能力的更新。

第一版见面以来，得到了广大师生、读者和同行的推崇和支持，在这里深表感谢，同时也感受到了社会对我们的期待。第二版我们通过教学实践和对教材的使用，进一步积累了对专业、对行业和对社会的认知和理解，将继续秉承理论联系实际，做到继承、借鉴、推陈出新。

“教学永远是一门遗憾的艺术”，让我们继续努力，克服滞后，减少遗憾，实现与社会共同进步的愿望。希望以我们点滴体会的结晶，为教育、教学尽些许义务。也恳请各位同行提出宝贵意见。如有兴趣参与本系列教材的编写，请与编写组联系。期待您的参与。

全体编者

2023 年 9 月于江枫园

目　录

第 1 章

房地产的基本概念与属性特征

从古至今，房地产一直都是人们休养生息、维持劳动力再生产的必备物质条件之一。随着我国土地有偿使用制度、房屋商品化、住房制度改革和房地产综合开发等一系列房地产业政策制度的演变，住房面积、居住条件、企业生产经营环境、城市基础设施、城市景观等都发生了翻天覆地的变化。房地产作为财产，在居民家庭财产中逐步占有一定的比例；作为投资品和交易物品的房地产，在市场经济中已变得备受关注并极其活跃。

1.1 房地产的基本概念

1.1.1 房地产及其相关概念和含义

1.1.1.1 房地产（real estate）

房地产是房产与地产的统称，广义的房地产是指土地和定着于土地之上的永久性的建筑物、构筑物、附属设施，以及包括水、矿藏、森林等在内的自然资源，还包括与上述物质有关的权益和由此衍生的权利。

关于“房地产”这一概念的定义通常有以下几种表述：

- 房地产是房产和地产的统称，是房屋与土地在经济方面的商品体现。
- 房地产是在一定所有制关系下，作为财产的房屋及其所占用土地的总称。
- 房地产是指土地和土地以上的永久性建筑物，以及由其所衍生的权利。

以上3种表述，是从不同的角度定义“房地产”的集中代表。尽管它们的表述有很大的差异，但无论是从商品还是从财产或权利的角度，有一点是相通的，那就是房地产是一个由房屋（房产）和土地（地产）所组成的综合物——可以说，房屋与土地反映着房地产在物质方面的属性和形态，而房产与地产则是房地产在经济方面商品形式的体现。也就是说，房地产就其构成形式来看，主要是分为房屋（包含与房屋相关的其他建筑物、构筑物、附属设施）财产及其与房屋相关的土地财产，以及独立的土地财产两大类，即通常所称的房产和地产。

归结起来，房地产是商品，房地产是财产，房地产是权利。

1.1.1.2 不动产（real property）

不动产一般是指土地及其定着物，这个定着物包括定着于土地之上的自然物体（如树木、矿产）和定着于土地之上的人造物体（如建筑物、构筑物、道路、桥梁等）。房屋是建筑物的一种，房屋及其所占用的土地是不动产的主体和基本组成部分。因此，房地产又称为不动产，但又不同于不动产，广义的不动产不仅包括房地产，也常常包括不能移动或移动后会损失经济价值的财产。

1.1.1.3 物业（property）

“物业”一词来源于对英语“real estate”或“property”的翻译，最早出现在我国香港，其基本含义是指单元性房地产。随着物业管理的推广和普及，“物业”一词也广泛地被我国内地所接受，并且其含义基本类似，例如，住建部物业管理主管部门及各地区物业管理的有关条例中，对物业的解释大多为“物业，是指住宅区内各类房屋及相配套的公用设施、设备及公共场地”“居住物业，是指住宅以及相关的公共设施”“物业是指已建成并投入使用的各类房屋及与之相配套的设备、设施和场地”等。由此可见，物业主要包括3个部分：

- 已建成并具有使用功能的各类供居住和非居住的建筑物；
- 与这些建筑物相配套的设备和设施；
- 相关的场地及内部非主干道。

在国际上，“物业”作为通用的习惯词汇，与“房地产”“不动产”表达的是同一个概念。在我国特定的环境下，物业与房地产并不等同。房地产是指形成于生产、流通、消费的整个过程中的房地产产品，是土地及其定着于土地之上的建筑物、构筑物和其他附属物在自然形态和经济形态下的总称；而物业则是指进入消费领域的房地产产品，从房地产全寿命管理的角度而言是进入“售后服务”的房地产。结合我国的具体情况，一般我们可以把物业定义为：已建成并经竣工验收投入使用的各类具有使用功能的建筑物及其配套设施、附属设备设施以及相关的场地。

1.1.2 房地产的构成

1.1.2.1 物质形态构成

房地产的物质主体主要是土地（建筑地块）、房屋（建筑物）和附属设施3个部分。

（1）土地（建筑地块）

土地原本是自然资源，是一个由气候、地貌、岩石、土壤、植物（被）和水文等组成的自然综合体，从空间上它是一个垂直的系统。房地产因土地而具有不动产的性质。《中华人民共和国宪法》规定，城市的土地属于国家所有。农村和城市郊区的土地，除由法律规定属于国家所有的以外，属于集体所有。本书中所讨论的土地范围主要是城市土地。

在房地产中的土地除了以单独形式存在的地产外，更多的是以建筑地块的形式存在的土地。建筑地块是指与房地产开发建设活动有关的建设用地，是具有一定使用方向和用途的土地。用地的结构状况大致分为工业用地、仓库用地、交通用地、市政用地、居住用地、商业服务用地、公共绿化用地、道路广场用地、教科文卫设施用地、军事用地、港口用地、其他（国家机关、宗教）等。建筑地块是房地产业最基础的开发、建设要素和经营对象；是城市经济形成和发展的基础物质载体和根本制约条件，是衡量城市经济繁荣和现代化程度的重要标志；是国家财政收入和市场建设资金的主要来源；是调整城市经济布局、提高城市土地使用效益的重要经济杠杆。

（2）房屋建筑物

作为房地产实物形态的房屋是一个综合的概念。

第一，房屋是一个建筑物，从房屋建筑学的角度，按照房地产产权管理及房地产测绘的规定，房屋是指有承重支柱、顶盖和围护墙体，有使用价值的正规建筑物。房屋建筑物可以按照结构划分，即房屋按承重的主要结构（如梁、柱、墙以及各种构架）所用材料划分。根据住建部制定的《房屋完损等级评定标准》的规定，房屋分为以下 4 类，见表 1-1。

表 1-1　房屋结构分类

序号	房屋按结构分类	房屋承重的主要结构材料
1	钢、钢筋混凝土结构	钢或钢筋混凝土
2	混合结构	钢筋混凝土和砖木
3	砖木结构	砖木
4	其他结构	竹木、砖石、土

第二，房屋可以按照其使用性质进行划分，按照全国城镇房屋普查中住建部统一规定的类别分，房屋可分为以下 7 类，见表 1-2。

表 1-2　房屋用途分类

序号	房屋按使用性质分类	房屋用途
1	住宅	居住用房（包括民居和集体宿舍）
2	工业交通仓库用房	用于生产、业务、储备物资等及各种附属用房
3	商业服务用房	对外营业及各种商业、服务业用房及附属用房
4	教育、医疗、科研用房	从事教育、医疗、科研活动的各种房屋及附属房屋
5	文化、体育、娱乐用房	文化馆、影剧院、展览馆、体育场、公园、游乐场等
6	办公用房	各级党政机关、群众团体、党校、干校等及附属用房
7	其他用房	不属于上述分类的各种特殊用房，如外交使馆、外交公寓、军事用房、宗教、寺庙、监狱等

第三，房屋按照其物质构成要素划分，可以分为：①房屋建筑材料：钢材、水泥、木材、砖瓦、塑料、玻璃、轻质材料等；②房屋建筑地基：包括宅基地；③房屋内设施：水、电、煤、卫生、空调、取暖等相关设备；④房屋外部环境：地理位置、道路交通、文化娱乐、生活服务。

第四，房屋从其基本社会经济功能来讲，又可以分为：住宅、非住宅、配套设施。

住宅的社会经济功能主要体现在：①生活功能：通过房屋建筑物的面积、质量满足生活功能；②社交功能：通过合理的房屋结构布局以及邻里单位的设计与建设实现其社交功能；③心理功能：家庭关系。

非住宅的社会经济功能，为了分析方便起见，我们将非住宅分为 4 类：生产用房、营业用房、行政用房、其他用房。生产用房是社会物质部门的生产性固定资产（不动产）——在社会经济活动中执行的是生产资金的职能；营业用房是流通部门和劳务服务部门的经营性固定资产（不动产）——在社会经济活动中执行的是营业资金的职能；行政及其他用房涉及社会管理、治安及科教文卫等。

配套设施是指设置在某个特定的社区中，为该社区内全体居民生活服务的固定资产设施及其经营部门的综合体，是为居住及工作提供公共的物质和劳动服务的系统。配套设施一般可以分为两个部分：基础设施和生活服务设施。基础设施包括地下和地面各种设施；生活服务设施包括公建配套、街坊配套。一个完整的现代化的城市社区的配套设施应包括以下 12 个子系统：①能源系统；②供水系统；③排水排污系统；④道路交通系统；⑤邮电通信系统；⑥安全防灾系统；⑦文化教育系统；⑧休憩娱乐系统；⑨卫生保健系统；⑩社区管理系统；⑪绿地系统；⑫商业服务系统。配套设施的社会经济功能主要体现在：①满足住宅区居住在物质、精神和社会交往方面的需要；②实现住宅区社区生活运转的稳定性，加强居民对自己住宅取得良好的归属感、认同感的主要物质保证；③实现整个城市经济生活服务设施的合理配置。

（3）房屋附属设备

房屋附属设备，是对房屋建筑内部附属的和相关的公用、市政、配套的各类设备、设施的简称。房屋附属设备是否齐全、档次的高低、服务质量的差异已成为房屋建筑质量、造价的集中表现，是确定房屋使用功能的主要指标。各类设备的正常运行，是向住/用户提供良好的生产、工作、学习和生活环境的主要物质基础。

房屋附属设备的种类繁多，功能各异，随着建筑技术以及相关产业和经济水平的不断提高，功能更新、更加完善的新型产品和设施也还在不断地涌现出来。现代民用建筑房屋采用的附属设备主要分为两大类：房屋建筑设备和房屋建筑电气工程设备。

房屋建筑设备主要包括：给水设备，排水设备，热水供应设备，消防设备，卫生与厨房设备，供暖、供冷、通风设备，燃气设备。

房屋建筑电气工程设备主要包括：供电及照明设备、弱电设备、电梯设备、防雷设备。

上述对房屋建筑物附属设备的配置与安装是根据物业的用途、档次和用户的要求而确定的。如普通住宅，一般只设置排水、供电及照明、电视、电话、网络等设备；而对于高层建筑，则要增加电梯、消防等设备；现代化的综合性商业大厦，则几乎包括上述的全部设备，而且设备要更先进，品种要更齐全。

1.1.2.2 经济形态构成——房地产产权及其权属关系

房地产在经济形态方面的构成就是房地产产权及其权属关系，即以所有权为核心的，以占有、使用、收益、处分四大权能为载体的房地产的经济、法律关系。相同的房地产物质（用途、结构、地段、朝向、户型等），在不同的所有制、不同的产权关系下，房地产的财产份额、经济上的分配关系和利益的取得差异是完全不同的。有关详细内容见第 3 章。

房地产上述固有的物质形态和经济形态的构成，决定了当房地产作为商品在进行房地产交易、转让时的特殊性，即房地产作为不动产，与一般商品所不同的重要方面就表现在“物流” 与“权属流”的结合。所谓交易、转让中的房地产“物流”是指房地产的实物形态的流转，即“房屋+土地+附属设施、配套设施”的流转；所谓房地产“权属流”是指房地产的产权形态的流转，即以房地产权证所代表的房地产的权利的流转。也就是说，房地产权利人要想最终获得某宗房地产及其与之相应的权利，就必须在获得房地产实物的同时获得政府指定的权威主管部门对该宗房地产权属的确认和相应的权属证书。因此，房地产商品的交易确切地来讲有两种表现形态，一种是房屋、土地及其附属设施、配套设施的商品实物形态，另一种是以权属证书形式所表现的产权形态。只有完成这两种形态“房地产”的配套交易，才能构成房地产的合法交易，房地产的相关权益也才能够得到实现。以上即构成了与一般商品交易所不同的房地产交易的特殊性。

1.2 房地产的属性特征

从房地产的本质来讲，房地产可以分为房产和地产，即土地本身可以作为独立的财产形式存在，同时从房地产开发建设的角度而言，房产的建设和经营过程也是可以相对独立的。因此，对房地产的属性特征，我们将从房产、地产、房地产综合体3个方面加以分析。

1.2.1 房产与地产的区别和联系

在现代城市的房地产经济领域中，虽然房产与地产的内涵不一致，两者之间存在差异，但是，房产与地产的实体性的联结，以及它们之间的相互包含、相互渗透、相互制约，却是一种具有普遍性、整体性和稳定性的常态。房产经济运行过程与地产经济运行过程在产业的统一体中是相互继起、相互交融、并列存在的。

1.2.1.1 房产

房产，是房屋财产的统称，是房屋的社会经济形态，泛指一切有经济价值的房屋及其与房屋有关的权益。在法权意义上，“房产”是指建筑在地上或地下一切空间的建筑产品以及所有权在有效年限内的房屋的使用权。广义的“房产”是指建筑在地上或地下一切空间的建筑产品，包括附属设施，它是以建筑实体为表现形态的，供人们生产、生活、娱乐及从事一切社会活动的场所。

房屋作为房产中最重要的内容，其特征表现为：

1）空间上的固定性。除了极少数房屋能以不寻常的方法移动外，绝大部分房屋是不能移动的。

2）耐久性。房屋虽然有物理耐用年限，但相对于其他财产而言，则是一种延用期特别长久的超耐用物品，一般使用年限要达到几十年，甚至近百年。同时，这种耐久性还表现在人们与某幢（间）房屋相对固定的使用关系上。

3）收益递减性。房产价值随着使用时间的延长，随着其自然破损及其他多种因素而逐渐降低。

4）效用上的多层次性。这一特点突出表现在居住房屋上，居住房屋在其效用上同时具备生存资料、享受资料和发展资料3个不同层次的内容。居住房屋的数量和质量，决定其生存、享受和发展等效用的大小。质量好的房屋还有观瞻的功能和美化环境的作用。因此，房屋作为一种财富，属于不动产。

根据房屋用途的不同，主要分为以下 5 种类型：住宅用房、生产用房、营业用房、行政用房、其他专业用房等。住宅在城市房屋中所占的比重大且具有重要社会意义。因此，在国际上，通常又把房产归为两大类，一类为上述所称的“住宅房屋”；另一类为“非住宅房屋”，即上述所称的生产用房、营业用房、行政用房及其他专业用房的泛称。

1.2.1.2　地产

地产，即指土地财产。从不同的角度理解，地产可以有两重含义，一是指未投入人类劳动、开发的生地、荒地，以及已经开发成熟可供建筑之用的土地；二是泛指一切有价的土地和与土地有关的权益，包括土地的所有权和政府法定有效期内该土地的使用权。地产的这种权属内涵，依据不同国家和地区土地制度的不同而有所差别。例如，以美国、日本为代表的土地私有制国家，土地所有权为私人所有；而在中国、英国、新加坡等国家，土地所有权归国家或皇室所有，地产权属的内涵则主要指土地使用权。

地产作为人类赖以生存发展的基本物质条件，具有以下特征：

（1）　数量有限

就目前人类科学技术的发展来讲，土地是不可再生资源——土地的数量受地球陆地表面面积限制，一般可以认为，地球表面的陆地面积是不会增加的，其中还要除去沙漠、戈壁、沟壑、山岭等，不难理解现有的土地便是供应的极限。国外以及我国香港地区都曾有过填海造地的成功案例，但这种人工造地耗资巨大，只能在水很浅的海边进行，所得到的土地面积极少，根本谈不上解决土地供应的有限性。随着人类社会经济的发展，人们对土地的需求日益增多，但土地供应却是有限的，因而土地是一种稀缺性资源。

（2）位置不可移动

土地具有特定的空间位置和特定的形态特征。人们可以在一定程度和范围内改变土地的形态，但是土地的位置是不可能像其他自然资源或物品那样进行移动的。

（3）多用途

土地，既是人类社会的重要生产资料，又是人类赖以生存的空间。除可以作为林、农、牧、渔等第一性生产资料外，还可作为城市、工厂、商业、交通、旅游、科技、教育、卫生、体育、公共绿化用地。随着社会生产力的发展，土地的利用也是在不断发生变化的。

（4）聚积资本

对土地在开发和使用过程中连续不断地合理地投资，能使土地在社会上的经济价值和价格不断增加，只要使用得当，不会出现使用一次就失去效力的情况，而可以连续使用。投资效益具有积累性，一般不会因时间的推移而消失。这种连续投资和它所带来的辐射作用，使土地的级差收益成为可能，城市土地的这种特性尤为明显。

地产按土地用途的不同，可以分为两大类：

农村土地——是指大农业（包括林业、牧业、渔业在内）的用地。

城镇土地——是指城市规划区域范围内的用地和空间。主要用于兴建各类建筑物以及城市基础设施。因此，城市土地是作为地基、场地或操作的基地而发生作用的，是直接或间接为人们的生产、生活、工作、学习服务的。城市土地按其功能、地理位置归属的不同可以分为商业、金融、交通、工业、服务业、住房、教育、卫生、体育、市政、公共绿地、政府机关、军事设施、宗教等用地。

1.2.1.3 房产与地产的区别

房产与地产的区别是由房产和地产本身的属性所决定的。

1）地产可以单独存在，而房产则不能离开地产而单独存在。例如，有一宗土地，即使地面上没有任何建筑物、构筑物，它也可以作为一宗单独的地产进入市场进行买卖；而房屋或房产只有建立在土地上之后，才能与土地结合为房地产，而以整体的形态进入市场。

2）房产是最终产品，能够直接满足人们生产、生活的各种需要，而地产则不相同。人们对地产的需求，往往是通过对房屋或房产的需求而表现出来的。通常在对一宗房地产进行估价时，地价是包含在房价之中的。当然，对于地产商来说，各种地产就是他的最终产品。

3）房产有折旧，而地产没有折旧。地产，特别是生荒地，没有经过人类劳动的开发，因此不含有价值，也就不存在折旧；而且，土地在使用过程中并不存在一般机械设备意义下的磨损，如果保护和使用合理妥当，还可以永续利用。而房产则会在使用过程中出现损坏、磨损乃至完全报废，需要进行必要的折旧，来予以补偿。

4）地产的价格主要受级差地租规律的支配，而房产的价格则决定于建筑成本加上土地价格。建筑地段相同，房价的差异受建筑成本的制约；建筑地段不同，房价则更多地受到地价的影响——这就是级差地租规律的作用（地价的实质是地租，而房租的实质是房价）。随着人口的不断增长、国民经济的发展和城市化进程的加快，地价呈上升趋势，地价在房地产的价格中所占的比重将会提高；而房价除原材料上涨和供求关系引起上涨外，其价值将会随着房屋的使用磨损而贬值，价值量只会越来越小。

1.2.1.4 房产与地产的联系

房产和地产的联系主要表现在以下几个方面。

（1）实物形态方面

一方面，任何房屋或一切建筑产品都是建在土地之上的，即使建筑产品向高空和地下拓展、延伸，也仍然与土地这个三维的立体空间紧密地结合在一起，离开土地这个承载母体的独立房屋和建筑物是不存在的，而地产作为一种财产和重要的生产要素，也只有与房屋、房产相结合或配套才能体现出其价值和使用价值。虽然从理论上讲，地产能离开房屋建筑物而独立存在，但就现实而言，“地上有房”是现代城市地产普遍的和一般的存在状态，有些建筑地块可能在一段时间内暂且是“空地”，但这种建筑地块与房屋建筑物的“游离”状态，只是一种暂时现象。

另一方面，如果没有土地的前期开发，房屋就无法建造，同样，只有土地开发而没有后续的房屋建造，土地的开发也就没有任何意义。所以，土地开发与房屋的建造总是一个并行和继起的过程，是房地产成为财产过程中两个不可分割的阶段。

（2）价格形态方面

一方面，地价对房价有影响。两幢式样、质量、面积和使用性质都相同的房屋建筑物，往往会因为它们所处地段等级的不同而形成房价的落差，实际上这就是因为地价的不同而带来的房价的变化。从这一角度说，是“房以地为贵”。

另一方面，房价对地价同样也有影响。地上有房的建筑地块，房屋及其配套设施的数量、质量的多少与好坏，将直接影响到地价的高低；而空地的价格，则受到其允许建造的容积率指标、房屋建筑物设计标准、使用功能以及预售价格的制约。从这个意义上又可以说是“地以房为贵”。

再一方面，在市场交易中，房产和地产的价值总是结合在一起计算的。

不论是房屋买卖，还是房屋租赁，房价和房租都包含了地价和地租；而城市建筑地段的地价或地租，又总是摊在出售或出租房屋的单位面积价格之中的。因此，讲一宗房产价格，实际上就是在讲这一宗房地产价格，它一定包含着地价。

（3）权属关系方面

第一，房屋所有权是否合法，通常取决于房屋坐落的土地使用权是否是合法取得的。非法占用土地所建造的房屋，不管房屋本身是否确为房主所有，其房屋所有权也是不合法的，即房产产权的确认是以土地权利的确认为前提的。

第二，无论是采用出售、出租，还是抵押、典当等形式进行房产交易，都必然同时发生土地权利的转移。因此，在房产交易的同时，必然进行伴随而行的地产交易；反之，单纯的地产交易也会诱发房屋的建造和继之而来的房产交易。所以，地产经营和房产经营由于产权的联动性决定了它们往往是“相伴而行”的。

（4）资本循环方面

房地产开发建设包括土地开发和房屋建设开发两部分，地产靠收取土地开发费循环，通过对土地开发投资，为房产开发准备条件；房产则依靠对房屋的出售或出租收回投资。因此，地产和房产这两个资本的循环过程是相互融合的。正是地产和房产资本循环的互为前提、互相支持、密切联系的关系，在实际房地产经营活动中，地产投资者往往又是房产投资者。用资金循环的形式表示就是，从货币资金到一定形式的生产资金，通过一定的过程转换为新的货币资金。

一般商品资金循环运动的基本形式：

$$G \text{ —— } W \left\langle \begin{array}{l} A \\ \\ Pm \end{array} \right. \cdots P \cdots W' \text{ —— } G'$$

注：G：货币资金；W：生产资金；A：劳动力；Pm：生产资料；W′=W+w：包括剩余产品在内的增量的商品资金；G′=G+g：包括剩余价值在内的增值的货币资金；——：流通过程；… P …：生产过程。

而房地产资金循环由于其双循环的特点决定了地产资金与房产资金运动的联结，称为双渠道循环的统一体，并形成相互继起的循环形式。

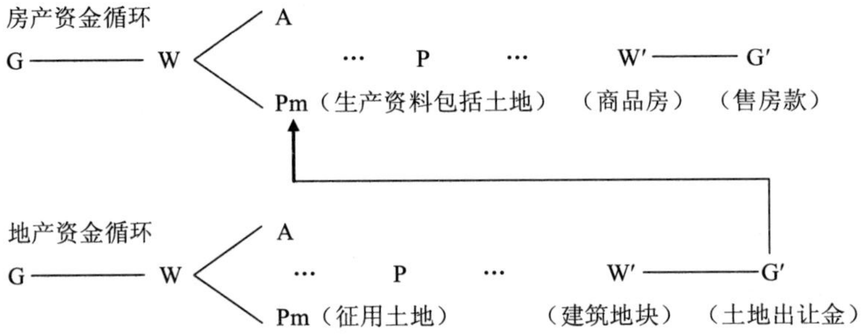

（5）归属范畴方面

房屋与土地反映着物质的属性和形态，而房产和地产则是商品形式的价格体现。因此，在生活资料方面，房产和地产同属于财产范畴；而在生产资料方面，房产和地产又同属于资产范畴。

房产与地产的上述区别与联系表明，地产是房地产的基础和核心；而地产与房产的相互关联，又是房地产整体系统形成的基础。因此，在一些土地私有制或者允许土地所有权买卖的国家和地区，土地可以作为基本商品流通，而房屋只能作为土地的附属物进入市场；也有的只在土地契约中注记房屋产权，从而就有了所谓的“房随地走”的国际惯例，这也是房产与地产本质关系的反映。

事实上，在现实的社会经济活动中，并不存在与土地相独立、相分离的纯粹的房产。土地是房屋的基本生产要素，是房屋不可分离的物质构成要素，房屋依赖土地而存在，土地依赖房屋的使用价值而体现其经济效益。这种内在的、相互统一、相互依存的关系，在现代市场经济中尤其明显。

因此，在理解房地产这一概念时应注意，地产是不包括建筑物在内的单纯的地产，是能够独立存在的；而房产实际上就是房地产（尤其是在当前我国土地所有制的前提下），因为房依地建，房地相连，所以没有独立存在的房产。

综上所述，房产和地产是房地产两个不可分割的方面，尽管它们有时可以分离，或是单独存在，但作为房地产的整体而言，只有房屋和土地、房产和地产及其相关权益得到和谐的统一，房地产才是真正的商品、有效的权利、合法的财产。因此，房地产是土地及其定着于土地之上的建筑物、构筑物和其他附属物在自然形态和经济形态下的总称。

1.2.2 房地产综合体的属性与特征

（1）位置的不可移动性

房地产位置的不可移动性也被称为房地产位置的固定性。首先，土地是不可移动的，土地是用地理位置来确定的，而地理位置是无法移动的；其次，人们对土地的投入也是不可移动的，水渠、管道、电缆、道路等都是土地（熟地）的组成部分，离开土地它便不被称为对土地的投入；最后，房屋是建筑在一定的土地之上的，房屋建筑物在一般情况下是不可移动的。当然，国内外都有过将古建筑物“整幢搬走”的例子，但这种“移动”并非等同于“可移动”，只是将原建筑物“拆开”后，易地照原样重建，而且这种移动的耗资量是相当巨大的，除了极少数国家重点保护的文物古建筑，一般是不会这样做的。换言之，房地产的交易，只能是通过法定契约的方式对产权进行交易。所以称房地产为不动产也正是源于房地产在位置上的不可移动性。

房地产位置的不可移动性，要求房地产所处的区位必须对于开发商、投资者、置业人或承租人具有吸引力，也就是说，能使开发商通过开发投资获得适当的开发利润，使投资人、置业人能获取合理而稳定的经常性收益，使承租人能够方便地开展其经营活动以赚取正常的经营利润并具有支付租金的能力，或使承租人能够得到舒适的环境与方便的通达条件。此外，房地产价值的高低，在很大程度上取决于该房地产所处地区的增值潜力。因此，无论是对于居住置业还是投资置业，在房地产业都有一句话“The first is location. The second is location. The third is location too”。其中“location”就是“地段”，就是“区位”。这是房地产不同于一般商品的特点之一。

（2）产品的独一无二性（异质性）

房地产作为商品不同于一般商品的第二个特点是它的异质性，即世界上没有两宗完全相同的房地产。在科学技术高度发达的今天，市场上绝大部分商品都是多样化、标准化的。从食品、服装到各种商品，尽管每一种商品都有不同的规格、尺寸、款式、口味、功能等，但它们中的任何一种都存在着相当数量单位的完全一样，因为它们是批量生产的产物。然而，市场上绝对不存在完全相同的两宗物业。土地由于受地理位置、区域环境的限制不可能相同，即使在同一城市甚至同一社区内，也很难找到两块品质完全相同的地块。至于建筑物，其品质就更是各异了，不仅在外型尺寸、年代、风格、建筑标准上各不相同，即使是上述因素都相同的建筑物，它们也会由于内部附属设施、街景区位、物业管理等因素的差异而有所不同，同时建在市中心的建筑物的价值一般要高于建在城市边缘的同类建筑物；甚至在同一住宅区内的相同住宅，不同的朝向和层次差异也很大。

由于房地产的异质性，从理论上讲每一单位面积的房地产的价格都可以是不一样的，而且这种区别最终将反映在两栋建筑物的租金水平和出租率等方面。因此房地产市场较其他商品市场具有更多的中介经纪服务行为。

（3）外部性

在现实经济生活中，生产者或消费者往往会在经济活动中给第三者带来附加的服务或损害，而这些服务是无偿的，损害也是得不到任何补偿的，福利经济学称为“外部性”。房地产由于其较多的公共物品的特点，使其生产和消费必然对他人产生各种外部的影响，这样也就需要由政府通过法规及相关的经济手段对房地产的投资、开发、经营及其占有、使用、收益和处分加以调控。并且，任何房地产一旦建成，较长时期内就不易改变。因此，与一般商品相比较，房地产的生产和消费与周围环境之间更容易发生相互影响。这些影响都使得房地产会因外部环境的改善而增值，也会因外部环境的恶化而形成价值损失；既容易对周围环境形成不同的影响，也容易受到周边各种环境的制约或促进，包括各种政策、法律、制度的影响。

（4）保值增值性

土地固定性使得土地具有聚集资本的能力，因此，对同一块土地连续追加投资可以形成资本的积累，从而实现土地增值。房地产的增值性是一种规律性现象。地产升值，房产同样也会升值。一般来说，会因房地产需求的增加、土地资源的有限性、基础设施的改善等原因而使价格上涨、价值增加。当然，房地产升值不是直线式的，具体看每一年份，房地产的价格是上下波动的，但从长期看，房地产价格无疑是不断上升的。此外，一般商品随其使用价值的消耗，价值也逐渐随载体的消亡而消亡；而房地产的使用价值不仅不因时间的流逝而消亡，相反由于其稀缺性却可以保值甚至增值。同时政府在道路、公园、博物馆等公共设施方面投资的不断追加，能显著地提高附近房地产的价值，而使该处房地产能从周边社区环境的改善中获得利益。

（5）效用的多样性

土地，既是人类社会重要的生产资料，又是人类赖以生存的空间。除可以作为农、林、牧、渔等第一性生产资料外，还可作为城市、工厂、商业、交通、旅游、科技、教育、卫生、体育、公共绿化等用地。随着社会生产力的发展，土地的利用也是在不断发生变化的。

对于房屋建筑物而言则应表述为在效用上的多层次性。表现在居住房屋上，居住房屋在其效用上同时具备生存资料、享受资料和发展资料 3 个不同层次的内容。居住房屋的数量和质量，决定其生存、享受和发展等效用的大小。质量好的房屋还有观瞻的功能和美化环境的作用。因此，房屋作为一种财富，属于不动产。

同时，从房地产参加经济活动与经营活动的角度来看，它具有多重经济身份。首先，房地产既是生产资料，又是消费资料（生活资料）。它可以是一种最终消费品，如人们购买住宅房地产可以满足居住这一基本生活消费需求；它又可以是一种生产资料，如农田、树林、仓库、厂房、店铺、办公大楼、旅馆等，人们占有它们是为了从事经营；它还可以是完成各种社会公益事业的载体，如政府办公大楼、国家公园、国家博物馆，以及承担国家或社会共同事业的医院、学校、营房、庙宇等。其次，房地产既是固定资产，又是流动资产。当房地产以出租或出售等不同形式完成交易时，房地产对于买卖双方就资产的形式来讲是不同的。以厂房为例，当厂房的所有者将厂房的所有权一次性出卖给工厂时，厂房对于工厂来讲是固定资产，而对于出卖者来讲则是流动资产；当厂房的所有者以出租的方式将厂房租给工厂时，对于双方来讲都是固定资产。

（6）价值高且变现难

世界上有两种产品价值高且变现难。一是黄金首饰，二是房地产。如果说黄金首饰主要是由于个人偏好较多的话，那么房地产就不仅仅是有较多的个人偏好，更多的还体现在它的异质性所导致的市场信息不对称、价格的个体性、交易过程“物流”与“权属流”的合并所导致的产权变更及相关手续烦琐。这些原因都导致房地产在交易过程中因变现时间和方式变化而形成较大资金变现风险。同时，房地产占用资金量大，建设周期长。因此，房地产投资者等待现金回收与收益的时间也很长。

（7）寿命周期长（耐久性）

一般房地产的使用寿命年限都很长，土地是永久存在的，房屋附属设施的耐用期也很长。因此在房地产商品流通中，不仅可以转移产权，而且也可以在不改变产权关系的前提下，只转移一定年限的使用权。现代武器能够摧毁整座城市，能使一个地方变为一片焦土，若干年内不能生长植物。但即使是那样，威力无穷的现代武器也无法消灭土地，处在一定经纬度范围的土地是永存的。同时，房屋虽然有自然损耗，有因建筑类型、建筑标准、使用功能等已不适应时代的要求而人为地将其拆除或改造，但这种损耗的周期是很长的，少则几十年，多则上百年甚至几百年。相对一般商品而言，它们完全可以被看作耐久的、长期的商品，这也就是房地产业比较容易获得长期性融资的原因。我国有关建筑物安全的政策规定，房屋建筑物按照结构的不同，其寿命年限及使用年限，或称为折旧年限（房屋价值转移的年限）分别为：钢结构 70 年、钢混结构 60 年、砖混结构 50 年、砖木结构 40 年、简易结构 10 年。

（8）有限性与稀缺性

就目前人类科学技术的发展来讲，土地是不可再生资源——土地的数量受地球陆地表面面积限制，一般可以认为，地球表面的陆地面积是不会增加的，其中还要除去沙漠、戈壁、沟壑、山岭等，不难理解现有的土地便是供应的极限。随着人类社会经济的发展，人们对土地的需求日益增多，但土地供应却是有限的，因而土地是一种稀缺性资源。

1.3 房地产的类型

房地产的类型根据划分依据的不同，也可以有多种分类方式，如按照物质形态、用途、经营方式、是否产生收益、开发程度等，并以此划分为不同的类型，见表 1-3。

表 1-3 房地产的分类

分类依据	类型
按物质形态划分	土地、在建工程、建成后的物业
按用途划分	森林、农田、住宅、商业房地产、工业房地产、开发基地
按经营方式划分	用于出售的房地产、用于出租的房地产
按是否产生收益划分	收益性物业、非收益性物业
按开发程度划分	生地、毛地、熟地或已开发土地、未开发土地、未来待开发土地

在现实经济活动中，人们常常根据房地产的物质形态和用途对其进行开发、利用和管理，以下我们将就上述两种分类方式所区别的房地产进行分析。

1.3.1 按物质形态划分

按房地产存在的物质形态划分，主要分为 3 种类型，即土地、在建工程、建成后的物业。

（1）土地

如前所述，土地的本质是自然资源，它是房地产的一种特殊形态。尽管单纯的土地并不能完全满足人们入住和生产的需要，但由于土地具有潜在的开发价值，通过对土地不断投资，就可以最终达到为人类提供入住空间和活动场所的目的。因此，土地属于房地产的范畴，并且是最重要的一个组成部分。

土地依据开发程度的不同又可以分为生地、毛地和熟地，或分为已开发土地、未开发土地和未来待开发土地。所谓未开发土地基本上是指农业用地，已开发土地则通常是指城镇用地，当然，两者在一定的条件下可以转化，但主要是由农业用地转化为城镇用地。而根据土地所处状态的不同，城市土地又可以分为具备开发建设条件、立即可以开始建设的熟地和必须经过土地的再开发方能用于建设的生地。

（2）在建工程

在建工程是指已经开始工程施工建设但尚未竣工投入使用的房地产，是房地产开发建设过程中的中间形态。受原有投资者融资能力、管理能力、投资策略、市场营销策略以及市场环境因素变化的影响，房地产市场上总是存在着一定数量在建工程的交易行为，如将在建工程转让、抵押等。

（3）建成后的物业

所谓建成后的物业是指已通过竣工验收、可投入或已经投入正常使用的房屋建筑物、构筑物及附属设施和场地。以不同的分类原则，建成后的物业有以下两种分类方法。一种是按其当前的使用状况，可以分为空置房和已入住或已使用（包括所有权人确定但尚未使用）的房地产两类。另一种是按照建筑用途不同，可以分为居住物业（即通常所称的住宅，包括普通住宅、公寓、别墅）、商业物业（包括商业大厦、商场、购物中心、写字楼、酒吧、餐厅、饭店、宾馆、各种文化娱乐设施以及服务业用建筑等）、工业物业（包括标准厂房、车间、仓库、成品和材料堆放场地等）、特殊物业（包括赛马场、高尔夫球场、汽车加油站、飞机场、车站、码头、高速公路、桥梁、隧道、开发基地等，这类物业的经营内容通常要得到政府的特殊许可）。

1.3.2 按用途划分

根据国际上对房地产分类的惯例，以及综合房产与地产的有关内容，房地产基本上可以分为以下 6 种类型。

（1）农田

农业是国民经济的基础，粮食是人类生存最基本的生产资料，因此各国政府都制定有明确的法律和政策对农田进行严格的管理。由于土地是不可再生资源，而随着人口的增长和经济的发展，人类对农田的需求日益扩大，因而土地价格和租金呈上升趋势。随着现代科学技术在农业生产上不断得到推广运用，农业生产率日益提高。但由于存在投资报酬递减现象，以及单位面积农产品产量的极限，与其他行业相比，农业投资的利润通常是比较低的。

从经营角度讲，现代农田投资者的投资目的并不是种植，而是要获得利润，农田地产交易的前提是允许买卖、转租。

（2）森林

森林的投资回收期很长，有时投资者需要投资 60 年以上方能有稳定的收入。因此，一片森林中必须有相当比重的成材树，而且各种年龄的树林应各占一定比例。鉴于木材是重要的生产、生活资料，而森林投资回收期又很长，所以许多国家对森林投资采取各种优惠的政策，如减税、免税，甚至预付一部分利润等。

由于世界上成材林面积不断下降，人类对木材的需求却日益增加，导致木材价格急剧上升。

（3）住宅

住宅是人类赖以生存的基本条件之一。在现代城市中，住宅一般占到房屋总量的 50%左右。住房与人们的生活息息相关，因而住宅房地产是一种十分复杂而敏感的商品。住房的供应量，尤其是房租、房价哪怕是十分微小的变化，都会引起整个社会的关注——可以说，这是一个关系到社会安定的大事。世界各国政府都对住房政策采取十分谨慎的态度。大多对住宅实施福利性政策，有的国家甚至通过立法禁止对住宅进行商业化的投资经营。国外有的人甚至认为住房是生活必需品，与水、电一样，不能用于赚钱。

从实践上看，住宅房地产可以分为 3 类：

第一类，住宅本身不是商品，而仅仅是一种福利设施。这类住宅由政府投资兴建，承租户只是象征性地交纳少量的租金，这部分房租甚至不足以弥补正常的房屋建筑物的维修、管理费用，当然就根本谈不上投资回收了。这类住宅是靠国家大量财政补贴而维持的。

第二类，住宅属于一种准商品。这类住宅的买卖、租赁，通常是国家通过一定的财政补贴给予其各种优惠政策，如控制最高租金水平、给予低息购买贷款等。说这类住宅属于准商品是因为它们的租金与价格已同建筑的成本、利润挂钩，并受房地产市场供求的一定影响，但它们的租金和价格是不与市场供求、竞争直接联系的。

第三类，住宅本身就是一种商品。这部分房地产与其他商品一样，其价格、租金以及供求关系完全由市场决定。

（4）商业房地产

商业房地产是房地产市场中主要的商品，它包括店铺、购物中心、商业大厦、写字楼、宾馆、酒吧、餐厅、各种文化娱乐设施以及服务业用建筑等。

商业房地产具有以下显著特征：

1）商业房地产由于装修等原因，地上建筑价值占整个房地产价值的比重较大。

2）由于商业房地产单位营业面积盈利率高，因而商业用房地产单位面积的售价和租金也相对比较高。

3）商业房地产对周围环境的反应特别敏感，在城市中的位置往往成为决定商业房地产价值的关键因素。同样，商业用地或店面分别处于城市商业中心区和城乡接合部，售价和租金前者往往高于后者，会是后者的数十倍，甚至上百倍。

4）商业房地产具有较强的适应性。商业是一个十分广泛的概念，在这里实际是指第三产业。商业房地产具体用途变化不会有太大困难。经营自行车的店铺稍加装修便可以经营家用电器。办公楼的楼面则可以出租给各种各样不同的行业。

（5）工业房地产

工业房地产包括工厂、仓库、成品和材料堆放场地、码头等。工业房地产是工业生产的重要生产资料，一般认为它们部分地参加产品的生产过程，工业房地产有以下几个特点：

1）工业房地产一般不做外部装修，总建筑成本相对比较低。

2）工业房地产在结构设计方面技术性要求很高，因而一般适应性比较差。有时一幢厂房就是专门为某一条生产线而设计的。

3）工业房地产对周围环境也有一定要求，主要是交通运输便利，有较大的发展空间。

工业房地产中的专用厂房进入市场的可能性很少，标准厂房、仓库、码头、堆放场地大量地被用来开展租赁业务，也可买卖。

（6）开发基地

开发基地包括已购入或租入的预定用于开发的生地，已经完成三通一平

（水、电、道路通，场地平整）、五通一平（上水、下水、供电、通信、道路通，场地平整）或七通一平（上水、下水、供电、通信、道路、燃气、热力通，场地平整）的熟地，以及已拆除和将要拆除旧建筑用于重新开发的土地。开发基地不同于农田，因为它不用于种植。开发基地是一种过渡形式的房地产，因为还未达到它的最终形态，但开发基地存在的时间可以很长。

本章要点

1. 房地产的概念。
2. 房地产的属性特征。
3. 房地产的类型。

第 2 章
房地产业

对于“房地产业”我们可以做一个简单的解析：“房”是指房屋，“地”是指土地，“产”是指产权，那么，“业”则有两层含义，一是指产业，二是指行业。一般而言，产业强调的是经济活动，而行业则着重于从事同类经济活动的组织和人群。房地产业在许多国家已是十分成熟，但在我国仍然处于成长之中。20 世纪 90 年代以来，在国家社会经济建设、城市发展和住宅需求的推动下，房地产市场应运而生，房地产业得到了迅猛的发展。同时，房地产业对国民经济有着重要的推动作用，与其他大多数发达国家发展的历程一样，我国在经济的快速增长期，房地产业对国民经济的重要支撑和主导作用是显而易见的，可以说，房地产业的发展对国民经济增长有着深刻的影响。

2.1 房地产业的界定

2.1.1 房地产业的产业范畴与行业界定

（1）按照国民经济的产业分类分析

自英国经济学家柯·克拉克和新西兰奥塔哥大学教授费希尔在20世纪中叶提出第三产业的概念，并将其加以明确划分以来，这一分类就在西欧、北美和日本等国家和地区得到了广泛的应用。后来，经济合作与发展组织把农业包括种植业、畜牧业、狩猎业、渔业和林业划为第一产业；工业包括制造业、采掘业、矿业、建筑业、煤气、电力、自来水划为第二产业；服务业包括运输业、通信业、仓储业、批发和零售贸易、金融业、房地产业、科学教育、新闻广播、公共行政、国防及社会事务、娱乐和个人服务等划为第三产业。我国的产业分类，在1985年《国家统计局关于建立第三产业统计的报告》中已经明确——其划分办法与经济合作与发展组织基本相同。不同的是把第三产业内部又划为流通部门和服务部门两大部分和四个层次。其中服务部门的第二层次为生产和生活服务部门，即金融业、保险业、地质普查业、房地产业和公用事业等。由此可见，房地产业在国民经济中属于第三产业。

同时根据房地产业所提供产品的性质分析。在西方一些国家，房地产业与建筑业是合在一起的，即建筑业自行投资开发建设建筑产品，自行销售。在我国，房地产业与建筑业是分离的，建筑业属于生产与加工工业类的第二产业，房地产业属于流通与服务业类的第三产业。房地产业以提供服务，包括以生产、开发项目为产品特色，主要从事投资、开发、建设房地产，对房地产进行经营管理（包括竣工前后），并不直接生产房屋建筑实物。因此，房地产业被划分为第三产业。

（2）从行业的角度分析

所谓行业，是指从事同一类经济活动的企业和个人的总称，它是按同类产品或相同工艺过程或提供同类劳动服务来划分的，从某种意义上来讲也是一种职业分类。就此而言，房地产业是指从事房地产的开发、经营、管理、房屋维修、装饰以及以房地产为依托的劳务、中介、信托服务等的各种经济组织所组成的行业，包括投资、融资、买卖、租赁、评估、中介、装饰、维修、物业管理等各种与房地产经济活动相关的组织。

2.1.2 房地产业的性质

如上所述，房地产业是从事房地产开发、经营、管理、修缮、信托与中介服务的行业。按照联合国制定的《国际标准行业分类》及我国《国民经济行业分类和代码》的分类，房地产业属于第三产业。但从房地产业实际实现经济活动的过程来看，房地产业又不同于一般的第三产业，它具有自己独特的属性。根据社会各经济部门产业分类的原则，第三产业一般不从事物质产品的生产，主要涉足流通领域或提供咨询与劳动服务，前者主要是商业，后者则包括诸如法律、咨询、设计、交通运输、旅游、仓储、金融保险以及教育文娱等多方面，房地产也包含上述的一般第三产业的服务内容，是土地和建筑产品的经营部门，建筑业通过房地产业进入流通环节，但房地产业实质上又因参与土地开发和房屋建设的过程而介入第二产业，同建筑一起共同完成建筑产品实体即房地产商品的物质生产过程。这就是房地产业不同于一般第三产业的基本特征。因此，房地产业应该说是一个介于第二和第三产业之间的、具有复合型特征的产业，是以第三产业为主的产业部门，在归属上属于第三产业部门，但兼有生产、经营、服务三重性质。因此，房地产业与建筑业既有区别，也有联系。区别在于它们分属于不同产业部门，房地产业以流通和服务为主要特征，建筑业以加工生产建筑物（体）实物产品为特征；联系主要表现在，建筑业是房地产业产品物质形成的基础，房地产业是建筑业参与流通的延续。

2.1.3 房地产业的特点

（1）资金积累的初始性

资金积累的初始性是指房地产业在进行资本循环之初，就形成了资本的子类，使房地产在筹集资金上具有极大的有利条件，这与其他行业要在商品资金转换之后才有资金的积累有很大不同。例如，房产预售，即房屋未建成前先实施预售以筹集部分建设资金，即是一个资金实现初始积累的典型例子。

（2）经济效益的可靠性

房地产业是拥有高附加值的行业。对某个房地产企业或房地产项目而言，经济效益的取得是不具有绝对的保险系数的，但对整个房地产业来说，房地产业的高附加值特点，决定了一旦经济效益好，即可以为国家和地方经济建设提供大量的资金。联合国有关机构对 45 个国家和地区进行调查，发现含有福利因素的住宅的投入产出比为 1∶1.64，而经营性用房的产出值将更大。同一块建筑用地用于不同的使用方向和用途，在农业、工业和商业之间的产出值比例达到 1∶100∶1 000。同时所创造的财政税收值也相当高。

（3）房地产业的兴衰是经济发展状况的指示器

经济发达国家的实践表明，房地产业也是国家和地方经济发展的晴雨表。经济迅速发展时，房地产首先热起来，并成为经济进一步发展的重要驱动力；经济衰退时，冷寂和下降最快的也是房地产业。

（4）房地产投资大、建设周期长

一般来说，房地产投资少则几十万元，多则几千万元，甚至以亿元为单位计算投资量，从投资开始到房产项目建设完成所使用的时间根据其建筑的复杂程度和体量，少则数月，多则数年。房地产这种投资量大、建设周期长的特点决定了在进行房地产投资时必须要有超前的意识和决策。超前一方面源自于项目类型和地段的选择，另一方面取决于规划与建筑设计的超前性，包括房屋建筑物造型、结构、设施、环境设计等。

（5）房地产业经营活动的政策性、计划性强

房地产资源尤其土地的稀缺性的特点以及房地产业的社会地位和作用决定了房地产业的全部经营管理活动都必须严格遵守国家和地方的政策、法令和规章制度，对房地产商品、房地产资源的分配和使用，是关系国计民生的重大问题。房地产作为生产和生活的基本要素，对国民经济和社会生活的各个方面都有着重大的影响。几乎所有的国家和地区，尤其是房地产业发展成熟的国家和地区，一般都有众多的法律、法规、法令、条例等多层次的法律条款规范房地产业的各类经营管理活动，从投资、融资、开发、设计、建设、施工、竣工到营销、中介（代理、咨询、经纪、信托）、使用、管理等各个环节，都有一系列的规定和约束。

2.2 房地产业的运行机制

房地产业的运行机制与其他行业的经济活动一样由生产—流通（分配、交换）—消费三个环节组成。

2.2.1 生产环节

房地产业的生产环节，是通过对自然状态的土地投入人类劳动，进行房屋和基础设施建设，获得房地产劳动产品的过程。这一环节的前提条件是获得可供开发的土地，获得土地后，由房地产开发公司组织进行房地产的开发和再开发活动，这是房地产生产环节的主要生产活动。

房地产生产环节的主要形式是房地产综合开发，这也是城市开发建设的全过程。具体内容包括：规划设计、征地拆迁、土地开发、房屋建造、竣工验收、交付使用、房屋经营、房屋管理等。这一开发活动大体上可以分为两个层次，第一层次为土地开发、房屋开发建设；第二层次是在第一层次基础上发展的综合开发、配套建设，以及在流通、消费环节中以装饰和修缮形式为主的追加。从横向来看，房地产开发的生产活动是对开发地区的开发，包括合理规划、统筹安排、配套建设；从纵向来看，房地产开发的生产活动是针对建设全过程，包括规划设计、征地拆迁、土地平整、建设施工等工程实施环节。

关于合作社或个人建房，这类房屋在建设时不是以交换为目的，不属于商品房建设，但仍然是整个社会所拥有的房地产财富的重要组成部分，在国外建造的房屋中有相当比重是合作社或个人所有。在日本，个人建房可以由政府提供住房资金的 80%，年平均利率为 5.5%，还款年限为 10～35 年；原西德的住房合作社是第二次世界大战后解决住房的重要形式，合作社成员每人缴纳一定资金，加上国家无息贷款，合资、合力建房，经济条件好的可以出资，经济条件差的可以利用周末、假日出工、出技术折算成金额。应当指出，虽然合作社或个人建房不是以交换为目的，而是为解决自己的住房问题，但仍然必须遵循统一规划、合理布局、综合开发、配套建设的原则，以便合理利用土地，提高开发建设的效益。

2.2.2 流通环节

房地产业的流通环节，是房地产的劳动产品进入市场，进行交易活动，实现其使用价值和价值的过程。严格地讲，房地产流通实际上是房地产的商品形态与货币形态相互转化的过程，即通过交换实现房地产的价值和使用价值。亦即房地产开发建设者交出房地产的使用价值，换回价值的过程。当然，未经开发的“生地”也能投入市场流通。

房地产流通的活动内容可以分为两个层次。第一层次，土地流通，即地产流通，包括土地征用，土地使用权的出让、转让，土地使用权的租赁、抵押等；第二层次，房地产流通，即房产流通，包括房屋出租、出售，房屋置换，房屋抵押、典当。

房地产流通的主要方式有：房地产买卖、房地产租赁、房地产抵押。

房地产买卖是指土地和房屋所有权的买卖。由于房地产是不动产，它的流通方式不像其他商品那样以从生产者所在地点运到消费者所在地点来实现。房地产的生产与消费在地点上是相同的，只是通过买卖来转移所有权。

因此，房地产这个特殊商品的交易活动由于始终贯穿着权属管理，要比一般商品的交易活动复杂得多。

房地产租赁，其实质仍然是流通领域的买卖，只是房地产是消耗期限很长的商品，就有可能将其使用价值零星出售，每次有一定的期限，即将使用价值出租。也可以说，房地产租赁是房地产出售的另一种形式，是房地产的分期出售。房地产所有人通过租金的形式逐步收回成本和利润。

房地产抵押是指单位或个人以一定量的房地产作为如期偿还借款的保证物，向银行或其他信贷机构做抵押，从而取得贷款。贷款到期，借款者应归还贷款本息；若到期无力归还贷款，银行或其他贷款机构有权处理作为抵押品的房地产，处理所得的资金必须首先用于归还贷款，抵押贷款可以用于解决房地产开发公司或购房者资金不足的困难，开发公司或购房者把即将投入开发建设的房屋或购得的房屋作为抵押品来获得贷款。

目前，房地产市场中主要有两类交易活动：①房地产经营企业的交易活动，房地产经营企业大致有两种，一种是房地产开发公司，将他们自己开发的房地产产品投入市场进行交换活动，另一种是房地产经营公司，他们受房地产产权所有人的委托，代理经营委托人的房地产；②房地产产权所有人的交易活动。

2.2.3 消费环节

房地产消费是指通过对房地产的占有、使用实现其使用价值的过程。经济学对于消费的解释是：通过对经济物品的占有、使用，实现其使用价值的过程。房地产消费的形式有生产消费、生活消费、经营消费、行政消费等。

房地产经过流通环节的市场交易活动，转移给使用者，从而进入消费环节，为了维护和保障产权人的合法权益，必须进行经常的、严格的产权产籍管理、房产修缮管理和物业管理。

通过经常的、严格的房地产产权产籍管理，保证高价值的、稀缺的、不可移动的房地产可以由产权人长期和永久使用，以土地权属管理为例，为对土地的拥有、占有、使用、收益和处分进行管理，国外常用注册登记的方式。

房地产维修服务，其目的在于保障住户安全，保持房屋各种功能，防止、减少、控制房屋的损坏，延长房屋使用寿命，改善居住条件。国外普遍重视旧房的维修和保护，有些国家用于房屋维修的费用有时是房屋造价的 5～6 倍。有的国家房屋维修有专门的立法，有的国家还有专门的房屋维修机构。

房地产产品实现的过程及参与的机构如图 2-1 所示。

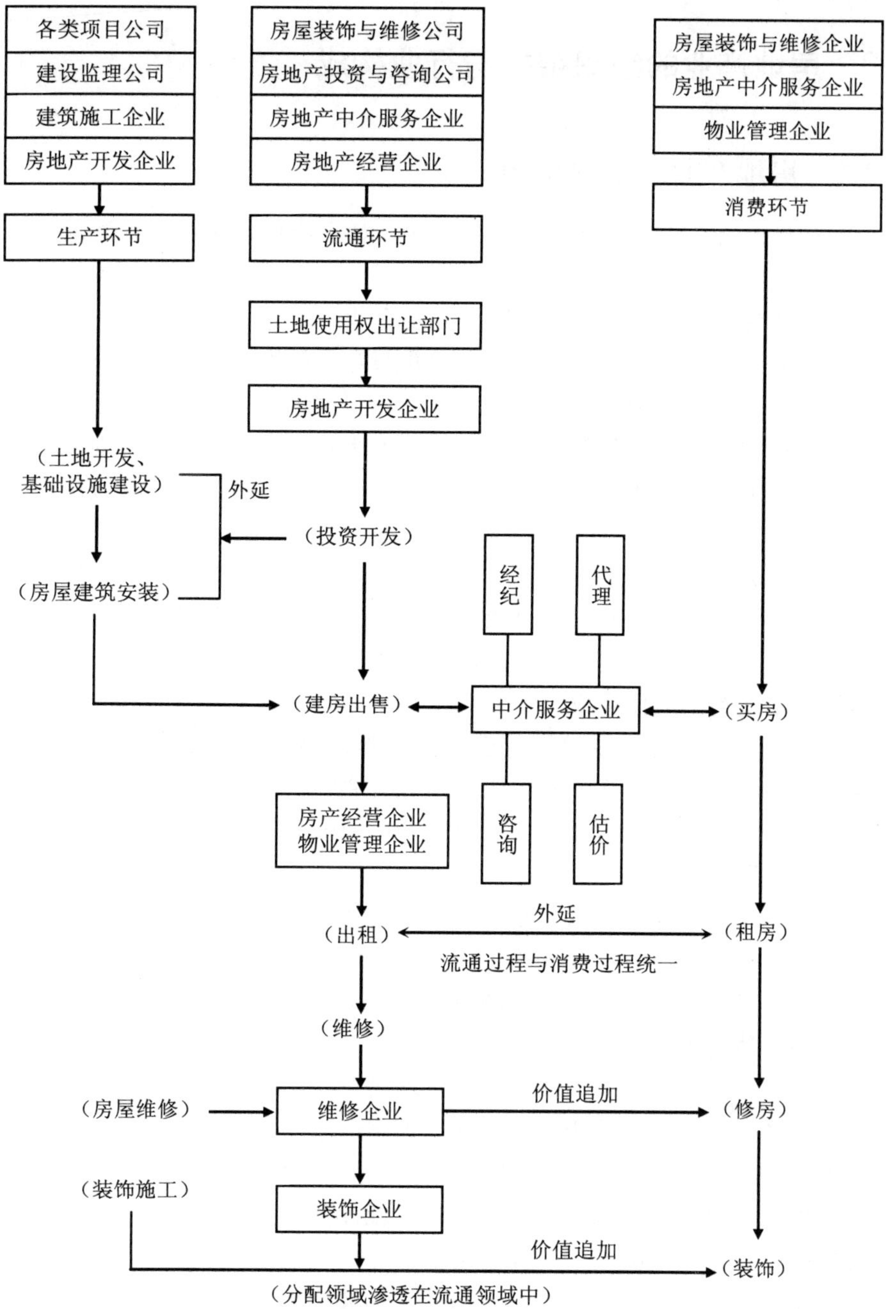

图 2-1 房地产产品实现的过程及参与的机构

2.3 房地产业的组织结构与行业构成

2.3.1 房地产业的组织结构

对房地产行业内部组成的划分有多种，如上所述，房地产业是由从事房地产开发、经营、管理和服务的企业群体所组成的，这个企业群体包括土地使用权出让管理与经营部门、房地产开发企业、房地产经营企业、物业管理企业、房屋装饰与维修企业、房地产中介服务企业等。

土地使用权出让管理与经营部门是代表国家进行国有土地使用权有偿、有期限出让的管理与经营部门，在我国土地所有权国家垄断的土地制度下，属于供应土地的国家垄断经营的流通部门，目前是由政府所属的城市规划与土地管理部门（土地储备中心）统一管理的，它决定着土地供应的数量，出让土地的幅数、面积、坐落位置，出让金价格以及出让的形式（包括行政划拨、协议、招标、拍卖）等。出让的国有土地使用权，既可以是未开发的自然资源状态下的生地的土地使用权，也可以是已开发的变成一定形式“土地资本”的熟地的土地使用权。

房地产开发企业是以投资综合开发房地产然后用于出售和出租为主要业务，提供房地产进行营销的企业，属于流通领域，但在投资建房环节将延伸至生产领域。开发商的经济行为决定着房地产的价格和供应量，是房地产业的“龙头”。

房地产经营企业则专门从事房地产的租赁、销售、代理等服务，属于流通领域，出租过程与消费过程的统一，使其也延伸到了消费领域，而参与管理和维修。房地产中介服务企业则在沟通房地产供需信息、促成交易等方面发挥着不可替代的作用。

物业管理企业受产权人的委托，代理物业并实施相关的经营行为。物业管理公司受雇于业主委员会或业主代表大会，通过合同的方式，对房屋及其周边场地、环境、相关设施实施统一管理，并向全体住户/业主提供房屋维修、清洁卫生、安全保卫、园林绿化、设备设施保养等全方位、多层次的服务，以此帮助业主实现对房地产的保值增值。

房屋装饰与维修企业以提供房屋修缮和装饰劳动服务为主要业务，是生产领域追加到流通领域、消费领域提供劳动服务的企业。房屋维修是局部简单再生产，通过实物形式与价值形态的补偿，创造价值，增加价值，性质等同于建筑业，但又不同于建筑安装施工企业。装饰企业主要是为消费者服务的，从生产领域追加到消费领域的企业。

房地产中介服务企业，在沟通房地产供需信息、促成交易等方面发挥着不可替代的作用，是为房地产流通服务的企业。

2.3.2 房地产业的行业构成

我们将上述各类房地产业的组织机构进行分类，房地产业可以分为五大部门和众多的分支机构（表 2-1），这些部门和分支机构以各自特有的方式参与房地产的经济活动，并各自发挥着特有的作用。它们的活动互相依存、互相促进，从而使房地产行业形成一个复杂而完整的体系。

表 2-1 房地产业的行业组成

部门	分 支 机 构			
中介	经纪	代理	估价	咨询
投资	股权投资	抵押贷款投资	承租投资	融资投资
运营	土地运营	房产运营	贷款运营	承租运营
建设	开发	承包	分包	建筑
政府服务	征税	规划	国有房地产运营	产权界定与维护

2.3.3 房地产行业管理

房地产行业管理是房地产管理的重要组成部分，是指管理者对整个房地产业及其全部经济活动进行的计划、组织、指挥、控制、协调的活动。房地产行业管理通过政府房地产行政主管机构和房地产行业协会来共同协调，贯彻执行国家制定的房地产发展战略、计划、方针，以及政策、制度、法律规范，并通过经常性协商，协调地方经济与房地产行业的发展，加强并改善国家对房地产部门的宏观控制，加强房地产行业内部企业以及各从业机构之间的横向联系，促进房地产业自身的协调发展。

2.3.3.1 房地产行业管理的形式

房地产行业管理的形式一般主要有两种，一是由国家分层设置的行政管理机构管理，在我国即为由住建部房地产业司，以及各省、市建设厅，地方建设局，市（县）房地产管理局等管理部门分别进行的行政管理，该系列属于政府行政管理系统。二是由同行业企业自主、自愿、自发结合组织而成的民间社会团体——房地产行业协会管理。

在我国，房地产行政管理实行的“双轨制”，即各级房地产行业管理机构代表国家对房地产行业行使行业管理权力（属于国家授权单位），运用行政的、经济的、法律的手段对房地产行业进行宏观调控。房地产行业协会是房地产行业的企事业单位自愿组成的社会经济团体，它作为房地产行政管理机关的助手和参谋，协助进行房地产行业管理，具有一定的行业管理职能。

2.3.3.2 房地产行业管理的内容

（1）统筹规划

从整个国家经济和社会发展对房地产行业的要求出发，考虑到人民生活水平提高及其消费构成的变化趋势，以及原材料供应情况，在综合平衡的基础上，制订房地产行业发展规划和计划，制订房地产发展的长远和短期计划，包括生产用房、生活用房及其他用房的发展规模、发展速度、行业结构的合理化等。另外，行业在经济管理中有联系上下、平衡左右的作用，行业规划和计划既是国民经济整体规划和计划的基础，又是地区、企业制订规划和计划的依据。因此，它是行业管理的首要职能。

（2）政策指导

从房地产经济发展的目标和现实出发，进行调查研究，制定指导房地产经济发展的各项方针政策和行为准则。

（3）组织协调

根据有计划的市场经济的客观规律，对房地产经济中出现的矛盾、纠纷通过经济杠杆（地价、房价、税收、贷款利息等）、行政手段（指令性计划、命令等）和依靠国家掌握的土地资源、房产和建筑材料等物质条件，及时进行协调，使房地产经济健康发展。

（4）服务监督

为房地产企业提供行业信息，负责对房地产企业进行资质审查，通过经常性的产权登记、审查确认、档案管理、合法产权证等形式实施房地产产权界定与维护。同时在税务、设计、工商、物价部门共同配合下，结合房地产行业经济、技术特点，依据法律、法规和政策规定，对房地产经济活动与经营活动进行经常性的监督与检查，以保证房地产行政管理目标的实现。

2.4 房地产业在国民经济中的地位与作用

房地产业是为人类社会的生活与生产提供入住空间和活动场所或物质载体的行业。改革开放以来，我国的房地产业和房地产市场伴随着国民经济的繁荣而得到了长足的发展。房屋商品化、住房制度改革、土地使用制度改革、房地产综合开发为房地产业的繁荣提供了前提、基础和保障。房地产业在为国家建设贡献、加速城市化与城市现代化的同时，也逐渐发展和成长为国民经济的支柱产业。

2.4.1 房地产业与国民经济的关系

房地产业与国民经济的相互关系，不仅是局部与整体的关系，而且还有着内在的相互关联性。从宏观经济总量来看，房地产业是整个国民经济的重要组成部分，它对国民经济有着不可忽视的重要作用；而国民经济的发展水平和速度，又会制约房地产业的发展。从产业结构系统来看，房地产业属于第三产业的一个子系统，它的发展对实现结构平衡和优化有着重要的促进作用；而一国产业结构的总体状况，又会对房地产业的发展空间和规模起到制约作用。

国民经济对房地产业的作用，主要表现在两个方面：带动或制约。如果社会总供给与总需求平衡，通货稳定，结构协调，国民经济总体运转良好，房地产业就会有良好的发展条件；反之，若经济过热，结构失衡，房地产业就会受到限制。同时房地产业对国民经济的作用也表现在两个方面：促进或牵制。在整个国民经济运行过程中，如果房地产业运行状况良好，经济效率高，发展势头正常，它会对国民经济起到强有力的促进作用，因为房地产业在国民经济中作为一个重要的产业部门具有先导性的作用，同时又是一个基础性产业部门，与其他行业的相关程度很大，房地产业的健康发展，对整个国民经济、城市经济的发展可以起到积极的推动作用；反之，如果房地产业运行失控，发育不良，效率不高，速度过快或过慢，也会对国民经济产生牵制作用。

（1）房地产业能够带动国民经济的发展

罗斯托的起飞理论和增长阶段理论认为，人类社会的发展可划分为6个阶段，由传统社会向工业化社会的转变是起飞阶段，在以后的每一个阶段都应有“主导产业”的发展和带动。我国已进入工业化发展的加速时期，这一阶段是房地产业作为支柱产业的形成时期，各行各业的发展需要房地产业支撑。

（2）房地产业能够带动城市经济的繁荣

房地产业的发展有助于优化城市经济结构，提高城市的聚集效益；有利于城市生态环境及结构的优化，改善投资结构；有助于促进房地产资源的合理配置，优化城市产业结构，增加城市财政收入；有利于社会市场体系的培育和完善，促进企业的改革与发展。

（3）房地产业与国民经济之间有着相互的影响作用

国民经济的主要宏观变量对房地产业的影响主要表现在：国民收入对房地产业的影响；投资水平对房地产业的影响；消费水平对房地产业的影响；信贷规模和利率对房地产业的影响；经济增长率对房地产业的影响。房地产业主要经济变量对国民经济的影响主要表现在：房地产业的增长率对国民经济的影响；房地产业的效率增长率对国民经济的影响；房地产业的信用规模对国民经济的影响。

1998 年，国务院正式发布《关于进一步深化城镇住房制度改革　加快住房建设的通知》，决定自当年起停止住房实物分配，建立住房分配货币化，住房供给商品化、社会化的住房新体制。选择 1998 年以来，反映我国国民经济和房地产业发展的相关指标——国内生产总值环比增长率（%）、房地产开发投资环比增长率（%）和固定资产投资（不含农户）环比增长率（%），生成如图 2-2 所示的比较。从图 2-2 我们可以直观看出，房地产业与国民经济之间存在同向变化的关系。

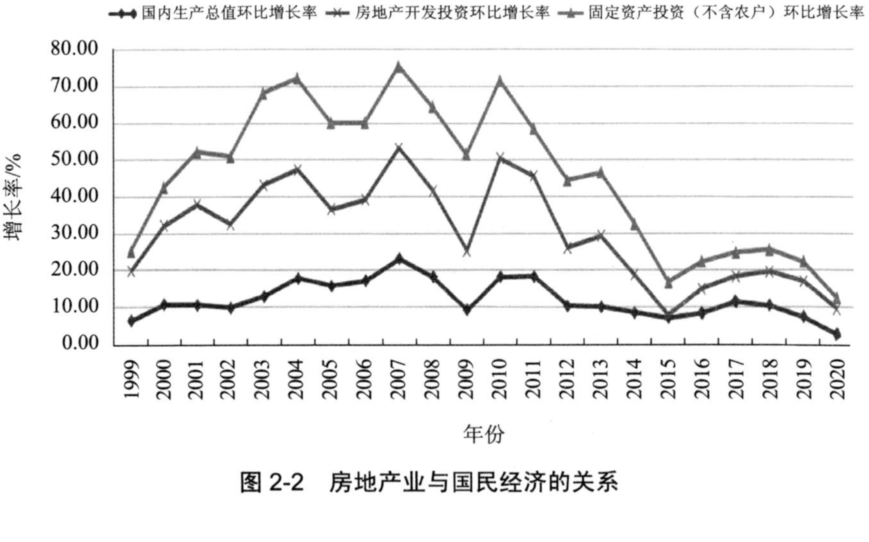

图 2-2　房地产业与国民经济的关系

2.4.2 房地产业在国民经济中作为基础性产业的地位和作用

房地产业是国民经济的基本承载体，主要表现在以下几个方面。

1）房地产业为社会一切产业部门提供不可缺少的物质空间条件。农业劳动最基本的劳动兑现和最重要的生产资料是土地；工业、商业零售业、服务业、金融业等各行业也都需要必要的场所、空间、交通用地。所以，房地产业发展的规模、水平、速度，对各行各业的规模、结构、布局和发展水平与速度都将产生直接的影响。同时，任何行业也必然拥有相当数量的房地产，作为产业部门固定资产的重要组成部分，直接或间接参与生产和价值实现的过程。

2）房地产业为社会劳动力生产和素质提高提供了先决条件。住宅是劳动力维持生命、恢复体力和养育后代的基本生活消费品或生存消费资料。

3）房地产业为城市经济的建设提供重要的物质基础。

4）房地产业是国民经济资金积累的重要来源。房地产业是一个具有高附加值的产业，利用土地开发和房屋建设，可为国家和地方财政提供大量的积累资金，加快城市化建设。

2.4.3 房地产业在国民经济中作为先导性产业的地位与作用

房地产业是一个产业链长、关联度大的产业，能够直接或间接地引导和影响相关产业的发展。据统计，在我国每增加 1 亿元的住宅投资，其他 23 个相关产业就相应会增加投入 1.479 亿元；被带动的直接相关或间接相关的较大的产业有 60 多个。同时，住宅消费水平的提高能带动建材、化工、家电、装饰、家具等生产资料、生活资料消费的效应增长，其比例大约为 1∶6。

（1）房地产业对建筑业的带动作用

房地产业的发展直接为建筑业开拓市场、筹集资金，促进了建筑业资金的周转。建筑业为房地产业提供劳务和技术服务，建筑业的发展要以房地产业的发展为前提条件，房地产业发展，土地开发、住房建设都必然将扩大建筑的需求，为建筑业提供更为广阔的市场和发展机会。房地产业与建筑业“一荣俱荣、一损俱损”。

（2）房地产业对建材、冶金、化工、机械等产业的带动作用

房地产业的兴旺，为这些产业提供了立足的场所，扩大了对这些产业的社会需求，直接或间接地促进了这些产业的发展（表 2-2）。

表 2-2　商品房与钢材、木材、水泥的相关性

项目	年份									
	2010	2011	2012	2013	2014	2015	2016	2017	2018	2019
商品房销售额增长率/%	18.86	11.13	10.01	26.33	−6.31	14.40	34.77	13.67	11.90	6.76
钢材价格指数（上年=100）	105.0	109.8	94.4	94.1	94.9	88.1	96.3	120.7	110.0	100.0
木材价格指数（上年=100）	103.8	106.6	102.6	101.6	101.8	100.7	100.2	102.6	103.5	101.2
水泥价格指数（上年=100）	103.1	109.2	97.8	98.6	100.7	96.7	96.7	106.8	110.9	102.7

（3）房地产业对金融业的推动作用

房地产业的投资量巨大，资金周转期长，房地产业的发展需要金融业的支持；反之，房地产业以其投资回报率高，吸引金融业的投资，房地产业的景气会带动金融业的繁荣，当然，房地产业的低迷，金融业也会首先受到冲击。

综合房地产业对国民经济其他各行各业的影响，我们可以将其归类为房地产业的三大效应，即回顾效应、前瞻效应、旁侧效应（图 2-3）。

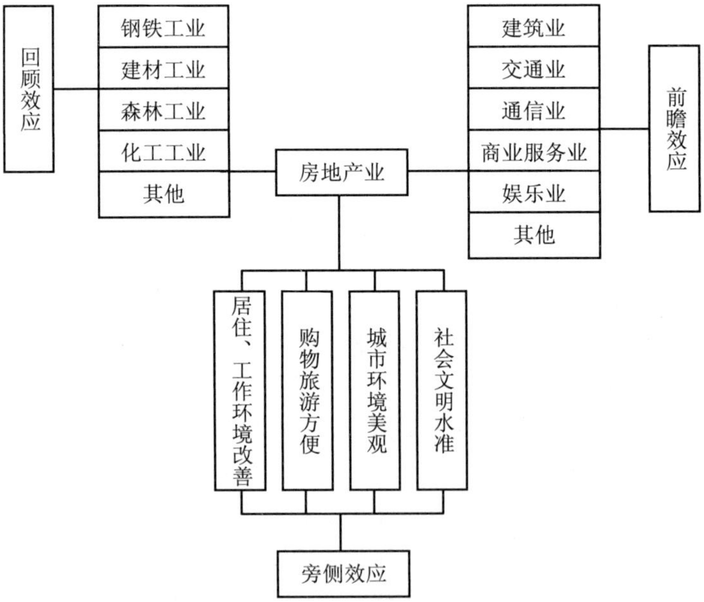

图 2-3　房地产业作为主导产业进而成为支柱产业的三大效应示意图

所谓“回顾效应”是指产业的发展对为其提供投入品的产业的发展所施加的影响。房地产业的主要投入品有钢材、木材、水泥。所以相关的行业则有钢铁工业、建材工业、森林工业、化工工业。从图 2-2 中的全社会固定资产投资增长率来看，1992—1993 年，全社会固定资产投资增长率达到顶峰，而此时，房地产开发竣工面积增长率也达到了顶峰。这就说明，房地产业覆盖面大，国民经济水平的提高和人民收入水平的提高，都会导致对它的需求。前两者水平越高，回顾效应越显著。房地产业具有回顾效应的原因主要表现在房地产业涵盖范围广泛，且其影响范围会随经济发展和人民收入水平的提高而逐步扩大。

所谓“前瞻效应”是指产业的发展创造了能够引起新的产业活动的基础，并为更广大范围的经济活动提供了可能，甚至为新的产业的建立创造了条件。房地产业的发展为建筑业、交通业、通信业、商业服务、娱乐业等的发展提供了可能以及它们赖以生存与发展的物质基础。前瞻效应同样可以从全社会固定资产投资增长率与房地产投资增长率的数据上得到体现。即：1992—1993 年以及 2000—2005 年，房地产业的发展与全社会固定资产投资增长率的发展呈现同步快速增长的趋势。

所谓“旁侧效应”是指产业的发展对社会的影响。主要是指促进了社会整体物质文明和精神文明水平提高的那些间接影响。房地产业的迅速发展对居住环境、工作环境、购物旅游、城市环境的改善以及各种社会文明水准的提高都产生了积极作用。房地产业的旁侧效应表现在：人们居住、工作环境的改善，进行购物和旅游更加方便，对学习及社会活动等精神活动的空间要求得到更多的满足，房地产开发创造了新的城市及城市空间等。

2.4.4 房地业在国民经济中其他方面的作用

除了房地产业对宏观经济的作用之外，人们对物业功能质量和环境质量水平提高与更新的不断追求，必将不断促进和带动着相关消费市场的发展，例如，住宅水平的提高会带动人们对家电、家具、室内装修的需求；工作场所的改善会带动现代通信设施、办公自动化设备的消费。同时，住宅消费作为居民日常消费重要的组成部分，也在房地产业不断繁荣的前提下得到相应的改善和调整。因此，房地产业能够带动消费市场的开拓、优化城市消费结构。

房地产业的发展能够改善一国或地区的投资环境。房地产具有不可移动性、增值性和保值性。房地产的这些特征使其成为最佳的担保品，所以，房地产业的崛起和发展能够改善一国或地区的投资结构和投资环境，完善市场体系，实现土地资源的优化配置与利用，促进居民消费结构的调整。

当然，房地产业的发展不当，也可能对国民经济产生不良或负面影响，房地产业的发展需要同国民经济发展保持一定的比例，同时又要有相应的管理、监控措施，否则就会出现“泡沫经济”，危害金融业，冲击相关产业，以至影响地区，甚至整个国家经济的发展。

本章要点

1. 房地产业。
2. 房地产业的运行机制。
3. 房地产业的行业构成。
4. 房地产业与国民经济的关系。

第3章

房地产产权

房地产在经济上得以实现是房地产作为财产的本质所在，而其在经济上得以实现的前提是拥有合法的、真实存在的房地产产权。本章从产权的法律概念入手，在解析产权、所有权与所有制的关系，房地产产权的特征与权能的基础上，讨论和阐述了作为房地产财产核心的房地产产权在被确认、登记，以及核发“身份证明”——产权证过程中所受到的约束。明确这些相关内容，无论是对于房地产行业从业人员，还是对于业主/住户/租户或即将成为业主/住户/租户的人们都是至关重要的。

3.1 产权与房地产产权概述

3.1.1 产权、所有权、所有制的区别与联系

产权、所有权、所有制既相互联系又相互区别。

（1）产权的法律概念

产权，广义地说就是财产权，即存在或设定于一切客体之中或之上的完全的权利。所谓完全的权利，一般认为它包括占有、使用、收益、处分的权利。首先，对财产权起决定作用的是占有权，如果没有占有权，财产权就是一个空壳；其次是使用权、收益权和处分权。这里的权利应该是根据国家法律的规定或是产权人的意志而实现的权利。《牛津法律大辞典》在定义产权时指出："不要把财产视为单一的权利，而应当把它视为若干独立权利的集合体，其中的一些独立权利可以在不丧失所有权的情况下予以转让。"

我国《现代实用民法词典》中，财产权和人身权都是主要的民事权利。财产权是具有物质财富内容的、直接和经济利益相联系的民事权利，一般可以分为物权、债权和知识产权。

1）物权。物权是在法律规定的范围内，对特定物的直接管理和支配，享有利益并排除他人干涉的权利。通常人们所提到的所有权，就是最重要的物权之一。

2）债权。法律上的债权是依据合同或者依据法律的规定在特定的当事人之间产生的一种特定的权利、义务关系，当事人的某一方有权要求他方做一定的行为或不做一定的行为。例如，在房屋租赁中，当出租人和承租人订立了合同，双方就产生了债的关系，出租人有权要求租户做出一定的行为，如按期交纳房租，不做出一定的行为，如不损坏装修设备；同样，租户也有权向出租人提出一定的要求。另外，侵权也会形成债的关系。

3）知识产权。知识产权是人身权和财产权的统一体，是人们对其在科技、文化等领域里创造的精神财富所享有的权利。知识产权是无形的财产，能看到的只是知识产权的载体。知识产权包括著作权（版权）、专利权、商标权、发现权等。

（2）产权、所有权、所有制的联系与区别

如上所述，产权就是财产权，财产权不仅可以进行内容上的分解，而且财产权具有多种形式，并居于不同的层次。

从财产的状态来看，一是动态财产，即处于生产经营过程中的财产，这种财产的边界伸缩（盈亏）未定；二是静态财产，即处于生产经营过程之外或处于过程的始点、终点的财产，这种财产的边界（量或质）是确定的。其中，静态财产（生活消费财产或处于生产过程终端的财产）的权利，可以归结为终极性财产权利；而动态财产（生产性或增值性财产）的权利，可以归结为中介性财产权利，也即处于生产过程中不同层次的占有权（如公司财产占有权可以粗略地分为董事会、经理层、直接生产者三个层次的占有权）。这时，我们可以将中介性财产权利和终极性财产权利均理解为狭义的产权，而将终极性财产权利称为所有权。

为什么说终极性财产权利就是所有权？所谓终极，一方面指财产客体边界的确定，另一方面也指财产主体的确定，即主体具备了排他性或独立支配性——主客体的确定，使财产权利具有排他性而成为所有权。反之，边界未确定、最终主体未分明的财产权利就不是所有权——有争议的或待划定边界、确认主体的财产权利只是属于中介性财产权利，即产权。由此我们可以发现，产权与所有权的根本区别在于：产权客体是动态财产，而所有权客体是静态财产。

产权与所有权的联系点又是什么？这个联系点就是两者的相互转化，即：静态财产必须转化为动态财产才能增值，动态财产必须转化为静态财产才能归属于一定的主体。产权的中介性表明，产权是手段，不是目的，产权是通向终极性财产权利——所有权的桥梁或过渡环节。产权作为生产经营过程中的财产支配权，表现为动态占有——即客体不确定，主体可变换；而所有权作为生产过程中的两端或之外的财产支配权，表现为终极的静态占有——即不但客体确定，而且主体也是确定的，从动态的委托（代理）占有（也可以是非代理性的直接占有），到静态的终极占有（财产归于真正的主人），再从静态的终极占有到动态的占有，如此循环往复，以至无穷。

而所有制实质上就是财产占有和所有交替（相互转化）的规则，即产权与所有权的交替（相互转化）的规则。当然，从另一个角度来看，所有制不光是一种财产运行规则（制度），它本身还是一个实实在在的实体，即一定财产主体与一定财产客体以一定方式结合的实体。这就意味着，不同的所有制，不但主客体不同，而且结合方式也不同。因此，由产权是通向所有权的中介这一点可知：不同的产权组合、配置方式（即动态财产的支配方式），以及不同的财产分割、归属方式（即静态财产的分配方式），就形成了不同的所有制。

应该说，产权是财产关系和经济关系的法律表现。因而，它首先是法学的范畴，而生产资料所有制关系则是财产关系和经济关系的核心或主要组成部分。产权是所有制的实现形式。在社会经济发展过程中，总是先有经济关系上所有制的变革，然后才有从法律上确定反映这种所有制的所有权和以所有权为中心的产权制度。这种所有权和以所有权为中心的产权制度，对所有制起着规范、确认和保护的作用。由此可见，所有制是产权和产权制度的基础，产权和产权制度是为所有制服务的。

3.1.2 房地产产权的概念

如上所述，产权是在一定所有制下，以所有权为核心的财产的完全的权利。因而，所谓房地产产权，就是财产权在房地产中的具体化，亦即存在于土地和房屋中的、以其所有权为核心的一系列排他性权利集合体的“权利集”。

《中华人民共和国宪法》明确规定城市土地归国家所有。自明确实施城市土地国有化以后，本着房地不可分的事实，在房地产实际上是一个整体的基础上，实行的是房屋所有权与土地使用权主体一致的原则，即：不取得土地使用权，就不得在其上建造建筑物；当地上建筑物所有权转移时，应连同使用的宅基地一并转移。因此，我国房地产产权实际上是指房屋所有权及该房屋所占用的土地使用权，以及由此所产生的各种他项权利的集合。

3.1.3 房地产产权的特征

房地产产权的特征，一方面反映了房地产产权的本质特征，另一方面也是土地和房屋的物的特征的表现。

（1）房地产产权的绝对性与排他性

房地产产权的绝对性，是指只有产权人对其拥有的房屋以及该房屋占用的土地具有使用权才享有直接的利益和充分而完整的支配权；房地产产权的排他性，是指当某产权人对其房地产享有所有权的同时，就排除了他人对该宗房地产的所有权。

对一种资源产权界定的完整程度是以产权的排他性来衡量的，房地产产权也是如此。房地产产权的排他性包括使用的排他性和拥有权的自由转让性两个方面。排他性使用权是指房地产所有者在被允许的范围内，对其使用拥有不受限制的选择权利，以保证其所有者获得稳定的经济预期。土地产权的可转让性是指土地所有者所拥有的权利在法律允许的条件下是可以自由转让的，以使土地资源投入最有价值的使用，从而达到资源优化配置的目的。这就是说，土地所有人在不违反法律或第三人权利的范围内，有自由处分权，并排除他人的一切干涉，其权利是不可侵犯的。

（2）房地产产权主体的特定性

房地产产权关系需要具体地界定当事人对房地产作为财产的法律手续，并进行相应的法庭诉讼和法律监督等，因此必须采取房地产产权利的人格化形式，即法人。如我国土地属于国家和农村集体经济组织所有，国家是国有土地所有权的唯一的和统一的主体；农村集体经济组织是农村集体土地所有权的主体，除国家和农村集体经济组织外，任何组织或个人都不能成为土地所有权的主体——这也就是我国土地所有权具有不可流转性的原因所在。

（3）房地产产权的法定性

房地产产权作为一种法律规范，是以法律的形式明确规定人们对房地产财产享有的各种权利，对这些权利的限制及破坏、处罚等。换句话说，房地产产权关系实际上就是房地产产权主体之间或产权行为主体之间经济关系的法律体现，必须是法律史记载和承认（或认可的）方能成立（或行使）的，即必须以法律来确认及保障其实施。土地或房屋被他人非法占有时，无论是被任何人或任何组织控制，所有权人都可以向他主张权利，所以，房地产产权是受国家法律保护的。

（4）房地产产权的可分离性

房地产产权是产权主体拥有的对财产的一组权利，而不是一种权利。房地产产权的内容包括所有权、使用权和他项权利等。这些产权要素是可以界定、可以分离的，因而能在不同的行为主体之间进行分配或配置，形成多种不同的产权组合形式（产权结构）。如土地所有权和土地使用权相分离，并形成各自相对独立的产权主体，土地使用权可以依法进行有偿转让。

（5）房地产产权的长期性和有限性

房地产产权的长期性是由于房屋建筑和使用的长期性所决定的，房屋建筑物具有投资大、建设工期较长、使用时间也较长的特点。因此，以房地产这个物为标的的房地产产权也是长期的。但长期并非永久，由于我国城市土地归国家所有，房屋所有者对国家土地的占用时间是有限的，所以就决定了建造在国有土地之上的房屋所有权在时间上是有限的。

（6）房地产产权在经济上得以实现

房地产产权不仅要以法律的认可和保障为前提，而且产权必须在经济上得以实现，方能体现产权的完整意义。如果只有产权在法律上的合法性，而不能在经济上得到实现，房地产的产权只能是一种空壳。过去国家实行土地无偿使用制度、住房的低租金制度和住房福利分配制、福利分配的体制，无法体现房地产产权的实质性意义。在这种制度和体制下，房地产的使用是极不合理的——低效或无效，并造成国家资源和资产严重流失。

（7）土地和房屋产权主体的一致性

土地是房屋的载体，也就是说房屋是定着于土地而存在的，即房依地建。房地产就是指土地和与其相连的、在空间上紧密结合为一体的房屋建筑物的结合体。同时，在城市，土地价值的体现往往又通过房屋的开发、建设和出售、租赁来体现。由此可见，房和地的产权主体必须是一致的。《中华人民共和国城市房地产管理法》和《城镇国有土地使用权出让和转让暂行条例》等法律、法规都明确指出，“土地使用权转让时，其地上建筑物、其他附着物所有权随之转让”；“土地使用者转让地上建筑物、其他附着物所有权时，其使用范围内的土地使用权随之转让”；“房地产转让、抵押时，房屋的所有权和该房屋占有范围内的土地使用权同时转让、抵押”。由此可见，保持土地和房屋产权主体的一致性，是房地产产权确认和保障的基础。

3.1.4 房地产产权的发生与灭失

房地产产权既是一种经济法律关系，也是一种民事财产关系，它是通过一定的法律事实而发生和灭失的。

3.1.4.1 房地产产权的发生

房地产产权的发生按其取得的方式不同，可分为原始取得和继受取得两种，它们是以是否按原所有权人的所有权及其意志为依据而取得所有权来区分的。

（1）房地产产权的原始取得

凡是产权人取得其房地产的所有权是最初的且不以原产权人的所有权和意志为根据的，均称为房地产产权的原始取得，也可称为最初取得。

土地所有权原始取得的方式：

1）没收。在土地改革过程中，依法没收官僚资产阶级、地主阶级和反革命分子的土地，作为国有土地或者分配给无地和少地的农民所有。

2）社会主义合作化、集体化。在我国农业合作化过程中，农民将自己的土地入社后转为集体所有的土地。社会主义改造是土地所有制的变革，不是对原所有人（农民）土地所有权的剥夺。

3）无主土地。没有土地所有人或所有人不明的土地，依法收归国有。

4）添附。因海滩、河流的冲刷或改造形成的沙洲、滩涂等的土地，依法收归国家所有。

房屋所有权原始取得的方式：

1）没收。与土地所有权原始取得一样，政府依法没收有关房地产作为公有民产。

2）社会主义改造。指20世纪50年代对私有出租房屋的社会主义改造。对这部分房屋是按国家政策规定进行房屋所有制的改革，而不是对原有房屋所有权的继承。

3）新建。国家投资建设的、单位或个人自筹资金新建的房屋。

4）无主房屋，指房屋所有人不明或者没有所有权的房屋，依法归国家或集体组织所有。

5）公私合营，单位撤、并、转和调整的房产。

（2）房地产产权的继受取得

房地产产权的继受取得也可称为传来取得，它是指根据法律或合同，继受人从原产权人处取得房地产产权的法律事实。房地产产权的原始取得与继受取得的区别在于：前者的法律事实多为事实行为和行政行为；而后者的法律事实则多为民事法律行为。房地产产权继受取得是最常见的所有权取得方式，如通过各种合同关系和继承关系取得的房地产所有权。房地产产权继受取得的时间要依据协议或合同签订生效之日。房地产所有权继受取得的主要途径有买卖、交换、赠与、继承等。

我国法律规定，土地不能买卖、赠与、遗赠。所以，土地所有权的继受取得方式主要是征用土地，即把集体所有土地通过国家征用转为国家所有，以及因土地被征用作建设用地而撤销了村民小组，农民迁移他地或转业，剩余土地归国家所有；通过统征、预征，把一定范围内的全部集体所有土地转为国家所有等。土地征用是有条件的。《中华人民共和国土地管理法》规定，国家建设征用土地，由用地单位向被征地单位支付土地补偿费、安置补助费等。因国家建设征用土地造成的劳动力多余，由县级以上地方人民政府土地管理部门组织被征地单位、用地单位和有关单位通过发展农副业生产和开办乡（镇）村企业等途径进行安置。至于土地被征用完而被撤销村民组织后的多余土地归国家所有，以及统征、预征后的地区，都是以安置被撤销村民组织的农民为前提的。这些补偿和安置措施都是以承认土地的原有的所有权人为前提的，所以，其性质属于继受取得。

房屋所有权的继受取得以房屋的买卖、继承等方式为主。所以，常见的房屋的继受取得的法律事实多为民事法律行为，即根据法律或合同规定，从房屋的原所有权人那里取得房屋所有权。房屋所有权继受取得需要有完备的法定程序和手续。常见的房屋所有权继受取得的方式有买卖房屋、产权交换、遗赠、赠与和继承等。

3.1.4.2 房地产产权的灭失

房地产产权的灭失是指房地产产权人通过一定的法律事实失去了他对其房地产的所有权，即产权终止。房地产产权的灭失一般有以下形式：

（1）产权客体灭失

房地产产权客体是指以房屋和土地为主要内容的房地产实物，即房地产法律关系中的客体。当房地产实物发生拆除、倒塌、焚毁等灭失状况，包括由于产权所有人对其房屋进行事实的处分（如房屋的拆除）、自然灾害（如地震、火灾、水灾等）或第三者的过错等而导致所有权客体的灭失，房地产产权就随之消失。因此，房地产产权客体灭失也称为绝对灭失。

（2）产权主体灭失

房地产产权主体的灭失，是指由于产权人的灭失而导致房地产产权的灭失。这种一般分为两种情况，即自然产权人的死亡或法人的解散，他们所拥有的产权也将随之灭失，这种灭失即为房地产产权的主体灭失。当自然产权人死亡后，其产权由继承人继承或受遗赠人接受遗赠；当法人解散后，其财产的归属问题按法人的章程和有关法令的规定处理。因此，房地产产权主体灭失也称为相对灭失，即当某一特定房地产产权人失去了其所拥有的房地产产权，其他人仍然可以取得其产权，如可以通过买卖、赠与、交换等方式将所有权转让给其他产权人，对于原产权人以及房地产产权本身来说，这种房地产产权灭失就是相对灭失，此时也称为产权转移。

（3）产权抛弃

产权人由于各种原因而放弃了对自己房地产的所有权，即形成了产权抛弃。因产权抛弃而发生的产权灭失的形式包括无主房地产。

当产权人自愿抛弃其财产或某宗财产，法律是允许的，但前提是不能给他人和社会带来危害。

（4）产权因强制手段而被消灭

产权因强制手段而被消灭通常情况有两种，即行政命令和法院判决。当国家以强制的手段依法将产权人的房产征用、征购、拆迁、收归国有，或法院依法判决没收产权人的房产等，都使原产权人对其房地产的权利随之灭失。

在以上几种产权灭失中，第一种为绝对灭失，而其他几种为相对灭失。因为只有产权客体灭失是物（房屋）本身的灭失；而其他几种虽然物的原所有权消灭，但房地产本身并未消失，而是由此产生了新的房地产权利人，产权仍然存在。

3.1.5 房地产产权关系

3.1.5.1 我国房地产产权的一般关系及其类型

在我国，政府是城市土地的所有者，即最终业主，土地的使用权则出让或出租给房地产开发者、经营者或使用者；房地产开发经营者开发出房地产产品后再出租给使用者，由此形成了不同层次的房地产使用权属关系，即所谓的大业主和小业主的关系。

房地产产权关系有以下几种类型：

1）政府—开发商—租户。如果政府将一宗土地出让给某房地产开发公司，且该房地产开发公司在此地块上建造了楼宇建筑物，并将其分割为若干个单位分别出租给不同的用户。这种情形下所表现出来的权属关系为：房地产开发公司与政府之间直接发生关系，房地产开发公司享有这块土地的使用权，同时负责对这块土地的管理。此时该房地产开发公司处于大业主的地位，各租户与大业主之间直接发生关系，与政府之间只是一种间接的关系。这种产权关系的特点是政府授权大业主垄断房地产开发公司的纵向式产权关系。

政府—房地产开发公司—……{ 租户 1；租户 2；……；租户 n }

2）政府—小业主。如果房地产开发公司将已建造完成的楼宇建筑物全部出售，则各个买主即为小业主。各小业主之间的地位是平等的，且各自享有属于自己的那一份房屋所有权和该房屋所占用的土地使用权。此时，房地产开发公司作为最初的大业主则退出市场，既不享受任何权利，也不承担任何责任和义务。这时只有小业主以相互之间平等的地位与政府存在着房地产产权的权属关系。这种产权关系的特点是政府与诸多房地产小业主之间纵向分散式的产权关系。

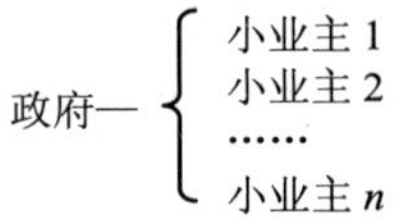

3）政府—大业主/小业主—租户。如果房地产开发公司只出售已建造完成的楼宇建筑物的一部分，即出卖部分建筑物单位的产权，房地产开发公司本身仍然保留大业主的身份，此时大业主与小业主之间处于平等地位，他们与政府之间均表现为直接的关系。在大业主出售的楼宇单位中，有买主自用的，也有买主买后再出租的。这种状况下的房地产产权权属关系较为复杂，产权关系的特点主要表现为政府与处于平等地位的多元经济主体之间纵向分散式的产权关系。

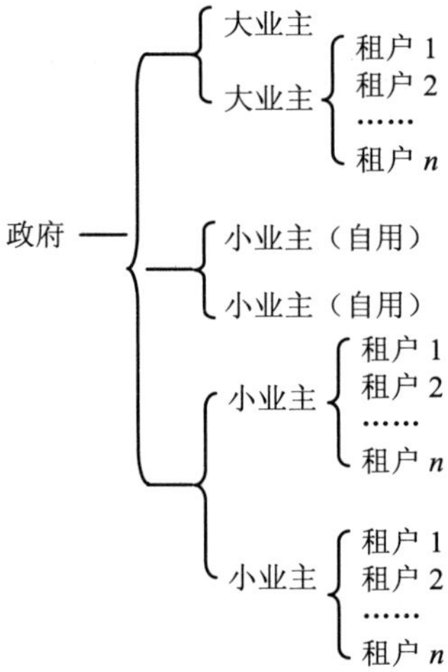

3.1.5.2 房地产产权的法律关系

（1）房地产产权法律关系的主体和客体

房地产产权法律关系的主体即权利主体是该房地产的产权人，他应是具有民事行为能力的自然人或法人。这个权利主体必须是特定的、肯定的、明确的，它可以是一个或一个以上的自然人，也可以是一个或一个以上的法人。当房地产由两个或两个以上的产权人所有时称为产权共有。产权共有按其所有份额、享有权利和承担义务的不同可分为：份额共有和共同共有。份额共有是指共有人分别按照各自占有的份额享有相应的权利和承担相应的义务；共同共有是指共有人对该房地产拥有相同的份额，享有同等的权利，并承担同等的义务。

房地产产权法律关系的客体是指以物的形态出现的房屋及其占用的土地。根据法律及有关政策，可以把物分为动产和不动产，动产是指可以移动的物体，如各种日常用品；不动产则是指不能移动或者移动后会损失其经济价值的物体，如房地产。物的这种分类对房地产管理具有重要的法律意义，即对不动产产权的变动，如房地产的买卖、赠与、交换等都必须经过房地产管理机关对其产权及合法变动情况进行确认和监督，依次实现对产权人合法权益的保护。

（2）房地产产权法律关系的内容

房地产产权法律关系的内容是指产权人在法律规定的范围内享有的权利及其承担的义务。

1）房地产产权人享有的权利

占有。房地产产权人对自己房地产的占有权，也就是他对自己房地产事实上的控制权和支配权，产权人的这一权利是受到法律保护的，他人不得侵犯。占有是房地产产权法律关系的基本内容，占有房地产的可以是产权人本身，也可以是非所有者通过合法手续对房地产的占有，如房屋的租赁、代管、借用等，在这种情况下，房产产权仍属于出租人、托管人、借出人，但它却为承租人、代管人、借用人所占有，此时即为产权和占有相分离的情况，这种占有是合法的，凡是合法占有都受到法律保护。但是，如果占有人没有法律依据而占有他人房产，则为非法占有，视情节轻重将受到法律制裁和处理。

使用。房地产的使用权是指房地产的占有者按照房屋的性能及其使用价值对房屋合理地加以利用。房地产的产权人可以自己行使使用权，如自住、自用等；也可以依一定条件把房地产的使用权转让给他人，如租赁、出借、抵押等。房地产的使用权和占有权是密不可分的，没有占有权，使用权就失去了存在的基础。无论是产权人还是合法占有人在行使使用权时，都必须遵循以下原则：①按照房产本身的自然属性和经济属性使用；②遵守法律和公共道德，不损坏公共利益和他人利益；③正确处理邻里关系，如通风、采光、排污、公用通道等。

收益。房地产收益是指按照法律规定，产权人或占有人在履行权利、义务关系中所得到的收益，如产权人出租和占有人转租房产时所收取的租金等。

处分。房地产的处分权是指产权人在法律规定的范围内，根据自己的意志处置其房产的权利，如产权人对其房地产依法拆除、出卖、出租、赠与等。

2）房地产产权人应承担的义务

房地产产权人应承担的义务是指房地产产权人应遵守政府有关的政策

法规，维护自己的房产，确保使用安全，保护环境卫生，处理好与承租人的关系，以及按时照章缴纳各种税费等。

3.2 房地产产权的类型及其权能

房地产产权类型是指按房地产权属的一定属性划分的房地产产权类别，具体类型见图 3-1。

- 房地产产权类型
  - 所有权
    - 土地所有权
      - 国家所有
      - 集体所有
        - 村农民集体所有土地
        - 乡（镇）农民集体所有土地
        - 村内两个以上农业集体经济组织所有土地
    - 房屋所有权
      - 全民所有
      - 集体所有
      - 私人所有
        - 独有
        - 共有
      - 外产所有
      - 中外合资产所有
      - 国集合营企业所有
      - 股份制企业所有
  - 使用权
    - 土地使用权
      - 国有土地使用权
        - 城镇国有土地使用权
        - 农村国有土地使用权
      - 集体土地使用权
        - 农用土地使用权
        - 农村居民宅基地使用权
        - 集体非农业建设用地使用权
    - 房屋使用权
      - 自用房屋
      - 租赁房屋
  - 他项权利
    - 土地他项权利
      - 抵押权
      - 地役权
      - 租赁权
      - 空中权
      - 地上权
      - 地下权
    - 房屋他项权利
      - 抵押权
      - 租赁权
      - 典当权
      - 采光通风权
      - 安全权

图 3-1 房地产产权类型

3.2.1 房地产所有权类型及其权能

3.2.1.1 房地产所有权的类型

房地产所有权的类型是由房地产产权制度及国家法律规定的。

（1）土地所有权

依照有关法律的规定，我国实行社会主义土地公有制，土地属国家所有和集体所有；房屋作为财产，可以依法分别属于国家所有、集体所有和个人所有。依照《中华人民共和国民法典》和《中华人民共和国土地管理法》的有关规定，集体所有土地还可以分别属于村农民集体所有、乡（镇）农民集体所有和村内两个以上农业集体经济组织所有。

依照《中华人民共和国宪法》和《中华人民共和国土地管理法》等的法律规定，国家所有土地和集体所有土地包括以下范围。

1）国家所有土地。国家所有土地主要包括：

城市土地，即除法律规定属于集体所有以外的城市市区土地；

依照法律规定被征用的土地；

依照法律规定被没收、征收、征购、收归国家所有的土地；

依照法律规定确定给予全民所有制单位、农民集体经济组织和个人使用的国有土地；

依照法律规定属于国家所有的其他土地。

2）集体所有土地

农村和城市郊区的土地，除法律规定属于国家所有的之外，属于集体所有；

农村的宅基地和自留地、自留山等。

（2）房屋所有权

我国正处在社会主义初级阶段，多种所有制并存，房屋所有权也呈现多种性质。

1985年，城乡建设环境保护部和国家统计局组织的第一次全国城镇房屋普查中，设定了“产别”这一统计指标，将房产分为公产、代管产、托管产、拨用产、全民单位自管产、私产、中外合资产、外产、军产和其他产。这一分类兼顾了所有权的性质和管理的不同形式，并不是所有权的分类。

按我国规定，将企业的经济类型分为9类，即国有、集体所有、私营、个体、联营、股份制、外商投资、港澳台投资和其他。这一分类同房屋所有权的分类并不完全一致。除个人所有的房产外，这些分类基本上都是按法人的经济性质来确定的。

a）全民所有房地产所有权

全民所有的财产，其所有权具有主体的唯一性和统一性的特征。唯一性是指只有国家才能作为全民所有权的主体，如国有土地所有权。统一性是指全民所有权只能由国家统一行使。

国家所有权的这些特征并不是说凡全民所有的财产都应由国家直接统一管理，这在实际工作中是无法做到的。我国的法学工作者创造了“企业法人”这一概念，规定法人必须有自己独立的财产，并将此规定于《民法通则》中，使全民所有的财产能由国家授权的机关、人民团体、企事业单位经营管理，行使占有、使用、收益和处分的权利。

实际上，国家的财产和这些机关、团体、企事业单位的财产是整体和局部的关系，国家的财产正是由无数个这样单位的财产所组成。

b）集体所有房地产所有权

集体所有的房地产，是我国社会主义公有房地产的重要组成部分。劳动群众集体组织的房地产，其所有权的主体是各个具有法人资格的集体组织；集体组织的某个成员或部分成员则不是集体所有权的主体。这与共有有着明显的区别。

c）私有房屋所有权

我国实行土地公有制，土地不能作为私有财产的标的。而房屋兼有生产资料和生活资料的特征，就决定了它的私人所有存在的必要。私有房屋所有权是国家保护公民个人合法财产在法律上的表现。私有房屋大部分都是自住的住宅，随着私营经济的发展，私有非住宅房屋及私有出租房屋越来越多。

从 20 世纪 80 年代开始，许多人按照房改政策购买的房屋，在取得所有权时得到了政府或单位的补贴，即通常所称的房改房产权。

d）外产所有权

外产是指外国政府、企业、社会团体及外籍人士在我国境内的房产。外产房屋按国际惯例，应依我国房地产管理法的规定管理，并适用于我国政府对外产的专门规定。

e）中外合资产所有权

中外合资产是指我国企业或其他经济组织与境外企业、个人或外国政府合资建造购置或作价入股的房产。中外合资产产权归合资企业所有。

f）国集合营企业房产所有权

国集合营是联营经济的一种。联营经济是指不同所有制性质的企业或其他经济组织之间投资组成的新的法人经济类型。国集合营企业的房产所有权属于这一新的法人所有。

g）股份制企业房产所有权

股份制经济是指全部注册资本由全体股东出资，所有股东只是基于其所认购的股份或出资额对企业负责的经济形式。股东按其持有股份的类别和份额享有权利，承担义务。虽然股份是股东权利、义务的来源，但不等于股东就是股份制企业房产的所有权人。公司一旦解散或破产，不是将公司的房产分割给股东，而是采用类似债权的办法将剩余财产变价后分别偿还。股份并不是一种所有权关系。股份制企业的房产所有权的权利主体应是企业，而不是股东，因而，也不存在“股份所有权”。

（3）我国房地产所有制关系下房屋所有权特例的形式

在我国现行的房地产所有制关系下，随着社会经济发展的需要曾经或正在实行的房地产所有权形式有些属于是中国特色，是在特定的社会经济环境与制度，以及体制改革过程中诞生的一些必要的产权形式，主要是表现在房屋所有权方面。

a）房改房产权

自20世纪80年代起，国家为解决职工住房问题，采取了多种办法，包括住宅建设投资上采取多种渠道，鼓励职工个人购买住宅等。但由于长期以来形成的低消费结构，大部分职工难以依靠自己的工资收入购买房屋，因而，政府和企事业单位以给予各种形式的补贴的方式，鼓励职工通过购买公房来改变缺房和房屋常年失修的状况。这类房屋“销售”的共同特点，是售房的价格低于房屋价值。就其本质来说，这类房屋本应是国家或企事业单位与购房者的共同财产。但为了鼓励个人购买住宅，将其转化成为购房者的私有房屋，只是对收益和处分的权利进行了限制，以防止有人利用售价和实际价格之间的差价牟利。由此而产生了以下几种房改房产权类型。

1）部分产权——以标准价购买的住房产权

1994年，国务院《关于深化城镇住房制度改革的决定》明确规定：以标准价购买的住房产权称为部分产权。部分产权的房屋所有权人对房屋拥有占有和使用的权利，并拥有有限的收益权和处分权，且可以继承。购买者住用5年后该房屋可进入市场流通。在同等条件下，原售房单位有优先购买和租用权。售房收入扣除有关税费后的收益，按政府、单位、个人的产权比例进行分配。这里所指的“产权比例”，不等于出资比例，而是政府、单位、个人各自占有产权份额的比例。因而，从法理上看，部分产权是一项共有房产的产权，购房者只拥有该产权的一部分，即是按份共有人。

标准价，最早见于 1993 年初国务院办公厅批转的国务院住房制度改革领导小组发布的《关于推进城镇住房制度改革的意见》。当时规定的标准价包括住房造价、征地费和拆迁补偿费用。1994 年，国务院《关于深化城镇住房制度改革的决定》将标准价规定为："标准价按负担价和抵交价之和测定。"标准价是由市（县）人民政府依据该市（县）职工上年平均工资增长水平、单位发放的住房补贴和资助职工建立住房公积金年增长水平等因素逐年测定，并报省、自治区、直辖市人民政府批准后公布执行。

负担价，按房屋所在地职工年平均工资测算。以 1994 年一套建筑面积为 56 m^2 的新建房屋为例，一般应为双职工年平均工资的 3 倍，经济发展水平较高的市（县）应高于 3 倍。双职工年平均工资按当地统计部门公布的上年职工年平均工资乘以 2 计算。旧房的负担价按出售当年新房的负担价成新折扣计算，使用年限超过 30 年的，以 30 年计算。如已经经过大修或设备更新的旧房，按规定评估后确定。

抵交价，按双职工 65 年（男职工 35 年，女职工 30 年）内积累的由单位资助的住房公积金贴现值的 80%计算。旧房的抵交价可根据使用年限适当降低，但最多不能低于新房抵交价的 80%。

2）以成本价购买的住房产权

国务院《关于深化城镇住房制度改革的决定》规定：对高收入职工家庭出售公有住房实行市场价，对中低收入职工家庭出售公有住房实行成本价。

成本价包括住宅建造中的征地费和拆迁补偿费、勘察设计费和前期工程费、建筑安装工程费、住宅小区基础设施费、管理费、贷款利息和税金等 7 项费用。旧住宅的成本价以售房当年新住宅的成本价按成新折扣计算。使用年限如已超过 30 年的，以 30 年计算。经过大修或设备更新的房屋，按规定评估结果确定。

按成本价购买的住房，产权归个人所有。一般住用 5 年后可以依法进入市场交易，在补交土地使用权出让金或者所含土地收益并按规定缴纳税费后，收入归个人所有。

按成本价购买公有住房，每个职工家庭只能享受一次，购房的数量必须按照各级政府规定的分配住房控制标准执行。

3）微利房产权

微利房和全价的商品房没有本质的区别，因为微利还是包含一定的利润。除了住宅外，国家对某些生活必需品也实行微利甚至允许政策性亏损，不能说购买了这些商品房后在处分上就要受到限制。所以，职工购买的微利房为私有房屋，产权由个人所有。

4）以其他优惠价格购买的住房产权

另一种优惠价格是按职工的工龄、房屋的折旧、地段等因素计算的价格。以这种较优惠的价格向职工出售的房屋，主要产生于 1994 年以前，而且此类房屋绝大部分已先期由产权单位分配给购买者使用。对这类房屋，国务院《关于深化城镇住房制度改革的决定》规定：对原已出售的公有住房，均须按照售房当年的售价占成本价的比重明确个人拥有的产权比例。或者经购房人同意按成本价补足房价和利息。前者是将其规范为部分产权，后者则是归入成本价。

1998 年 11 月已公布了新的房改房方案，所有 1999 年以后建筑的住房一律按成本价计算，并实行“新人”新办法、“老人”老办法的有关规定。

b）公有房屋

公有房屋在我国由来已久，即国家所有和集体所有的房屋，可以按其持有形式划分不同的类型。所谓持有形式是指对房屋实际支配和控制的主体。如国家所有房屋可以分为直管和自管两种形式。直管房屋是由房屋管理部门持有的、直接管理的公房；自管房屋是由国家机关、团体和其他事业单位持有的、自行管理的公产房屋，以及军队持有的自管房屋和全民所有制、集体所有制企业单位持有的自管的房产。又如，集体所有房屋，也可以分为集体经济组织持有或自管的房屋，合作社持有或自管的房屋，中外合作、合资企业持有或自管的房屋，宗教团体或其他集体持有或自管的房屋等。个人所有房屋可以划分为独有和共有，在共有中又可分为按份共有和共同共有。共同共有不同于集体所有。共同共有的所有权主体为两个以上，每个产权人对房屋都享有所有权，都具有独立的法律地位，但产权的实现需经全体共有人的同意，未经全体共有人同意的民事行为（处分）为无效；集体所有的主体是单一的，其集体成员不具有独立的法律地位，而是由集体组织行使权利和义务。按份共有中的共有人可以分别按各自所有的份额分享权利、义务。

3.2.1.2 房地产所有权权能

房地产所有权的内容是指其所有权法律关系中权利主体所享有的权利和义务。就权利而言，具体体现为房地产所有人在法律规定的范围内，对其土地或房屋享有的占有、使用、收益和处分的权能。

（1）占有

占有，是指房地产产权主体对土地或房屋的实际的掌握和控制。以占有为核心所形成的占有权通常由所有人行使，但也可以根据所有人的意志和利益分离出去，由非所有人享有。所有人占有是指在事实上掌握和控制自己所有的土地和房屋，是房地产所有权的一个权能，即占有权的体现。非所有人占有是指非所有人对他人所有的土地和房屋的占有，凡是根据法律的规定或所有人的意愿而占有的，是合法占有，能够形成独立的占有权，并能排斥第三人的干涉，如承租人根据租赁合同占有出租人的房屋等。

（2）使用

使用，是指房地产产权主体按照土地和房屋的性能和用途进行事实上的利用和运用，如在依法取得的土地上建造房屋，在耕地上种植农作物等。以使用为核心所形成的使用权是房地产所有人所享有的一项独立权能，所有人可以在法律规定的范围内，依自己的意志使用土地和房屋。房地产所有人可以在法律规定的范围内，根据自己的意志和利益，将使用权分离出去，由非所有人享有。房地产的使用权的实现，要以占有权为前提，当占有权与所有人分离以后，所有人的使用权也与所有权发生分离。但是，所有权和使用权相分离之后，并不排斥所有者要求在经济上的实现。

（3）收益

收益，是指房地产产权主体在土地和房屋之上获取经济利益。以收益为核心所形成的收益权就是产权主体获得房地产经济利益的权利，也可以说，收益权是基于行使房地产所有权而取得经济收入的权利，是所有权在经济上实现自己的表现。收益权一般与使用权联系在一起，但是，收益权本身是一项独立的权能，因而，使用权不能包括收益权。所有权人可以不行使对土地和房屋的使用权，但可以享有对土地和房屋的收益权。同时，非所有权人可以依据法律和合同的规定，享有对土地和房屋的使用权，而不享有收益权。如在私人房屋租赁中，承租人只能对出租人的房屋享有使用权，而不能将房屋转租而享有收益权。

（4）处分

处分，是指房地产所有权人在法律允许的范围内对土地和房屋的处理。以处分为核心所形成的处分权实际上就是所有权人对所拥有房地产处理的权利。处分权决定土地和房屋在法律上的命运，即依照所有人的意志和法律的规定，对土地、房屋进行处置的权利，如出卖、赠与和其他转让行为。所有权人对房地产的处分，都会引起所有权的转移或消灭，决定土地和房屋的最终归宿。所以，处分权是所有权人的最基本的权利，是所有权的核心。处分权一般是由所有权人行使的，也可以委托他人代管处理。可见，处分权往往与所有权人分不开，但有时也可以依法将其处分权转让出去，由非所有人行使。房地产的处分权是有一定限制的，其行使范围不是无限的，而是受赋予其权利的法律规定限制的。我国现行法律规定，土地所有权不能买卖，也不允许以其他形式转让土地所有权；禁止滥用土地，不得擅自改变土地用途，不得破坏生态环境平衡，危害社会生产和人们的生活；不得擅自买卖公有房屋，严禁以城市私有房屋进行投机倒把活动；房地产开发、建设，不得违反建筑工程规划许可证的规定等。如 1990 年建设部发布的《城市房屋产权产籍管理办法》中，对房屋产权转移的限制作了这样的规定：城市房屋在城市改造规划实施范围内的、在国家建设征用土地范围内的，以及其他依法禁止转移、变更的，禁止产权转移或设定他项权利。

3.2.2　房地产使用权类型及其权能

房地产使用权是指土地和房屋的使用者在法律允许范围内，对土地或房屋的占有、使用和部分收益的权利。在所有权和使用权相分离的条件下，房地产的使用权可以由非所有权人行使，并形成一项相对独立的产权。房地产使用权是国家的土地和房屋使用制度在法律上的体现，即具有使用土地和房屋的产权主体，依法律规定的程序办理其使用权的申请、登记、发证等手续，经法律确认拥有对房地产的使用权利。房地产使用权是根据法律或合同规定产生的，因此，使用权主体必须在法律或合同规定的范围内使用。房地产使用权是房地产所有权的一项权能，在“两权”分离的条件下，无权决定房地产的最终处置，它只能依照法律和合同的规定转让使用权。

3.2.2.1　房地产使用权类型

我国房地产使用权可以分为国有土地使用权、集体土地使用权和房屋使用权等。国有土地使用权又可分为城镇国有土地使用权和农村国有土地使用权。农村国有土地使用权主要指农、林、牧、渔场依法拥有的土地使用权。

（1）城镇国有土地使用权

城镇国有土地使用权，是指国有土地的使用者依照法律规定或者合同规定，享有使用土地并取得收益的权利，负有保护和合理利用土地的义务。城镇国有土地使用权可以通过划拨和出让、出租、入股等有偿方式取得。有偿取得的土地使用权可以依法转让、出租、抵押和继承。划拨土地使用权在补办出让手续、补交或抵交土地使用权出让金之后，方能转让和出租。

（2）集体土地使用权

集体土地使用权，主要指农村集体土地使用权。农村集体土地使用权是指农村集体土地的使用者依照国家法律规定或者合同规定，享有使用土地并取得收益的权利，负有保护和合理利用土地的义务。

农村集体土地使用权可分为农用土地使用权、农村居民宅基地使用权和农村集体非农业建设用地使用权。

农用土地使用权。主要指联产承包地的使用权，即由集体或者个人承包经营从事农、林、牧、渔业生产所取得的使用权。农用土地使用权一般是以户为单位，并以由户主与集体土地所有权人（发包方）签订的承包合同为依据取得的。土地承包依照法律规定可以转让、转包，转包合同的签订必须由发包方参加，即取得发包商的同意。

农村居民宅基地使用权。我国法律规定，农村居民宅基地使用权指农村居民所建住宅依法批准取得的使用集体所有土地的权利。农村居民建造住宅时，使用原有的宅基地和村内的空闲地的，须经乡级人民政府批准；使用耕地的，须经乡级人民政府审核，报县级人民政府批准。未按规定程序办理合法手续的，其使用权法律不予保护。

农村居民建造住宅用地面积不得超过省、自治区、直辖市规定的标准，凡出卖、出租住宅的，不得再申请宅基地。除此之外，农村居民行使宅基地使用权，要注意相邻关系，不得妨碍、损害公共利益和他人合法权益。

集体非农业建设用地使用权。集体非农业建设用地使用权是指乡（镇）村集体企业和农村集体事业单位，进行非农业建设（除建造住宅外）依法取得使用集体所有土地的权利。我国法律不允许全民所有制单位或城市集体所有制单位拥有集体非农业建设用地使用权。全民所有制单位和城市集体所有制单位进行建设，需要使用集体所有的土地的，应当通过征用，把集体所有的土地转为国有土地以后才能取得土地使用权，即国有土地使用权。集体非农业建设用地使用权的取得，不但需要土地所有者的同意，还必须依照法定程序进行报批，接受政府主管部门的监督和管理。也可以说，集体非农业建设用地使用权必须由国家依法确定。

（3）房屋使用权

房屋使用权，指房屋使用权人依房屋所有权人的意志，在国家法律规定的范围内，经双方签订合同或租约取得对房屋的实际占有和使用的权利。这里讲的房屋使用权是指与房屋所有权相分离的、具有独立民事权利的相对独立的权利。

3.2.2.2 房地产使用权权能

房地产使用权的权能包括占有、使用、收益和处分 4 项权能。

1）占有。占有是指使用人对房地产实行控制或支配的权利，它是产生使用权的前提和基础。

2）使用。使用是指对房地产的利用和运用的权利。使用必须依照法律和合同的规定进行，如企业使用土地是利用土地进行生产经营，企业不得擅自把土地改作他用，也不得征而不用。

3）收益。收益是使用人享有使用土地和房屋上利益的权利，即它是基于使用房地产而取得的经济收入。使用人占有土地和房屋取得使用权，其目的就是经营房地产，以获得一定的利益。

4）处分。这里的处分不同于所有权人的处分。在非所有人使用权的情况下，使用人无权决定房地产的最终命运，它只能依照法律和合同的规定转让房地产使用权。所以，这里的处分权是指使用人依照法律和合同的规定转让使用权的权利。

房地产使用权的各项权能要受到国家法律和所有权人意志的限制。因为房地产是社会财富，是社会生产的基本物质条件，它与人类的生产生活和环境等都有着密切的关系，因此，房地产使用者的各项权利都要受到限制。这种限制，一方面是从使用范围、使用条件、程序和使用年限等方面运用法律手段加以限制；另一方面，从既要维护国家权益、社会效益，又要使房地产使用者有利可图的原则出发制定限制政策。

3.2.3 房地产他项权利

他项权利在民法中称为相邻权。房地产他项权利是指相互毗邻的房地产所有权人或使用权人对各自的土地或房屋行使所有权或使用权时，因相互间应当给予方便或接受限制而形成的权利和义务。房地产他项权利的实质是对其所有权人和使用权人行使所有权和使用权的一种限制。这种限制，一方面要无损于所有人或使用人的正当合法利益，另一方面也要照顾和方便对方的合理需要，对国家、集体和个人都有好处。所以，他项权利的设定和行使，不能超越国家法律所允许的范围。《民法通则》第八十三条规定：“不动产相邻各方，应当按照有利生产、方便生活、团结互助、公平合理的精神，正确处理截水、排水、通行、通风、采光等方面的相邻关系。给相邻方造成妨碍或者损失的，应当停止侵害，排除妨碍，赔偿损失。”

目前，我国房地产他项权利的主要类别有：

1）抵押权。房屋所有权及以出让方式取得的土地使用权可以设定抵押权。抵押开始，抵押权人即取得了对房屋或土地的抵押权，抵押人（产权人）和抵押权人（债权人）要订立抵押契约，规定还款期限及利息。到期不还清债务的，抵押权即消失。抵押人破产的，抵押权人享有以抵押物作价或从拍卖房地产价中优先得到清偿的权利。

2）地役权。我国《民法通则》对相邻或相隔的土地或房屋（不动产）的通行、取水和排水等权利，用相邻关系的形式做了规定。这里把这种在他人使用的土地或所有的房屋上取得通行、取水和排水的权利称为地役权。一般认为，相邻关系是通过法律规定的，不必经相邻各方约定而对房地产产权进行限制，同时，为了取得通过他人土地或院落、走道的权利，要向他人交纳一定的费用。

3）租赁权。我国的房屋及经出让的国有土地使用权可以出租，承租人对所承租的房屋或土地有租赁权，这是我国的一种较为特殊的房地产他项权利。

4）典当权，简称典权。产权人将房地产以商定的典价典给承典人，承典人在典期内享有房地产的使用和管理的权利。在典期内，承典人不收付出典价的利息，而出典人也不收房屋租金。典期满，房屋所有人，即出典人退回典价收回房地产的产权。超过典期，出典人如不赎回或无力赎回，承典人享有房地产产权。

除此之外，房地产的他项权利还包括相邻采光通风权、相邻安全权、借用权、空中权和地上权、地下权等。

3.2.4 建筑物区分所有权

随着住宅商品化的不断发展，包括我国在内的世界各国纷纷兴建高层或多层建筑，由此产生了一栋建筑存在多个所有权人的情形，继而引发了许多法律问题。为了明晰产权关系、预防和解决纠纷，建筑物区分所有权制度应运而生。各国纷纷针对建筑物区分所有权制定了法律。例如，奥地利在 1948 年制定了《住宅所有权法》，日本在 1962 年制定了《有关建筑物区分所有等法律》，美国制定了《联邦公寓所有权法》。有些国家则对民法进行了补充规定，例如，瑞士 1965 年将区分所有权法列为《民法典》第 4 编“共有与楼层所有权”。[①]我国大陆地区最早以立法形式对建筑物区分所有权进行规定是在2007年通过的《中华人民共和国物权法》中，该法设专章对业主的建筑物区分所有权做出规定。2020年5月28日，十三届全国人大三次会议表决通过了《中华人民共和国民法典》，该法典第二编物权第六章对业主的建筑物区分所有权进行了专门规定，取代了物权法中的相关规定，并于2021年1月1日起施行。

（1）建筑物区分所有权的含义

建筑物区分所有权，是指区分所有权人共同拥有一栋建筑物时，就专有部分享有专有权，对共有部分享有共有权以及共同管理的权利。建筑物区分所有权是物权中的一项重要的不动产权利，是在一栋建筑物存在多个所有权人后出现的一种新的“复合物权”。[②]“区分所有权人”是一个学理上的概念，实际上指建筑物专有部分的所有权人，即业主。《中华人民共和国民法典》第二百七十一条规定：业主对建筑物内的住宅、经营性用房等专有部分享有所有权，对专有部分以外的共有部分享有共有和共同管理的权利。

（2）建筑物区分所有权的构成

建筑物区分所有权是一种复合形态的所有权形式，其内部由专有权、共有权和共同管理权构成。

a）专有权

专有权是指业主对建筑物内的住宅、经营性用房等专有部分享有的所有权，具有占有、使用、收益、处分4项权能。专有权的权利客体指向一栋建筑物中独立的建筑空间，能够与外界隔离且能够独立使用。[③]《最高人民法院关于审理建筑物区分所有权纠纷案件具体应用法律若干问题的司法解释》第二条规定，建筑区划内专有部分具备3个特征：①具有构造上的独立性、能够明确区分；②具有利用空间上的独立性，可以排他使用；③能够登记成为特定业主所有权的客体。

专有权与一般的不动产所有权没有本质区别，但是由于建筑物本身的特殊属性，专有权的行使需要受到限制。例如，所有权人不能随意变更房屋使用性质，并且基于复杂的相邻关系，所有权人的权利行使不能有害于其他人。《中华人民共和国民法典》第二百七十二条规定：业主对其建筑物专有部分享有专有、使用、收益和处分的权利。业主行使权利不得危及建筑物安全，

① 陈甦. 论建筑物区分所有权[J]. 法学研究，1990（5）：43-44.

② 王利明. 论业主的建筑物区分所有权的概念[J]. 当代法学，2006（5）：37.

③ 房绍坤. 建筑物区分所有权的构造[J]. 法学研究，1994（2）：32.

不得损害其他业主的合法权益。

b）共有权

共有权是指业主对小区建筑规划面积内的共有部分享有共同所有的权利。《中华人民共和国民法典》规定了两种共有形式：按份共有和共同共有。按份共有人对共有的不动产或者动产按照其份额享有所有权。[①]共同共有人对共有的财产共同享有所有权，例如，夫妻共同财产归夫妻共同所有。从共有形式上看，建筑物区分共有权与按份共有存在相似之处，即共有人均按照份额对共有财产享有所有权。但是，与按份共有相比，在区分所有的情形下，并没有形成确定的份额，也不能按照确定的份额来行使权利。尽管对建筑物修缮费用及其他费用是按照一定比例确定，但区分共有权人对自己的份额是不能单独转让、抛弃的，这一点与按份共有存在本质区别。[②]

共有权的权利客体通常指除建筑物内的住宅、经营性用房等专有部分以外的部分，包括建筑物内的走廊、楼梯、过道、电梯、外墙面、水箱、水电气管线等部分，也包括建筑区划内，由业主共同使用的物业管理用房、绿地、道路、公用设施以及其他公共场所等。《中华人民共和国民法典》第二百七十四条规定：建筑区划内的道路，属于业主共有，但是属于城镇公共道路的除外。建筑区划内的绿地，属于业主共有，但是属于城镇公共绿地或者明示属于个人的除外。建筑区划内的其他公共场所、公用设施和物业服务用房，属于业主共有。《最高人民法院关于审理建筑物区分所有权纠纷案件具体应用法律若干问题的司法解释》第三条规定，除法律、行政法规规定的共有部分外，建筑区划内的以下部分，也应当认定为是共有部分：①建筑物的基础、承重结构、外墙、屋顶等基本结构部分，通道、楼梯、大堂等公共通行部分，消防、公共照明等附属设施、设备，避难层、设备层或者设备间等结构部分；②其他不属于业主专有，也不属于市政公用部分或其他权利人所有的场所及设施等。

关于车库和车位的权利归属，我国法律没有明确规定。《中华人民共和国民法典》第二百六十七条规定，建筑区划内的用于停放汽车的车位、车库首先应该满足业主的需要。但该条法律并未明确车库、车位是否属于业主共有。实践中，车库和车位的归属由开发商和业主通过出售、出租或附赠等方式进行约定。占用业主共有的道路或其他场地用于停放汽车的车位，属于业

① 例如，甲和乙共同出资购买一辆汽车，甲出资 5 万，乙出资 6 万，甲、乙各按出资份额对汽车享有权利、承担义务。

② 王利明. 论业主的建筑物区分所有权概念[J]. 当代法学，2006（5）：41.

主共有。[①]

c）共同管理权

共同管理权又称“成员权”，是指建筑物区分所有权人基于在一栋建筑物的构造上、权利归属和使用上的不可分离的共同关系而产生的作为建筑物的一个团体组织的成员而享有的权利与承担的义务。[②]

共同管理权的权利主体是全体业主。为了便于全体业主行使共同管理权，各国立法大多确立了业主大会制度，业主可以依法设立业主大会，选举业主委员会。业主大会和业主委员会是保障业主行使权利、履行义务的组织机构。

共同管理权的权利行使范围包括：制定和修改业主大会议事规则，制定和修改建筑物及其附属设施的管理规约，选举或者更换业主委员会成员，选聘和解聘物业服务企业或者其他管理人，筹集和使用建筑物及其附属设施的维修资金，改建、重建建筑物及其附属设施等。

业主的建筑物区分所有权是一个集合权，具有不可分离性。业主对专有部分的所有权占主导地位，是业主对专有部分以外的共有部分享有共有权利以及对共有部分享有共同管理权的前提和基础。[③]

（3）区分所有权人的权利与义务

“区分所有权人”又称“业主”，是指享有建筑物专有部分的所有权人。

a）对专有部分的权利与义务

区分所有权人对专有部分的权利主要包括两个方面：一是对专用部分享有占有、使用、收益和处分的权利。比如，可以将专用部分用于自己居住，也可以用于出租、抵押、出售等。二是有权排除他人的干涉和限制。例如，未经邀请，他人是不能进入专有权人专有部分的空间的。

区分所有权人对专有部分的义务主要包括：①对专有部分的使用不能违反所有建筑物本身的使用目的。例如，用于居住的住宅不能用来开设餐馆、游戏厅等。②权利人对专有部分的使用不能妨害和损害其他区分所有权人的利益。比如，在家中存放有毒、有害或危险物品等。③区分所有权人不能损害或随意改变建筑物的结构。例如，在装修时将承重梁打掉或者改变房屋原有的水、电、气等供给系统。如果区分所有权人违反此类义务，需要承担相应的民事责任。

---

① 黄微. 中华人民共和国民法典释义（上）[M]. 北京：法律出版社，2020.

② 陈华彬. 论建筑物区分所有权的构成——兼议《物权法》第 70 条的规定[J]. 清华法学，2008（2）：113.

③ 住建部. 建设法教程（第四版）[M]. 北京：中国建筑工业出版社，2018.

b）对共有部分的权利与义务

区分所有权人对共有部分的权利主要包括：①对共用部分的使用权。业主有权按照共有部分空间的性质和用途使用该空间，其他共有权人不得限制或干涉该使用行为。例如，业主可以自由使用共用部分的电梯、公共走廊和公共道路，也可以自由利用公共健身设施或公共厕所，而不受其他业主的干扰。②对共有部分的收益权。如果区分所有权人经协商一致将共用部分用于营利性的使用，则该营利性收益应当归区分所有权人共有。比如，将小区公共道路用于出租车位，在某栋建筑的外墙悬挂或张贴广告等。③对共有部分的共同管理权利，包括参与表决权、参与管理规约制定和修改以及选举和解聘管理人的权利等。[①]管理规约是建筑物区分所有权人的自治规则，集中约定了业主的共同利益，业主应当履行的义务，有关物业使用、维护和管理，以及违反约定应承担的责任等事项，对全体业主具有约束力。我国《物业管理条例》第六条规定：业主参加业主大会决议，具有投票权；享有提出制定和修改管理规约、业主大会议事规则的建议权；对物业共用部位、共用设施设备和相关场地使用情况享有知情权和监督权。

区分所有权人对共有部分的义务主要包括：①负担共用部分的正常费用。为了使用、维修和管理共用部分所支出的费用，应该由区分所有权人分摊。例如，业主需要按时缴纳物业管理费。②合理使用共有部分的公共设施，保持共有部分的清洁等。比如，业主不能损害公共设施，也不能随意堆放垃圾。③不得擅自侵占共有部分的空间。例如，不得在公共绿地上扩建庭院，也不得在公共道路上搭棚建屋等。④不得给共用部分带来安全隐患。比如，不能高空抛物，在遛狗时要系好牵引绳，有安全隐患的电动车不得停放等。⑤其他遵守管理规约的义务。

3.3 房地产产权管理

3.3.1 房地产产权管理的含义

房地产产权管理是对于房地产产权隶属关系的管理，是国家房地产管理机关为保障产权人的合法权益而对房地产的取得、灭失和合法变动行为确认以及为此目的而实施的管理。

---

① 陈华彬. 论建筑物区分所有权的构成——兼议《物权法》第70条的规定[J]. 清华法学，2008（2）：113.

《中华人民共和国宪法》规定：国家“保护社会主义公有财产不受侵犯”，“保护公民的合法收入、储蓄、房屋和其他合法财产的所有权”。房地产产权管理就是房地产管理机关依照宪法所确定的原则，区别房地产的性质、类别，制定相应的政策法规，审查产权、确认产权、保障产权及监督产权的合法行使等，并结合产籍管理进行资料整理，为国家建设提供所需要的统计资料和产权资料，这项工作的全过程就是房地产产权管理。

3.3.2 房地产产权管理的范围与内容

（1）房地产产权管理所涉及的产别

我国房地产产权管理中涉及的产权类型有如下四大类：作为国家财产的重要组成部分的国有房地产；社会主义劳动群众集体组织所有的房地产，即集体所有制产；公民个人所有的房产，即私产；外国政府、企业、团体和侨民所有的房产；我国企业或私人同外国企业、私人合资经营的房产，即外产及中外合资产。

但是相同所有制的房地产，也会有不同的管理。例如，同样是全民所有制的房地产，有房地产管理部门直接管理的，也有企事业单位自行管理的。根据所有制和管理形式的不同，我国第一次城镇房屋普查结果为 11 类产别。

1）公产。指房地产管理部门直接管理的房产，也称直管公产。其中包括政府接管的、国家经租的、国家收购或投资新建的房产。

2）代管产。指目前没有产权人、由政府房地产管理部门代为管理的房产。

3）托管产。指房屋的所有人委托房地产管理部门代为管理的房产。这类房产由房地产管理部门代为管理、收租、维修，经费收支定期与产权人结算。产权人不愿委托时，可以退管。

4）拨用产。房屋的产权属于房地产管理部门，免租拨给单位使用，由使用单位自管自修。拨用产是全民所有制公有房产的一部分。使用单位只有使用、管理和维修权，而没有处置权。也就是说，使用单位无权转让产权，不得自行出卖、出租、转让、交换、拆除房屋。在房屋不使用时，交还给房地产管理部门。

5）全民所有制单位自管公产。指房屋产权属于全民所有制单位所有，并自行管理的房产。全民所有制单位自管公产，是全民所有制公有房产的一部分，只是由各使用单位自行管理而划出来的一类。

6）集体所有制单位自管公产。指房屋产权属于集体所有制单位所有并自行管理的房产。

7）私有产，即私产。指城镇中私人（包括农民、华侨、侨眷、归侨、外籍华人、有外籍亲属的中国公民）所有的房产。产权性质属于私有制。城镇中的私有房产，不论是自住或出租，都受到国家法律的保护。

8）外产。指外国政府、企业、社会团体、国际性机构及外国侨民（不包括外籍华人）所有的房产。

9）中外合资产。指我国政府、企业与外国政府、公司、厂商和个人等合资建造、购置的房产。

10）军产。指中国人民解放军部队、机关、医院、工厂、学校等军事单位所有，并自行管理的房产。

11）其他产。凡不属于上述 10 类的房产，包括宗教、寺庙等以及所有权未定的房产。

（2）我国现行房地产产权管理基本模式

目前我国房地产产权管理中有 3 种比较典型的模式：

1）“城乡统管，房地合一”的管理模式。即城乡土地、国有土地的出让以及房地产的转让、租赁、权属、抵押等均由国土房产管理局管理，产权管理实行两证合一。

2）“城市统管，房地合一”的管理模式。即以城乡为界，城市国有土地使用权的出让、转让、再转让等，均由市房地产管理局统一管理。

3）“出让为界，先分后合”的管理模式。即以国有土地使用权的出让为界，出让前由自然资源局负责，其后的转让、再转让等由市房地产管理局实行统管。

总之，房地产产权管理以明晰产权权属关系，划分所有者、经营者、使用者等多元利益主体结构以及相应的多元财产权利，明确各利益主体的权、责、利关系为目的。

（3）房地产产权管理的内容

房地产产权管理的内容主要有以下几个方面的内容：①房地产产权登记；②房地产产权的审查确认；③核发产权证书；④建立产权档案；⑤实施产权界定与维护。

3.3.3 房地产产权登记

房地产产权登记，也称房地产权属登记，在我国主要是指对土地使用权、房屋所有权和房地产他项权利的登记。我国房地产产权登记制度是按照《中华人民共和国城市房地产管理法》的规定，履行登记手续，将产权状况记载于政府特定的簿册上的制度。

为什么要建立房地产产权登记制度？归结起来讲，一是由房地产自身的特征决定的。房地产是特殊财产，不同于一般财产和商品，它具有价值量大、使用期长、属于不动产等特征；二是从法律规定的角度来看，《中华人民共和国城市房地产管理法》第五十九条规定："国家实行土地使用权和房屋所有权登记发证制度。"这就是说，城市房地产权利的取得、变更或灭失只能由政府管理机关通过登记程序来确认。许多国家的法律也规定：不动产权利的取得和变更应以登记为生效要件。

建立房地产产权登记制度，明确产权归属，一方面有利于依法保护国家、集体和个人的房地产权利，另一方面也有利于形成一个正常的、规范的房地产产权管理秩序，不断健全和完善房地产产权保障制度，维护社会安定团结，促进经济发展。

3.3.3.1 房地产产权登记制度的模式与特点

房地产产权登记制度，是世界各国普遍采用的方式。当今世界，以不动产登记制度为核心，房地产产权登记制度可分为两大类；契据登记制度和产权登记制度。

（1）契据登记制度

契据登记制度，又称登记对抗主义，是由法国首创的。这种制度是政府设置专门机构，以专设的簿册对当事人订立的不动产转让契约所载内容进行的登记。登记簿可供有利害关系的第三者查阅，登记为对抗第三者的要件。如土地权利的得失变更，未曾登载于公簿上，则不能对抗善意的第三人。

契约登记制度的主要特点是：

1）产权登记机关对登记申请采取形式审查，即只审查契约登记手续是否完备，登记的内容就是契据记载的内容。

2）契据证明已经订立。契据登记的主要目的，在于证明所登记的契据已经正式成立，并非保证契据中所移转或设定的产权无瑕疵。未经登记的契据也属有效，当事人之间仍然应受其约束，但不得对抗善意的第三人。或者说，虽然权利的变更，要依据当事人双方同意而订立的契约发生效力，但要对抗善意第三人，这一契约必须经过登记。由于当事人之间订立的契约在法律上已发生物权转移或变更的效力，登记机关对于登记的申请，仅做形式上的审查，即仅审查申请登记的手续是否齐备，契据是否合法成立。如符合以上条件，登记机关即可依照契据的内容予以全部照登，对契据中的实体权利内容有无瑕疵，则不过问。

3）登记与否不予强制。当事人是否申请登记，任其自由决定，法律不予强制规定。登记仅为对抗第三人的条件，对于契据内容是否有瑕疵，并无公信力；如登记的实体事项因诈欺、胁迫或错误被撤销或宣告无效，则不得以之对抗善意第三人。同样道理，如果同一宗房地产两卖，先买受而未登记的契据，不得对抗后买受面未登记的善意第三人；善意的后买者如经登记，则可对抗未经登记的任何先买者。

4）登记为房地产产权变更的对抗要件。经契约登记的房地产产权，当发生变更时要依据权利人意志生效。产权发生纠纷时，只有登记过的契约方能作为产权证明提交法庭，否则法庭不予受理。

5）登记不具有公信力。对已登记的权利事项，如果在试题上不能成立而无效时，不能以此对抗善意的第三人。

6）登记具有证据力。登记的效果，在于推定其已将产权买卖转移或设定抵押的事实告知世人。故登记之后，即可对抗任何第三人，不论善意、恶意。就登记的证据力而言，具有绝对效力。

契据登记一般向当地县级登记机关（多为地方法院的一个部门）申请办理。登记机关如认为申请登记的文件符合登记的要件，即予全部照录登记。登记的内容常抄录、复制成正本、副本，分区分类，按登记时间的先后次序编排并作索引，以便查阅。登记费一般是按申请登记契据的页数计算，即规定每页收费若干。此项费用在性质上属于行政费用的范围。

契约登记完毕，即表示权利人对某不动产已取得了某种权利的事实，由登记的行为推定登记权利人存在于该不动产的权利已向社会大众公开宣布，并警告以后任何其他人不得在此同一标的上设定相同内容的权利。如经登记后仍有其他人以此不动产为标的而设定或享受任何权利，均推定其为恶意，不受法律的保障。由于契据登记的标的为“契据”，而非契据中所表示的产权。所以契据登记只能表示契据或法律行为已经有效成立，就此一点而言，登记具有公信力；而就契据所代表的产权而言，则不可信赖其有公信力，因为登记的效果只在于推定当事人之间有关产权转移变动的事实，并已向世人正式宣告，从此可加强契据的法定证据力，而并无产权保证的含义。

采用契据登记制度的国家主要有法国、意大利、比利时、西班牙、葡萄牙、日本、南美若干国家及美国（多数州）。

（2）产权登记制度

产权登记制度，是指由政府设置专门机构，对房地产权利的取得、设定、变更及丧失进行登记的制度。建立产权登记制度的主要目的在于确定产权，表明产权，以保护合法的产权，为房地产交易、租赁等提供方便。登记机关对已做产权登记的权利人发放权利证书，并表明产权的性质和范围。当某宗产权做第一次登记时，登记机关须进行实质审查，以确认产权的取得及以往的变更过程无瑕疵。登记机关对产权进行审查登记，发放权利证书后，对产权的瑕疵负有担保责任。

产权登记制度依照登记方法的不同，一般可分为两种：权利登记制度、托伦斯登记制度。

a）权利登记制度

权利登记制度，也称登记要件主义，即权利的转让，以登记为生效要件，由德国首创，因而又称为德国式土地登记制度。

权利登记制度的特点表现为：

1）登记是产权变动的生效要件，即登记具有强制性。房地产权利得失变更不经登记，无法律效力。

2）登记机关对登记申请采取实质审查。即对申请登记所必备的形式要件、登记手续是否完备必须进行审查，还要查清取得的方式、产权界线、与他人的产权关系等。上述审查无问题方可进行登记。

3）登记具有公信力。经登记后的房地产权利具有确定的效力，纵然在实体法上被认为不能成立或无效，也可对抗善意的第三人。

4）登记的权利为静态。即不记载变动事实，只记载物（房屋、土地）的现存状况。

5）登记机关设登记公簿，记载房地产权利得失变更，供第三者查阅。登记簿以权利地块为单元，按地号顺序排列。

6）权利登记效力强，要求严。先要进行地籍测量，而后办理登记，并建立转移、变更等动态登记制度。

实行权利登记制度的国家有德国、奥地利、芬兰、瑞典及东南亚一些国家。

b）托伦斯登记制度

托伦斯登记制度，也称登记发证制度，是由澳大利亚托伦斯爵士于1885年拟定。这一制度在保障权利人的权益等方面均优先于契据登记制度。因为后者只是一纸孤立的交易记录，在很多场合无法保护登记人的权益。

托伦斯登记制度的特点是：

1）不强制一切土地权利者申请其土地所有权、他项权利的登记；但一经登记，如土地权利有变更或设定，则非经登记不发生效力。

2）在土地第一次所有权登记时，除将其记入登记簿外，另制作记载土地权利状态的权利证书两份，其正本存登记机关，副本交与权利人收执。若发生变动即签订契约，经登记人员审查后将权利状态记载于地券，然后交现权利人收执。若是设定他项权利，则发给他项权利证书。

3）登记具有公信力，具有不可推翻的效力。若当登记有虚伪、欺诈、错误、遗漏等情形而导致真正权利人的权利受损害时，登记机关应负赔偿损害的责任，即从登记费中提拨存储保险基金作为赔偿费用。

这一制度名义上并不强制所有权人进行登记，但实质上，当某宗房地产权利一经登记，由于地权登记已经有了政府对权利状况的记载，因而若有变更或他项权利的设定，非经登记，不生效力。因此，实际上，房地产权利一旦变更，权利人一般都会立即到政府地权登记部门申请登记，以保护其权益。

实行托伦斯登记制度的国家有澳大利亚、爱尔兰、新西兰、加拿大、菲律宾、马来西亚及美国（部分州）。

（3）我国房地产产权登记制度的特点

由于社会制度的不同，我国房地产登记制度与资本主义国家不动产登记制度有着很大的差别。其特点为：

1）我国城镇的土地属国家所有，房屋存在全民所有、集体所有、私有以及股份制等多种所有制形式。因此，房产所有人除申请房屋所有权登记外，还要申请国有土地使用权登记。

2）房屋权属登记具有强制性。

3）产权登记部门是政府职能部门，对登记申请进行实质性审查，无异议时方可登记。

4）登记具有较强的公信力。凡经确权登记的由县级以上地方人民政府房产管理部门颁发《房屋所有权证》或《房屋他项权证》，以此作为权利人凭证，并受到法律保护。

5）登录产籍，进行房屋测绘，建立房屋产权档案，由登记机关长期保存，作为产权产籍变更的合法依据。

3.3.3.2　房地产产权登记的种类

房地产产权登记，属于权属登记，按照登记原因的不同分类，我国目前可分为 7 类：总登记、土地使用权初始登记、新建房屋登记、转移登记、变更登记、他项权利登记、注销登记。

（1）总登记

总登记，也称静态登记，是国家、省（自治区、直辖市）房地产主管机关或市、县登记机关根据需要，在一定的行政区域范围和规定的时间内进行的房地产权属登记。凡列入总登记范围的所有房屋，不论房屋归谁所有，也不论其产权有无转移或变更，房屋所有人都应在规定的期限内向登记机关申请登记。

总登记一般是指以下 3 种情况：

从未进行过登记，没有产权、产籍资料；

需要全面核实，换发房地产产权证；

由于历史的原因，产权、产籍管理混乱，需要进行重新整顿登记。

总登记是一项涉及面广、工作量大的登记工作，一般由县级以上人民政府批准开展。登记机关认为需要时，可对本行政区域内的房地产权属证书进行验证或更换。进行总登记或验证一般应于规定期限开始之日 1 个月前，由登记机关公告周知。

公告应包括以下内容：登记或验证区域、申请期限、受理申请地点、办理登记的程序要求。

（2）土地使用权登记

国有土地使用权登记，是指土地管理机关或房地产产权管理机关针对依法取得土地使用权的单位和个人的申请，按照法定程序，对其国有土地使用权进行审查核实、注册登记，核发国有土地使用权证书的一种制度。

按照国家土地管理局的有关土地登记的有关规定，国有土地使用权的权属登记分为初始登记、变更登记两种。

所谓初始登记，是指在一定时间时，以出让或划拨方式取得土地使用权的，权利人应申请办理土地使用权初始登记。申请土地使用权初始登记时，权利人应提交批准用地文件、土地使用合同等有关证明文件，包括：在依法取得的房地产开发用地上新建成的房屋应凭土地使用权证书，申请房屋所有权登记；其余新建房屋凭用地证明，申请房屋所有权登记。

所谓变更登记，是指在初始登记之后，因土地使用权转让、转移或者因所设定的他项权利以及土地的主要用途发生改变而随时办理的登记。变更登记只是对初始登记的某些内容的改变，在程序上两种登记的过程几乎是一样的。

国有土地使用权登记主要事项有以下 8 项：

1）土地使用者情况。土地使用者是指依法获得国有土地使用权的单位或个人。单位应记载注册成立的法定名称，个人记载其姓名，并对单位注册的地址和个人的住所、经营地址进行登记。

2）土地位置。所谓土地位置是指土地坐落和四至。坐落是指土地所在的街道门牌号码或区号。四至是指登记土地相邻土地的所有者或者使用者的名称、姓名，也可以登记权属界线上永久性显著的地物或界标。为了与地籍图上反映的内容相互印证，还需登记土地所在地籍图的图号和地号。

3）土地权属性质。

4）土地使用面积。使用面积包括独自用地面积、共有使用面积及分摊使用面积。用地面积，是指土地使用者独自使用一宗地的面积。共有使用面积，是指某一土地使用者与其他使用者共同使用一宗地的全部或者一部分而无法在地面上划分使用者之间使用权界限的土地面积。分摊面积，是指土地使用者在共有权面积中应分摊的面积。

5）土地分类面积。土地分类面积是指按全国统一的土地分类标准，在一宗土地上各类用地的具体面积。

6）土地实际用途和等级。土地实际用途，是指依法批准使用的土地实际用途，如学校、住宅、商业区等使用的土地。土地等级，是指土地管理部门依照法定程序所评定的土地等级。

7）土地权属来源及依据。土地权属来源是指土地使用者通过什么途径取得的土地。依据是指政府批准的用地文件或政府部门颁发的证件，或者能证明土地来源的其他文件、批准时间及批准用途等。

8）土地使用期限。指政府批准的土地使用者可以使用土地的期限，主要是指通过出让方式取得国有土地使用权时所确定的期限。

（3）新建房屋登记

新建房屋登记是新建房屋权利人原始取得所有权的主要手段。对新建房屋必须申请登记。

申请新建房屋登记时，权利人应提交建筑用地规划许可证等有关证明。

房地产开发公司出售商品房，应在售房前到登记机关办理备案登记。

（4）转移登记

在总登记之后，当房屋所有权因买卖、交换、赠与、继承、分析、转让等法律行为发生，而涉及产权人的变更，必须办理产权过户手续情况下的登记。转移登记除继承外，应由权利人会同义务人申请登记，转移登记办理后，原发的产权证同时注销作废，产权人将获得新的产权证。

申请转移登记时，权利人应提交申请书、房地产权证书以及与房地产转移相关的合同、协议、证明文件等。例如，购房人应在开发企业备案登记后，凭购房合同办理房屋所有权登记。

（5）变更登记

变更登记是指在总登记之后，房屋因发生扩建、翻建、改建、部分拆除等增减情况，以及相应的宅基地、院落用地使用范围的增减，或房地产权利人法定名称改变所进行的登记。经变更登记后，原登记及原发证件注销作废，换发新的权证。

申请变更登记时，权利人应提交房地产权证书以及与房地产变更相关的文件。

转移登记与变更登记均称为动态登记。

（6）他项权利登记

他项权利登记可分为3种：他项权利设立登记、他项权利内容变更登记、他项权利注销登记。

申请他项权利登记时，权利人应提交的证明文件包括：

1）以空地使用权作为抵押物的，应提交国有土地使用证或土地出让合同、抵押合同及相关的协议和证明文件；

2）以房屋及其占有土地作为抵押的，除应提交前项所列证明文件外，还应提交房屋所有权证书或房地产权证书；

3）以房屋期权作为抵押物的，应提交房屋预售合同、抵押合同。

（7）注销登记

若发生房屋或土地灭失、土地使用年限届满、他项权利终止、权利主体的消灭等，原权利人均应申请注销登记。对于权利主体消灭的注销登记，如无人承受或不能确定承受人的可由登记机关直接予以登记。

申请注销登记时，申请人应提交原房地产权证书以及相关的合同、协议等证明文件。

除以上登记类型之外，还有更正登记、遗失登记、更名及住址变更登记、限制登记等。

3.3.3.3 办理房地产产权登记的部门

县级以上人民政府房地产行政主管部门负责房地产产权登记管理工作。

市、县人民政府房地产管理部门、土地管理部门具体办理房地产登记手续、核发房地产权属证书。

房产和地产由一个部门管理的城市，由统一的登记部门办理房地产权属登记。

房产和地产由两个部门管理的城市，房产管理部门办理房产权属登记，土地管理部门办理土地使用权属登记；经省、自治区、直辖市人民政府批准也可由一个部门办理房地产权属登记。

房地产权属登记是一项政府行政行为，行政行为必须依法进行，房地产权属登记应由市、县人民政府房地产行政主管部门依法进行。一些无权发证的单位，如城市郊区、开发区、房改办乃至开发企业都不具备这一职能，这些单位所发的所谓产权证是非法的，当然也是无效的。

一些市、县同城的城市，县房地产行政主管部门超越自己的职权在市区发产权证，属于违法行为，所发产权证无效。

房地产权属登记依照房屋所有权与该房屋所占用的土地使用权权利主体一致的原则进行。

3.3.3.4 办理房地产权属登记的期限

办理房地产权属登记的期限依照法律规定。一般为：

1）土地使用权初始登记，权利人应在该土地使用权事项发生之日起 1 个月内申请登记。

2）新建、转移、变更、他项权利登记，权利人应在登记事项发生之日起 3 个月内申请登记。

3）房地产权属登记分别由两个部门办理的，权利人在房屋所有权证书颁发之日起 1 个月内申请土地使用权属登记。

4）房地产他项权利登记、注销登记，应在登记事项发生之日起 1 个月内申请登记。

3.3.3.5 我国房地产产权登记的程序

（1）房地产权属登记一般要求

我国房地产权属登记依照《中华人民共和国城市房地产管理法》的规定，必须由权利人（包括自然人、法人或者其他组织）申请：

权利人为法人的，应使用法定名称，由其法定代表人申请；

权利人为非法人的其他组织，应使用该组织依法登记的名称，由其代表人申请；

权利人为自然人的，应使用其身份证件上的姓名；

华侨、外籍人士的房产须向居住国的公证机关申请公证，证明申请人的职业、住址和与其在华的亲属的关系，而且该公证书必须经居住国外交部指定的机构和我国驻该国使馆（或领事馆）认证；

当权利人为无民事行为能力人或限制民事行为能力人时，应由其法定代理人代为申请。

当权利人不能亲自办理登记申请手续时，可出具委托书，由委托代理人代为申请。当登记部门认为必要时，其委托书还必须经过公证机关的公证。

其中，公证，是国家公证机关依法对法律行为、法律事实和法律文书的真实性、合法性予以证明和确认的活动，也是维护当事人的合法权益、确保国家法律正确实施的一项司法制度。公证是一种非诉讼活动。

认证，是外交、领事机构在对发往域外的公证文书上证明公证机关的签名或印章属实的活动，以使域外的有关部门能对公证文书的真实性、合法性给予认定。域外的公证文书必须办理认证手续后，在我国才具有法律效力，与我国签有互免领事认证条约的国家除外。

代理，是代理人在代理权限内，以被代理人的名义实施民事法律行为，被代理人对代理人的代理行为承担民事责任。代理包括委托代理、法定代理和指定代理。委托代理是代理人按照被代理人的委托行使代理权。如委托代理进行房产权属登记。有下列情形之一的，委托代理终止，即代理期限届满或者代理事项完成；被代理人撤销委托或代理人辞去委托；代理人死亡；代理人丧失民事行为能力；作为被代理人或者代理人的法人终止。法定代理是代理人按照法律的规定行使代理权。如父母作为未成年子女的法定代理人代理子女办理房产买卖或权属登记手续，无须由子女委托。指定代理是代理人按照人民法院或者指定单位的指定行使代理权，被指定人如无正当理由，一般不得拒绝作为代理人。有下列情形之一者，法定代理或者指定代理将被终止，即被代理人取得或者恢复民事行为能力；被代理人或者代理人死亡；代理人丧失民事行为能力；指定代理的人民法院或者指定单位取消指定；由其他原因引起的被代理人和代理人之间的监护关系消灭。

（2）房地产产权登记的程序

我国房地产产权登记机关的工作程序是：受理登记申请；勘丈绘图、产权（权属）审查、确认；核准登记并绘制权证；颁发或者注销权属证书。

1）受理登记申请（登记收件）

权利人向房地产所在地的登记部门提出书面申请，填写统一的登记申请表，提交墙界表，并进行产权证件、身份证等有关证件的检验。

上述手续齐备，产权登记部门方能受理登记申请。

2）勘丈绘图

勘丈绘图是指登记机关对已申请登记和尚未申请登记的房地产，以权利人为单位，逐户、逐处进行实地勘察，查清现状，丈量计算面积，核实墙体归属，绘制分户平面图，补测或修改房屋平面图或地籍图。这是产权审查、确认和制图发证的依据。

3）产权（权属）审查、确认

产权登记部门对受理的登记申请要进行产权（权属）的审查、确认。主要包括查阅产权档案、审查权利人提交的各种证件、核实房产现状及权属来源等。

4）核准登记并绘制权证

经过审核批准确认房地产权属的，准予登记。经过审核未批准确认房地产权属的，予以延期登记或者不予登记。

准予延期登记的房地产：房地产权属不清或争议尚未解决的；因正当理由不能按期交齐证明材料的；按规定需要补办手续的；其他准予延期登记的；权利人在港、澳、台地区或国外的，其申请期限可根据具体情况适当延长。

不予登记的房地产：房地产权属不清；违章建筑；临时建筑；申请人提供的证明材料不足以确认权属的；其他依法不予核准登记的。

不予登记的房地产，登记部门将终止其登记程序，并在规定核准登记的期限内通知权利人退还申请文件。上述情况消失或者问题解决后，权利人可以重新申请登记。

对申请人申请登记的房地产，经过审查、确认准予发放产权证件的，登记机关将及时转入绘制权证阶段。该阶段包括缮证（即填写产权证件）、配图（将测绘人员经过实地复核后的房屋平面图或其他图件附在产权证规定的位置上）、校对、送印 4 个流程。

5）颁发或者注销权属证书

登记部门对权利人的申请进行审查，凡权属清楚、证明材料齐全，应在规定的期限内核准登记并颁发房地产权属证书。

有下列情形之一的，登记部门有权撤销登记，注销房地产权属证书：申报不实的；涂改房地产权属证书的；房地产权利灭失，而原权利人未在规定期限内办理房地产权属注销登记的；登记部门认为有必要撤销的。

注销房地产权属证书，应由登记部门作出书面决定，并送达给原权利人。

房地产产权登记，权利人应按规定交纳相应的登记费用。

房地产权属登记工作量大，需投入的人力、财力很多，为保证登记部门的工作正常进行，应由权利人交纳登记费用。这也是国际上的通例。

登记费用包括登记费、权属证书工本费、勘丈测量费等。登记费的收取标准在全国未统一规定前，由市、县人民政府制定。

3.3.4 房地产产权的审查与确认

房地产产权的审查与确认是产权管理的核心内容，是指以产权产籍的档案的历史材料和实地调查勘丈的显示资料为基础，以国家先行的法律、政策、行政法规为依据，针对产权申请人提交的申请书、墙界表、产权证件证明，逐幢、逐户审查其产权来源是否清楚，产权转移和房屋、宅基地、院落等变更是否合法。

对房地产产权的审查与确认具有以下性质：

（1）强制性

房地产产权的审查与确认是一项政府职能，是由房地产产权登记机关实施的行政行为。房地产产权登记部门是行政管理部门，登记部门与当事人之间是纵向的行政法律关系，即管理与被管理的关系。房地产产权的审查与确认，虽然要以当事人的申请登记为前提，但并非当事人不申请登记，登记部门就无所作为；相反，房地产产权具有强制性，申请登记是房地产权利人的法定义务，逾期或拒绝登记是要负法律责任的。这与司法确认和仲裁确认的“不告不理”以及“裁审自择”是有本质区别的。

（2）对合法权属的确认

房地产产权的审查与确认，是对申请产权登记的当事人所提交证件和实体的审查，即审查其产权的真实性与合法性，从而得出确权或是不确权的结论。产权的审查与确认，并不直接设立、变更房地产的产权关系，而是对合法权属、事实的确认。

（3）程序性的行政确认

房地产产权关系的设立、转移、灭失，必须经过房地产产权登记部门的审查与确认，才能在法律上生效，受到法律的保护。这种程序性的行政确认，成为房地产产权关系成立的形式要件。

程序性行政确认与司法确认和仲裁确认的区别是：

1）司法审判和仲裁一般都是对有争议的房地产产权关系进行审查与确认；而房地产产权登记部门则恰恰相反，它不能受理产权有争议的房地产并进行登记申请，其审查与确认的是没有争议的产权关系。

2）司法审判和仲裁，通过审查可以变更既定的权属关系；而房地产产权登记部门，只能对既定产权关系的真实性、合法性进行审查和确认。司法判决足以产生取得产权的法律效果，但其判决属于公示登记而非设权登记。

房地产产权审查与确认的工作程序分为 3 个阶段，即初审、复审、审批，详细程序如图 3-2 所示。

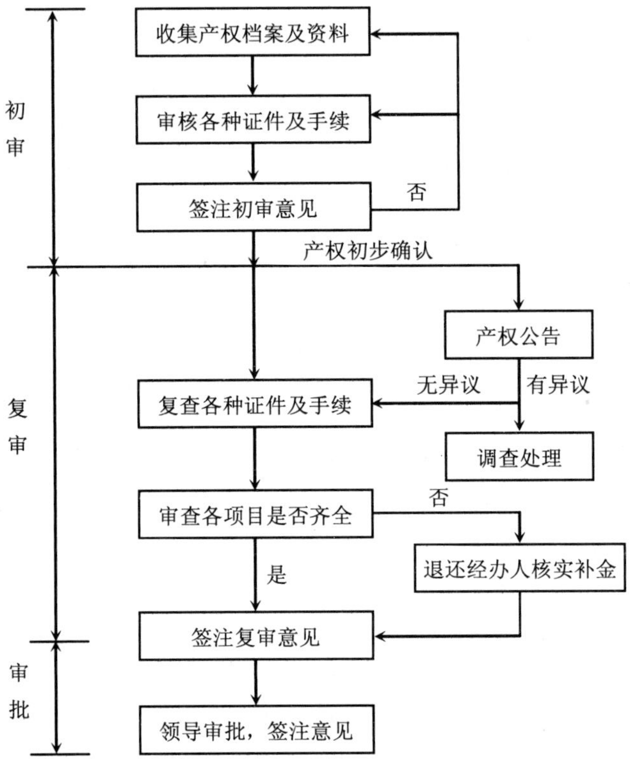

图 3-2　房地产产权审查与确认的工作程序

3.3.5　房地产产权证书

房地产产权证书是房地产权利的合法凭证。权利人凭证依法行使权利，其权益受国家法律保护。

3.3.5.1　房地产产权证书的种类

房地产产权证书是房地产产权管理的主要内容和具体手段，更是房地产权利人依法管理自己产业的唯一合法凭证。

房地产产权证书的类型有房地产权证、房地产共有权证、房地产他项权证，或房屋所有权证、房屋共有权证、房屋他项权证以及国有土地使用权证等。

（1）房地产权证或房屋所有权证

房地产权证或房屋所有权证是房地产产权登记机关颁发给权利人的法定凭证，权利人依法凭证行使房屋所有权。

（2）房地产共有权证或房屋共有权证

房地产共有权证或房屋共有权证是房地产产权登记机关颁发给两个或两个以上的权利人的法定凭证。

（3）房地产他项权证或房屋他项权证

房地产他项权证或房屋他项权证是房地产产权登记机关颁发给抵押权人或者典权人等他项权利人的法定凭证。

房地产权证、房地产共有权证、房地产他项权证是实行房地合一、统一管理的城市登记管理机关颁发的法定凭证，除记载房屋权属要素之外，还记载有土地使用权方面的要素。

房地产权属证书毁失的，权利人应及时登报声明作废，并向登记部门申请补发。擅自涂改、伪造房地产权属证书的，其证书无效，登记部门应追究当事人法律责任，构成犯罪的，依法追究刑事责任。

3.3.5.2 房地产产权证书的样式

根据《中华人民共和国房地产管理法》和《中华人民共和国土地管理法》的规定，房地产产权证书必须统一，并分别由中华人民共和国住建部和中华人民共和国自然资源部分别制定或统一制定。从 1998 年 1 月 1 日起，我国各大城市都陆续开始使用由住建部统一制作的房屋权属证书。2014 年发布并于 2019 年修订的《不动产登记暂行条例》确立了不动产统一登记制度。不动产登记由不动产所在地的县级人民政府不动产登记机构办理；直辖市、设区的市人民政府可以确定本级不动产登记机构统一办理所属各区的不动产登记。跨县级行政区域的不动产登记，由所跨县级行政区域的不动产登记机构分别办理。不能分别办理的，由所跨县级行政区域的不动产登记机构协商办理；协商不成的，由共同的上一级人民政府不动产登记主管部门指定办理。

本章要点

1. 产权。
2. 房地产产权。
3. 房地产产权登记。

第 4 章

房地产开发

房地产开发是房地产业中最基本、最主要的物质生产活动，同时在城市建设中担当着重要的角色。房地产开发是一个动态过程，简单地说，是一种使土地和房屋、设施不断地处于被建设、改造、再开发状态的活动。房地产开发是一项综合性的系统工程，不仅要重视开发中统一规划和全寿命周期管理的问题，更要树立“以人为本”的思想，同时注重适应性和适配性的配套功能的建设。房地产开发项目一般需要 2～3 年的开发周期，较长的开发周期中尤其是当面临波动的宏观经济环境情况下存在着各种潜在风险。

4.1 房地产开发的含义、类型与特点

4.1.1 房地产开发的含义

房地产开发是指取得房地产开发资质的企业在依法取得国有土地使用权的土地上，按照城市规划要求进行基础设施、房屋建设的行为。取得国有土地使用权是房地产开发的前提，而房地产开发也并非仅限于房屋建设或者商品房屋的开发，而是包括土地开发和房屋开发在内的开发经营活动。土地开发主要有两种情形：一是新区土地开发，即把农业或者其他非城市用地改造为适合工商业、居民住宅、商品房以及其他城市用途的城市用地；二是旧城区改造或城市更新，即对已是城市建设用地，但因土地用途的改变、城市规划的改变以及其他原因，需要全部或部分地拆除原有的建筑物，并对土地进行重新改造。房屋开发一般包括 4 个层次：第一层次为住宅开发；第二层次为生产与经营性建筑物开发；第三层次为生产、生活服务性建筑物的开发；第四层次为城市其他基础设施的开发。换一个角度看，房地产开发也是通过多种资源的综合利用为人类提供可以入住和活动的空间，并改变人类生存的物质环境的一种活动。也就是说，房地产开发的实现有赖于包括土地、建筑材料、基础设施、公用配套设施、劳动力、资金和专业人员经验等多方面的自然资源与经济资源、社会资源的综合利用。

4.1.2 房地产开发的类型

（1）按房地产产品类别分类

一般将房地产开发产品类别分为居住类地产、办公类地产、商业类地产、产业类地产以及旅游类地产等。

1）居住类地产。主要供居民居住使用。居住类地产一般分为普通住宅、公寓、别墅等。

2）办公类地产。办公类地产一般分为公寓式办公楼、酒店式办公楼、综合楼、商务写字楼等。

3）商业类地产。商业类地产一般指用于各种零售、餐饮、娱乐、休闲服务等经营用途的房地产形式。例如，商场超市、沿街商铺、各类专业市场等。

4）产业类地产。产业类地产主要是指以产业为依托，园区地产为载体，

形成的企业总部综合体与产业综合体。例如，低密度企业总部、研发中试楼、标准厂房等。

5）旅游类地产。旅游类地产主要是指以旅游、度假为主题，以旅游、休闲、度假人群为最终消费者的物业形式。例如，迪士尼乐园、方特乐园、冰雪世界等。

（2）按开发的对象分类

按照房地产开发的对象可以划分为土地开发、房屋开发和房地产综合开发3种形式。

1）土地开发

土地开发，即土地一级开发，是指由政府或其授权委托的企业，对一定区域范围内的城市国有土地、乡村集体土地进行统一的征地、拆迁、安置、补偿，并进行适当的市政配套设施建设，使该区域范围内的土地达到“三通一平”、“五通一平”或“七通一平”的建设条件，再对熟地进行有偿出让或转让的过程。

新城区的土地开发必须通过土地征用和城市基础设施建设来实现。土地征用，即将农村集体所有制土地通过征用、补偿转变为国家所有制的城市建设用地。其特点是从“生地”开始，要严格按照城市总体规划和开发功能特点进行开发，从城市可持续发展的长远目标着眼，注意生态平衡、布局科学合理和具备适当的发展弹性，做到既能满足近期要求，又为长期发展留有余地，通过开发，使“生地”变为“熟地”，如达到道路通、给水通、电通、排水通、热力通、电信通、燃气通及土地平整的“七通一平”的基础建设条件（熟地）。

旧城区的土地开发，也称为城市更新或城市再开发，它是对建成区的更新与改造。旧城区的土地一般属于国有城市建设用地，不需要通过征用土地的环节，因此，其重要环节是拆迁和改造。除了居民拆迁和单位拆迁外，还包括房屋、道路、管网等市政公用配套设施的改造，目的是改善和完善旧城区的居住环境。

2）房屋开发

房屋开发是指房地产开发企业依法取得国有土地使用权后，按照规划要求，建造各类房地产商品。例如，住宅、办公楼、商业用房、工业用房等，并以出售或出租方式将这些房地产商品推入市场的一种开发经营方式。

一般来说，房屋开发的程序包括项目可行性研究、通过招拍挂等方式获取土地、规划设计与方案报批、工程招标、施工建设与竣工验收、市场营销等步骤。房屋开发就是房屋生产的过程，是房地产经营活动物质产生的过程。房屋生产分为在原有规模基础上的房屋简单再生产和在扩大了的规模上进行的房屋扩大再生产。人类在长期的发展中形成了很多建筑，而城市的更新建设不可能完全通过旧房的拆建来重新建设，有效的途径便是旧城改造，北京的四合院改造、上海的石窟门改造、苏州的旧街坊改造都有着成功的经验。旧城改造不仅是对原有的旧建筑或不适应现代城市功能和居住条件的建筑物进行改造，而是要符合城市的总体发展规划和区域规划的要求，从各个城市的历史和风情出发，对原有的建筑进行拆除、改建、重建翻建、维修等建设活动，做到保护与更新的协调进行，使旧建筑得到更新，使旧城风貌和特色得到保持和保护，使旧房的改造能够改善人们的生活和居住条件，并取得城市面貌的改善。

3）房地产综合开发

房地产综合开发即指将土地以及房屋和有关的市政、公建配套设施结合起来进行整体建设的开发方式。具体而言，在一定规模区域范围内，按照“统一规划、合理布局、综合开发、配套建设”的原则进行土地、房屋以及相关市政公用设施、生活服务设施一体化的开发活动。这种开发方式往往是由一个房地产开发企业负责从投资决策到土地使用权的获取，从基地和房屋以及小区内市政、公建配套设施的建造，到房屋的租售和管理全过程的实施。

（3）按风险收益分担程度分类

从房地产开发企业经营角度，按照风险和收益分担程度的不同，一般可分为独立开发、委托开发和联合开发。

1）独立开发

独立开发是指一家具备资质的房地产企业独立承担从项目立项到拿地、设计施工再到销售完成的全部开发任务。

2）委托开发

委托开发是指房地产开发企业接受拥有土地的委托方的委托诉求，按照委托协议，为委托方提供项目定位、规划设计、工程管理、成本管理、招投标管理、营销管理、品牌管理、交付管理等开发全过程服务。例如，房地产项目代建模式，即拥有土地的委托方发起诉求，由拥有项目开发建设经验的专业代建方承接，双方通过平等协商建立合作关系，最终实现互利共赢的一种合作开发模式。

3）联合开发

联合开发也即合作开发。由合作各方共同出资、共同运作、共同管理、共享利润、共担风险，最终按协议约定的比例分红。房地产联合开发模式大致分为两类，一类是法人型合资公司开发模式，该模式下一般是房企共同出资成立合资公司以合资公司的名义取地开发，按项目公司运作模式进行管理和分红；另一类是非法人型协议合作开发模式，即由合作一方房企名义拿地，然后进行整体合作开发或局部合作开发，合作体不成立独立法人性质的公司，仍以合作一方房企的名义对外进行项目报批、工程发包和房屋销售，合作各方按协议约定的办法参与管理和分红。

4.1.3 房地产开发的特点

房地产开发是房地产业中最基本、最主要的物质生产活动，同时在城市建设中担当着重要的角色，因而房地产开发具有自身的特征。

（1）房地产开发的综合性

从房地产开发的历史来看，最初的房地产生产活动都是以小生产方式进行的，多数房屋以自用为主，仅有少量出租，且房屋大多建在自己拥有的土地上。最早的房地产开发活动出现在19世纪60年代的英国，当时为了适应大工业发展的需要，在英国的第二大城市伯明翰，由政府出面，围绕城市中心进行统一规划，开发了大片的产业工人住宅区和部分中上阶层的住宅。这种建设方式改变了以往各自为政、分散建设的状况。第二次世界大战以后，面对城市重建和住房短缺的问题，许多国家由政府设立了各种形式的开发机构，并颁布了城市规划和建设方面的法律，大力推行城市综合开发建设，在短时间内取得了较好的效果。20世纪60年代以后，世界经济迅猛发展，房地产开发在世界各个国家城市建设中所起到的作用也越来越重要，房地产开发的综合性从形式到内涵都更加进步，不仅重视开发中统一规划的问题，而且强调了“以人为本”的思想，更加重视配套建设。从这个意义上说，真正有效的房地产开发应该能够体现出较强的综合性和较好的综合效益。

首先，综合性是房地产开发的重要要求。现代城市建设中的房地产开发要求在开发过程中必须坚持“全面规划、合理布局、综合开发、配套建设”的方针，也就是在开发过程中，不仅是对建筑地块或房屋建筑进行有目的建设，而且要对被开发区的一些必要的公共设施、公共建筑进行全面规划、协调建设。尤其是住房开发，更要体现配套建设的以人为本和生活环境的健康美好。缺乏“综合性”与“配套性”的开发活动是不符合现代城市建设要求的。

其次，房地产开发是多部门协作活动。涉及规划、土地、勘测、设计、施工、市政、消防、环境、绿化、供电、供水、通信、交通、教育、卫生、商业、银行等部门。同时每一个开发项目所涉及的土地条件、融资方式、技术条件也不尽相同，租售上市时面临的市场环境也不同，这都需要开发商认真地进行综合分析、统筹安排，制定最佳的综合开发方案。

（2）房地产开发过程的周密性和时序性

尽管房地产开发是一项涉及面广、比较复杂的生产过程。但从流程上来讲具有很强的操作时序性。一个开发项目一般会经历“前期策划及投资可行性论证、拿地及土地确权、规划与施工图设计、项目施工建设、项目预售、竣工验收备案、交房和前期物业服务”七大开发阶段。同时在诸多环节还受到政府相关部门，如土地、规划、建设等部门的行政管理和审查审批，这就需要开发商围绕开发时序制订有效且周密的计划，使各个环节紧密衔接，协调穿插进行，以缩短周期，降低风险。

（3）房地产开发具有很强的地域性

房地产是不动产，其投资价值与地区经济发展水平和未来发展规划有极强的相关性。即便是同一个城市，不同地段其土地价值属性也存在千差万别，每一个地区的房地产政策、市场需求状况和居民支付能力都可能不一样。因此每一个开发商都会基于自身的战略发展要求，在适合自身战略定位的区域和地段拿地实施房地产开发。

（4）房地产开发具有较高的风险性

一个房地产开发项目一般需要 2～3 年的开发周期，较长的开发周期存在各种潜在的不确定性：①宏观经济政策风险。房地产行业是国民经济的重要行业，受国家宏观调控政策的影响很大，国家产业政策、土地管理政策、住房政策、金融税收政策、城市规划等从不同方面影响着房地产开发的各个层面。②项目定位风险。对市场供需分析不足、项目定位不明确、目标客群与规划产品不匹配等都可能会导致销售不及预期，进而影响开发过程的现金流。③土地获得阶段的风险。土地的自然属性风险来源于地块的工程地质条件、水文地质条件及地下埋藏物等的不确定性；土地的社会属性风险是指地块的区位条件及配套设施状况对项目投资额的影响程度。④融资风险。房地产开发所需巨额资金的筹集是开发商最为关切的问题。筹资手段合理，可以减少筹资成本，降低筹资风险；筹资措施不当，可能造成筹资成本大幅上升，资金周转困难。⑤项目建设阶段的风险。例如，房地产开发建设阶段每个环节的时间损失，都会使工期拖延。而工期延长，一方面房地产市场状况可能会发生较大的变化，错过最佳销售时机；另一方面工期延长会增加投入资金利息支出，增加管理费用。⑥销售时机选择的风险。其受销售价格随机波动的影响很大，采用预售方式可以提前回收款项，节省利息，降低开发成本。但一旦房价上升，开发商也失去了房价上升可能增加的收益。

4.1.4 房地产开发企业

房地产开发企业是指按照《中华人民共和国城市房地产管理法》《城市房地产开发经营管理条例》的规定设立的，以营利为目的，从事房地产开发和经营的企业。按房地产开发业务在企业经营范围中地位的不同，可将房地产开发企业分为房地产开发专营企业、兼营企业和项目公司。

（1）房地产开发企业的设立条件

①有符合公司法人登记的名称和组织机构；

②有适应房地产开发经营需要的固定的办公用房；

③注册资本 100 万元以上；

④有 4 名以上持有资格证书的房地产专业、建筑工程专业的专职技术人员，2 名以上持有资格证书专职会计人员；

⑤法律、法规规定的其他条件。

（2）房地产开发企业的设立程序

新设立的房地产开发企业，应当自领取营业执照之日起 30 日内，持下列文件到登记机关所在地的房地产开发主管部门备案：

①营业执照复印件；

②企业章程；

③验资证明；

④企业法定代表人的身份证明；

⑤专业技术人员的资格证书和聘用合同；

⑥房地产开发主管部门认为需要的其他文件。

（3）房地产开发企业的资质

根据《房地产开发企业资质管理规定》，房地产开发企业按照企业条件分为一、二、三、四级资质和暂定资质。未取得房地产开发资质等级证书的企业，不得从事房地产开发经营业务。

1）暂定资质

房地产开发主管部门在收到备案申请后 30 日内向符合条件的新设立的房地产开发企业核发《暂定资质证书》。《暂定资质证书》的有效期为一年，房地产开发主管部门可视企业的经营情况，延长《暂定资质证书》的有效期，但延长期不得超过两年。自领取《暂定资质证书》之日起一年内无开发项目的，《暂定资质证书》有效期不得延长。

2）一级资质

①从事房地产开发经营 5 年以上；

②近 3 年房屋建筑面积累计竣工 30 万 m^2 以上，或者累计完成与此相当的房地产开发投资额；

③连续 5 年建筑工程质量合格率达 100%；

④上一年房屋建筑施工面积 15 万 m^2 以上，或者完成与此相当的房地产开发投资额；

⑤有职称的建筑、结构、财务、房地产及有关经济类的专业管理人员不少于 40 人，其中具有中级以上职称的管理人员不少于 20 人，持有资格证书的专职会计人员不少于 4 人；

⑥工程技术、财务、统计等业务负责人具有相应专业中级以上职称；

⑦具有完善的质量保证体系，商品住宅销售中实行了《住宅质量保证书》和《住宅使用说明书》制度；

⑧未发生过重大工程质量事故。

3）二级资质

①从事房地产开发经营 3 年以上；

②近 3 年房屋建筑面积累计竣工 15 万 m^2 以上，或者累计完成与此相当的房地产开发投资额；

③连续 3 年建筑工程质量合格率达 100%；

④上一年房屋建筑施工面积 10 万 m^2 以上，或者完成与此相当的房地产开发投资额；

⑤有职称的建筑、结构、财务、房地产及有关经济类的专业管理人员不少于 20 人，其中具有中级以上职称的管理人员不少于 10 人，持有资格证书的专职会计人员不少于 3 人；

⑥工程技术、财务、统计等业务负责人具有相应专业中级以上职称；

⑦具有完善的质量保证体系，商品住宅销售中实行了《住宅质量保证书》和《住宅使用说明书》制度；

⑧未发生过重大工程质量事故。

4）三级资质

①从事房地产开发经营 2 年以上；

②房屋建筑面积累计竣工 5 万 m^2 以上，或者累计完成与此相当的房地产开发投资额；

③连续 2 年建筑工程质量合格率达 100%；

④有职称的建筑、结构、财务、房地产及有关经济类的专业管理人员不少于 10 人，其中具有中级以上职称的管理人员不少于 5 人，持有资格证书的专职会计人员不少于 2 人；

⑤工程技术、财务等业务负责人具有相应专业中级以上职称，统计等其他业务负责人具有相应专业初级以上职称；

⑥具有完善的质量保证体系，商品住宅销售中实行了《住宅质量保证书》和《住宅使用说明书》制度；

⑦未发生过重大工程质量事故。

5）四级资质

①从事房地产开发经营 1 年以上；

②已竣工的建筑工程质量合格率达 100%；

③有职称的建筑、结构、财务、房地产及有关经济类的专业管理人员不少于 5 人，持有资格证书的专职会计人员不少于 2 人；

④工程技术负责人具有相应专业中级以上职称，财务负责人具有相应专业初级以上职称，配有专业统计人员；

⑤商品住宅销售中实行了《住宅质量保证书》和《住宅使用说明书》制度；

⑥未发生过重大工程质量事故。

（4）各资质房地产开发企业的业务范围

一级资质的房地产开发企业承担房地产项目的建设规模不受限制，可以在全国范围内承揽房地产开发项目。

二级资质及二级资质以下的房地产开发企业可以承担建筑面积 25 万 m^2 以下的开发建设项目，承担业务的具体范围由省、自治区、直辖市人民政府住建行政主管部门确定。

各资质等级企业应当在规定的业务范围内从事房地产开发经营业务，不得越级承担任务。

企业未取得资质证书从事房地产开发经营的，由县级以上地方人民政府房地产开发主管部门责令限期改正，处 5 万元以上 10 万元以下的罚款；逾期不改正的，由房地产开发主管部门提请工商行政管理部门吊销营业执照。

企业超越资质等级从事房地产开发经营的，由县级以上地方人民政府房地产开发主管部门责令限期改正，处 5 万元以上 10 万元以下的罚款；逾期不改正的，由原资质审批部门吊销资质证书，并提请工商行政管理部门吊销营业执照。

隐瞒真实情况、弄虚作假骗取资质证书的或涂改、出租、出借、转让、出卖资质证书的，由原资质审批部门公告资质证书作废，收回证书，并可处以 1 万元以上 3 万元以下的罚款。

（5）房地产开发企业资质的年审与资质的变更

房地产开发企业的资质实行年检制度。对于不符合原定资质条件或者有不良经营行为的企业，由原资质审批部门予以降级或者注销资质证书。

一级资质房地产开发企业的资质年检由国务院住建行政主管部门或者其委托的机构负责。

二级资质及二级资质以下房地产开发企业的资质年检由省、自治区、直辖市人民政府住建行政主管部门制定办法。

房地产开发企业无正当理由不参加资质年检的，视为年检不合格，由原资质审批部门注销资质证书。

房地产开发主管部门应当将房地产开发企业资质年检结果向社会公布。

企业发生分立、合并的，应当在向工商行政管理部门办理变更手续后的 30 日内，到原资质审批部门申请办理资质证书注销手续，并重新申请资质等级。企业变更名称、法定代表人和主要管理与技术负责人，应当在变更 30 日内，向原资质审批部门办理变更手续。

（6）房地产开发企业的集团化组织管理模式

伴随我国房地产开发企业跨区域、多项目、集团化、规模化的快速发展，越来越多的成长型房地产企业快速完成了从早期做项目到现在做企业、从做单一产品到发展多元产品、从早期被动投机选择到现在主动战略谋划的转变，房地产企业快速发展与管理演变已经成为行业主流，在这种发展浪潮下，房地产企业集团如何高效管理快速膨胀的下属组织，就成为房地产企业集团化、规模化发展面临的问题。具体而言，大多企业的组织发展都会经历组织创始、组织形成、组织规范、组织扩展等几个阶段，其管理模式也会经历个人管理、职能部门管理、集团化管理、控股公司管理等几个发展过程。

只有构建适合企业战略发展的管理模式，才能充分整合和有效运用各种资源，充分促进房地产企业又好又快地发展。采取合适的管理模式是保证房地产企业集团健康发展的重要工作之一。从宏观角度而言，战略规划、组织管理、流程体系、资源保障与绩效驱动共同组成了房地产企业战略制定到高效执行的四大管理体系，标杆房地产企业大致形成以战略为纲、以管理模式和组织结构为架构、以核心业务流程为规范标准、以绩效驱动为动力、以资源为保障的房地产企业集团管理体系。以房地产行业中的领导企业万科集团为例，图 4-1 给出了当前万科集团的组织结构示意。万科集团组织结构中包含 3 个层级：总部及其职能部门、区域公司及其下属部门以及各地的项目公司。万科对区域公司采取的是区域管理运营模式，区域公司对项目公司采取的则是职能型的项目管理方式。研究表明，区域公司所拥有的项目数量会影响其采取的组织结构类型，随着项目数量的增加，最高效的组织结构需要按照 “职能型—项目型—网络型—矩阵型” 的路径转变。企业的组织结构不是孤立的，它与集团战略和管控模式紧密相连。集团用战略规划明确了整体的前进方向；以管控模式更好地配置企业资源，做到优势互补和降低管理成本。组织结构与战略规划、管控模式是否匹配在很大程度上决定了房地产开发企业运营的绩效。

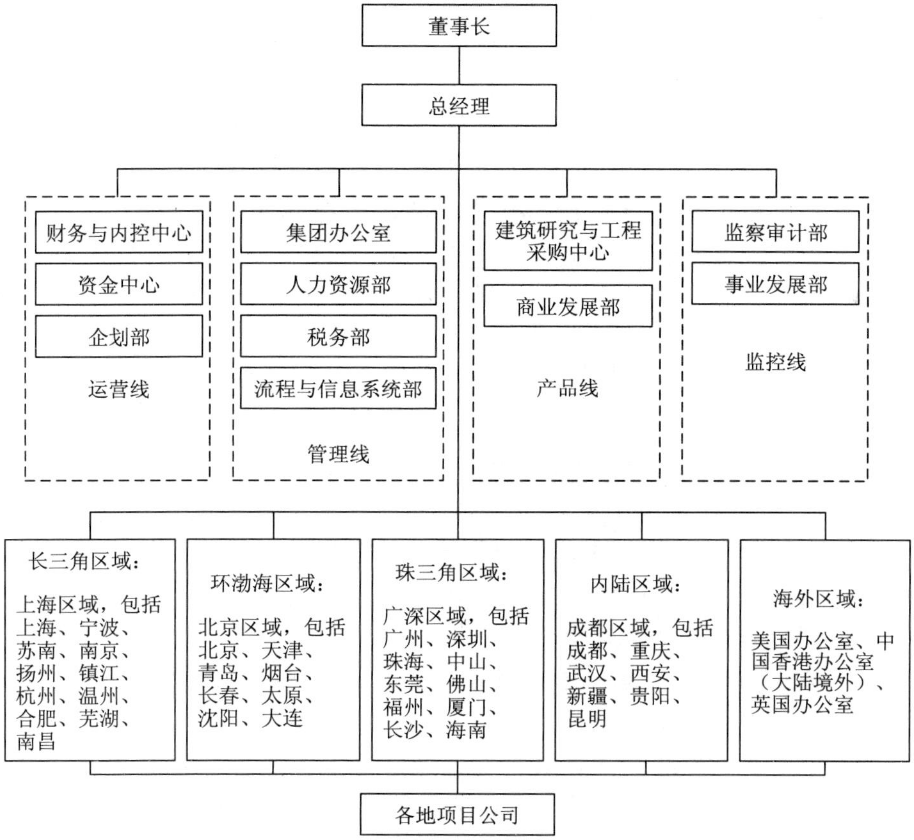

图 4-1　万科集团组织机构示意

4.2 房地产开发项目土地使用权获取

根据《城市房地产开发经营管理条例》《招标拍卖挂牌出让国有建设用地使用权规定》等相关法律法规的规定，房地产开发用地应当以招标、拍卖、挂牌方式取得，但国家另有规定的除外（如经济适用房可以采用划拨方式、某些政府重点扶持的项目可以采用协议出让）。此外，房地产开发企业还可能通过转让、收购项目、并购房地产公司股权、合作开发等方式获取土地资源。建设用地使用权实行净地出让（已经完成必要的通水、通电、通路、土地平整等前期开发），因此，房地产开发企业在正常情况下通过招标、拍卖、挂牌方式获取国有土地使用权的土地是具备直接动工开发条件的土地。

4.2.1 国有土地使用权出让的相关概念

（1）土地与土地所有权

土地是有限的自然资源，也是一种基本和必要的生产资料。从国土管理和利用的角度看，土地包括所有的陆地和水域及其向上或向下的空间。

土地所有权是指土地所有者在法律规定的范围内，对其拥有的土地享有占有、使用、收益和处分的权利。在我国，土地所有权是国家或集体经济组织对国家土地和集体土地依法享有的占有、使用、收益和处分的权能。土地所有权可以分为国有土地和集体土地两类。国有土地是指属于国家所有即全民所有的土地。国家是国有土地所有权的唯一主体，用地单位或个人对国有土地只有使用权，没有所有权。集体土地是指属于农村居民集体经济组织所有的土地。集体土地所有权的主体是农村居民集体经济组织。

（2）土地使用权与土地使用权出让

土地使用权是指土地使用权拥有者对土地使用的权限，包括开发权、收益权、处置权。政府以招标、拍卖、挂牌、协议的方式，将国有土地使用权在一定年限内出让给土地使用者。土地使用权期满后，如该土地用途符合当时城市规划要求的，土地使用者可以申请续用，经批准并补清地价后可以继续使用。

土地使用权出让是指国家将一定年限内的国有土地使用权出让给土地使用者，由土地使用者向政府支付土地使用权出让金的行为。通过出让方式获得土地使用权是建立在有偿有限期的基础上的，该土地使用权可以在法律规定的范围内转让、出租或抵押，其合法权益受国家法律保护。

（3）土地使用权出让年限

土地使用权的出让年限是指土地使用权受让人在出让地块上享有土地使用权的总年限。凡与自然资源局签订国有土地使用权出让合同的用地，其土地使用年限按国家规定执行，居住用地 70 年，工业用地 50 年，教育、科技、文化、卫生、体育用地 50 年，商业、旅游、娱乐用地 40 年，综合用地或者其他用地 50 年。

（4）土地使用权的出让方式

为规范国有建设用地使用权出让行为，优化土地资源配置，建立公开、公平、公正的土地使用制度，按照《招标拍卖挂牌出让国有土地使用权规定》，土地公开出让方式包括招标、拍卖和挂牌 3 种方式。

招标出让国有土地使用权，是指市、县人民政府土地行政主管部门发布招标公告，邀请特定或者不特定的公民、法人和其他组织参加国有土地使用权投标，根据投标结果确定土地使用者的行为。

拍卖出让国有土地使用权，是指出让人发布拍卖公告，由竞买人在指定时间、地点进行公开竞价，根据出价结果确定土地使用者的行为。

挂牌出让国有土地使用权，是指出让人发布挂牌公告，按公告规定的期限将拟出让宗地的交易条件在指定的土地交易场所挂牌公布，接受竞买人的报价申请并更新挂牌价格，根据挂牌期限截止时的出价结果确定土地使用者的行为。

招标、拍卖或者挂牌出让国有建设用地使用权，应当遵循公开、公平、公正和诚信的原则。工业、商业、旅游、娱乐和商品住宅等经营性用地以及同一宗地有两个以上意向用地者的，应当以招标、拍卖或者挂牌方式出让。

出让国有土地使用权，除依照法律、法规和规章的规定应当采用招标、拍卖或者挂牌方式外，方可采取协议方式出让国有土地使用权。

协议出让国有土地使用权，是指国家以协议方式将国有土地使用权在一定年限内出让给土地使用者，由土地使用者向国家支付土地使用权出让金的行为。主要包括以下情况：

1）供应商业、旅游、娱乐和商品住宅等各类经营性用地以外用途的土地，其供地计划公布后同一宗地只有一个意向用地者的；

2）原划拨、承租土地使用权人申请办理协议出让，经依法批准，可以采取协议方式，但《国有土地划拨决定书》《国有土地租赁合同》、法律、法规、行政规定等明确应当收回土地使用权重新公开出让的除外；

3）划拨土地使用权转让申请办理协议出让，经依法批准，可以采取协议方式，但《国有土地划拨决定书》、法律、法规、行政规定等明确应当收回土地使用权重新公开出让的除外；

4）出让土地使用权人申请续期，经审查准予续期的，可以采用协议方式；

5）法律、法规、行政规定明确可以协议出让的其他情形。

以上之外，还可以以划拨方式取得土地使用权。划拨土地使用权，指的是土地使用者经县级以上人民政府依法批准，在缴纳补偿、安置等费用后所取得的或者无偿取得的没有使用期限限制的国有土地使用权。《中华人民共和国土地管理法》规定，国家机关用地和军事用地，城市基础设施用地，公益事业用地，国家重点扶持的能源、交通、水利等基础设施用地，法律、行政法规规定的其他用地，经县级以上人民政府依法批准，可以以划拨方式取得。

（5）生地、毛地、净地、熟地与土地一级开发

生地，是指可能为房地产开发与经营活动所利用，但尚未开发的农地和荒地，即待开发的国有土地，离城镇较远、无市政基础设施、未开发利用的土地。

毛地，是指城市中需要拆迁而尚未拆迁的土地，即已有地上建筑物及附属设施、将被改建的土地。

净地，是指在土地出让时，已经完成拆除平整，不存在需要进一步拆除的建筑物、构筑物等设施的土地。

熟地，是指已完成市政基础设施建设的土地，达到“三通一平”或“七通一平”施工条件的土地。

土地一级开发，是指由政府或其授权委托的企业，对一定区域范围内的城市国有土地（毛地）或农村集体土地（生地）进行统一的征地、拆迁、安置、补偿，并进行适当的市政配套设施建设，使该区域范围内的土地达到“三通一平”、“五通一平”或“七通一平”条件（熟地），再对其进行有偿出让或转让的过程。

（6）“三通一平”与“七通一平”

“三通一平”，是指水通、电通、路通和场地平整。

“七通一平”，是指给水通、排水通、电力通、通信通、燃气通、路通、供热通和场地平整。

（7）地籍、宗地与宗地图

地籍，是指反映土地的位置（地界、地号）、数量、质量、权属和用途（地类）等基本状况的簿籍或清册，也称土地的户籍。

宗地，是地籍的最小单元，是指以权属界线组成的封闭地块。城市的土

地，以宗地为基本单位统一编号，叫宗地号，又称地号。它有四层含义：区、带、片、宗，从大范围逐级体现其所在的地理位置。例如，B107-24 这个地号表示 B 区第 1 带 07 片第 24 宗地。

宗地图，是土地使用合同书附图及房地产登记卡附图。它反映了一宗地的基本情况，包括宗地权属界线、界址点位置，宗地内建筑物位置与性质，与相邻宗地的关系等。证书附图即房地产证后面的附图，是房地产证的重要组成部分，主要反映权利人拥有的房地产情况及房地产所在宗地情况。

4.2.2 招拍挂制度与国有土地使用权的出让

（1）土地招拍挂制度

土地招拍挂制度是指我国国有土地使用权的出让管理制度。《中华人民共和国土地管理法》《中华人民共和国城市房地产管理法》以及自然资源部（原国土资源部）颁布的《中华人民共和国土地管理法实施条例》《招标拍卖挂牌出让国有土地使用权规定》、《招标拍卖挂牌出让国有土地使用权规范》（试行）、《招标拍卖挂牌出让国有建设用地使用权规定》等法律法规和部门规章共同构筑了我国土地招拍挂制度的法规基础。经营性土地使用权招拍挂出让作为经营城市土地、规范土地市场秩序的有效方式，其理论上可以从源头上防止土地批租领域的腐败，也是提高城市土地经营水平、改善投资环境的根本性措施。

（2）招标拍卖挂牌出让国有土地使用权的范围

根据《招标拍卖挂牌出让国有建设用地使用权规定》和《招标拍卖挂牌出让国有土地使用权规范》（试行）的规定，六类情形的土地必须实行招标、拍卖、挂牌方式：

1）工业、商业、旅游、娱乐和商品住宅等各类经营性用地，其中工业用地包括仓储用地，但不包括采矿用地；

2）其他土地供地计划公布后同一宗地有两个或者两个以上意向用地者的；

3）划拨土地使用权改变用途，《国有土地划拨决定书》或法律、法规、行政规定等明确应当收回土地使用权，实行招标、拍卖、挂牌出让的；

4）划拨土地使用权转让，《国有土地划拨决定书》或法律、法规、行政规定等明确应当收回土地使用权，实行招标、拍卖、挂牌出让的；

5）出让土地使用权改变用途，《国有土地使用权出让合同》约定或法律、法规、行政规定等明确应当收回土地使用权，实行招标、拍卖、挂牌出让的；

6）依法应当招标、拍卖、挂牌出让的其他情形。

（3）招标拍卖挂牌出让国有土地使用权的程序

招标、拍卖、挂牌出让国有土地使用权的程序如下：

1）确定供地方式。

2）编制、确定出让方案。

3）地价评估，确定底价。

4）编制出让文件。

5）发布出让公告。

6）申请和资格审查。

7）招标、拍卖、挂牌活动实施。

8）签订国有土地使用权出让合同，结果公布。

9）颁发建设用地批准书，交付土地，办理土地登记。

4.2.3 国有土地使用证的办理

房地产开发企业采取招标方式获取国有土地使用权的，在确定为中标人后，会收到招标人发出的中标通知书，代表成交。采取拍卖或挂牌的方式获取国有土地使用权的，在确定为竞得人后，需要与拍卖人或挂牌人签订成交确认书，不按规定签订成交确认书的，应当承担法律责任。中标通知书（或成交确认书）应包括招标人与中标人（或拍卖人与竞得人）的名称，出让标的，成交时间、地点、价款，以及双方签订国有土地使用权出让合同的时间、地点等内容。

招标、拍卖、挂牌出让活动结束后，中标人或竞得人应按照中标通知书或成交确认书的约定，与出让人签订国有土地使用权出让合同。中标人、竞得人支付的投标、竞买保证金，在中标或竞得后转作受让地块的定金。受让人逾期不签订合同的，出让人将终止供地，并且不退还定金。其他投标人、竞买人缴纳的投标、竞买保证金，出让人会在招标、拍卖、挂牌活动结束后5个工作日内予以退还，不计利息。

国有土地使用权出让合同的主要条款、格式由出让方提出，受让方很少有修改的余地。一般来说，出让合同主要包括以下内容：

1）出让地块的基本情况，包括地理位置、面积、界限等。

2）土地出让金额的数量、支付方式和支付期限。

3）土地使用权的出让期限。

4）地块的规划设计条件由城市规划部门依据城市规划确定，包括建筑密度、容积率等控制指标，以及工程管线、竖向规划、配建停车场或其他公共设施的要求。

房地产开发企业在签订国有土地使用权出让合同之后，需持相应的材料到税务局办理土地契税完税证，到自然资源局办理付清土地出让金证明。契税及土地出让金的缴纳凭证是申请国有土地使用证的必备材料。

房地产开发企业在按照国有土地使用权出让合同的规定付清全部土地出让价款后，就可以携带相关的材料到当地自然资源局申请办理土地登记，领取国有土地使用证，取得国有土地使用权。国有土地使用证是证明土地使用者可以使用国有土地的法律凭证。房地产开发企业在申请办理国有土地使用证时要以当地自然资源局的具体要求为准带齐所需的材料，按照规定的办理流程到自然资源局对应的窗口办理。

房地产开发企业在办理国有土地使用证时，需要注意以下几个要点：

1）股权转让或土地转让项目，应及时办理国有土地使用证的移交或过户。

2）如果所取得的国有土地使用证为预登记的临时证照，应按规定办理变更，否则到期应办理延期手续。

3）国有土地使用证核发的使用权面积是净用地面积，不含市政道路用地面积和公共绿地面积。

4）为便于项目融资，一个用地面积较大的项目在办理国有土地使用证时，根据资金计划的要求能争取分证则尽量办理分证。如不能分期办理国有土地使用证，在土地抵押贷款环节应将国有土地使用证附图分成几块分别办理他项权利证，可分块分别在不同银行抵押贷款。

5）在办理国有土地使用证前，应按出让合同约定缴清全部土地出让价款，不存在按出让价款缴纳比例分割发放国有建设用地使用权证书的情况。

4.3 房地产开发项目规划设计阶段

房地产开发企业在签订国有土地使用权出让合同之后，就可以根据合同的规划条件编制设计任务书，并委托有资质的设计单位开始项目的规划设计工作。房地产项目的规划设计工作包括概念设计、方案设计、初步设计、扩初设计和施工图设计。规划设计工作主要由房地产开发企业的设计管理部同设计单位协调合作完成，并由开发部相关人员将确定了的设计文件报规划局、住建局及其他相关职能部门审查，在审查通过后，办理建设工程规划许可证及开展后续的各项工作。

4.3.1 项目备案（核准）与环评

根据《国务院关于投资体制改革的决定》，除了政府投资建设的项目需要到发改部门进行审批之外，企业投资项目根据不同情况实行备案和核准。其中，政府仅对重大项目和限制类项目进行核准，其他项目只需备案。对于房地产项目来说，除了别墅等高档房地产项目、政策性建房项目等发改部门规定需要核准的，其他房地产项目均实行备案制度。进行备案（核准）的项目不再需要编写项目建议书和可行性研究报告，只需编写备案（核准）申请报告，并持相关申请材料到当地发改委进行备案（核准）。

对于需要核准的房地产项目，房地产开发企业到当地发改委进行核准之前，需要先到生态环境局进行环境影响评价并取得批复文件，不是以招拍挂方式取得建设用地使用权的还需到自然资源局办理建设项目用地预审。以招拍挂方式获取国有土地使用权的房地产项目，在进行招拍挂出让前，已经对该地块是否符合土地利用总体规划进行审查，无须再进行用地预审。而对于需要备案的房地产项目，房地产开发企业可以选择在备案的同时办理环境影响评价，或者根据企业的实际情况选择提前或置后办理。

环境影响评价简称“环评”，是房地产项目开发建设必须进行的一项重要工作，由取得相应资格证书的单位承担，主要是调查研究项目周边的环境，分析周边环境对项目的影响和开发建设房地产项目对周边环境的影响。

根据《中华人民共和国环境影响评价法》，对项目的环境影响评价实行分类管理。房地产开发企业需要根据其所开发项目对环境的影响程度，编制环境影响报告书、环境影响报告表或者填报环境影响登记表。对于建筑面积10万m^2以上的房地产项目以及别墅区，需要编制环境影响报告书，对产生的环境影响进行全面的评价；对于建筑面积在2万～10万m^2的房地产项目，需要编制环境影响报告表，对产生的环境影响进行分析或专项评价；对于建筑面积在2万m^2以下的房地产项目则需要填报环境影响登记表向生态环境局报批。

（1）编制环境影响报告书类项目环境影响评价的办理条件

1）建设项目符合国家和地方的有关法律、法规、政策。

2）建设项目的选址、布局符合城市规划和环保规划的要求，同时考虑拟建地区整体环境质量的保护和改善。

3）建设项目符合产业发展导向。

4）满足主要污染物总量控制要求。

5）环境影响评价表明建设项目符合环保要求。

（2）编制环境影响报告书类项目环境影响评价的所需材料

1）建设项目环境影响报告书纸质原件（一式三份），含专家评审意见原件 1 份。

2）建设项目环境影响报告书电子件，电子件包括环评文件、附表、附图，不包括部门意见、复函、专家意见、修改清单等附件。

3）公开环评全本信息时需删除的涉及国家秘密、商业秘密、个人隐私等内容及删除依据和理由说明报告原件 1 份。

4）建设单位或当地政府根据需要所做出的相关环境保护措施承诺文件原件 1 份。

5）申请人委托他人办理的，还需提供委托书原件 1 份。

4.3.2 建设用地规划许可证的办理

建设用地规划许可证是由规划局核发的确认建设项目位置和范围符合城市规划的法定凭证，载明了建设用地的位置、性质、规模、容积率以及建筑面积等内容，其附件包括建设用地红线图和规划条件。

（1）办理建设用地规划许可证的手续

通过不同方式取得国有土地使用权，其办理建设用地规划许可证的手续也会有所差异。

对于通过划拨方式取得国有土地使用权的项目，需要先立项，再向规划局提出建设用地规划申请，审核通过后领取建设用地规划许可证，之后再向自然资源局申请用地，由自然资源局划拨土地。而对于出让用地，其签订的国有土地出让合同已经包括规划局提出的出让地块的位置、使用性质、开发强度等规划条件。房地产开发企业通过出让方式取得国有土地使用权无须进行规划选址，在签订完国有土地出让合同后，持该合同、核准/备案文件以及当地规划局要求的相关材料办理建设用地规划许可证。不同城市办理建设用地规划许可证的手续会有所差异，房地产开发企业应以当地规划局发布的办事指南为准。

一般办理建设用地规划许可证的所需材料如下：

1）建设用地规划许可证申请表。

2）建设用地规划许可证申请书。

3）建设单位委托书。

4）被委托人身份证明。

5）建设单位组织机构代码证。

6）建设单位营业执照。

7）开发企业资质证明（非开发企业除外）。

8）法定代表人证明。

9）征地协议（土地划拨类）。

10）《建设项目选址意见书》（土地划拨类）。

11）国有土地使用权出让合同、土地成交确认书（土地出让类）。

12）自然资源部门的预审意见（土地划拨类）。

13）建设工程批准、核准或备案文件。

14）控制性详细规划及批复。

15）公示材料。

16）建设用地规划许可证附图。

17）1∶1 000 地形图（三份）（需划定用地范围红线）。

18）选址意见书规划意见中要求征求的部门意见（土地划拨类）。

19）法律、法规、规章规定的其他材料。

（2）办理建设用地规划许可证的注意要点

房地产开发企业在办理建设用地规划许可证时，应注意以下要点：

1）办理建设用地规划许可证的前提条件之一是根据国有土地使用权出让合同缴纳有关土地出让金，并取得缴款证明。

2）核发的用地面积是总用地面积（包括净用地面积、道路面积、绿化面积）。所包含的市政道路用地及公共绿化用地虽不属于该地块国土证核发的权属用地范围，但属于该项目的建设用地范围，因此若有外单位出于修建公共交通等需要占用部分绿化用地的情况可要求对方给予补偿。

3）建设用地规划许可证的附件有：①建设用地规划红线图；②规划设计条件。

4）注意附加说明事项，防止在有效期内未申请用地导致该证自行失效。

4.3.3 建设工程方案设计与初步设计

建设工程方案设计是指由房地产开发企业委托的设计单位依据设计任务书编制方案设计文件（设计方案）。设计方案由规划局进行审查，审查通过后的设计方案和审查意见是办理建设工程规划许可证的必备材料。

（1）建设工程方案设计的内容

建设工程方案设计文件包括以下 3 个部分：

1）设计说明书，包括各专业设计说明以及投资估算等内容。

2）总平面图以及建筑设计图样。

3）设计委托或设计合同中规定的透视图、鸟瞰图、模型等。

一些大型或重要的建筑，根据工程的需要可加做建筑模型。方案设计必须贯彻国家及地方有关工程建设的政策和法令，应符合国家现行的建筑工程建设标准、设计规范和制图标准。

（2）建设工程方案设计的审查要点

建设工程方案设计审查的要点一般包括：

1）退红线是否满足要求。

2）日照分析是否满足要求。

3）物业管理及社区用房的位置及规模是否满足要求。

4）配电房的位置、规模以及与住宅楼的间距是否满足要求。

5）商业布局是否合理。

6）机动车车位配比、非机动车车位配比是否满足要求。

7）退河道是否满足相关要求，小区环路受不受退河道景观绿化带的限制。

8）小区出入口设置是否合理。

9）根据公建配套审查意见，是否已全部深化调整到位。

10）其他如容积率、建筑密度、绿化率等经济技术指标是否满足规划要点要求。

11）消防的防火间距、登高面、消防环道是否满足消防规范要求。

（3）建设工程方案设计审查手续的办理与注意事项

在房地产开发企业设计管理部和设计单位确定好设计方案之后，一般由开发部人员填写申报表，并将设计方案、申报表及其他要求申报的材料报送当地规划局，以及消防局、人防办、园林局、生态环境局等协办部门审查，经各部门审查通过后，房地产开发企业可以领取审批意见。以上的各项审查并不是每个房地产项目都需要进行，要根据具体项目的实际情况和当地相关审查部门的规定要求而定。

建设工程方案设计审查办理的注意事项：

1）房地产开发企业取得规划设计条件之后，根据当地的开发报建流程争取与建设用地规划许可证同步办理。

2）建设工程方案设计审查之前，房地产开发企业应尽可能了解清楚当地规划部门对方案设计的审查依据和审查要求，与规划部门方案设计审查重要经办人员提前沟通，充分了解哪些重要指标必须按规定报批，哪些指标有灵活性，以便项目的方案设计能顺利通过审查，减少因报审方案不符合要求打回重新修改方案所耗费的时间。

3）方案设计审查中，总平面规划方案图审查应重点注意的事项：

①所报规划方案的建筑和空间基本布局是否与规划部门的要求基本一致。

②综合技术经济指标是否符合规划设计要点及其他审查文件的强制性要求（主要指标包括：规划总用地面积、总建筑面积、住宅建筑面积、公建配套面积、容积率、总建筑密度、居住户数、居住人口、绿地率、总停车数）。

③建筑高度、建筑间距和建筑红线退让道路边线是否满足最低审查要求。

④对于公建配套设施的设置当地规划部门有无特别要求，应尽可能争取少配公建配套设施或配备将来不需要移交的公配设施。

4）方案设计审查阶段还要调查了解建设项目排水、煤气、垃圾处理等问题，以便在设计方案审查阶段综合考虑及方便下一步审查。如雨水、污水怎么排放，是否要建污水处理站？生活垃圾怎么收集处理，是否要配垃圾压缩站？

5）注意当地设计方案审查的一些特别要求。

（4）建设工程初步设计的内容

建设工程初步设计文件包括以下内容：

1）设计说明书，包括设计总说明、各专业设计说明。涉及建筑节能、环保、绿色建筑、人防、装配式建筑等的，其设计说明应有相应的专项内容；

2）有关专业的设计图纸；

3）主要设备或材料表；

4）工程概算书；

5）有关专业计算书（计算书不属于必须交付的设计文件，但应按本规定相关条款的要求编制）。

（5）建设工程初步设计的审查与办理

根据《建筑工程设计文件编制深度规定》（2016版），建筑工程一般应分为方案设计、初步设计和施工图设计3个阶段；对于技术要求相对简单的民用建筑工程，当有关主管部门在初步设计阶段没有审查要求，且合同中没有做初步设计的约定时，可在方案设计审批后直接进入施工图设计。而对于一些大中型的项目，则需要在设计方案通过审核之后进行初步设计，并将初步设计文件报当地建设局和消防局、园林局、人防办等相关部门进行专项审批，取得审批意见。

建设工程初步设计的审查要点包括：

1）应符合已审定的设计方案。

2）能据以确定土地征用范围。

3）能据以准备主要设备及材料。

4）应提供工程设计概算，作为审批确定项目投资的依据。

5）能据以进行施工图设计。

6）能据以进行施工准备。

房地产开发企业在取得建设工程设计方案的审查意见之后，就可以到当地住建局申请建设工程初步设计审查，其申请材料一般包括申请表，初步设计文件，方案设计审查意见，消防、人防、园林等的专项审查意见以及建设用地规划许可证等（各项审查并不是每个房地产项目都需要进行，要根据具体项目的实际情况和当地相关审查部门的规定要求而定）。

4.3.4 建设工程规划许可证的办理

在取得建设工程规划许可证之前，房地产开发企业策划部门还需要在填报项目名称与道路命名的申报表后，持该申报表、建设用地规划许可证、总平面图等相关材料到当地民政局的地名管理办公室申报项目与道路命名，审批通过并缴纳公告费后，取得地名和路名的批复文件。

在办理完建设工程方案设计、初步设计的审查手续和完成建筑施工图的设计之后，房地产开发企业就可以申请办理建设工程规划许可证了。在办理建设工程规划许可证时，需要提交的申请材料一般包括申请表、使用土地的有关证明、地名批复文件、建设工程设计方案、建筑施工图等，由规划局对企业提交的材料进行审核，并向审核通过的企业核发建设工程规划许可证。

房地产开发企业在办理建设工程规划许可证时，需要注意以下几个要点：

1）房地产开发企业缴费时间不计入承诺时限内。

2）房地产开发企业在取得建设工程规划许可证后，应在有效期（一般为 6 个月）内申请开工，逾期未开工又未提出延期申请的，建设工程规划许可证自行失效。

3）在建设工程规划许可证办结取证之前要缴纳市政配套费，对于每期开发建设 20 万 m^2 的规模，市政配套费金额较大，必要时考虑分层办理建设工程规划许可证。

4）要注意确保现场放线的楼宇与建设工程规划许可证批复的固定点保持一致。

5）报建的图样要求符合退缩间距，开口天井、采光、通风符合建筑规范要求，要满足各专业意见要求。

4.4 房地产开发项目建设施工阶段

房地产项目工程开工之前，需要办理的事项包括工程施工图的审查与备案、工程施工招标与备案、工程施工许可证的办理、放线及验线、临时和永久施工设施的报批与办理等。该阶段项目开发工作的开展主要有项目工程部主导，直接对项目开发质量、过程安全、工程进度等进行管理。达到项目预售和竣工验收条件则是该阶段工作的导向目标。

4.4.1 工程施工图的审查与备案

根据《房屋建筑和市政基础设施工程施工图设计文件审查管理办法》（2018 年修订版），施工图审查（也即施工图设计文件审查），是指施工图审查机构按照有关法律、法规，对施工图涉及的公共利益、公众安全和工程建设强制性标准的内容进行的审查。施工图审查应当坚持先勘察、后设计的原则。施工图设计文件必须进行审查，审查合格的施工图是工程施工、监理活动以及质量安全监督管理的依据。

审查机构应当对施工图审查下列内容：

1）是否符合工程建设强制性标准；

2）地基基础和主体结构的安全性；

3）消防安全性；

4）人防工程（不含人防指挥工程）防护安全性；

5）是否符合民用建筑节能强制性标准，对执行绿色建筑标准的项目，还应当审查是否符合绿色建筑标准；

6）勘察设计企业和注册执业人员以及相关人员是否按规定在施工图上加盖相应的图章和签字；

7）法律、法规、规章规定必须审查的其他内容。

审查合格的，审查机构应当向建设单位出具审查合格书，并在全套施工图上加盖审查专用章。审查合格书应当由各专业的审查人员签字，经法定代表人签发，并加盖审查机构公章。审查机构应当在出具审查合格书后 5 个工作日内，将审查情况报工程所在地县级以上地方人民政府住房和城乡建设主管部门备案。

审查不合格的，审查机构应当将施工图退还给建设单位并出具审查意见告知书，说明不合格原因。同时，应当将审查意见告知书及审查中发现的建设单位、勘察设计企业和注册执业人员违反法律、法规和工程建设强制性标准的问题，报工程所在地县级以上地方人民政府住房和城乡建设主管部门。施工图退还给建设单位后，建设单位应当要求原勘察设计企业进行修改，并将修改后的施工图送原审查机构复审。

施工图审查收费实行政府指导价管理，遵循“谁委托谁付费”的有偿服务原则。审查机构可以根据业主委托的工作量大小、服务难易程度等，在规定的浮动幅度内与业主协商确定收费额。

4.4.2 工程施工招标与备案

根据《中华人民共和国招标投标法》，在中华人民共和国境内进行下列工程建设项目包括项目的勘察，设计，施工，监理以及与工程建设有关的重要设备、材料等的采购，必须进行招标：

1）大型基础设施、公用事业等关系社会公共利益、公众安全的项目；

2）全部或者部分使用国有资金投资或者国家融资的项目；

3）使用国际组织或者外国政府贷款、援助资金的项目；

4）法律或者国务院对必须进行招标的其他项目的范围有规定的，依照其规定。

再根据《必须招标的工程项目规定》（国家发展和改革委员会第16号令，2018年3月发布），必须招标的项目包括：

1）施工单项合同估算价在400万元人民币以上；

2）重要设备、材料等货物的采购，单项合同估算价在200万元人民币以上；

3）勘察、设计、监理等服务的采购，单项合同估算价在100万元人民币以上。

同一项目中可以合并进行的勘察，设计，施工，监理以及与工程建设有关的重要设备、材料等的采购，合同估算价合计达到前款规定标准的，必须招标。

根据住房和城乡建设部发布的《房屋建筑和市政基础设施工程施工招标投标管理办法》（2019年修订版），招标人应当根据招标工程的特点和需要，自行或者委托工程招标代理机构编制招标文件。招标文件应当包括下列内容：

1）投标须知，包括工程概况，招标范围，资格审查条件，工程资金来源或者落实情况，标段划分，工期要求，质量标准，现场踏勘和答疑安排，投标文件编制、提交、修改、撤回的要求，投标报价要求，投标有效期，开标的时间和地点，评标的方法和标准等；

2）招标工程的技术要求和设计文件；

3）采用工程量清单招标的，应当提供工程量清单；

4）投标函的格式及附录；

5）拟签订合同的主要条款；

6）要求投标人提交的其他材料。

依法必须进行施工招标的工程，招标人应当在招标文件发出的同时，将招标文件报工程所在地的县级以上地方人民政府建设行政主管部门备案。住建行政主管部门发现招标文件有违反法律、法规内容的，应当责令招标人改正。

招标人对已发出的招标文件进行必要的澄清或者修改的，应当在招标文件要求提交投标文件截止时间至少 15 日前，以书面形式通知所有招标文件收受人，并同时报工程所在地的县级以上地方人民政府住建行政主管部门备案。该澄清或者修改的内容为招标文件的组成部分。

依法必须进行施工招标的工程，招标人应当自确定中标人之日起 15 日内，向工程所在地的县级以上地方人民政府建设行政主管部门提交施工招标投标情况的书面报告。书面报告应当包括下列内容：

1）施工招标投标的基本情况，包括施工招标范围、施工招标方式、资格审查、开评标过程和确定中标人的方式及理由等。

2）相关的文件资料，包括招标公告或者投标邀请书、投标报名表、资格预审文件、招标文件、评标委员会的评标报告（设有标底的，应当附标底）、中标人的投标文件。委托工程招标代理的，还应当附工程施工招标代理委托合同。

4.4.3 工程施工许可证的办理

根据《建筑工程施工许可管理办法》（住建部，2014 年 6 月），在中华人民共和国境内从事各类房屋建筑及其附属设施的建造，装修装饰和与其配套的线路、管道、设备的安装，以及城镇市政基础设施工程的施工，建设单位在开工前应当依照本办法的规定，向工程所在地的县级以上地方人民政府住房和城乡建设主管部门申请领取施工许可证。工程投资额在 30 万元以下或者建筑面积在 300 m^2 以下的建筑工程，可以不申请办理施工许可证。省、自治区、直辖市人民政府住房和城乡建设主管部门可以根据当地的实际情况，对限额进行调整，并报国务院住房和城乡建设主管部门备案。任何单位和个人不得将应当申请领取施工许可证的工程项目分解为若干限额以下的工程项目，规避申请领取施工许可证。

建设单位申请领取施工许可证，应当具备下列条件，并提交相应的证明文件：

1）依法应当办理用地批准手续的，已经办理该建筑工程用地批准手续。

2）在城市、镇规划区的建筑工程，已经取得建设工程规划许可证。

3）施工场地已经基本具备施工条件，需要征收房屋的，其进度符合施工要求。

4）已经确定施工企业。按照规定应当招标的工程没有招标，应当公开招标的工程没有公开招标，或者肢解发包工程，以及将工程发包给不具备相应资质条件的企业的，所确定的施工企业无效。

5）有满足施工需要的技术资料，施工图设计文件已按规定审查合格。

6）有保证工程质量和安全的具体措施。施工企业编制的施工组织设计方案中有根据建筑工程特点制定的相应质量、安全技术措施。建立工程质量安全责任制并落实到人。专业性较强的工程项目编制了专项质量、安全施工组织设计方案，并按照规定办理了工程质量、安全监督手续。

7）按照规定应当委托监理的工程已委托监理。

8）建设资金已经落实。建设工期不足一年的，到位资金原则上不得少于工程合同价的50%，建设工期超过一年的，到位资金原则上不得少于工程合同价的30%。建设单位应当提供本单位截至申请之日无拖欠工程款情形的承诺书或者能够表明其无拖欠工程款情形的其他材料，以及银行出具的到位资金证明，有条件的可以实行银行付款保函或者其他第三方担保。

9）法律、行政法规规定的其他条件。

县级以上地方人民政府住房和城乡建设主管部门不得违反法律法规规定，增设办理施工许可证的其他条件。

申请办理施工许可证，应当按照下列程序进行：

1）建设单位从发证机关领取《建筑工程施工许可证申请表》。

2）建设单位持加盖单位及法定代表人印鉴的《建筑工程施工许可证申请表》，并附本《建筑工程施工许可管理办法》第四条规定的证明文件，向发证机关提出申请。

3）发证机关在收到建设单位报送的《建筑工程施工许可证申请表》和所附证明文件后，对于符合条件的，应当自收到申请之日起十五日内颁发施工许可证；对于证明文件不齐全或者失效的，应当当场或者五日内一次告知建设单位需要补正的全部内容，审批时间可以自证明文件补正齐全后作相应顺延；对于不符合条件的，应当自收到申请之日起十五日内书面通知建设单位，并说明理由。

建筑工程在施工过程中，建设单位或者施工单位发生变更的，应当重新申请领取施工许可证。

建设单位申请领取施工许可证的工程名称、地点、规模，应当符合依法签订的施工承包合同。施工许可证应当放置在施工现场备查，并按规定在施工现场公开。

发证机关应当将办理施工许可证的依据、条件、程序、期限以及需要提交的全部材料和申请表示范文本等，在办公场所和有关网站予以公示。

除以上内容外，为加强对城市建设工程、修缮工程的余泥渣土的排放管理，房地产开发企业在取得建筑工程施工许可证之前，还需要去工程所在地的城市管理部门或市容环境管理部门办理《余泥渣土排放证》。这里所说的余泥渣土是指施工单位或个人对各类建筑物、构筑物、管网进行建设（铺设）或修缮时所产生的建筑垃圾和工程残土。

4.4.4 放线及验线、临时及永久施工设施的报批与办理

（1）放线及验线的报批与办理

在取得建筑工程施工许可证之后，建设单位应当按照建设工程规划许可要求，委托具有相应测绘资质的单位进行放线。建设工程放线后，向规划主管部门申请验线。规划主管部门应当在收到申请之日起 1～10 个工作日内完成验线。符合规定的，出具验线合格手续，允许施工；不符合规定的，不允许施工，提出书面整改意见，并由建设单位整改后重新申请。

建设单位委托具有相应测绘资质的单位制作《建设工程放线测量技术报告》，放线报告文本除符合测绘行业技术成果规范外，同时必须反映以下内容：

1）《城市规划测绘资格证书》编号，审定人、审核人、项目负责人签名，测绘单位技术成果专用章等内容；

2）放线测绘依据、技术总结，以及其他需要注明的事项；

3）放线成果图和电子文件，并标注以下内容：

- 用地红线、道路坐标；
- 建筑物坐标，间距及与现状建筑物、道路、河道、高压线等的距离关系；

- 地下室范围、坐标、出入口位置；
- 周边 30 m 以上足以满足规划管理需要的范围内的建筑、地形、地貌，以及与之相关的高度、距离等关系。

（2）临时及永久施工设施的报批与办理

建设工程临时施工设施的报批是指房地产开发企业为保障工程顺利开工，在取得建设用地规划许可证，总平面图以及临时施工用水、用电、出入口、排水设计等方案后，到当地水务、供电、市政等部门申请建设工程临时施工设施的审批。此项工作是保证工程顺利开工的前提条件。在进行建设工程临时施工设施报批时，需要注意以下几个要点：

1）施工临水、临电的报批必须确保在项目计划开工节点时间之前完成，临水临电方案以接入点越近越好，并能满足施工现场需求。对于当地所要求的相关规费应协调减免。

2）临时施工用水水表应尽可能与永久用水水表相一致，包括位置、口径等，避免重复施工增加开发成本。

3）根据临时施工用电方案，协调变压器的容量和安装位置，减少资金的投入，降低开发成本。

4）根据现场情况和周边发展规划确定最佳的临时施工出入口方案，为施工现场创造最佳的施工通道。

建设工程永久设施报批是指为了保障工程施工，在取得建设工程规划许可证以及永久用水、用电、出入口、排水、用气等的方案之后，到水务、供电、市政、燃气等部门申请建设工程永久设施的审批。

4.4.5 工程施工过程管理概述

在项目工程施工过程中，受到时间、资源、质量及进度目标的严苛限制，因此必须运用系统论的方法实现全过程管理，以实现对项目的质量、进度、成本和安全目标进行控制和管理，达成项目的各项目标。主要的过程管理内容包括：

1）确定各项目标及控制标准。在实施过程中，通过检查、对比，衡量目标的完成情况。将衡量结果与标准进行比较，若有偏差，分析原因，采取相应的措施以保证目标的实现。

2）对施工项目实行生产要素管理。施工项目生产要素主要包括劳动力、材料、设备、技术和资金。分析各生产要素的特点，按一定的原则、方法，对施工项目生产要素进行优化配置并进行动态管理。

3）施工项目合同管理。合同管理的水平直接涉及项目管理及工程施工的技术组织效果和目标实现。因此，要从工程投标开始，加强工程承包合同的策划、签订、履行和管理。同时，还必须注意搞好索赔，讲究方法和技巧，提供充分的证据。

4）施工项目信息管理。进行施工项目管理和施工项目目标控制、动态管理，必须在项目实施的全过程中，充分利用计算机对项目有关的各类信息进行收集、整理、储存和使用，提高项目管理的科学性和有效性。

5）施工现场管理。应对施工现场进行科学有效管理，以达到文明施工，保护环境，塑造良好企业形象，提高施工管理水平的目的。

6）组织协调。在施工项目实施过程中，应进行组织协调，沟通和处理好内部及外部的各种关系，排除种种干扰和障碍。协调是为了有效控制服务，协调和控制都是为了保证计划目标的实现。

当下，房地产开发企业本质上是一个资源整合型企业，其业务的开展综合性极强，需要企业具有很强的整合能力，方能很好地去整合资本市场、政府资源、工程分包单位、广告商、业主等方方面面的资源。施工现场作为房地产开发商的甲方更应该发挥好“协调者”的作用，原因有以下四个方面：

1）总承包单位和各专业分包单位站在施工最前线，永远是技术的直接实践和输出者，建设方在条件允许的前提下，可以在技术管理方面进行必要的指导和补充，却无法代替施工方开展技术相关工作。同时，在精细化管理程度越来越高的现在，大部分规模房企尤其是标杆房企都有着企业自己的项目质量安全管理操作标准，第三方实测实量或综合评估的兴起更是将相应的管理细则通过定期检查的形式落地成形，很好地推动了项目的质量安全管理工作。

2）作为业务开展的中心点，房地产开发各项业务自始至终都是围绕着项目来开展的。而主导该阶段工作的工程部，在项目施工建设过程中就需要协调合约管理部、设计部、报批报建部、财务部共同来推动项目发展，如协调设计部定样定板、协调合约部及时分判、协调报建部沟通政府资源以早日穿插验收、协调财务部及时支付工程款以保证合作商工作积极性等。

3）在项目穿插流水施工尤其是进入后期内外墙粗装饰穿插阶段时，总承包、门窗、栏杆、地暖、保温、涂料、庭院市政管网、景观等专业分包单位均进场施工，如何来扮演好“中间人”的角色，以综合协调管理各分包单位有序开展工作，这就是建设方工程师的主要职责。

4）在政府管控方面，除直接受到质监站、安监站的监督检查外，在施工建设过程中还须不时应对来自生态环境部门、规划执法、城管执法的执法检查甚至是社会地痞的滋扰。在项目进入后期施工时，更需要及时协调规划部门、墙改节能部门、排水管理部门、消防部门等众多验收管理部门穿插进行竣工验收工作。建设方更多的时候需要思考的是如何充分整合和利用好公司的资源、各专业分包的资源、政府的资源和社会的资源去推动项目的顺利发展，因此在更多的时候工程部应做好综合协调管理者的角色定位。

4.5 项目预售许可与竣工验收

在商品房预售许可阶段，房地产开发企业报批报建的主要任务是取得商品房预售许可证，在取得该证之前，需要先完成房屋面积预测，在取得商品房预售许可证之后，则可以进行商品房预售广告备案和商品房预售款使用申请等事项的办理。

在建设工程竣工验收阶段，房地产开发企业报批报建的主要任务是完成建设工程竣工专项验收、竣工验收备案和竣工档案归档。在完成工程竣工验收之后，则需要办理房屋面积实测、新型墙体材料专项基金和建设工程工资保障金的核退，之后便可以办理房地产权证的初始登记，完成交楼与进行物业管理。房地产项目竣工验收过程，因地区不同，办理过程略有差别。

4.5.1 商品房预售许可证办理条件以及办理流程

（1）商品房预售许可证办理条件

商品房预售制度是商品房买卖市场的一种销售形式，过去 20 年来，商品房预售已经成为我国商品房销售的主要途径。所谓的商品房预售是指房地产开发企业将正在建设中的房屋预先出售给承购人，由承购人预先支付定金或房款的行为。具体来说，习惯上把在建的、尚未完成建设的、不能交付使用的、没取得房屋产权证的房屋称为期房。开发商出售期房称为预售，购房者买房时就要与开发商签订房屋预售合同。

商品房预售（期房交易）不同于商品房销售（现房交易），因其不可预知性导致商品房在预售过程中会出现现房销售中所不存在的风险点，如交易地位不公平、销售方式不规范等，而这些风险点最终都归于承购人一方承担。因此国家出台了相应的法律法规对商品房预售予以规制，而商品房预售许可证是最为重要的规制要件。

所谓的商品房预售许可证也就是开发商在预售商品房时所需要办理的相应主管部门的预售行政许可。商品房预售许可证办理条件产生的法律依据主要是：

1)《中华人民共和国城市房地产管理法》第四十五条：

商品房预售，应当符合下列条件：

- 已交付全部土地使用权出让金，取得土地使用权证书；
- 持有建设工程规划许可证；
- 按提供预售的商品房计算，投入开发建设的资金达到工程建设总投资的百分之二十五以上，并已经确定施工进度和竣工交付日期；
- 向县级以上人民政府房产管理部门办理预售登记，取得商品房预售许可证明；
- 商品房预售人应当按照国家有关规定将预售合同报县级以上人民政府房产管理部门和土地管理部门登记备案；
- 商品房预售所得款项，必须用于有关的工程建设。

2)《城市房地产开发经营管理条例》第二十二条：

房地产开发企业预售商品房，应当符合下列条件：

- 已交付全部土地使用权出让金，取得土地使用权证书；
- 持有建设工程规划许可证和施工许可证；
- 按提供的预售商品房计算，投入开发建设的资金达到工程建设总投资的25%以上，并已确定施工进度和竣工交付日期；
- 已办理预售登记，取得商品房预售许可证明。

3)《城市商品房预售管理办法》第七条：

开发经营企业申请办理《商品房预售许可证》应当提交下列证件（复印件）及资料：

- 商品房预售许可申请表；
- 开发企业的《营业执照》和资质证书；
- 土地使用权证、建设工程规划许可证、施工许可证；
- 投入开发建设的资金占工程建设总投资的比例符合规定条件的证明；
- 工程施工合同及关于施工进度的说明；
- 商品房预售方案。预售方案应当说明预售商品房的位置、面积、竣工交付日期等内容，并应当附预售商品房分层平面图。

（2）商品房预售许可证办理流程

1）受理。开发企业按《城市商品房预售管理办法》第七条的规定提交有关材料，材料齐全的，房地产管理部门应当当场出具受理通知书；材料不齐的，应当当场或者5日内一次性书面告知需要补充的材料。

2）审核。房地产管理部门对开发企业提供的有关材料是否符合法定条件进行审核。开发企业对所提交材料实质内容的真实性负责。

3）许可。经审查，开发企业的申请符合法定条件的，房地产管理部门应当在受理之日起10日内，依法作出准予预售的行政许可书面决定，发送开发企业，并自作出决定之日起10日内向开发企业颁发、送达《商品房预售许可证》。

经审查，开发企业的申请不符合法定条件的，房地产管理部门应当在受理之日起10日内，依法作出不予许可的书面决定。书面决定应当说明理由，告知开发企业享有依法申请行政复议或者提起行政诉讼的权利，并送达开发企业。

商品房预售许可决定书、不予商品房预售许可决定书应当加盖房地产管理部门的行政许可专用印章，《商品房预售许可证》应当加盖房地产管理部门的印章。

4）公示。房地产管理部门作出的准予商品房预售许可的决定，应当予以公开，公众有权查阅。

（3）商品房预售许可证办理注意要点

在申请办理商品房预售许可证时，需要注意以下几点：

1）办理商品房预售许可证前须认真填写项目概况，住宅的预测面积、结构、户型、厨卫与阳台的个数和层高等必须认真填写并经至少两人复核后方能提交上网。

2）如果申报预售的面积累计超过土地出让合同可售面积，须提前调整土地出让合同面积，并在办理商品房预售许可证前完成国有土地出让合同变更协议的签订及土地出让金的缴交。

3）当预测总面积超过报建面积，须由销售部确定不可售房屋。

4）申报商品房预售许可证前须落实监控账户及工程形象进度（七层以下封顶，七层以上达到框架结构的2/3）。

5）办理商品房预售许可证所需准备的资料较多，提前做好报案的资料准备工作，如提前开设好预售款监控账户，签订预售款监控协议书以及完成物业管理招标，取得中标备案书等。

6）销售面积预测的工作量较大，应提前介入。建筑面积务必要注意尽量减少与实际施工及后期实测的面积误差，避免在后期的确权、办理房产证时造成公司利益的损失，减少业主的投诉。因此，提供的用于预测的施工图一定要注意是不是三层会验后的最新施工图（包括建筑图、能显示剪力墙和柱子变化的结构图），平立剖面、阳台窗台风道等大样图与现场施工的图样是否一致，现场施工有无变动。取得预测面积的结果后开发部要提交给预决算部审核。

（4）商品房预售广告备案

房地产开发企业发布预售广告时，必须取得商品房预售许可证，并在商品房预售广告中载明商品房预售许可证明的文号，在广告发布之前，将广告式样报房管局（或住建局）和工商局备案，由住建主管部门在符合条件的商品房预售广告备案表和预售广告式样上加盖备案章。

4.5.2 项目竣工验收的办理

根据《房屋建筑和市政基础设施工程竣工验收规定》（建质〔2013〕171号），凡在中华人民共和国境内新建、扩建、改建的各类房屋建筑和市政基础设施工程都应实施竣工验收。

（1）项目竣工验收的条件

1）完成工程设计和合同约定的各项内容。

2）施工单位在工程完工后对工程质量进行了检查，确认工程质量符合有关法律、法规和工程建设强制性标准，符合设计文件及合同要求，并提出工程竣工报告。工程竣工报告应经项目经理和施工单位有关负责人审核签字。

3）对于委托监理的工程项目，监理单位对工程进行了质量评估，应具有完整的监理资料，并提出工程质量评估报告。工程质量评估报告应经总监理工程师和监理单位有关负责人审核签字。

4）勘察、设计单位对勘察、设计文件及施工过程中由设计单位签署的设计变更通知书进行检查，并提出质量检查报告。质量检查报告应经该项目勘察、设计负责人和勘察、设计单位有关负责人审核签字。

5）有完整的技术档案和施工管理资料。

6）有工程使用的主要建筑材料、建筑构配件和设备的进场试验报告，以及工程质量检测和功能性试验资料。

7）建设单位已按合同约定支付工程款。

8）有施工单位签署的工程质量保修书。

9）对于住宅工程，进行分户验收并验收合格，建设单位按户出具《住宅工程质量分户验收表》。

10）建设主管部门及工程质量监督机构责令整改的问题全部整改完毕。

11）法律、法规规定的其他条件。

（2）项目竣工验收的程序

1）工程完工后，施工单位向建设单位提交工程竣工报告，申请工程竣工验收。实行监理的工程，工程竣工报告须经总监理工程师签署意见。

2）建设单位收到工程竣工报告后，对符合竣工验收要求的工程，组织勘察、设计、施工、监理等单位组成验收组，制定验收方案。对于重大工程和技术复杂工程，根据需要可邀请有关专家参加验收组。

3）建设单位应当在工程竣工验收 7 个工作日前将验收的时间、地点及验收组名单书面通知负责监督该工程的工程质量监督机构。

4）建设单位组织工程竣工验收。

- 建设、勘察、设计、施工、监理单位分别汇报工程合同履约情况和在工程建设各个环节执行法律、法规和工程建设强制性标准的情况；
- 审阅建设、勘察、设计、施工、监理单位的工程档案资料；
- 实地查验工程质量；
- 对工程勘察、设计、施工、设备安装质量和各管理环节等方面作出全面评价，形成经验收组人员签署的工程竣工验收意见。

参与工程竣工验收的建设、勘察、设计、施工、监理等各方不能形成一致意见时，应当协商提出解决的方法，待意见一致后，重新组织工程竣工验收。

（3）项目竣工专项验收的办理

建设工程竣工专项验收是指在建设工程竣工之后，建设单位到规划局、人防办、生态环境局、卫生局、消防局、住建局等部门申请规划、人防、环保、卫生、消防、节能等专项验收（图 4-2）。在验收合格后，取得各部门出具的验收文件或准许使用文件，再组织工程竣工验收并编制建设工程竣工验收报告。经验收合格的房地产项目，方可交付使用。

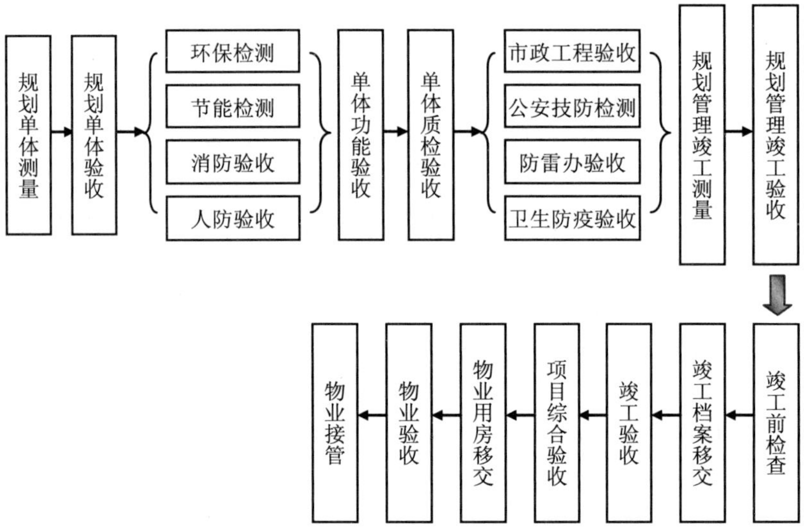

图 4-2　项目竣工专项验收的一般流程

（4）项目竣工验收备案与竣工档案归档

根据《建设工程质量管理条例》（2019 年修订版），建设工程竣工验收应当具备下列条件：

1）完成建设工程设计和合同约定的各项内容；

2）有完整的技术档案和施工管理资料；

3）有工程使用的主要建筑材料、建筑构配件和设备的进场试验报告；

4）有勘察、设计、施工、工程监理等单位分别签署的质量合格文件；

5）有施工单位签署的工程保修书。

建设工程经验收合格的，方可交付使用。

建设单位应当自建设工程竣工验收合格之日起 15 日内，将建设工程竣工验收报告和规划、公安消防、生态环境等部门出具的认可文件或者准许使用文件报住建行政主管部门或者其他有关部门备案。

根据《房屋建筑工程和市政基础设施工程竣工验收备案管理办法》（2009 年修订版），建设单位办理工程竣工验收备案应当提交下列文件：

1）工程竣工验收备案表；

2）工程竣工验收报告。竣工验收报告应当包括工程报建日期，施工许可证号，施工图设计文件审查意见，勘察、设计、施工、工程监理等单位分别签署的质量合格文件及验收人员签署的竣工验收原始文件，市政基础设施的有关质量检测和功能性试验资料以及备案机关认为需要提供的有关资料；

3）法律、行政法规规定应当由规划、生态环境等部门出具的认可文件或者准许使用文件；

4）法律规定应当由公安消防部门出具的对大型的人员密集场所和其他特殊建设工程验收合格的证明文件；

5）施工单位签署的工程质量保修书；

6）法规、规章规定必须提供的其他文件；

7）住宅工程还应当提交《住宅质量保证书》和《住宅使用说明书》。

房地产开发企业在工程竣工验收备案之后，需要将竣工资料进行整理、分卷，并将其移交至当地档案馆保存备案。建设工程竣工档案归档内容及归档要求具体可参阅住房和城乡建设部发布的国家标准《建设工程文件归档规范》（GB/T 50328—2014）。

本章要点

1. 房地产开发。
2. “七通一平”。
3. 建设用地规划许可证。
4. 建设工程规划许可证。
5. 建设工程施工许可证。
6. 我国房地产开发主要环节。
7. 简述我国商品房预售制度。

第 5 章 房地产市场

土地以其自然资源和自然条件的稀缺性决定了土地及其土地上的建筑物，尤其是住宅，在经济上的稀缺性，房地产市场也因此更加容易出现垄断；同时，无论是土地、房屋还是配套设施，房地产商品与普通商品也都有着明显的差异。差异之一表现在房地产的地域性，差异之二表现在房地产的权益性，承载着房地产商品交易的房地产市场也因此具有明显的地域性和权益性的特点。正是房地产商品以及房地产市场的这些特点，决定了世界上绝大多数国家都会对房地产市场采取较多的宏观管理和控制，对房地产价格的确定也较一般商品价格有更多的干预。房地产市场是一个特殊的市场。

5.1　房地产市场的概念与基本特征

5.1.1　一般市场概述

5.1.1.1　市场的含义

市场是劳动剩余、商品交换和社会分工发展的产物，是商品交换的承载，也是维系商品经济的纽带。狭义的理解，市场是指买卖双方进行商品和劳务交易活动的场所和空间；广义的解释，市场是各种交易关系的总和，即在流通中所发生的交换关系的总和。

市场的出现和发展属于历史范畴，它虽然有自己的发展规律，但也会随着历史的发展、变化而演变，所以在研究市场自身规律的同时，也要研究其相关的发展背景及其对市场的影响和反作用。

5.1.1.2　市场的主体与客体

市场的主体即是市场的参与方，包括市场的买方（需求者）和卖方（供给者）以及市场规则制定、监督的管理者；市场的客体即是市场参与方的交易对象。其中市场的需求者和供给者是市场均衡交易的主要决定者。

（1）市场需求

a）需求的含义

市场的需求是指消费者在每一个市场价格下愿意并且能够购买的商品数量的集合（图 5-1 的 D 曲线）；而消费者在任一个特定市场价格下愿意并且能够购买的商品数量，是市场的需求量（图 5-1 的 A_1 点或 A_2 点）。

b）影响需求的因素

很多因素可能影响商品的需求。以一种一般消费品的需求为例，其影响因素主要有以下几种：

一是商品本身的价格。在其他条件不变的情况下，一种商品价格高，购买的人就少，即使购买，也会减少购买数量，所以，需求量就小；反之，需求量就大。即一种商品的价格与其需求量成反比。

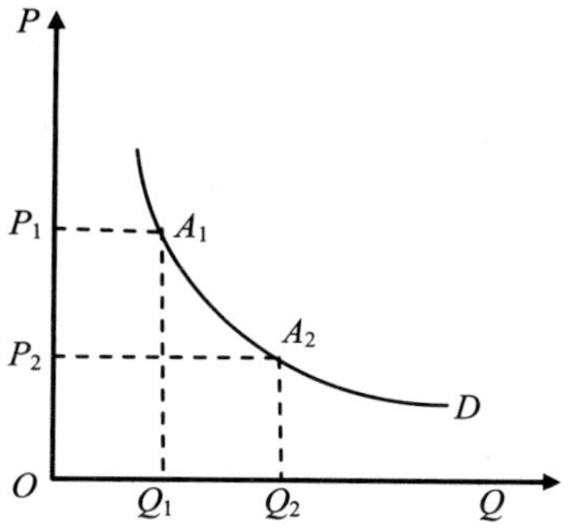

图 5-1 需求、需求量、需求规律

二是消费者的偏好。消费者的偏好对需求的影响是显而易见的。例如，眼睛近视的人对眼镜有需求，而眼睛不近视的人对眼镜则只有较小的需求甚至完全没有需求。一个消费者对某种商品的偏好增加后，即使价格不变，需求量也会增加。

三是消费者的收入。收入对需求的影响根据商品的不同特性而有所不同。对大部分正常商品而言，消费者的收入愈高，对它们的需求就愈大，呈正相关；而对一些低档的日用消费品如老式服装、黑白电视机等，在城镇居民收入有较大提高时，其需求就会下降，呈负相关。

四是其他商品的价格。这要区分两种情况：第一，如果其他商品和被考察的商品是互替商品，如肉类和鱼类，当肉类的价格上升，鱼类的需求就会增加；而肉类的价格下降，鱼类的需求则会减少。第二，如果其他商品和被考察的商品是互补商品，像汽车和汽油，汽油价格提高，就会引起汽油的需求减少，并引起汽车的需求减少。在经济学中，将互相替代商品间相对价格的变化对需求产生的影响称为替代效应。将因商品价格变化后实际收入发生变化进而对需求的影响称为收入效应。事实上，价格变化后，这两种效应是同时存在的，需求曲线之所以负向倾斜，正是这两种效应共同作用的结果。

五是消费者对未来的预期。如果人们估计某些影响需求的因素将发生变化，便会及时调整消费，从而影响现期的需求。例如，当人们预计商品房要涨价，现在就会出手购买，从而引起现时商品房的需求增加。

其他因素如气候、消费者人数、时间等也可能会影响商品的需求，但上述 5 个因素是其中主要的因素。其中，商品本身的价格变化影响商品的需求量，其他因素影响变化商品的需求。

（2）市场供给

a）供给的含义

市场的供给是指生产者在每一个市场价格下愿意并且能够提供的商品数量的集合（图 5-2 的 S 曲线）。而生产者在任一个特定市场价格下愿意并且能够提供的商品数量，是市场的供给量（图 5-2 的 A_1 点或 A_2 点）。

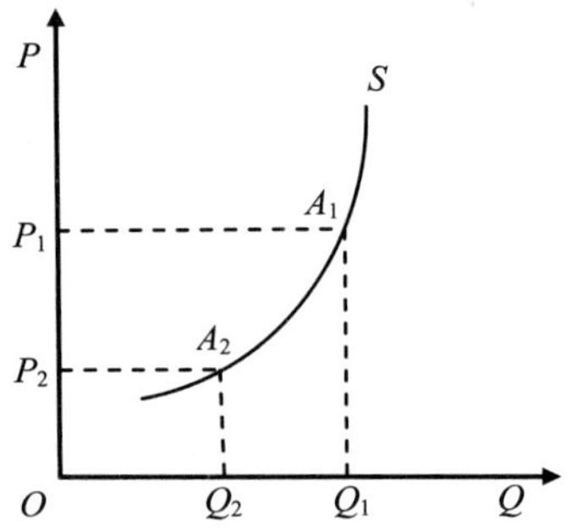

图 5-2　供给、供给量、供给规律

b）影响供给的因素

影响供给的因素也有很多种，但主要的因素有以下几种：

一是商品本身的价格。由于厂商的目标是追求利润极大化，在其他条件既定的条件下，如果某种商品价格上升，厂商就会投入更多的生产资源用于该商品的生产，从而使其供给量增加；反之，则厂商就会将生产资源转用于其他相对价格较高的商品的生产，从而该商品的供给量减少。

二是生产技术和管理水平。生产技术和管理水平的提高，可以降低原有的生成成本，使在同一价格水平下，可以提供更多的产品，供给量增加。

三是生产要素的价格。生产要素价格的变化直接影响到商品的生产成本。在其他条件不变的情况下，要素价格上升，厂商利润减少，供给也会减少；反之，则供给增加。例如，石油价格上涨，企业运输成本增加，在没有其他降低成本的可能下，企业供给会减少。

四是相关商品的价格。如果商品间的相对价格发生了变化，将使资源重新配置，从而影响商品的供给。例如，猪肉价格上涨，农民就会多养猪。其他养鸡、鸭的农民也可能减少养鸡、鸭的数量，转而养猪。

五是厂商对未来的预期，如果卖者预期某种商品的价格将上涨，就会囤积居奇，从而该商品的短期供给会减少。反之，待价格将下跌时，则会大量抛售，使短期供给增加。2007—2008 年石油价格波动很大时，就出现了短期囤积现象。

另外，其他因素如气候、厂商数量、时间等也可能会影响供给。但上述5个因素是其中主要的因素。其中，商品本身的价格变化影响商品的供给量，其他因素变化影响商品的供给。

5.1.1.3 市场的均衡

（1）市场的需求规律

通常情况下（即一般商品交换），市场价格和商品的需求量成反比，即商品的价格上升。商品的市场需求量下降，反之则相反（图 5-1）。

特别要注意：特殊商品，如奢侈商品、劣质商品、投资品等需求规律与一般商品需求规律在大多数情形下，结论相悖。

需求规律会因为相关外部因素影响而发生变化。主要有：商品本身价格的变化影响商品需求量的变化（需求曲线上点的移动）；其他商品价格的变化、消费者收入、偏好的因素和对未来的预期影响需求的变化（需求曲线的移动）。

（2）市场的供给规律

通常情况下（即一般商品交换），市场价格和商品的供给量成正比，即商品的价格上升。商品的市场供给量上升，反之则相反（图 5-2）。

特别要注意：特殊商品，如规模经营可降低成本的商品、劳动力商品、投资品等供给规律与一般商品规律在大多数情形下，结论相悖。

供给规律也会因为相关外部因素影响而发生变化。主要有：商品本身价格的变化影响供给量的变化（供给曲线上点的移动）；其他商品价格的变化、生产要素价格、生产技术与管理水平因素和厂商对未来的预期影响供给的变化（供给曲线的移动）。

（3）市场均衡

市场均衡是指某种商品在任一价格下，市场需求量和供给量不一定总是相等，但总有一个价格会使市场上的需求量和供给量相等（一致），此时，消费者和生产者都愿意在这个价格下买进（卖出）相同数量商品，达到市场出清。此种状态称为市场均衡。此时的市场价格称为均衡价格；此时的成交量称为均衡产销量（图 5-3）。

市场均衡状态是瞬时或短期的，市场不均衡状态是长期的。通常情况下，市场处于供大于求或者求大于供的情形，价格机制、供求机制和竞争机制互相作用，调节着市场趋向均衡。

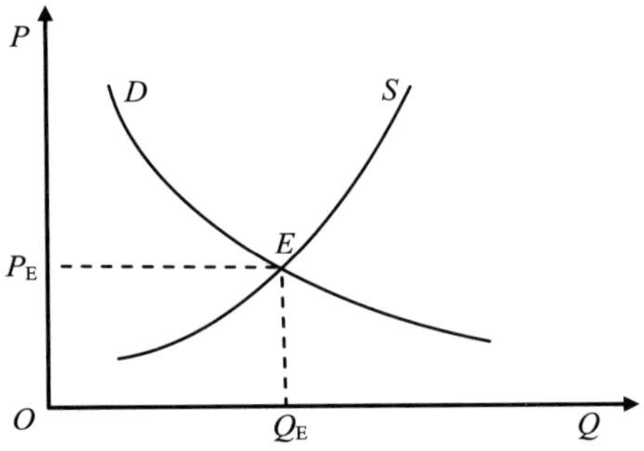

图 5-3　市场均衡

但在趋向均衡的过程中，价格机制、供求机制和竞争机制的作用会因市场中竞争因素和垄断因素的强弱而不一，从而厂商的定价能力、生产要素的流动能力等均不同。对资源的最佳配置也有影响。所以，分清市场的结构，对认识市场、能动地顺应市场，并科学地管理和监督市场意义重大。

5.1.1.4　市场的分类与特征

如上所述，市场中竞争因素和垄断因素的强弱影响着商品的定价、议价、生产要素流动，直至资源的最佳配置，所以，对市场的分类及其特征的描述是认识市场的第一步。

因市场中竞争因素和垄断因素的强弱会对经济资源是否最佳配置有直接影响，故我们根据市场中竞争因素和垄断因素的强弱把市场分为完全竞争市场、垄断竞争市场、寡头垄断市场和完全垄断市场（表 5-1）。

表 5-1　四种市场结构和厂商的基本特征比较

市场结构类型	厂商数目	产品差别程度	个别厂商控制价格程度	厂商进入产业难易	市场信息对等程度	现实中接近的行业
完全竞争	很多	无差别	没有	完全自由	信息充分	农业
垄断竞争	很多	有些差别	有一些	比较自由	信息不对称	零售业
寡头垄断	几个	有或没有差别	相当大	有限	信息不对称	汽车、钢铁制造业等
完全垄断	一个	唯一产品无替代品	很大，但受政府管制	不能	信息不对称	公用事业

根据市场发展规律，完全竞争市场可以使经济资源达到最佳配置，带有垄断因素的市场或多或少地都会浪费经济资源。所以，使市场处于完全竞争状态是最经济的。

值得注意的是，作为市场微观主体的消费者和厂商都以自己的利益最大化为目的，在追逐利益的过程中，厂商开始为小规模生产（完全竞争厂商），市场占有份额很小，不断地追加投资、不断地技术创新、不断地研发新产品……厂商扩大市场占有份额的同时，也拥有了商品定价权、市场话语权，厂商从竞争走向垄断（厂商垄断能力强弱视同行能力和市场管理监督力度而定）。市场从最初追求的资源最佳配置的完全竞争走向带有垄断因素的市场并伴随资源的浪费。

5.1.1.5 市场的作用

（1）促进社会分工和技术进步，降低生产和交易成本

市场是社会分工和商品经济发展的必然产物，但同时，市场通过信息反馈也反过来促进社会分工和技术进步。社会分工越细，市场熟练程度越高，单位产品的生产成本越低；同时市场信息充分，买卖过程中所花费的时间成本和货币成本，包括信息传播、广告、物流以及谈判、协商、签约、合约执行的监督等活动所花费的成本，均可降低。

（2）调节供求关系，稳定市场

市场可以影响市场参与者的生产、分配、交换、消费活动。例如，厂商按照市场需求规律决定生产什么、生产多少、怎样生产、为谁生产；消费者根据收入高低决定买什么、买多少、何时买；在买卖双方的抉择中市场达成均衡稳定。

（3）调节市场要素报酬，影响社会成员收入分配

市场通过生产要素市场影响生产要素价格，进而影响因素所有者的报酬，从而影响社会成员的收入分配状况和分配数量。

（4）促进资源的最佳配置

消费者和厂商在经济利益最大化的驱动下，必然把自己所拥有的资源投入到能够获得最大利益的行业中，而市场通过价格机制、竞争机制、供求机制把各种资源在社会范围内进行安排，在市场机制的调节下，使资源达到最充分的利用。

（5）市场中商品的交换关系反映人与人的社会关系

市场上各种商品的交换关系，形式上表现为物与物的交换，实质上体现

着交换双方当事人之间的经济利益关系，因而反映一定的社会关系。例如，能反映不同利益群体、利益集团的相互关系；能反映全社会生产资料的归属关系。

5.1.2 房地产市场的含义和基本特征

5.1.2.1 房地产市场的含义

房地产市场是商品经济中的市场体系的组成部分，是指房地产商品交换的场所和空间，也是房地产商品一切交换和流通关系的总和。既包括土地、房产及相关的劳务服务的交易行为，又包括土地所有权和使用权的有偿转让，房地产买卖交易以及租赁、典当、抵押等各类经济活动，房地产市场是所有这些交换和流通关系的总和，体现了市场中的当事人之间错综复杂的经济利益关系。

房地产市场的含义，可以从如下几个方面来理解：

1）房地产市场客观上存在着三大构成要素，即客体要素：可供交易的房地产商品和劳务服务；主体要素：参加房地产交易的当事人和机构；媒体要素：货币。

2）房地产市场所承载的关系包括：房地产商品的供需关系，房地产商品的价格与社会成员收入水平的关系，销售与金融信贷的关系，竞争、垄断与资源配置的关系，政府政策与市场机制的关系。

3）房地产市场交易双方相互作用的运行机制，它包括利率信贷机制、供求机制、价格机制、竞争机制和风险机制。

4）房地产市场是有形房地产商品和无形房地产商品的统一体。住宅、商店、办公楼、厂房等建筑实体为有形商品；房地产价格评估、房地产信息、房地产法律咨询等技术服务为无形服务（也是商品）。房地产市场既包括有形商品的交易，也包括无形服务的交易。

5）房地产市场是有限空间和无限空间的统一体。房地产市场既包括具体进行房地产交易的场所，如房地产交易所，也包括没有明确区域界限的房地产交换活动的领域。由于房地产是不动产，在交易中往往是用产权证代替标的物交换的，也可说明房地产市场是有限空间和无限空间的统一体。

6）健全的房地产市场是房地产业赖以生存和发展的基础和必要前提，是房地产企业运行不可缺少的外部环境。

5.1.2.2 房地产市场的基本特征

如前所述，完全竞争市场是资源配置最佳的市场，其特征主要体现在4个方面：信息充分、商品同质、厂商或买者出入自由、交易双方数量众多。因而在这个市场上，参与交易的各方都很难垄断市场局面。房地产市场与这4个条件相差甚远，所以我们往往称房地产市场是一个竞争不充分的市场（介于垄断竞争和寡头垄断之间），或是一个次市场、准市场。

（1）市场信息不完全

房地产市场的缺乏信息表现在3个方面：市场信息在买卖双方之间的不对称、专业知识在交易双方之间的不对称、交易的独立性。

1）市场信息不对称。房地产本身的固定性、不可移动性决定了以此交易物所形成的房地产市场的明显的地域性，这种地域性使房地产市场信息即便是在当前的Internet平台下也很难实现一般市场那样的快速沟通与对称。

2）专业知识在交易双方之间的不对称。房地产交易涉及对房地产商品实物的认识和对房地产产权的认识，同时房地产的交易形式复杂，交易手续烦琐，因此，对房地产商品的全面认识的专业知识不是每个交易者都能够很容易得到的。在房地产市场上，许多买主并不懂交易所涉及的法律条文、城市规划条例、赋税规定，所谓不懂是他们对一些细节并不一定清楚。一幢低价出售的超高层豪华宾馆，从结构形式、平面布置、室内装修各方面来说都是高水平的，但它可能不符合城市规划条例中的防火规范，或是电力线截面积不够大，或是屋顶未设直升飞机停机坪等，如此等等许多方面的更专业的知识在交易者之间往往是不容易对称的。

3）交易的独立性。大多房地产交易是一对一进行的，在很大程度上市场成交价还取决于交易双方之间参与买卖的需求、预期以及相互关系与谈判的过程等，因此，房地产交易的独立性非常显著，个别交易的价格往往不一定全面反映房地产交易的真实价值。同时，房地产市场属于区域性市场，同一用途不同区域的房地产的可替代性很小，而房地产投资决策受价格以外的因素影响也较大，所以，房地产市场相对于一般商品市场而言，市场竞争不充分，交易效率较低。

（2）产品不同质

房地产的非均质性的特点，产生了房地产商品的不同质。它们表现为：

1）房地产产品是非批量生产的，每一宗房地产产品从设计到产品生产、销售和利润实现都是独立单一的；

2）每一宗房地产产品都有其特有的物理属性，它们在区位位置、区域环境、建筑结构、朝向、层次、装修、服务等诸多内外部环境与条件方面的组合差异，致使世界上找不到完全相同的两幢房屋。

（3）房地产市场的生产要素流动性弱

房地产市场交易各方进出市场的不容易主要形成的原因：一是房地产商品供求调节的时滞性；二是房地产交易资金额度大、变现难；三是产权交易的过程性与复杂性。

1）房地产供给调节的时滞性。第一，土地作为自然资源一般不可再生，土地的这种稀缺性决定了土地自然供给无弹性，土地经济供给弹性小；同时，土地用途一旦确定就难以改变。第二，房地产开发周期较长，从申请立项到建成销售进入使用状态，短则需要一年，长则需要数年，因而当市场出现供不应求时，供给的增加往往需要相当长的时间；同时，房地产使用的耐久性，又决定了在市场供过于求时，多余的供给也需要较多的时间才能被市场消化。因此，房地产市场对整个商品市场供求关系的变化是不敏感的，相对于需求的变动，房地产供给的变动存在着时间上的滞后性，房地产市场的均衡也就有着不同于一般商品市场的特殊形式。

2）房地产交易资金额度大、变现难。由于房地产商品一次性投资金额大，资本回收期长，风险大，故房地产项目要求企业具备一定规模；同时，房地产交易资金量大，交易手续烦琐，房地产商品买卖成交相对较难，所以，无论是机构投资还是个人投资，实现资金的流转或短时间变现都是不容易的，所以投资者要进入房地产市场并非易事。

3）房地产产权交易的过程性与复杂性。房地产交易与一般商品交易所明显不同的一点是，房地产交易是两种交易过程的合并，即“物流”——房地产商品实物让渡与“权属流”——房地产产权过户的“双流”交易。拥有对房地产的完全的权利的前提是获得相应的房地产产权，而具有法律效力的产权交易的过程是极其严格而烦琐的，这就决定了在进行房地产交易时的手续要比一般的商品复杂，交易双方在市场行为中进退也就变得不易。

（4）容易出现垄断

房地产商品的固定性、不可移动性，使得房地产的出售者或出租者很容易具有在区域上的垄断地位。如一个城市的商业繁荣中心区域是附近的其他区域无法替代的，那么这个区域的所有人就可以大大高于市场成交均价出售或出租这个区域的房地产（如商铺、住宅、写字楼等），它的垄断地位是由商业繁荣区域的固定性——由历史发展、商业聚集、交通便利、配套合理等表现出来的与其他区域不同繁荣所形成的。

房地产市场的复杂性使得交易各方需要聘请专业人士进行工作，完成交易；专业人士需要花费一定时间来研究所接受的任务，这使得房地产市场中的参与方，诸如投资方、设计方、建造方、微观管理方、宏观管理方、消费者等各方之间信息不对称，所以容易出现垄断。

综上所述，我们可以说房地产市场是一个不完全开放的市场，即不完全竞争的市场。对于具有一定垄断因素的市场，一定存在资源配置不合理的现象，故房地产市场会受到更多的政府干预。归结起来讲，房地产市场是一个区域性明显、市场竞争不充分、市场不均衡是常态、厂商具有绝对定价权、交易活动复杂、与金融的关联度高和更多受到政府强干预的市场。

5.1.3 房地产市场的功能

房地产市场的功能是通过房地产的供求、竞争、价格等机制及其相互作用表现出来的。房地产市场的功能一般表现在以下几个方面：资源配置、信息传递、价值实现、引导供需关系的协调、指导政府科学地制订土地利用规划。

（1）资源配置

资源的最佳配置是市场最本质的功能，也是房地产市场的首要功能。一般市场配置资源是通过价格机制调节市场供求关系，通过竞争机制调节生产要素流向，以达成市场均衡；房地产市场进行资源配置时要遵循一般市场规律，但也要考虑房地产市场本身的特征。

1）通过市场对土地资源进行最佳配置。土地是一种稀缺性资源，实际上包括劳务在内所有房地产投入品，均具有社会经济物品的稀缺性，土地的稀缺性特点更强。因此优化房地产资源的配置是房地产市场的重要功能。

实践证明，同一块土地用于农业、工业和商业的收益是1∶100∶1 000，金融业和商业用地的级差效益比工业用地和住宅用地也要高得多。但是不是一定要按照投入产出的最佳比值去追求其使用方向和用途？例如，传统工业部门，由于经济效益下降，承担不了市中心区域昂贵的房地产价格的压力，逐渐向郊区化发展，在市中心区域的比例大为下降。传统工业部门遗留下来的建筑物，以及工人和一般市民的旧住宅区，则纷纷通过改造被办公楼和豪华公寓所取代，从而优化了房地产资源的配置，提高厂房地产的经济效益。又如，以前我国实行土地划拨制，公有住房实行福利分配，导致土地多占少用，占而不用，城市中心区多为政府机关、事业单位或居民住宅，而不是经济效益高的金融、商业用房等，产生资源浪费现象；目前，土地实行有偿使用，住房实行货币化分配，土地使用权和房屋产权均可进入房地产市场进行交易，逐步形成合理的房地产价格机制，促进了房地产资源的优化配置。上述事例说明，土地必须在各种用途和众多想拥有物业的人之间进行分配，而这种分配只能运用市场机制来调节，忽视或远离市场机制的调节，就会出现土地资源的浪费。

2）通过市场及其市场管理抑制垄断。如前所述，房地产市场因为信息不完全，产品不同质，具有一定的垄断性。这是房地产市场本身的特性，但就是这个特性使得房地产市场不能像完全竞争市场那样具备“天生”的最佳配置资源功能。所以，房地产市场的功能之一就是通过市场本身因素和政府的政策及其规范，调节房地产市场的价格和供求关系，向完全竞争市场看齐。如“房子是用来住的，不是用来炒的”，就是对房地产的住宅属性进行确定，确定其以“消费”属性为主，抑制其“投资品”属性；再如，为抑制房价，达到“居者有其屋”的目标，对住宅商品实行“价格备案”等管理手段，调控投资者的垄断定价进而应对垄断市场，使得房地产市场趋向完全竞争市场。

（2）信息传递

如前所述，房地产市场是信息不完全的，不完全的市场信息不利于市场资源的最佳配置。而房地产市场是联结房地产供给和需求的“纽带”，也是联结社会总供给和总需求的“桥梁”。这个“纽带”和“桥梁”是否畅通，是考察房地产市场是否具备信息传递能力，进而具备资源最佳配置的最好考题。所以，房地产市场功能就是保证信息传递，即房地产市场信息的完全和畅通。

而房地产市场信息是在频繁的房地产交易过程中形成的，并通过市场来传递，完全的市场信息可以显示房地产市场需求变化，可以指导供给以适应需求的变化。房地产市场体系越完善，政府监管越合理，信息的传递才能越准确，速度也越快。我国的房地产市场尚在培育和发展中，市场体系尚不完善，产业链发展不均衡，政府宏观管理不成熟，所以传递信息的功能还比较差。

（3）价值实现

按照价值规律，商品交换应该以价值为基础进行等价交换。实践中，有两种途径可以进行，即通过国家的计划手段，由政府定价或政府指导定价，或者通过市场手段，即市场供求双方在对自身利益最大化追逐的过程中靠各自的力量形成大家都接受的成交价——市场均衡价格。

由商品经济发展的历史实践证明，越是竞争因素强的市场，计划手段定价效率越低，反而是市场手段的定价效率较高，反之则相反。因此，房地产市场要最大限度地实现房地产商品的价值和使用价值，使行业和社会再生产得以持续进行，必须模拟完全竞争市场的有效率定价。

如前所述，房地产市场具有一定的垄断性，供给方的力量强过消费者的力量，供给方有较强的定价优势，根据厂商利益最大化原则，厂商必然追求垄断高价。因此，房地产市场要逐步建立健全立体的价格机制，市场定价为主，政府管理和监督为辅，例如，对房地产商品的价值进行客观评价，对房地产商品的生产成本真实核算，对厂商的利润空间合理控制，使得房地产业及其相关产业部门都能得到合理的利润和满足自身发展的资金积累，从而促进各产业部门的健康发展乃至整个国民经济的协调发展。

（4）引导供需关系的协调

对房地产市场而言，通常是因为开发建设新的房地产项目或改变原有物业的使用方式，以及某类物业或可替代物业间的租售价格比发生变化而引起供应的变化。房地产市场供应的这些变化所完成的时间，受房地产市场不完全信息特性的影响，往往比一般市场所需要的时间要长。因而，对于房地产市场供应，必须加以指导，以逐步实现供需平衡。而房地产市场就应能具备指导供应以适应需求变化的功能。当然所实现的供需平衡是相对的、暂时的，可能马上又会出现新的不平衡。同时，随着社会经济与建筑技术的发展，物业的供应条件及供应状况也在不断地发生变化，房地产市场则可以引导消费的潮流，使之适应供应条件的变化，同样也有利于政府调整城市用地结构，提高城市土地的使用效率。

（5）指导政府科学地制订土地利用规划

房地产市场是统称，理论上房地产市场是多层次的（下节中涉及），土地因其与房产可以分离单独存在，因此房地产市场细分中有土地市场之分。又因为土地资源的稀缺性特点尤为明显，且土地是城市的载体，关系到城市功能划分、社会成员需求、经济利益实现等方方面面，这些都要求政府能科学地制订土地利用规划。

政府要科学地制订土地利用规划，不能脱离实际，要了解房地产市场，通过房地产市场提供的房地产商品的存量、增量、交易价格、市场资金数量及其来源、消费者群体结构、城市人口数量变化、市场发展趋势等信息，分析、评估、研究，制定出既符合市场需求、可操作性强，又能体现土地资源优化使用的土地利用规划。

5.1.4 房地产市场的主要参与方

房地产市场的参与者主要由市场中的买方、卖方、为其提供支持和服务的人员或机构、市场管理部门组成。这些参与者涉及房地产的开发过程、建设过程、交易过程、使用过程等房地产商品从筹建到寿命终结的全过程。其中每个过程内的每一项工作或活动，都是由一系列不同的参与者分别完成的。

应该指出的是，由于所处阶段的特点不同，各参与者的重要程度是有差异的，也不是每一个过程都需要这些人或机构的参与。

（1）土地所有者或当前的使用者

土地所有者或当前的使用者不管是主动的还是被动的，土地所有者或当前的使用者的作用都非常重要。为了出售或提高其土地的使用价值，他们可能主动提出出让、转让或投资开发的愿望。在我国，土地资源国有化，政府垄断了国有土地，通过招投标形式出让土地使用权。土地出让之后，土地的使用者对有关土地的交易也有着至关重要的影响。同一开发地块上的当前使用者越多，对土地的开发、重新规划等的影响也就越大，因政府或开发商要逐一与他们谈判拆迁、安置、补偿方案，遇上博弈过程艰难的情况，不仅拖长项目开发周期，还会大大增加房地产开发的前期费用。

（2）房地产开发商

房地产开发商的性质可能是某项目公司，也可能是大型公司，类型诸多。其目的很明确，即通过实施项目开发过程获取利润。房地产开发商的主要区别在于其开发的物业是出售还是作为一项长期投资。许多小型房地产商大都是将开发的物业出售，以迅速积累资本，而随着其资本的扩大，这些开发商也会逐渐成为物业的拥有者或投资者，即经历所谓的“资产固化”过程，逐渐向中型、大型开发商过渡。

对于居住物业，不管是大公司还是小公司，开发完毕后一般都用来销售，这是由居住物业的消费特性所决定的。房地产开发商所承担的开发项目类型也有很大差别。有些开发商对某些特定的开发类型（如商场或住宅）或在某一特定的地区搞开发有专长，而另外一些公司则可能宁愿将其开发风险分散于不同的开发类型和地点上，还有些开发商所开发的物业类型很专一但地域分布却很广甚至是国际性的。

总之，开发商根据自己的特点、实力和经验，所选择的经营方针有很大差别。开发商的经营管理风格也有较大差异。有些开发商从规划设计到租售阶段，均聘请专业顾问机构提供服务；而有些开发商则从规划设计到房屋租售乃至物业管理，均由自己负责。

（3）建筑承包商

房地产开发工程是从项目策划到施工、竣工、售出（若开发商拥有物业则包括物业管理）的全过程。通常房地产开发商将项目的工程建造，即施工工作发包给建筑承包商。鉴于追逐利益最大化的本性，承包商也会将其承包建安工程的业务扩展并同时承担附加的一些开发风险，如购买土地使用权、参与项目的资金筹措和市场营销等。但承包商仅仅作为营造商时，其利润仅与建造成本及施工周期有关，承担的风险相对较少。如果承包商将其业务扩展到整个开发过程并承担与之相应的风险时，它就要求有一个更高的收益水平。但即便如此，承包商往往能够承受较低的利润水平。

（4）消费者

房地产市场的消费者是指在不同价格下，愿意并且能够购买房地产商品的群体。

房地产商品的消费者特征主要包括：①房地产商品的消费者购买时较为理性。因为房地产商品一次性投资额巨大，当房地产商品作为消费品时，消费者会考虑一次性支付或今后较长一段时间的支付对自身生活品质的影响；当房地产商品作为投资品时，消费者会考虑此时的投资和彼时的回报，故决策更为理性；②房地产商品的消费者容易受外界的影响，决策时间较长。主要原因是对于某一项目消费者开始时几乎是“信息盲”，消费者取得信息和信息甄别时间较长，待取得有用性信息再到决策是否购买，用时较长；③房地产商品的消费者对房地产商品价格变化敏感。这主要是因为相对于一般商品，房地产商品价格高、总价大，市场价格的变化对于消费者收入和生活品质影响较大；④房地产商品的消费者对宏观调控政策及其变化敏感。政府对房地产市场的宏观调控政策影响着消费者是否具有购买身份、是否可贷款、可贷款比例、支付总价是否会增加、交易税费是否会增加等，因此消费者会关注政府的调控政策。

影响消费者购买房地产商品的因素要考虑：①文化因素。包括消费者的个人偏好、生活习惯、风俗习惯、区域特征等；②消费者拥有的资源。包括收入水平、教育水平、健康状况、购买愿望、能力水平等；③社会因素。包括政策环境、法律环境和经济环境等。

（5）政府及政府机构

政府及政府机构在参与房地产运行的过程中，既有制定规则的权力，又有监督、管理的职能，在有些方面还会提供有关服务。房地产开发商从购买土地使用权开始，就不断和政府的土地管理、城市规划、建设管理、市政管理、房地产管理、消防管理、社会管理等部门打交道，以获取投资许可证、土地使用权证、规划许可证、开工许可证、市政设施和配套设施使用许可、销售许可证、房地产产权证书、门牌地址等。作为公众利益的代表者，政府在参与房地产市场的同时，也对房地产市场其他参与者的行为产生影响。

房地产开发商对政府行为引致的影响相当敏感。建筑业、房地产业常常被政府用来作为一个“经济调节器”，与房地产有关的税费收入又是中央和地方政府财政的一个重要来源，政府对行业的管理手段和调控政策倾向，对房地产市场是重要的风向标，是房地产开发商和消费者判断市场走势和对未来预期的依据。

（6）金融机构

房地产开发的全过程所需投资来源包括资本金和负债，项目建设期贷款是房地产开发较常使用的负债资金；房地产商品购买过程中大部分消费者需要抵押贷款，才能完成房地产商品的购买。建设贷款和抵押贷款是房地产的生产过程和消费过程中的两大外力资金，这两大外力资金均来自金融机构，没有金融机构的参与，房地产市场很难正常运转。

（7）专业顾问

由于房地产开发投资及交易管理过程相当复杂，房地产市场上的大多数买家或卖家不可能有足够的经验和技能来处理房地产生产、交易、使用过程中遇到的各种问题。因此，市场上的供给者和需求者很有必要在不同阶段聘请专业顾问公司提供咨询服务。这些专业顾问人员包括：

1）建筑师。在房地产产品的生产过程中，建筑师主要承担项目设计工作。有时建筑师并不是亲自或独立完成这项工作，而是作为主持人来组织或协调工作。作为设计者，一般要完成项目的初步设计到详细设计，直至给出概预算和施工图纸。

2）工程师。房地产开发中需结构工程师、建筑设备工程师、电气工程师等。这些不同专业的工程师除进行结构、供暖、给排水、照明，以及空调或高级电气设备等设计外，还可负责合同签订、建筑材料与设备采购、施工监理、协助解决工程施工中的技术问题等工作。

3）会计师。会计师从事开发投资企业的经济核算等多方面工作，从企业的角度为项目投资提出财务安排或税收方面的建议，包括企业的投资预算、付税与清账、合同监督、提供付款方式等，并及时向开发投资企业的负责人通报财务状况。

4）造价工程师。在房地产开发过程中，造价工程师可服务于开发商、承包商、工程监理机构或造价咨询机构。其主要负责在工程建设前进行开发成本估算、工程成本预算，在工程招标阶段编制工程标底、投标报价，在工程施工过程中负责成本控制、成本管理和合同管理，在工程竣工后进行工程竣工结算。

5）监理工程师。监理工程师代表业主监控工程质量，是业主和承包商之间的桥梁。建设工程监理的主要内容包括4个阶段的工作内容：施工准备阶段、施工阶段、竣工验收阶段和工程质量保修阶段。一般的监理合同以前3个阶段的工作内容为主。具体工作内容不仅要求执业者懂得工程技术、成本核算知识，还需要其非常清楚建筑法规。

6）估价师及物业代理。估价师在有关房地产交易过程中提供估价服务，在房地产商品的租售之前进行估价，以确定其最可能实现的租金或售价水平。房地产估价师在就某一宗房地产进行估价时，要能够准确把握该宗房地产的物质实体状况和产权状况，掌握充分的市场信息，全面分析影响房地产价格的各种因素。物业代理或称房地产经纪人通常协助买卖双方办理出租出售手续，同时还协助委托方制定与实施租售策略、确定租售对象与方法、预测租售价格。

7）律师。在房地产商品的生产、交易和使用过程中，均需要律师的参与，为有关委托方提供法律支持和服务。例如，开发商在获得土地使用权时，须签订土地使用权出让或转让合同；出租或出售物业时须签订租赁契约，这都离不开律师提供的专业服务。

5.2 房地产市场体系与交易关系

5.2.1 房地产市场划分

房地产市场是房地产经济运行的基础和载体，它是整个社会经济市场体系中一个活跃的、具有显著特征的专门市场，在市场分类中，它在商品市场和生产要素市场都占有重要位置。从识别和把握房地产宏观市场环境的角度出发，我们可以将房地产市场按照不同分类标准进行划分。

（1）按地域范围划分

房地产的不可移动性，衍生了房地产市场供给对地区性需求的依赖性，将房地产市场按不同类型房地产的覆盖或影响的空间范围进行划分，可以分为国际性、全国性、地方性等多个层次的房地产市场。一般来讲，房地产的档次越高，市场的区域空间范围就越大。例如，别墅市场的影响范围就大于普通住宅。东京写字楼市场、上海写字楼市场，其市场需求都具有国际性，可以看作国际性的房地产市场；北京王府井商业楼房市场、上海南京路商业楼房市场等，则可以看作全国性的房地产市场；上海陕西北路的店面房、苏州木渎镇的商业广场等市场，则属于地方性的房地产市场。同时，也存在着反映市场关系的区域性房地产市场的分类，例如，美国房地产市场、新加坡房地产市场、中国房地产市场、上海房地产市场、苏州房地产市场等。

（2）按房地产的用途划分

不同类型的房地产从投资决策，到规划设计、工程建设施工、产品功能、面向客户的类型等诸多方面均存在着较大的差异。因此，按房地产本身使用方向和用途进行分类，可以将房地产市场分为若干种类型，如居住物业市场、写字楼物业市场、工业物业市场、零售商业物业市场等。如果再进一步细分，居住物业市场又可以分为：高层、小高层公寓，多层普通住宅，独幢、双拼或联排别墅等；商业房地产市场又可以分为写字楼、商业服务交易场所等。

（3）按购买房地产的目的划分

房地产市场上按购买房地产目的的不同，房地产购买者可以分为两种，即自用型和投资型，按照这种分类依据我们可以将房地产市场分为房地产自用市场和房地产投资市场。自用型购买者将房地产作为耐用消费品，或满足其自身生活居住或生活活动对入住空间的需要，或利用其直接进行生产经营活动；投资型购买者将房地产作为投资品，或出租经营，或通过再次让渡交易获得预期收益，目的在于从中获得投资收益。

（4）按房地产交易形式与内容划分

房地产市场根据其对房地产转手、让渡的交易方式不同进行分类，可以分为房地产出让市场、房地产转让市场、房地产抵押市场、房地产买卖市场、房地产租赁市场等。按照《中华人民共和国城市房地产管理法》规定，在中华人民共和国境内房地产交易包括3种形式，即房地产转让、房地产抵押和房屋租赁，以此形成不同市场类型。同时根据房地产市场提供中介服务内容的不同我们还可以将房地产市场划分为房地产经纪、代理、估价、咨询等市场。

（5）按房地产资金取得的途径划分

房地产交易资金量大，因此往往取得资金的渠道也是多样化的，按照房地产市场交易取得资金渠道的不同，可以将房地产市场划分为房地产抵押市场、房地产典当市场、房地产保险市场、股票市场等。

（6）按房地产市场运行层次分类

按照房地产市场运行层次的不同进行分类，房地产市场可以分为一级市场、二级市场、三级市场，这也是我国主要的房地产市场运行分类模式。一级市场为土地市场，国家垄断，是国家出让土地使用权市场；二级市场为增量房地产市场，是房地产开发商与各级业主之间的交易市场；三级市场是存量房地产市场，是房地产再转让的关系。

5.2.2 房地产市场体系

房地产市场既是国民经济整个市场一个不可或缺的组成部分，同时，根据其自身的运行机制和客观规律也存在着特有的、与各相关系统关联的市场体系，这个房地产市场体系由4个各自相对独立的子系统构成，即房地产市场体系是由房地产交易系统、房地产支持系统、房地产约束系统和房地产调控系统共同组成的一个体系。

（1）房地产交易系统包括3个子系统

1）供应系统。房地产交易的供应系统由市场所有房地产投资者组成，如政府、企事业单位、个人投资者及外商投资者等。

2）需求系统。房地产交易需求系统的构成与供应系统相同，由市场所有房地产购买者或承租者组成，如政府、企事业单位、个人投资者及外商投资者等。

3）媒介系统。房地产交易的媒介系统包括交易媒介系统，如房产开发公司、房地产交易所、房产经纪人、代理机构及个人等；融资媒介系统，如投资银行、不动产抵押银行、房地产银行、储蓄银行及住宅信贷机构等。

（2）房地产支持系统

房地产支持系统是房地产商品的生产——从决策到产品出售乃至使用的全过程中，除投资者之外的所有参与者形成的系统，包括建筑系统、房地产评估及中介、房地产权属法律法规、房地产信息咨询、物业管理等。

（3）房地产约束系统

房地产约束系统是指围绕房地产商品生产的全过程中的相关规范制定者和行政管理部门等，包括城市规划、生态环境、税务、消防、公安、工商行政管理等部门。

（4）房地产调控系统

房地产调控系统是中央及其地方政府各种调整房地产市场的运行和发

展的政策手段系统，包括：中央及各级政府相关管理部门对房地产市场的直接调控系统——各种规定、规范和行政指令性政策；间接调控系统——货币政策手段，如调整货币供给量、调整房地产信贷利率等；财税政策手段，如房地产税负、政府在项目上的支出等。

5.2.3 房地产市场的交易方式及交易关系结构

房地产市场结构是指市场多种交易方式的构成以及各个市场参与者之间所形成的经济关系。这里所说的市场参与者与前述参与者角度不同，前述知识罗列参与者群体，本节从交易关系角度，分层次介绍，侧重讨论参与者之间的经济关系。所以，研究房地产市场结构，就是研究房地产市场交易方式的构成以及各市场参与者所结成的经济关系，市场参与者就是参与市场交易的当事人或机构，对各当事人或机构在交易构成中的角色和作用的不同做出区分。

（1）房地产市场交易的方式和参与者

交易方式是房地产市场交易结构的框架。房地产租赁与房地产买卖始终是房地产市场交易结构的两种基本的交易方式，同时，典卖、抵押、转租等派生的交易方式往往与之并存。不同时期在不同国家的房地产市场上，房地产交易方式的构成具有各自的特点。从总体来看，住宅市场在房地产市场中占有核心地位。住宅市场交易方式的变化代表着一个国家或地区房地产市场的基本变化。在欧美各国，住宅交易构成在第二次世界大战以后发生了很大的变化。19 世纪至第二次世界大战，欧洲各国中住宅租赁方式在交易构成中占主导地位。而“二战”后，住宅租赁相对衰落，住宅买卖开始兴盛。“二战”后美国、日本、澳大利亚各国，住宅买卖交易达到极盛。发达国家住宅买卖的一个显著特点是以普通居民购买住宅为主，而不是以房地产资本家的房产买卖为主。在大多数国家住宅租赁与住宅买卖两种交易并存，即使在欧美经济发达国家，住宅租赁仍占到较大的比例。房地产买卖市场与房地产租赁市场的更替盛衰，不仅可以分析房地产市场内部结构的变化，而且可以预测房地产需求变化的趋势。

房地产市场交易的当事人或机构始终是市场结构的主体。房地产市场交易方式的构成及其变化，归根到底反映了房地产市场交易的诸当事人之间意志、权利和经济关系。从主体分析，房地产市场是一种三级交易结构。第一级是作为消费者（居住者）并以购房者、房地产承租人或出押人等身份出现的交易收受方或买方。第二级是作为房地产经营者（营利或不营利的经营者）

出现的交易授予方或卖方。这两级是房地产市场上的主要当事人。第三级是国家、各种有关机构和个人，它们或以全社会代表的身份管理、监督房地产市场的交易（如国家房产和税务机关），或是协调交易双方利益的中介人（如估价员、经纪人和鉴证人等）。这一级不直接从事买卖，但构成市场调节和制约力量，对房地产市场有不可忽视的影响。

（2）房地产市场的交易结构

房地产市场的交易方式构成及交易主体（市场参与者）之间的关系所形成的复杂的网络即是房地产市场的交易结构图。从图 5-4 中可以看出，各市场参与方是通过交易方式相互联系起来的。

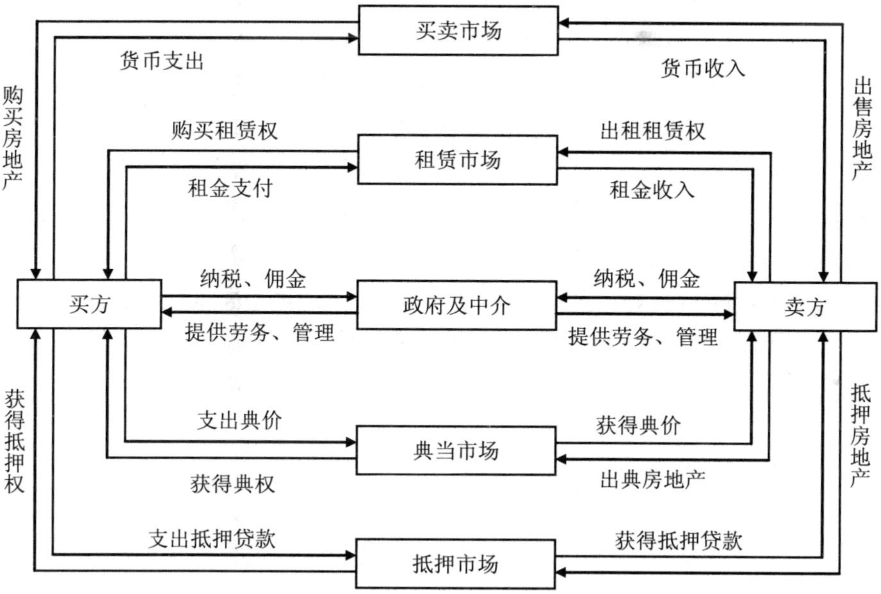

图 5-4　房地产市场交易结构示意

（3）我国房地产市场交易结构

a）房地产一级市场

房地产一级市场，在我国是指国家出让土地使用权给房地产开发商的土地出让（批租）市场，是由各级政府代表国家直接控制和垄断经营的土地市场（地产市场）。国土或土地规划部门，以城市土地所有者的身份，一方面向农民征购集体所有的土地；另一方面以合同的形式，平等地将土地使用权有偿、有期地出让给房地产开发公司或其他企事业单位；同时又以管理者的身份，对土地的利用提出要求和限制。

按照国际惯例，土地使用权的有偿出让主要采取协议、招标和公开拍卖3 种方式。在一级市场中，只有政府机关或政府委托机构才拥有对土地的征用权、出让权，并有权收回违背国家法律规定和违背土地使用合同规定的土地；土地受让人除缴纳地价款外，每年还需按规定向国家缴纳土地使用税。

b）房地产二级市场

房地产二级市场，是指房地产开发企业与房地产使用者之间的交易市场，也称为增量房地产市场。二级市场上承载着土地使用权的转让与分割转让行为，是地产由经营开发向房地产消费使用的转移市场。在二级市场上，市场机制起主要的调节作用。

c）房地产三级市场

房地产三级市场，是指对存量房地产进行交易的市场，它发生在房地产消费者（使用者/各类业主）之间，是房地产的再转让市场，包括房屋的出售和租赁（有些地区也把存量房的租赁定位为四级市场），即房屋转移（租赁）、房屋连同该房屋所占用的土地一并转移（出售）的过程，是在房地产消费者之间的横向交易，属于在消费环节通过市场的重新配置。随着房地产经济市场化的完善，随着一、二级市场新增开发趋于饱和，以及人们消费理念的不断改变，三级市场的交易将成为房地产市场发展的主流。

我国房地产市场交易结构见表 5-2。

表 5-2　我国房地产市场交易结构

市场结构 因素	一级市场 （土地市场）	二级市场 （房地产增量市场）	三级市场 （房地产存量市场）
市场供应方	政府	房地产开发商	业主
市场需求方	房地产开发商 投资者	业主	业主
市场竞争	供应方垄断供给 需求方竞争	在特定物业类型和特定区域内开发商垄断竞争	接近自由竞争
市场价格的确定	政府主导，开发商参与	开发商主导定价	双方协商，自由议价

5.3 房地产市场均衡

在本章的前两节，我们讲解了一般市场和房地产市场。本节房地产市场均衡是在前面章节论述的基础上，分析房地产市场供给方和需求方的规律、影响双方决策的影响因素、房地产商品市场均衡价格的决定和变化，从而找出房地产市场发展的规律，顺应规律并达成房地产市场的资源配置及其资源优化。

5.3.1 房地产市场的需求

（1）房地产需求的含义

房地产需求是指房地产消费者（包括生产经营性消费主体和个人消费者），在特定的时期内、在某一价格水平上，愿意并且能够购买或承租的房地产商品数量。

房地产需求要具备两个条件：一是购买或承租的愿望，这主要取决于价格为主的交易条件；二是购买或承租能力，这主要取决于生产经营性消费主体的投资能力和个人消费者的收入水平。

（2）房地产需求的类型

1）生产性需求。生产性需求指物质生产部门和服务部门为满足生产经营需要而形成的对房地产商品的需求，其需求的主体是各类企事业单位和个体工商业者。

2）消费性需求。消费性需求是由人们的居住消费需要形成的房地产商品需求，主要是对住宅房地产的需求，其需求的主体是居民家庭。

3）投资性需求。由于土地的稀缺性，房地产极容易成为投资品载体，此时，人们购买房地产商品（主要是购买）不是为了直接生产和消费，而是作为一种价值形式储存，在合适的时候再出售或出租，以达到保值增值的目的。

（3）房地产需求的特点

房地产商品是与土地密切联系的特殊商品，因此，房地产商品需求的特点除了具备一般商品的需求特点外，还具有其自身的显著特点：

1）房地产需求的整体性。这是由地产和房产需求的不可分割性所决定的。由于房地产是地产和房产的结合体和统一物，土地是房屋的物质载体，而房屋是地基的上层建筑，二者不可分割，因而房地产需求既包含了对房产的需求，也包含了对地产的需求，是对房地产统一体的需求，决不可以也不可能把二者分离开来。若分开了，也是地产单独存在，而房产无法单独存在。这就决定了房地产商品在空间上的固定性、效用上的长期性和价值量上的巨额性，由此引发房地产需求的特殊性和对房地产市场需求分析的复杂性。

2）房地产需求的区域性。土地位置的不可移动性，决定了房地产商品空间上的固定性，进而决定了房地产需求的区域性。这主要表现在两方面：一是一定地域或一个城市的房地产市场需求绝大部分来自本地区或本区域内的工商企业和居民，即使外地居民或海外居民有购房需求也必须迁移到该地区才能形成实际需求；二是在同一城市的不同区位房地产市场需求也可以有很大差异，例如，市中心地区、次中心地区和城市郊区等的区位因素会影响房地产商品的需求；人口密集度、地区级差、房价等因素也会影响房地产商品需求。

3）房地产需求的层次性。这里所说的需求的层次性主要是针对住宅房地产而言的，包括两层含义：一是指住宅的功能性需求层次。住宅作为生活资料，可以满足人们生存性需求、享受性需求和发展性需求，随着社会经济增长和收入增加，在满足基本生存需要的基础上，享受性需求和发展性需求会越来越上升到主要地位，因此，适应这种需求的变化趋势，住宅的设计、房型、设施、科技含量、环境与品位等的水平也要不断提高；二是指住房消费需求的结构性层次。受居民的收入结构和购房承受能力影响，住宅按照消费需求结构可以分为高档住房、中档住房和低档住房，按照相应的价位可以分为高价位房、中价位房和低价位房等。

（4）影响房地产需求的主要因素

a）房地产商品本身的价格

对于房地产产品和服务而言，消费者对它的需求取决于多种因素，而最重要的可以说就是该商品本身的价格。如前所述的需求规律同样适用于房地产市场，即：在其他条件不变的情况下，某一房地产产品和服务的价格越低，消费者就对该产品和服务的需求量越大；而当该产品和服务价格越高时，消费者对该产品和服务的需求量则越小。依据需求规律，可以推断出房地产商品的需求曲线斜率为负。值得注意的是，无论是生产性消费还是消费性消费，作为消费品的房地产商品都符合这个规律，但是作为投资品的房地产商品，其规律刚好相反。

b）国民经济发展水平

一国或一个地区的经济发展水平是影响房地产需求的决定性因素。一般来说，房地产需求水平与国民经济发展水平呈现出一种正相关的关系，即一个国家或地区经济发展水平高，相应促使其房地产需求的水平也比较高，反之则相反；一个国家或地区某一时期国民经济发展速度快，这个时期房地产需求增长也比较快，反之也相反。这主要来自两个方面的原因：一是投资规模。全社会投资规模的扩大，拉动生产经营性用房需求增加，从而扩大了对工业厂房、商铺、办公用房等的需求；二是国民收入水平。随着经济的发展，国民收入增加，企业的扩大再生产能力提高，个人的可支配收入增长，这必然会增大对房地产的生产性需求和消费性需求。

c）居民收入水平和消费结构

居民收入水平与房地产需求呈正方向变动的关系。从住宅消费需求的角度分析，在住房价格既定的前提下，居民的收入水平和消费结构对住房需求具有决定性作用。这主要表现在：①收入水平与市场需求正相关。居民收入水平的提高会直接拉动居住消费需求的增加，包括刚性需求和改善型需求；②居民收入水平的提高，还促使居民的消费结构发生重大的质的变化，主要表现在恩格尔系数下降，即花费在食品方面的比重减少，而花费在“住”和“行”上的比重增加。

d）城市化水平

城市化是社会经济发展的必然趋势。城市化包括城市数量的增加、城市规模的扩大和城市人口的增加等。城市化水平对房地产需求的影响主要体现在：①伴随城市数量的增加和规模的扩大，必然要加快城市建设，例如，增加更多的工厂，办更多的商店、银行、学校、医院以及建设更多的基础设施，从而对各类房地产提出更多更大的需求；②城市人口的增多，既增加了对城市住宅的巨大需求，又增加了安排就业对生产经营性房地产的需求；③城市建设的发展，需要进行旧城区改造和实施重大建设工程，由此必然要进行旧城区的动拆迁，引致动拆迁户的大量住房需求。

e）政府相关经济政策

房地产需求还受到政府相关经济政策的制约。国家的土地政策、财政政策、货币政策和住房政策，对房地产的生产性需求和消费性需求都会产生相当大的影响。

国家的土地政策和财政政策的调整，会对房地产价格产生重大影响，进而影响房地产需求。同时房地产税收政策的变动还会增加或减少购房者的负担，发挥抑制或促进居民购房需求的作用。例如，在房地产市场需求不振时，降低契税税率，减少购房负担，可以鼓励居民买房。

国家利率政策的调整，也会对房地产生产性需求、投资性需求和消费性需求产生重大影响。首先是贷款利率的升高或降低，会影响投资成本和收益率，从而抑制或促进生产性需求和投资性需求；其次是贷款利率的升高或降低，一是开发商贷款利率的高低，会直接影响房地产商品的价格变化，从而影响消费性房地产需求；二是居民的住房贷款利率的变化，会增加或减少购房支出，从而影响消费性房地产需求。

国家的住房政策也是影响住房需求的重要因素。如商品房与经济适用房、廉租房的比例；购房贷款、购房资格、人才引进政策等。

f）消费者对未来的预期

这是一种消费心理对房地产需求的影响，带有主观的色彩，但在一定程度上也反映了对房地产价格和需求的科学预测。一是消费者对未来经济发展形势的预测，若预测乐观，对房地产的需求就会增加，反之则相反；二是对未来房价变化的预测，一般消费者都存在“买涨不买跌”的心理，当房价上升时，若消费者预期房价还会上涨，即使目前价格偏高，但今后存在上升空间，未来收益会促使消费者需求提前释放，致使现实需求增长。这种情况在投资性需求方面表现得尤为明显。

此外，还有一种消费心理即“负债消费”观念也会影响房地产需求。例如，长期以来的“即期消费”观念，对住房消费信贷难以接受，会因购房支付能力的不足而影响住房需求；而当树立起“负债消费”的现代消费观念，在未来收入预期的基础上，敢于“用明天的钱圆今天的住房梦”，就会借助住房抵押贷款进入房市，从而扩大了住宅市场需求。

5.3.2 房地产市场的供给

（1）房地产供给的含义

从微观经济角度来看，房地产供给是指生产者在某一特定时期内，在每一价格水平上愿意而且能够租或售的房地产商品量。在生产者的供给中既包括新开发的房地产商品（增量房），也包括过去开发的存货（存量房）。在现实经济生活中，新增商品房供给又包括销售的现房和期房（达到管理规范要求的可预售房屋）。

从宏观经济角度来看，房地产供给是指房地产总供给，即在某一时期内全社会或某一区域内房地产商品供给的总量，包括实物总量和价值总量。

本书中主要分析微观定义的房地产供给。房地产供给要具备两个条件：一是出售或出租的愿望，这主要取决于价格为主的交易条件；二是出售或出租的能力，这主要取决于房地产开发商的经济实力和经营管理水平。

(2) 房地产供给的特点

a) 城市土地供应的刚性和一级市场的垄断性

土地是不可再生资源，城市土地供应的刚性是指在城市的行政区划不变、城市规划和城市土地利用规划不变的状态下，城市的土地面积也不会改变，城市各种用途的土地供给也不会变化。

而在我国，城市土地转让是土地一级市场，这个市场的出让人是国家，由各城市行政管理部门代为执行，是只有“一个供给者”的完全垄断。

b) 房地产供给的层次性

房地产供给一般分为3个层次：现实供给层次、储备供给层次和潜在供给层次，这3个供给层次是动态变化的。

现实供给层次是指房地产商品已经进入流通领域，可以随时出售和出租的房地产；储备供给层次是指房地产生产者出于一定的考虑将一部分可以进入市场的房地产商品暂时储备起来不上市；潜在供给层次是指已经开工和正在建造，以及竣工但未交付使用等尚未上市的房地产产品。

c) 房地产供给的滞后性

房地产商品的生产周期长，一般要1～2年，甚至数年。较长的生产周期决定了房地产供给的滞后性，这种滞后性又导致房地产供给的风险性。

d) 房地产供给的时期性

房地产供给的时期一般可分为特短期、短期和长期3种。

特短期又称市场期，是指市场上房地产生产要素固定不变，从而房地产供给量固定不变的一段时期；短期是指在此期间，土地等房地产生产的固定要素不变，但可变要素是可以变动的时期，如劳动力要素等；长期是指在此期间，不但房地产行业内所有的生产要素可以变动，而且可以与社会其他行业的资本互相流动，从而对房地产供给产生较大幅度影响的一段时期。

(3) 房地产供给的主要影响因素

a) 房地产商品本身的价格

房地产市场价格是影响房地产供给的首要因素，因为在成本既定的情况下，市场价格的高低将决定房地产开发企业有否盈利和盈利多少。一般而言，当价格低于某一特定水平，则不会有房地产供给，高于这一水平，才会产生房地产供给，而且供应量随着价格的上升而增加，随价格的降低而减少。这种房地产价格越高，房地产生产者的供给量越大，反之，则相反的关系即是房地产供给规律，它与第一节所述的一般商品的供给规律相同，其曲线斜率为正。

b）土地价格和城市土地的数量

土地价格是房地产成本的重要组成部分，土地费用占房地产商品总成本的比重越高，土地对房地产商品的供应量影响越大。同时，土地价格的提高，将提高房地产的开发成本，对此房地产开发商一般会采用两种可选对策：一是增加容积率，使单位建筑面积所含的土地价格比重下降，消化土地成本的上升，但这会影响到城市的土地利用规划；二是缩小生产规模和放慢开发进度，以应对开发成本上升，这又会引起房地产供给的减少。

城市房地产的供给能力，在很大程度上取决于能够供给城市使用的土地数量。一般来说，一个国家经济发展水平越高，特别是农业生产力越高，则可提供给城市使用的土地就越多。换言之，城市土地的供给水平必须与经济发展，特别是农业发展水平相适应。工业化、城市化越快的国家和地区，供给城市的土地越多。

c）资金价格（利率）与资金供应量

相对于一般工业品，房地产商品的价格高，价值量大，房地产项目开发建设需要的投资量也巨大。所以，无论是房地产商品的开发企业，还是房地产商品的消费者，除自有资本金投入外，还需要借助银行等金融机构的贷款（负债）支持，统计数据显示，世界上任意一个市场经济国家，房地产的开发投资与银行贷款的依存度都很高，如中国房地产开发企业的平均负债率为 70%。

因此，国家的货币政策对房地产供给的影响极大。若货币供应量减少，对企业的开发贷款减少，项目建设投资紧缺，则导致房地产供给量下降；反之，当货币供应量增加，对企业的开发贷款增加，项目建设投资充裕，则房地产供给量上升。同时，中国人民银行基准利率和各商业银行房地产贷款利率的调整对房地产供给也有重大影响，若贷款利率提高，会增加利息成本，在销售价格不变的情况下势必减少利润，影响其开发积极性，导致供给量减少，反之则相反。所以，银行的信贷政策是调节房地产供给的重要因素。

d）税收政策

税收是房地产开发成本的重要组成部分，若实行优惠税收政策，减免税收和税收递延，会降低房地产开发成本，或使同量资金的房地产实物量的供给增加，或提高开发商盈利水平，从而吸引更多的社会资本从事房地产开发，最终导致整个市场的房地产供给量增加。反之，若增加税费，则会直接增加房地产开发成本，或使同量资金的房地产实物量的供给减少，或降低开发商盈利水平，使开发商缩小投资规模，甚至将资本转移到其他行业中去，从而导致整个市场的房地产供给量减少。

e）建筑材料供应能力和建筑能力

建筑材料如钢材、木材、水泥、平板玻璃以及建筑陶瓷等，其供应能力是制约房地产开发规模和水平的物质基础。建筑能力包括建筑技术水平、装备水平、管理水平以及建筑队伍的规模等因素，是决定房地产供应水平的直接因素。

f）房地产开发商对未来的预期

这种预期包括房地产开发商对国民经济发展趋势、通货膨胀率、房地产价格、房地产需求的预期，以及对国家房地产信贷政策、税收政策和产业政策等的预期。以上预期会直接或间接地影响房地产开发企业的盈利水平，若房地产开发企业预期未来的市场形势向好，盈利水平会提高，房地产开发企业一般会增加投资，从而增加房地产商品的供给；反之则相反。

5.3.3　房地产市场的均衡

5.3.3.1　房地产市场均衡的含义

房地产市场均衡是指在理论上，总有一个价格会使房地产市场上的需求量和供给量相等（一致），或者说，是消费者和生产者都愿意在这个价格下买进（卖出）相同数量的房地产商品，达到市场出清。此种状态称为房地产市场均衡。此时的市场价格称为均衡价格；此时的成交量称为均衡产销量。

特别强调，与一般商品市场的均衡不同，房地产市场均衡的这个含义是理论上推导的意义，在实际的市场中，由于房地产商品的类别不同、需求的特性、供给的市场分层且具有滞后性、房地产买卖在空间上分离等因素的影响，房地产市场几乎不存在市场出清。但市场均衡分析还是有指导意义的，这个理论至少可以指导房地产开发企业进行产品供给决策，可以给政府制定房地产市场调控政策提供依据。

5.3.3.2　房地产市场均衡分析

（1）房地产市场是不完全竞争市场

如前所述，由于土地资源的稀缺、房地产商品交易的信息不对称、房地产开发企业的垄断定价、政府调控市场的强势等，房地产市场是不完全竞争市场。具体表现为：

1）土地资源的稀缺性决定了房地产市场不是完全竞争市场。

完全竞争市场的特征之一就是生产要素可以在市场间自由移动，流向利润率高的行业和市场，生产要素自由流动的过程即是影响市场供求关系的过程，即是达成均衡的过程。但是在中国大陆市场上，土地资源，尤其是城市土地资源稀缺，由政府垄断，政府作为出让主体，对土地用途、出让价格有绝对控制权。这种由土地要素垄断延伸至房地产市场垄断的特征使房地产市场为非完全竞争市场。

2）房地产商品交易的复杂性决定了房地产市场不是完全竞争市场。

完全竞争市场的另一特征是"产品同质"，而房地产商品本身具有产品异质性、供给层次性、需求多元性，同时房地产商品在交易过程中其商品信息的取得、商品实体的验看、商品产权的转移、金融资金的介入等也都加深了"产品异质"，这些造成房地产商品交易的复杂性，从而使房地产市场为非完全竞争市场。

3）房地产开发企业具有定价权决定了房地产市场不是完全竞争市场。

完全竞争市场中厂商多是小规模企业，厂商是市场价格的接受者，但是房地产市场中的厂商无论是企业规模、信息掌握还是生产要素控制方面都优于需求方，故对房地产商品有绝对的定价权。在中国大陆市场上，虽然政府为控制房地产市场中的住宅商品价格过快上涨，制定了一系列的政策和规定，但房地产开发商在定价时还是能使用类似寡头垄断市场的"价格领导"模式和类似完全垄断市场的"成本加成定价"模式。

4）政府直接调控和间接调控的强势介入决定了房地产市场不是完全竞争市场。

完全竞争市场本身就是由价格机制、供求机制、竞争机制自发调节经济资源的配置，市场起主导作用，"法制"护航，政府经济政策的调控最大限度地允许间接调控市场。但在房地产市场上，无论是哪个市场经济国家，政府的间接调控和直接调控都是穿插使用，不断左右房地产市场的资源配置，所以说，房地产市场不是完全竞争市场。

（2）房地产商品的价格构成及定价模式

市场均衡中，价格机制是最直接反映市场均衡变化和影响市场供求关系的，如上分析，房地产市场的厂商定价是类似"价格领导"或"成本加成定价"的模式，这样我们就有必要了解房地产商品价格的相关知识，以有助于对房地产市场均衡的把控。

1）房地产价格的概念。

房地产价格是为房地产商品所支付的、所要求的或所承诺的货币数量。房地产价格的形成基于3个条件：有用性、稀缺性、有效需求。①有用性。有用性是指能满足人们的某种需要，经济学上称为使用价值。房地产如果没有用，人们就不会产生占有房地产的要求或欲望，更谈不上花钱去购买，从而也就不会有价格。②稀缺性。土地的稀缺带来的房地产商品的稀缺性使人们愿意付出金钱等代价去占有或使用它。③有效需求。是指有购买能力支持的需求，即不但愿意购买而且有支付能力。

2）房地产价格的影响因素。

影响房地产价格的因素多而复杂，需要进行归纳分类。为讨论分析的方便起见，现将影响房地产价格的因素分为下列8类：自身因素、环境因素、人口因素、经济因素、社会因素、行政因素、心理因素、国际因素。

第一，自身因素。房地产的自身因素是指那些反映房地产本身的物质实体、权益和区位状况的因素。房地产自身状况的好坏，直接关系到其价格的高低。

第二，环境因素。影响房地产价格的环境因素，是指那些对房地产价格有影响的房地产周围的物理性状因素。这方面的因素主要有声觉环境、大气环境、水文环境、视觉环境和卫生环境。例如，对于住宅、旅馆、办公、学校、科研等房地产来说，噪声大的地方，房地产价格较低；噪声小、安静的地方，房地产价格通常较高。

第三，人口因素。房地产的需求主体是人，人的数量、素质、构成等状况，对房地产价格有很大影响。

第四，经济因素。影响房地产价格的经济因素，主要有国民经济发展状况、居民收入水平、居民消费水平及消费结构、房地产项目投资、金融市场活跃程度、土地成本、土建成本、房地产行业税费及税费水平等。这些因素对房地产价格的影响较为复杂，其影响不是完全同步的，甚至是不同方向的。

第五，社会因素。影响房地产价格的社会因素，主要有政治安定状况、社会治安程度、房地产投机和城市化等。

第六，行政因素。影响房地产价格的行政因素，是指那些影响房地产价格的制度、政策、法律法规、行政措施等方面的因素，主要有房地产制度、房地产价格政策、行政隶属变更、特殊政策、城市发展战略、城市规划、土地利用规划、税收政策、交通管制等。

第七，心理因素。影响房地产价格的心理因素主要有购买或出售心态、个人欣赏趣味（偏好）、时尚风气、讲究风水或吉祥号码等。

第八，国际因素。影响房地产价格的国际因素主要有世界经济状况、军事冲突状况、政治对立状况和国际竞争状况。

3）房地产价格的构成。

房地产商品一般包括工业厂房、商业用房、居民住宅、其他各种用房（行政、公共设施等），无论哪种形式的房地产商品都会有价格，从不同的角度考量，房地产商品价格的构成表达方式会有不同，但原则上都应包括一个房地产项目的全部投入及其利润。

第一，从投资构成角度考量：

房地产项目总投资=设备工器具购置费+建筑安装工程费+工程建设其他费+预备费+建设期贷款利息

其中，设备工器具购置费是指建设单位按照设计文件要求购置或自制的达到固定资产标准的设备和工器具的费用；

建筑安装工程费是指建设单位用于项目建筑和安装工程方面的费用；

工程建设其他费是指未纳入以上两项的、按照设计文件要求由项目支付的为保证工程顺利完工和正常使用而支付的费用；

预备费包括基本预备费和涨价预备费，是指在项目实施过程中可能发生但难以预料的费用和建设期内物价等变化引起的投资增加的部分；

建设期贷款利息是指贷款在建设期内发生并计入固定资产的利息费用。

第二，从成本构成角度考量：

房地产价格=土地成本+开发成本+管理费用+销售费用+房地产开发过程中涉及税费+项目利润

其中，土地成本是指（城市）土地使用权出让金，是政府将土地使用权出让给土地使用者，并向受让人收取的政府放弃若干年土地使用权的货币表现；

开发成本是指符合房地产商品售出条件的全部投入及分摊的配套设施费、环境绿化费和外管网等的全部费用；

管理费用是指企业行政管理部门为组织和管理生产经营活动而发生的各种费用，如由企业统一负担的公司经费、工会经费、劳动保险费、咨询费、诉讼费、办公费、差旅费、管理人员工资及福利费等；

销售费用是指房地产商品销售过程中要支付的费用，如文案策划费、销售代理费、广告费、售楼处及样板房制作费等；

房地产开发过程中涉及的税费包括契税、印花税、增值税、土地增值税、城市维护建设税、教育费附加、地方教育费附加、土地使用税、房产税、企业所得税等，税费是指国家机关向有关当事人提供某种特定劳务或服务，按规定收取的一种费用。

第三，从市场交易角度考量：

房地产价格可以是成交价格或市场价格或理论价格。

其中，成交价格是交易双方实际达成交易的价格。成交价格可能是正常的，也可能是不正常的，正常的成交价格是指交易双方在信息通畅、平等自愿、诚实无欺的关系下进行交易形成的价格，反之，则为非正常成交价格；

市场价格是指某种房地产商品在市场上的一般的平均水平价格（通常只有成交均价），是该类房地产大量成交价格的抽象结果；

理论价格是指真实需求与真实供给相等的条件下形成的价格。在经济学里有许多词来表达它，如价值、内在价值、交换价格等，通常市场价格围绕理论价格上下波动是市场的常态。

第四，从政府是否调控市场角度考量：

房地产价格可以是市场调节价、政府指导价或政府定价。

其中，市场调节价是指由经营者自主制定，通过市场竞争形成的价格；

政府指导价是指由政府价格主管部门或者其他有关部门，按照定价权限和范围规定基准价及其浮动幅度，指导经营者制定的价格；

政府定价是指由政府价格主管部门或者其他有关部门，按照定价权限和范围制定的价格。

4）房地产商品的定价模式。

如前所述，由于市场的垄断因素和开发商在市场中的强势，房地产商品（不包含准商品）的定价权基本掌握在开发商手中。接近时期、较近地域的类似房地产开发项目在定价时一般采取两种定价模式：

第一，价格领导型定价。

价格领导是指行业中的一个或极少数几个大厂商开始变动价格，其他厂商均随之变动。根据价格领导厂商的具体情况，价格领导可分为晴雨表型的价格领导和支配型的价格领导。无论是哪种情况，房地产开发企业在定价时，后上市的楼盘都会“观望”先上市楼盘的“时价”销售情况，再根据自己的项目进行价格微调。这种定价模式通常出现在寡头垄断市场中，虽然房地产市场远远达不到寡头垄断市场的“样子”，但其定价却紧跟其市场模式。

第二，成本加成定价。

成本加成定价法是在估计的平均成本的基础上，加一个赚头来确定商品价格的定价方法。它是完全垄断厂商常见的一种定价模式。其基本方法是：

先根据厂商的生产能力确定一个“正常的”或标准的产量数字，然后根据这个产量计算出相应的包含固定成本与可变成本的平均成本 AC，并加上一个按平均成本的一定百分比 r 计算的赚头 $\mathrm{AC}\cdot r$，就得出销售价格 P，即 $P=\mathrm{AC}+\mathrm{AC}\cdot r=\mathrm{AC}\cdot(1+r)$。房地产开发企业会根据前述的房地产开发成本加一个市场利润，完成定价。同样地，虽然房地产市场远远达不到完全垄断市场的“样子”，但其定价却紧跟其市场模式。

（3）价格对房地产市场需求和供给的影响

房地产商品的价格是影响房地产市场需求量和供给量的直接因素，或者说需求量或供给量都是房地产价格的函数，只不过同一趋势价格变动对房地产需求和房地产供给的影响刚好形成相反作用，这在前面需求规律和供给规律中已经讲过，现在我们通过弹性理论了解一下房地产商品价格变动与房地产市场需求和房地产市场供给之间的量化关系。

1）房地产需求价格弹性。

根据经济学原理，商品的需求价格弹性是指商品的价格变化比率所引起的商品需求量变动比率，它表示了商品需求量变动对商品价格变动的反应程度。

一般消费品，若 0＜弹性系数＜1，需求为缺乏弹性；若弹性系数＝1，需求为单元弹性；若弹性系数＞1，需求为富于弹性；若弹性系数＝∞，需求为完全有弹性的；若弹性系数＝0，需求为完全无弹性。

通常，富于弹性的商品定价时，降价会使总收益增加，涨价会使总收益减少，“薄利多销”即是此种注解；缺乏弹性的商品定价时，涨价会使总收益增加，降价会使总收益减少，其注解是“谷贱伤农”。

房地产商品的需求价格弹性是指房地产商品的价格变化比率所引起的房地产商品需求量变动的比率，它表示了房地产需求量变动对房地产价格变动的反应程度，即房地产价格每变动 1%所引起的房地产需求量变动的百分比。

根据房地产商品（生产性消费和消费性消费的房地产商品）的需求规律，需求量和价格的变化方向一般是相反的，所以需求价格弹性系数多为负数，需求价格弹性结果中的“负号”代表因变量与自变量变化方向相反，“绝对值系数”代表因变量对自变量的敏感程度。需求价格弹性系数越大，需求量对价格变化的敏感程度就越高，反之则相反。

2）房地产供给价格弹性。

根据经济学原理，商品的供给价格弹性是指商品的价格变化比率所引起的商品供给量变动比率，它表示了商品供给量变动对商品价格变动的反应程度。

一般消费品，若 0＜弹性系数＜1，供给为缺乏弹性；若弹性系数＝1，供给为单元弹性；若弹性系数＞1，供给为富于弹性；若弹性系数＝∞，供给为完全有弹性；若弹性系数＝0，供给为完全无弹性。

房地产商品的供给价格弹性是指房地产商品的价格变化比率所引起的房地产商品供给量变动的比率，它表示房地产供给量变动对房地产价格变动的反应程度，即房地产价格每变动 1%所引起的房地产供给量变动的百分比。

根据房地产商品（生产性消费和消费性消费的房地产商品）的供给规律，供给量和价格的变化方向一般是同方向的，所以供给价格弹性系数为正数，供给价格弹性结果中的“正号”代表因变量与自变量变化方向相同，“绝对值系数”代表因变量对自变量的敏感程度。供给价格弹性系数越大，供给量对价格变化的敏感程度就越高，反之则相反。

3）房地产的需求价格弹性和供给价格弹性的特殊性。

第一，房地产需求价格弹性的特殊性。

房地产商品，尤其是住宅商品，同时具有必需品和奢侈品的双重属性，必需品的需求价格弹性类别为缺乏弹性，奢侈品的需求价格弹性类别为富于弹性。所以随着房地产商品价格的由低到高（相对于人们的收入水平），房地产商品的需求价格弹性起先是缺乏弹性，随着价格越来越高，需求价格弹性变得富于弹性。实践证明，房地产住宅商品的需求价格弹性在 0.75～1.2。

所以，无论是开发商在定价时还是消费者决定购买时，抑或是政府调控价格时，都应考虑这种量化关系和变化规律。

第二，房地产供给价格弹性的特殊性。

有少数学者研究房地产供给价格弹性时，以新建房屋数量为因变量，以房价指数和一系列投入品，如房价、建材价格、利率和劳动力工资为自变量，认为房地产价格弹性具有完全弹性；但大多数学者的实证研究结果表明，房地产价格供给弹性不是无限弹性，而是有限的，且为正值。通过对 1963—1990 年的美国年度数据分析，新房供给价格弹性估计的结果为 1～1.2，存量房的供给价格弹性在 1.2～1.4。我国学者在 2009 年对我国房地产供给弹性进行了分析，认为我国房地产流量供给价格弹性在 0.85～2.33，存量供给价格弹性在 0.74～3.3。

但是，由于中国国土面积大、地区经济发展不均衡、人口数量的生产要素资源有差异，各地区实际的房地产供给价格弹性是有区别的。

（4）达成房地产市场均衡的可行性措施

通过上述分析，我们得出原则上的结论：首先，完全竞争市场是资源配置最佳的市场，具有最优效率；其次，房地产市场是非完全竞争市场，市场机制的作用被弱化，资源配置效率被降低；再次，因为房地产市场的非完全竞争结构，政府以直接调控和间接调控的手段作用于市场；最后，房地产市场需求和供给变化的因素比较复杂，这使房地产市场的均衡非常态，不均衡为常态。

a）从房地产市场的需求角度探讨

第一，明确房地产商品的消费用途。

作为房地产商品，无论是生产性消费还是消费性消费，消费是商品的首要属性。但没有哪一种商品能像房地产商品这样，消费品属性和投资品属性同时并存且同样明显。这个现象的后果就是，房地产市场的需求几乎“永无满足”。因为厂商或居民买房子除了可以用于消费还可用于投资，只要宏观经济发展形势向好且稳定，即预期未来房地产商品的价格会上涨，房地产投资品的属性将使房地产需求“几近疯狂”。

所以，可以通过购买资格、购买数量、购买和使用税费安排、金融支持程度等因素分离房地产商品的消费和投资用途，以保障房地产商品作为“消费品”功能的最大作用，从而使房地产市场需求得以回归“正途”。

第二，通过收入、税费、金融介入等政策调整，增加房地产消费的购买能力。

房地产商品单价高、总价大，以住宅产品为例，在任何市场经济国家，要消费者靠自己的储蓄首付购买或全额购买都会“难倒”大批购房者，所以，让消费者买得起房非常重要，这是达成房地产市场均衡的一个主要方面。

因此，要保障稳定的经济增长，提高居民可支配收入，进而调整消费政策，支持居民买房消费，注重刚性需求、改善型需求、奢侈型需求的层次划分，创造条件使潜在需求尽快转化为有效需求。

b）从房地产市场的供给角度探讨

第一，市场要提供不同层次的房地产商品。

因为居民收入水平不等，中低收入家庭占主要部分，所以，房地产市场的需求有层次，那么房地产市场的供给也要有相对应的层次。尽量做到在实物形态上房地产的供给结构与需求结构相吻合，例如，商品房、经济适用房、廉租房的比例，不同土地用途（工业、商业、住宅、其他）的比例；在价值形态上房地产的供给价格与支付能力相吻合，例如，通过项目的不同区域、不同品质、不同产权安排等差异，提供不同价位的房地产商品。

第二，降低生产要素成本、提高劳动生产率，使房价接近市场均衡价格。

房地产商品的供给主体是房地产开发商，他们是市场理性人，追逐利润最大化是终极目标。所以，从完全市场的角度看，只有规范房地产市场秩序，降低生产要素成本，提高劳动生产率，才能降低房地产商品的成本价格，使之更接近购房者的承受能力。另外，房地产市场的供给者具有垄断定价权，他们可以通过垄断高价和差别定价，实现高额利润，所以，要对房地产市场的垄断行为进行管理，从而使开发商的利润水平接近完全竞争市场的利润水平，进而使房地产商品价格接近购房者的承受能力。

c）从政府调控的角度探讨

第一，要创新政府调控市场的手段。

在工业化和城市化的今天，无论如何市场都无法保证“完全竞争”特征，但完全竞争市场又是资源配置最佳的市场，所以，政府对市场的调控“避无可避”，但可以做到以市场运行为主，政府调控为辅。由侧重直接调控改为间接调控，尽量顺应市场规律制定政策和规范；并避免调控的短期目标、指令性政策互为矛盾等现象，通过法律法规实施具有长效机制的调控。

第二，立体的调控制度安排。

房地产市场参与者众多、涉及多要素组合、影响因素复杂、与国民经济发展关系紧密，所以，市场机制与政府调控契合较难，这就要求政府的调控手段制度化，且要从全方位、多角度地立体进行安排。例如，土地供给制度——从土地稀缺角度进行调控；制定房地产商品供给结构——从房地产供给角度进行调控；收入制度——通过提高收入或公积金比例，从房地产需求角度进行调控；金融制度——从房地产投资及购买角度调控；税收制度——从房地产商品的生产、流通、消费、投资等角度调控。

第三，确立监管、监督责任。

政府做了以上的制度安排后，还要达到“令出必行、令行必果”的效果。这就要求政府对所有的调控制度安排进行监管和监督，确认责任主体、监督及监管的执行人、责任期限、责任范围等，还要明确监督及监管的程序、监督及监管不到位的惩罚，并要建立监督及监管的长效机制。

本章要点

1. 市场结构划分及其特征。
2. 影响房地产市场需求的因素及需求规律。
3. 影响房地产市场供给的因素及供给规律。
4. 房地产市场均衡与一般市场均衡的不同。
5. 房地产商品的价格对房地产市场均衡的影响。
6. 达成房地产市场均衡的可行性措施。

第 6 章

房地产价格

价格作为市场交易的媒介，是商品价值的货币体现。房地产价格与一般商品价格相比较并无本质的差异，但在价值体现和计量方法上存在显著的区别。同时由于房地产市场的特殊性，决定了世界上绝大多数国家都会对房地产市场采取较多的宏观管理和控制，对房地产价格的确定也较一般商品价格有更多的干预。房地产市场是一个特殊的市场。

6.1 价格的一般概念

6.1.1 价格的本质

价格是商品同货币交换比例的指数，或者说，价格是价值的货币表现。价格是商品的交换价值在流通过程中所取得的转化形式。在经济学及营商过程中，价格是一项以货币为表现形式，为商品、服务及资产所订立的价值数字。在微观经济学中，资源在需求者和供应者之间重新分配的过程中，价格是重要的变数之一。

价格是一种从属于价值并由价值决定的货币价值形式。价值的变动是价格变动的内在的、支配性的因素，是价格形成的基础。但是，由于商品的价格既是由商品本身的价值决定的，价格也是由货币本身的价值决定的，因而商品价格的变动不一定反映商品价值的变动，例如，在商品价值不变时，货币价值的变动就会引起商品价格的变动；同样，商品价值的变动也并不一定就会引起商品价格的变动，例如，在商品价值和货币价值按同一方向发生相同比例变动时，商品价值的变动并不引起商品价格的变动。因此，商品的价格虽然是表现价值的，但是，仍然存在商品价格和商品价值不相一致的情况。在简单商品经济条件下，商品价格随市场供求关系的变动，直接围绕它的价值上下波动；在资本主义商品经济条件下，由于部门之间的竞争和利润的平均化，商品价值转化为生产价格，商品价格随市场供求关系的变动，围绕生产价格上下波动。

综上所述，价格是为商品或服务所支付的、所要求的或所承诺的货币数量。由于财力、动机或交易双方的特殊利益关系，商品或服务的价格可能与其价值有关或无关。价格通常用货币来表示，但不一定要用货币来支付。

6.1.2 价格的基本职能

（1）标度职能

价格的标度职能，即价格所具有的表现商品价值量的度量标记的作用。在商品经济条件下，劳动时间是商品的内在价值尺度，而货币是商品内在价值尺度的外部表现形式。货币的价值尺度的作用是借助价格来实现的，价格承担了表现社会劳动耗费的职能，成为从观念上表现商品价值量大小的货币标记。

（2）调节职能

价格的调节职能，即价格所具有的调整经济关系、调节经济活动的功能。由于商品的价格和价值经常存在不相一致的情况，价格的每一次变动都会引起交换双方利益关系的转换，因而使价格成为有效的经济调节手段和经济杠杆。

（3）信息职能

价格的信息职能，即价格变动可以向人们传递市场信息，反映供求关系变化状况，引导企业进行生产、经营决策。价格的信息职能，是在商品交换过程中形成的，是市场上多种因素共同作用的结果。

6.1.3 价格的作用

价格的作用是价值规律作用的表现，是价格实现自身功能时对市场经济运行所产生的效果，是价格的基本职能的外化。在市场经济中，价格的作用主要有以下几个方面。

（1）价格是商品供求关系变化的指示器

市场可以依据价格信息，不断地调整企业的生产经营决策，调节资源的配置方向，促进社会消费者价格指数总供给和社会总需求的平衡。在市场上，借助价格，可以直接向企业传递市场供求的信息，各企业根据市场价格信号组织生产经营。与此同时，价格的水平又决定着价值的实现程度，是市场上商品销售状况的重要标志。

（2）价格水平与市场需求量的变化密切相关

一般来说，在消费水平一定的情况下，市场上某种商品的价格越高，消费者对这种商品的需求量就越小；反之，商品价格越低，消费者对它的需求量也就越大。而当市场上这种商品的价格过高时，消费者也就可能做出少买或不买这种商品，或者购买其他商品替代这种商品的决定。因此，价格水平的变动起着改变消费者需求量、需求方向以及需求结构的作用。

（3）价格是实现国家宏观调控的一个重要手段

价格所显示的供求关系变化的信号系统，为国家宏观调控提供了信息。一般来说，当某种商品的价格变动幅度预示着这种商品有缺口时，国家就可以利用利率、工资、税收等经济杠杆，鼓励和诱导这种商品生产规模的增加或缩减，从而调节商品的供求平衡。价格还为国家调节和控制那些只靠市场力量无法使供求趋于平衡的商品生产提供了信息，使国家能够较为准确地干预市场经济活动，在一定程度上避免由市场自发调节带来的经济运行的不稳定，或减少经济运行过程的不稳定因素，使市场供求大体趋于平衡。

6.2 房地产价格的概念及特征

6.2.1 房地产价格的概念

房地产价格是为房地产所支付的、所要求的或所承诺的货币数量。房地产价格的形成基于 3 个条件：有用性、稀缺性、有效需求。

（1）有用性

有用性是指能满足人们的某种需要，经济学上称为使用价值或效用。房地产如果没有用，人们就不会产生占有房地产的要求或欲望，更谈不上花钱去购买，从而也就不会有价格。

（2）稀缺性

稀缺性一般是指现存的数量尚不够满足每个人的需要，是相对稀缺，而不是绝对缺乏。一种物品仅仅有用还不能使其有价格，如空气，尽管对人类至关重要，但它的数量丰富，一般情况下都能自由取用，所以不会有价格。因此，房地产要有价格还必须具有稀缺性，只有有用并稀缺，人们才肯支付金钱等代价去占有或使用它。

（3）有效需求

有效需求是指有支付能力支持的需要。需要不等于需求，需要只是一种要求或欲望，需求是指有购买能力支持的需要——不但愿意购买而且有支付能力。房地产价格要成为现实——不是有价无市，还必须对房地产形成有效需求，即既有购买欲望（想买），又有购买能力（有钱买）。

6.2.2 房地产价格的特征

房地产价格与一般物品的价格，既有相同之处，也有不同的地方；相同之处是：①都是价格，用货币表示；②都有波动，受供求等因素的影响；③都是按质论价，优质高价，劣质低价；④都与交易的个别条件有关。房地产价格与一般物品价格的不同之处，表现为房地产价格的特征。房地产价格主要有下列 5 个方面的特征。

（1）房地产价格受区位的影响很大

房地产具有不可移动性，其价格与区位密切相关。区位是指地球上某一事物与其他事物在空间方位和距离上的关系。就具体一宗房地产而言，其区位是指该宗房地产与其他房地产或事物在空间方位和距离上的关系，除了其地理坐标位置（通常用经纬度表示），还包括它与重要场所（如市中心、机场港口、车站、政府机关、同行业等）的距离，从其他地方到达该宗房地产的可及性，从该宗房地产去往其他地方的便捷性，该宗房地产的周围环境、景观等。其中，最简单和最常见的是用距离来衡量区位的好坏。距离有空间直线距离、交通路线距离和交通时间距离。现在，人们越来越重视交通时间距离而不是空间直线距离。

（2）房地产价格实质是房地产权益的价格

房地产由于不可移动，在交易中其可以转移的，不是物质实体，而是所有权、使用权或其他权益。物质实体状况相同的房地产，权益状况可能千差万别，甚至物质实体状况好的，由于权益过小，如土地使用年限很短或产权有争议，价格较低；相反，物质实体状况差的，由于权益较大，如产权清晰、完全，价格可能较高。所以，从这种意义上讲，房地产价格是房地产权益的价格。

（3）房地产价格是交换

房地产价格既有交换代价的价格，也有使用代价的租金，房地产由于价值大、寿命长久，买卖和租赁两种方式并存，有些类型的房地产，如公寓、写字楼、旅馆，租赁甚至是主流。所以，房地产同时有两个价格：一个是其本身有一个价格，经济学上称为源泉价格，即这里的交换代价的价格（简称价格）；另一个是使用它一定时间的价格，经济学上称为服务价格，即这里的使用代价的租金（简称租金）。一般物品，如家具、衣服，主要是买卖价格，很少有租赁价格。人在现代社会，只有租赁价格——工资，没有买卖价格。房地产的价格与租金的关系，类似于资本的本金与利息的关系。

（4）房地产价格是在长期考虑下形成的

房地产的价值大，人们对其交易一般是谨慎的。并由于房地产具有独一无二性，对影响其价格的质量、功能、产权、物业管理等方面的情况在短时间内不易了解。因此，房地产的交易价格很难在短期内达成。另外，一宗房地产通常与周围其他房地产构成某一特定地区，而该地区并非固定不变，尤其是社会经济位置经常在变化，所以，房地产价格也是在考虑该房地产过去如何使用，预计将来可以做何种使用，总结这些考虑结果后才形成房地产现在的价格。

（5）房地产价格通常是个别形成的，容易受交易者个别因素的影响

一般物品由于品质相同，可以开展样品交易、品名交易，同时存在众多的买者和卖者，其价格形成通常较客观，难以受交易者个别因素的左右。房

地产由于不能搬到一处作比较，具有独一无二性，要认识房地产，只有亲自到实地查勘，而且由于房地产价值大，相似的房地产一般只有少数几个买者和卖者，有的房地产甚至只有一个买者和一个卖者，所以，房地产价格一般随交易的需要而个别形成，并容易受买卖双方个别因素（如付款方式、讨价还价能力、需要的急迫程度、偏好、感情冲动）的影响。

6.3 房地产价格的影响因素

房地产价格是众多影响房地产价格的因素相互作用的结果，或者说，是这些因素交互影响汇聚而成的。而且，影响房地产价格的因素极其复杂、难以把握。

一方面，各种影响房地产价格的因素对房地产价格的影响方向是不尽相同的：有的因素降低房地产的价格，有的因素则提高房地产的价格。有些影响房地产价格的因素对房地产价格的影响较大（即引起的房地产价格的升降幅度较大）；有的因素则影响较小。但是，随着时间的不同、地区的不同，或者房地产的类型不同，那些影响较大的因素也许会变成影响较小的因素，甚至没有影响；相反，那些影响较小的因素有可能成为主要的影响因素。

另一方面，各种影响房地产价格的因素与房地产价格之间的影响关系是不尽相同的；有的因素对房地产价格的影响是直线性的，即随着这种因素的变化而提高或降低房地产的价格；有的因素在某一状况下随着这种因素的变化而提高或降低房地产的价格，但在另一状况下却随着这种因素的变化而降低或提高房地产的价格；有的因素从某一角度看会提高房地产的价格，但从另一角度看会降低房地产的价格，其对房地产价格的最终影响如何，是由这两方面的合力决定的。

影响房地产价格的因素多而复杂，需要进行归纳分类。为讨论分析的方便起见，现将影响房地产价格的因素分为 8 类：即自身因素、环境因素、人口因素、经济因素、社会因素、行政因素、心理因素、国际因素。各类影响因素中还包含若干种具体的影响因素。

6.3.1 自身因素

房地产的自身因素是指那些反映房地产本身的物质实体、权益和区位状况的因素。房地产自身状况的好坏，直接关系到其价格的高低。例如，建筑物的新旧、质量、功能、平面布置、外观形象等因素，对房地产的价格有很大影响。而日照、风向、降水量、地势、天然周期性灾害等因素，对房地产的价格也有很大影响。日照对房地产价格的影响可以从住宅的朝向对其价格的影响中看到。相同楼层、套型的住宅，朝东南与朝西北，价格就有较大差异。处在上风地区的房地产的价格一般高于处在下风地区的房地产的价格。把降水量与地势结合起来看，对房地产价格的影响比较明显。房地产所处的地势虽然低洼，但如果降水量不大，则不易积水，从而地势对房地产价格的影响不大；反之，降水量大，地势对房地产价格的影响就大。凡是有天然周期性灾害的地带，如江、河、湖、海边周期性的水灾，土地利用价值低，甚至不能利用。如果勉强利用，一旦天灾袭来，人们的生命财产都无保障。因此，这类房地产的价格必然很低。但如果一旦修建了可靠的防洪设施，不再受周期性灾害的影响，其价格会逐渐上涨。甚至由于靠近江、河、湖、海的缘故，可以获得特别的条件，如风景、水路交通，从而这类房地产的价格要高于其他房地产的价格。

6.3.2 环境因素

影响房地产价格的环境因素，是指那些对房地产价格有影响的房地产周围的物理性状因素。这方面的因素主要有声觉环境、大气环境、水文环境、视觉环境和卫生环境。例如，汽车、火车、飞机、工厂、人群（如周围是否有农贸市场）等，都可能形成噪声。对于住宅、旅馆、办公、学校、科研等房地产来说，噪声大的地方，房地产价格较低；噪声小、安静的地方，房地产价格通常较高。再如，化工厂、屠宰厂、酱厂、酒厂、厕所等都可能造成空气污染，因此，凡接近这些地方的房地产价格较低。

6.3.3 人口因素

房地产的需求主体是人，人的数量、素质、构成等状况，对房地产价格有很大影响。

房地产价格与人口数量的关系非常密切。就一国而言如此，对一个地区或一座城市来看也如此。特别是在城市，随着外来人口、流动人口的增加，对房地产的需求必然增加，从而引起房地产价格上涨。人们的文化教育水平、生活质量和文明程度，也可以引起房地产价格高低的变化，人类社会随着文明发达、文化进步，公共设施必然日益完善和普遍，同时对居住环境也必然力求宽敞舒适，凡此种种都足以增加对房地产的需求，从而导致房地产价格趋高。家庭人口规模发生变化，即使人口总数不变，也将引起居住单位数的变动，从而引起需用住宅数量的变动，随之导致房地产需求的变化而影响房地产价格。

6.3.4 经济因素

影响房地产价格的经济因素，主要有经济发展状况，储蓄、消费、投资水平，财政收支及金融状况，物价（特别是建筑材料价格）、建筑人工费，居民收入。这些因素对房地产价格的影响都较复杂，例如，物价，房地产价格是物价的一种，但与一般物价的特性不同。通常，物价的普遍波动，表明货币购买力的变动，即币值发生变动。此时物价变动，房地产价格也随之变动，如果其他条件不变，则物价变动的百分比相当于房地产价格变动的百分比，而两者的动向也应一致，表示房地产价格与一般物价之间的实质关系未变。不论一般物价总水平是否变动，其中某些物价的变动也可能会引起房地产价格的变动，如建筑材料价格、建筑人工费的上涨，会增加房地产的开发成本，从而可能推动房地产价格上涨。从一段较长时期来看，房地产价格的上涨率要高于一般物价的上涨率和国民收入的增长率。但在房地产价格中，土地价格、建筑物价格和房地价格，或者不同类型的房地产的价格，其变动幅度不是完全同步，甚至不是同方向的。

6.3.5 社会因素

影响房地产价格的社会因素，主要有政治安定状况、社会治安程度、房地产投机和城市化等。

政治安定状况是指不同政治观点的党派、团体的冲突情况，现行政权的稳固程度等。一般来说，政治不安定，意味着社会可能动荡，影响人们投资、置业的信心，会造成房地产价格低落。

社会治安程度是指偷盗、抢劫、强奸、绑架、杀人等方面的刑事犯罪情况。房地产所处的地区如果经常发生此类犯罪案件，则意味着人们的生命财产缺乏保障，因此会造成房地产价格低落。

房地产投机是利用房地产价格的涨落变化，通过在不同时期买进或卖出房地产，从价差中获取利润的行为。一般来说，房地产投机对房地产价格的影响可能出现下列 3 种情况：引起房地产价格上涨；引起房地产价格下跌；起着稳定房地产价格的作用。至于房地产投机具体会导致怎样的结果，要看当时的多种条件，包括投机者的素质和心理等。

一般来说，城市化意味着人口向城市地区集中，造成对城市房地产的需求不断增加，从而会带动城市房地产价格上涨。

6.3.6 行政因素

影响房地产价格的行政因素，是指那些影响房地产价格的制度、政策、法律法规、行政措施等方面的因素，主要有：房地产制度、房地产价格政策、行政隶属变更、特殊政策、城市发展战略、城市规划、土地利用规划、税收政策、交通管制等。例如，在传统土地使用制度下，严禁买卖、出租或者以其他形式非法转让土地，可能使地租、地价根本不存在。对住房实行低租金、实物分配，必然造成住房的租金、价格低落。而改革土地使用制度和住房制度，推行住宅商品化、社会化，就使房地产价格显现出来，反映客观的市场供求状况。又如，直接或间接地对持有房地产课税，实际上是减少了利用房地产的收益，因而会造成房地产价格低落；相反，降低甚至取消对持有房地产课税，会导致房地产价格上升。

6.3.7 心理因素

心理因素对房地产价格的影响有时是不可忽视的。影响房地产价格的心理因素主要有：①购买或出售心态；②个人欣赏趣味（偏好）；③时尚风气；④接近名家住宅心理；⑤讲究风水或吉祥号码，如讲究门牌号码、楼层数字等。

6.3.8 国际因素

现代社会，国际交往频繁，某个国家或地区的政治、经济、文化等，常常影响其他国家和地区。影响房地产价格的国际因素主要有世界经济状况、军事冲突状况、政治对立状况和国际竞争状况。例如，如果世界经济发展良好，一般有利于房地产价格上涨。如果国与国之间发生政治对立，则不免会出现经济封锁、冻结贷款、终止往来等，这些一般会导致房地产价格下跌。

6.4 房地产价格的种类

6.4.1 土地价格、建筑物价格和房地价格

（1）土地价格

土地价格简称地价，如果是一块无建筑物的空地，此价格即指该块土地

的价格；如果是一块有建筑物的土地，此价格是指该宗房地产中土地部分的价格，不含建筑物的价格。

同一块土地，在交易中所定义的“生熟”程度可能与其实际“生熟”程度不同。土地的“生熟”程度主要有下列5种：①未征用补偿的农地。取得该土地后还需要支付征地补偿费。②已征用补偿但未做“三通一平”或以上开发的土地。③已做“三通一平”或以上开发的土地，如已做“七通一平”的土地。④在现有城区内有待拆迁建筑物的土地。取得该土地后还需要支付拆迁补偿安置费。⑤已做拆迁补偿安置的城市空地。有时根据土地的“生熟”程度，把土地粗略地分为生地、毛地、熟地3种，由此又有生地价格、毛地价格、熟地价格之说。

（2）建筑物价格

建筑物价格是指建筑物部分的价格，不含建筑物所占用的土地的价格。人们平常所说的房价，例如，购买一套商品住房的价格，通常是含有该建筑物占用的土地的价格，与这里所说的建筑物价格的内涵不同。

（3）房地价格

房地价格又称房地混合价，是指建筑物连同其占用的土地的价格，它往往等同于人们平常所说的房价。

6.4.2 基准地价、标定地价和房屋重置价格

基准地价、标定地价和房屋重置价格是《中华人民共和国城市房地产管理法》提到的3种价格。该法第三十二条规定：“基准地价、标定地价和各类房屋的重置价格应当定期确定并公布。”第三十三条规定：“房地产价格评估，应当遵循公正、公平、公开的原则，按照国家规定的技术标准和评估程序，以基准地价、标定地价和各类房屋的重置价格为基础，参照当地的市场价格进行评估。” 基准地价、标定地价和房屋重置价格都是一种评估价格。

城市基准地价是以一个城市为对象，在该城市一定区域范围内，根据用途相似、地块相连、地价相近的原则划分地价区段，调查评估出的各地价区段在某一时点的平均水平价格。

标定地价是指一定时期和一定条件下，能代表不同区位、不同用途地价水平的标志性宗地的价格。

房屋重置价格是指在某一基准时点，不同建筑结构、用途或等级下的特定状况的房屋，建造它所需的一切合理、必要的费用、税金加上应得的利润。

6.4.3 总价格、单位价格和楼面地价

（1）总价格

总价格简称总价，是指某一宗或某一区域范围内的房地产整体的价格。它可能是一块面积为 500 m^2 的土地的价格，一套建筑面积为 200 m^2 的高档公寓的价格，或是一座建筑面积为 10 000 m^2 的商场的价格，也可能是一个城市的全部房地产的价格，或是一国全部房地产的价格。房地产的总价格一般不能反映房地产价格水平的高低。

（2）单位价格

单位价格简称单价，是指一个计量单位的价格，对于土地来说，具体是指单位土地面积的土地价格；对于建筑物来说，具体是指单位建筑物面积（如建筑面积、套内建筑面积、使用面积等）的建筑物价格；对于房地来说，具体是指单位建筑物面积的房地价格。房地产的单位价格一般可以反映房地产价格水平的高低。

（3）楼面地价

楼面地价又称单位建筑面积地价，是平均到每单位建筑面积上的土地价格。楼面地价与土地总价的关系为：

楼面地价=土地总价/总建筑面积

由此公式可以找到楼面地价、土地单价、容积率三者之间的关系，即：

楼面地价=土地单价/容积率

在现实生活中，楼面地价往往比土地单价更能反映土地价格水平的高低。例如，有甲、乙两块土地，甲土地的单价为 700 元/m^2，乙土地的单价为 510 元/m^2，如果甲、乙两块土地的其他条件完全相同，毫无疑问甲土地比乙土地贵（每平方米土地面积贵 190 元），此时明智的买者会购买乙土地而不会购买甲土地。但如果甲、乙两块土地的容积率不同，除此之外的其他条件都相同，则很难简单地根据土地单价来判断甲、乙两块土地的价格高低，而应采用楼面地价。例如，甲土地的容积率为 5，乙土地的容积率为 3，则甲土地的楼面地价为 140 元/m^2，乙土地的楼面地价为 170 元/m^2。根据楼面地价来判断，乙土地反而比甲土地贵（每平方米建筑面积贵 30 元）。此时懂得楼面地价意义的买者，通常会购买甲土地而不会购买乙土地。这是因为，在同一地区，同类用途和建筑结构的房屋（含土地）在市场上的售价基本相同（但在人们越来越重视环境的情况下，高的容积率意味着高的建筑密度，从而房价会受到一定的影响），假如平均为每平方米建筑面积 1 200 元，建筑造

价（不含地价）也基本接近（如果容积率差异较大会导致对建筑高度或建筑结构的不同要求，如一个只需建多层，而另一个必须建高层，则建筑造价会有一定差异），假如每平方米建筑面积为 900 元，这样，房地产开发商在甲土地上每平方米建筑面积可获得利润＝1 200－900－140＝160 元，而在乙土地上每平方米建筑面积只获得利润＝1 200－900－170＝130 元。

6.4.4 成交价格、市场价格、理论价格

（1）成交价格

成交价格简称成交价，是交易双方实际达成交易的价格。它是一个已完成的事实，通常随着交易者的心态、偏好、对市场的了解程度、讨价还价能力、交易双方之间的关系等的不同而不同。

成交价格可能是正常的，也可能是不正常的，所以，可将成交价格区分为正常成交价格和非正常成交价格。正常成交价格是指交易双方在公开市场、信息通畅、平等自愿、诚实无欺、没有利害关系下进行交易形成的价格，不受一些不良因素，如不了解市场行情、垄断、胁迫等的影响；反之则为非正常成交价格。

（2）市场价格

市场价格是指某种房地产在市场上的一般、平均水平价格，是该类房地产大量成交价格的抽象结果。

（3）理论价格

理论价格是真实需求与真实供给相等的条件下形成的价格。在经济学里可以用许多词来表达它，如价值、内在价值、自然价值、自然价格等。

市场价格的正常波动是由真实需求与真实供给相互作用造成的。凡是影响真实需求与真实供给的因素，如收入、成本等的变化，都可能使市场价格发生波动。所以，在正常市场或正常经济发展下，市场价格基本上与理论价格相吻合，围绕着理论价格而上下波动，不会偏离太远。但在投机心态驱使和非理性预期下，产生许多虚假需求，可能使市场价格脱离理论价格，如在泡沫经济下形成的畸高价格。

6.4.5 市场调节价、政府指导价和政府定价

《中华人民共和国价格法》第三条规定：“国家实行并逐步完善宏观经济调控下主要由市场形成价格的机制。价格的制定应当符合价值规律，大多数商品和服务价格实行市场调节价，极少数商品和服务价格实行政府指导价或

者政府定价。”可见，从政府对价格管制或干预的程度来看，价格有市场调节价、政府指导价和政府定价。

市场调节价是指由经营者自主制定，通过市场竞争形成的价格。政府指导价是指由政府价格主管部门或者其他有关部门，按照定价权限和范围规定基准价及其浮动幅度，指导经营者制定的价格。政府定价是指由政府价格主管部门或者其他有关部门，按照定价权限和范围制定的价格。如在城镇住房制度改革中，出售公有住房的标准价、成本价就属于政府定价。

政府对价格的干预，还有最高限价和最低限价。最高限价是试图规定一个对房地产可以收取的最高价格；最低限价是试图规定一个对房地产可以收取的最低价格，又称最低保护价。政府对价格的干预还有规定成本构成或利润率等，如规定新建的经济适用住房出售价格实行政府指导价，按保本微利原则确定。

6.4.6 买卖价格、租金、抵押价值、保险价值、课税价值和征用价值

买卖价格是以买卖方式支付或收取的货币额、商品或其他有价物，简称买卖价。

租赁价格常称租金，在土地场合称为地租，在房地混合场合称为房租。中国大陆目前的房租有市场租金（或称协议租金，是由市场供求状况决定的租金）、商品租金（是以房地价值为基础确定的租金，其构成内容包括折旧费、维修费、管理费、贷款利息、房产税、保险费、地租和利润 8 项因素）、成本租金（是按照出租房屋的经营成本确定的租金，由折旧费、维修费、管理费、贷款利息、房产税 5 项因素构成）、准成本租金和福利租金。房租有按使用面积计的，有按建筑面积计的，也有按套计的。房租也有天租金、月租金和年租金之别。

抵押价值是以抵押方式将房地产作为债权担保时的价值。在抵押过程中，一边是未偿还贷款余额，一边是抵押房地产的价值。贷款人希望在整个抵押过程中，抵押房地产无论是在设定抵押之初时的价值还是随着时间的推移而变化了的价值，都超过未偿还贷款余额。因为只有这样，才能确保贷款能安全收回。所以，抵押价值的实质是当抵押人不履行债务，抵押权人依法以提供担保的房地产折价或者拍卖、变卖时，该房地产所能实现的客观合理价格或价值折算到设定抵押权时的价值。

典价是在设定典权时，由典权人支付给出典人的金额。典价往往低于房

地产的实际价值。

保险价值是将房地产投保时，为确定其保险金额提供参考依据而评估的价值。保险价值所包含的范围视所投保的险种而定。如投保火灾险时的保险价值，仅是有可能遭受火灾损毁的建筑物的价值及其可能的连带损失，而不包含不可损毁的土地的价值，通常具体是建筑物的重建成本（或重置成本）和重建期间的经济损失（如租金损失）。

课税价值是为课税的需要，由估价人员评估的作为计税依据的价值。具体的课税价值如何，要视税收政策而定。例如，1986 年 9 月国务院颁布的《中华人民共和国房产税暂行条例》规定，房产税的计税依据是房产原值一次减除 10%～30%后的余值或房产的租金收入。

征用价值是政府强制征用房地产时给予的补偿金额。

6.4.7 拍卖价格、招标价格和协议价格

拍卖价格、招标价格和协议价格是一组与房地产交易（或出让）所采用的方式相联系的价格分类。

拍卖价格是指采用拍卖方式交易（或出让）房地产的成交价格。招标价格是指采用招标方式交易（或出让）房地产的成交价格。协议价格是指采用协议方式交易（或出让）房地产的成交价格。

6.4.8 现房价格和期房价格

现实中的商品交易有现货交易和期货交易，由此有现货价格和期货价格之说。房地产也有类似的现货交易和期货交易及现货价格和期货价格。在房地产的现货价格和期货价格中，最典型的是现房价格（含土地价格）和期房价格（含土地价格）。

房地产的现货价格是指以现状房地产为交易标的的价格。该房地产的现状可能是一块准备建造但尚未建造建筑物的土地，可能是一项在建工程，也可能是建筑物已建成的房地产。当为建筑物已建成的房地产时，即为现房价格。

房地产的期货价格是指以未来状况的房地产为交易标的的价格，其中最常见的是期房价格。期房价格是指以目前尚未建成而在将来建成的房屋（含土地）为交易标的的价格。期房价格通常低于现房价格。以可以出租的公寓住宅来看，由于买现房可以立即出租，买期房在期房成为现房期间不能享受租金收入，并由于买期房总存在风险（如有可能不能按期建成，或实际交付

的品质比预售时讲的差等），所以，期房价格与现房价格之间的关系有：

期房价格＝现房价格－预计从期房成为现房期间现房出租的净收益的折现值－风险补偿

上述关系是期房与现房同品质（包括工程质量、功能、户型、环境和物业管理服务等）下的关系。在现实中常常出现同地段的期房价格比现房价格高的相反现象，这主要是由于两者的品质不同，如现房的户型差异、功能已落后等。

6.4.9 起价、标价、成交价和均价

起价、标价、成交价和均价是在商品房销售中出现的一组价格。

起价是指所销售的商品房的最低价格。这个价格通常是最差的楼层、朝向、户型的商品房价格，甚至这种价格的商品房根本不存在，仅是为了广告作用，吸引人们对所销售商品房的关注而虚设的价格。所以，起价通常不能反映所销售商品房的真实价格水平。

标价又称报价、表格价，是商品房出售者在其“价目表”上标注的不同楼层、朝向、户型的商品房的出售价格。一般情况下，买卖双方会在这个价格的基础上讨价还价，最后出售者可能做出某种程度的让步，按照一个比这个价格低的价格成交。

成交价是商品房买卖双方的实际交易价格。商品房买卖合同中写明的价格一般就是这个价格。

均价是所销售商品房的平均价格，具体有标价的平均价格和成交价的平均价格。这个价格一般可以反映所销售商品房的价格水平。

6.4.10 保留价、起拍价、应价和成交价

保留价、起拍价、应价和成交价是在房地产拍卖中出现的一组价格。房地产拍卖是以公开竞价的形式，将房地产转让给最高应价者的买卖方式。

保留价又称拍卖底价，是在拍卖前确定的拍卖标的可售的最低价格。拍卖有无保留价拍卖和有保留价拍卖。有保留价拍卖是在拍卖前将拍卖标的进行估价，确定一个比较合理的保留价。拍卖标的无保留价的，拍卖师应在拍卖前予以说明。拍卖标的有保留价的，竞买人的最高应价未达到保留价时，该应价不发生效力，拍卖师应当停止对拍卖标的的拍卖。

起拍价又称开叫价格，是拍卖师在拍卖时首次报出的拍卖标的的价格。拍卖有增价拍卖和减价拍卖。增价拍卖是先对拍卖标的确定一个最低起拍

价，然后由低往高叫价，直到最后由出价最高者得。减价拍卖是由拍卖师先喊出拍卖标的的最高起拍价，然后逐次喊出逐步降低的价格，直至有竞买人表示接受而成交。增价拍卖是一种常见的叫价方式。在增价拍卖中，起拍价通常低于保留价，也可以等于保留价。

应价是竞买人对拍卖师报出的价格的应允，或是竞买人自己报出的购买价格。

成交价是经拍卖师落槌或者以其他公开表示买定的方式确认后的竞买人的最高应价。在有保留价拍卖中，最高应价不一定成为成交价，只有在最高应价高于或等于保留价的情况下，最高应价才成为成交价。

6.4.11 补地价

补地价是指需要补交给政论的一笔地价。需要补地价的情形主要有4种：

1）理清原出让土地使用权时规定的用途；

2）增加原出让土地使用权时规定的容积率；

3）转让、出租、抵押划拨土地使用权的房地产；

4）出让的土地使用权期满后续期。

6.5 房屋租金及其种类

房屋租金是承租人为取得一定期限内房屋的使用权而付给房屋所有权人的经济补偿。房屋租金根据其确定的依据不同可以分为不同的租金形式：市场租金、商品租金、成本租金和福利租金。

6.5.1 房屋租金的构成

房屋租金是房屋价值的一种表现，是分期、分批出售房屋使用权的价格形式。房屋租金的构成一般应包括折旧费、维修费、管理费、投资利息、税金、保险费、利润、地租等8项内容。同时，形成市场交易价格的租金还要考虑具体房屋建筑的所在朝向、层次、供求关系等。

6.5.2 房屋租金的种类

（1）福利租金

福利租金也称为标准租金，是地方政府根据一定室内所在地区的社会经济发展水平，尤其是中低收入家庭的收入水平和支付能力而制定的租金水平，一般以上述租金构成的前三项为测算的基础，即折旧费、维修费和管理费。

（2）成本租金

成本租金是考虑了房屋简单再生产状况的租赁价格水平，主要由上述租金构成的前五项组成，即折旧费、维修费、管理费、投资利息和税金。

（3）商品租金

商品租金是在充分考虑房屋建筑物寿命年限、地段价格水平、商品交换收益的房屋建筑的出租价格，它是在由成本租金加上保险费、地租和利润等8项因素构成。

（4）市场租金

市场租金是在商品租金的基础上，根据供求关系而形成的。

目前，我国未售公有住房的租金标准是由人民政府根据当地社会经济发展的需要和职工的承受能力等因素确定的，仍具有较浓的福利色彩。其他经营性的房屋和私有房屋的租金标准则由租赁双方协商议定。《中华人民共和国城市房地产管理法》规定：“以营利为目的，房屋所有权人将以划拨方式取得土地使用权的国有土地上建成的房屋出租的，应当将租金中所含土地收益上缴国家。具体办法由国务院规定。”《商品房屋租赁管理办法》中规定：“土地收益的上缴办法，应当按照财政部《关于国有土地使用权有偿使用征收管理的暂行办法》和《关于国有土地使用权有偿使用收入若干财政问题的暂行规定》的规定，由市、县人民政府房地产管理部门代收代缴。国务院颁布新的规定时，从其规定。”

本章要点

1. 房地产价格。
2. 房地产价格的影响因素。
3. 房地产价格的种类。
4. 房屋租金的构成。

第 7 章

房地产全寿命集成管理

通过本章学习，我们知道房地产全寿命管理包括项目决策阶段的开发管理、实施阶段的项目管理、使用阶段的物业管理。开发管理、项目管理和物业管理集成为以项目为产品表现形式的房地产全寿命集成化管理。其中，开发管理主要是对房地产开发的四个阶段（一般包括，投资决策阶段、前期工作、建设阶段和租售阶段）实施管理。项目管理主要是通过项目策划和项目控制，使项目的费用目标、进度目标和质量目标得以实现。物业管理包括了物业管理的前期介入与方案策划，物业管理的前期准备，物业管理的启动，物业管理的日常运作。总之，房地产全寿命管理是从房地产项目的前期策划设计阶段、施工建设阶段、运营管理阶段到项目的报废回收阶段全寿命周期内，在范围、时间、成本、质量、沟通、采购、人力资源以及风险等诸多方面实施综合集成管理。基于可持续发展理念实施可持续发展策略能使房地产的全寿命管理更加精确，避免管理过程中出现错误，增强管理能力和提高管理效率。

随着科学技术的长足进步，房地产的全寿命周期价值该如何度量。有人对科技住宅与普通住宅的寿命有多长做过一个对比研究，结果发现普通住宅与科技住宅的结构寿命相当，但市场寿命却相差甚远，见表 7-1，并由此得到了一个一般住宅增值的公式：一般住宅的增值=外在升值因素－户型制约因素－结构折旧+混凝土短肢剪力墙+管线技术体系=“一二十年不落后，三五十年可改造”的户型空间。

表 7-1　普通住宅与科技住宅的寿命比较

	普通住宅	科技住宅
住宅的结构寿命	70 年	70 年
户型的市场寿命	15 年	约 50 年

工业发达国家的企业对下游部门的服务范围正在拓宽和延伸，并把服务视为创造新的价值的源泉。物业管理作为房地产业的售后服务环节，其内涵和外延及服务形式与理念都在发生着不断的变化，伴随房地产产品生命周期的全过程，许多人性化的、新的服务品种应运而生，JIT 的服务模式、“金钥匙”酒店式的服务均得到了广泛的应用。在产品价格竞争激烈、利润空间迅速缩小的形势下，物业管理唯有从房地产全寿命周期的角度，依靠现代的服务理念与服务意识来实现扩大经营的增值空间。

7.1　房地产全寿命管理的概述

从房地产产品实现的角度而言，房地产从产品设计到使用价值的消耗殆尽，要经历生产、消费、流通多个环节和领域。

最早将全寿命管理的概念运用于建设与房地产行业的是工程项目管理。项目管理作为一门学科30多年来在不断发展，传统的项目管理Project Management是该学科的第一代；第二代是 Program Management，目前尚没有统一的中文术语，指的是包含一个项目全过程的管理，不仅限于项目的实施阶段；第三代是 Portfolio Management，指的是组合管理；第四代是 Change Management，强调的是变化管理。

房地产全寿命管理过程，从建设与房地产实施的全过程来分析，包括在项目决策阶段的开发管理（Development Management，DM）、实施阶段的项目管理（Project Management，PM）和使用阶段的物业管理（Facility

Management，FM）。开发管理（DM）、项目管理（PM）和物业管理（FM）集成为以项目为产品表现形式的房地产全寿命集成化管理（Lifecycle Management，LM），其含义如图 7-1、图 7-2 所示，这种管理将基于信息技术的应用，包括项目管理信息系统（Project Management Information System，PMIS）和在互联网平台上的管理等。

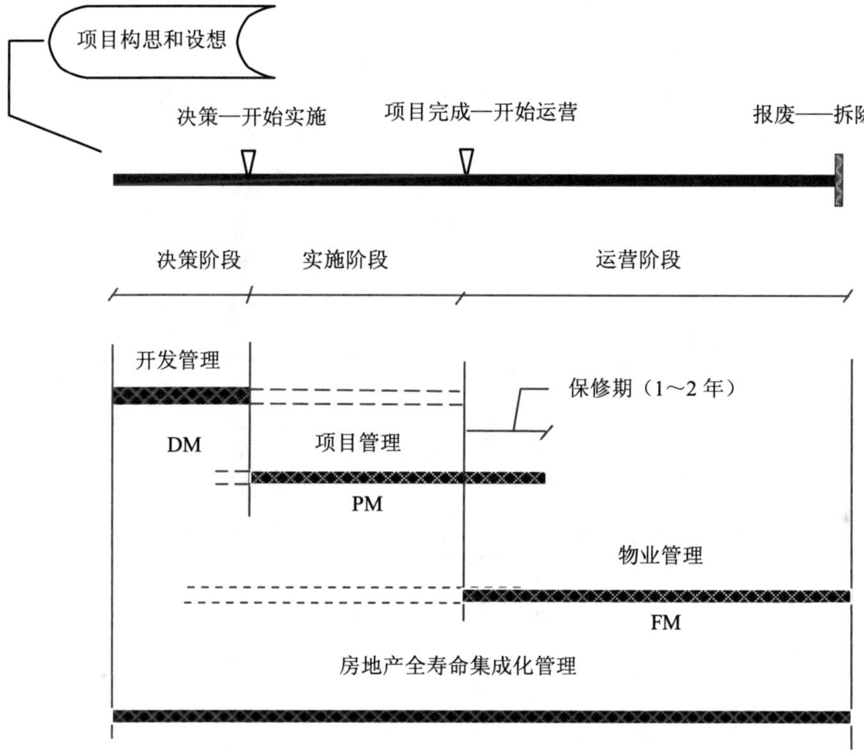

图 7-1　房地产全寿命管理的过程

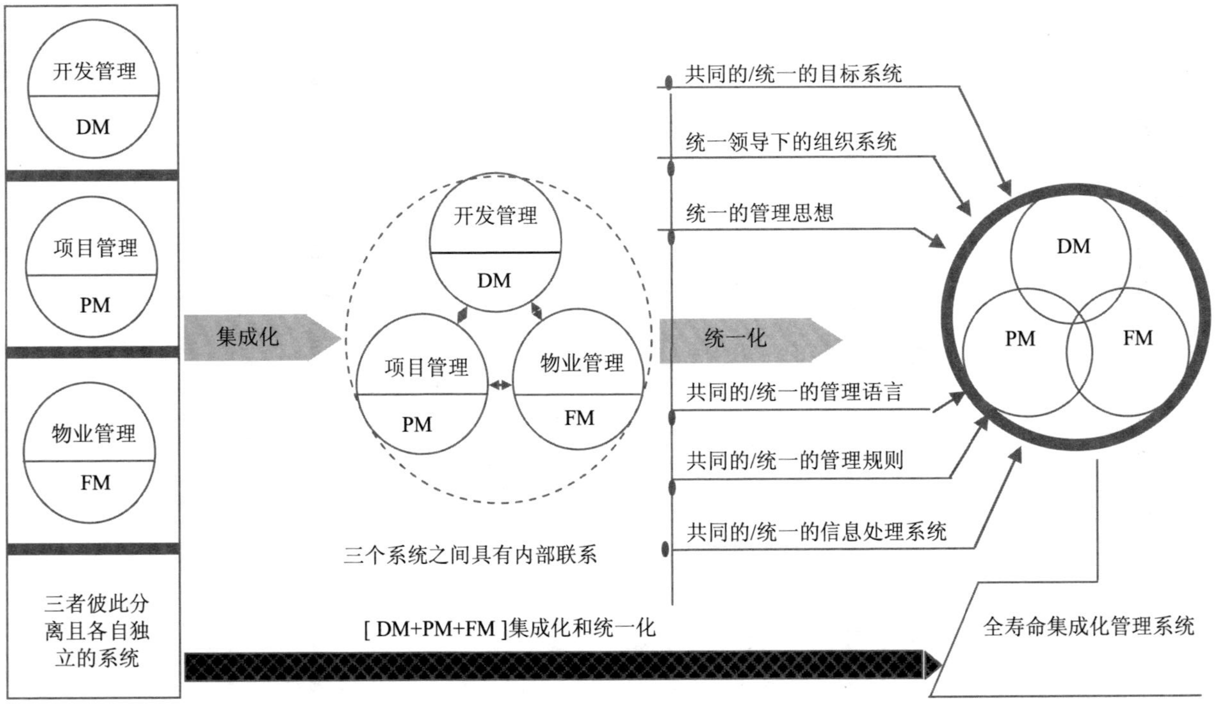

图 7-2　房地产全寿命集成化管理系统

7.2 房地产项目全寿命管理的内容

7.2.1 房地产全寿命管理的过程之一——开发管理（DM）

房地产开发的程序一般包括4个阶段，即投资决策分析阶段、前期工作、建设与实施阶段和租售阶段。当然房地产开发的阶段并不是一成不变的，某些情况下各阶段的工作可能要交替进行。如果开发工作是遵循着一个理论的程序，即项目开发完毕后再寻找入住客户时，开发的程序是按上述的顺序进行的。然而如果开发项目在建设前期或建设中就预售给业主，则第四阶段在第二、第三阶段之前即已开始。但无论怎样，在开发管理中主要任务是决策与控制。

（1）投资决策分析阶段

投资决策分析是整个开发过程中最重要的一个环节，即我们通常所说的项目的可行性研究。投资决策分析的主要内容包括市场研究和财务评估两个部分。

市场研究就是在一个特定的时间点上，通过市场细分，对特定开发类型的房地产市场进行供求关系的分析，对影响整个房地产市场的一般因素和与拟开发项目直接相关的因素进行分析。

房地产开发是一个动态的过程，它具有开发周期长、资金投入量大、风险性高等特点。因此，必须从项目投资策划开始就必须进行相应的财务评估。评估技术包括：成本收益与回报率分析、现金流评估法、财务内部收益率法等。当然，尽管如此，也很难在一开始就对整个开发过程中的有关费用和建成后的收益状况做出精确的估计，因此，在上述评估的同时，还必须对主要变量即不确定性因素进行敏感性分析与预测。

（2）前期工作阶段

当通过投资决策研究确定了具体的开发地点后，在购买土地和开发工作开始以前还有许多工作要做。前期工作内容主要有：研究地块的特性和四至的范围；分析将要购买土地的地块用途及获益能力的大小；获取土地使用权；征地、拆迁、安置、补偿；规划设计及建筑方案的制定与确定；与规划管理部门协商、获得规划许可；施工现场的“三通一平”（水、电、道路通，场地平整）、“五通一平”（上水、下水、供电、通信、道路通，场地平整）或“七通一平”（上水、下水、供电、通信、热力、燃气、道路通，场地平整）；

安排短期或长期信贷；对拟建中的项目寻找租售客户；对市场状况作进一步分析，初步确定租金或售价水平；对开发成本和可能的工程量进行更详细的估算；对承包商的选择提出建议，并进行初步洽谈；确定开发方案；制定开发过程的监控策略；安排有关现场办公、项目协调会议计划；编制项目开发进度表，预计现金流；对所有工程图纸准备是否就序进行检查。以上各项落实之后，方才可以进入建设阶段。

（3）建设与实施阶段

建设与实施阶段是将开发过程中所涉及的所有原材料聚集在一个空间和时间点上。建设项目一旦开始，就意味着在选定的开发地点，利用在一个特定的时间段上分布的特定成本，来开发建设一幢特定的建筑物。此时，有些问题的处理就不像前两个阶段那样具有弹性，尤其是对于许多小项目而言，一旦签署了承包合同，就几乎不再有变动的机会。然而，追加成本或拖延工期的可能性依然存在，开发商必须密切注意项目建设的过程与进展，了解整个开发过程的全貌，并通过工程监理实现对项目实施的控制。

（4）租售阶段

当项目开发建设完毕之后，开发商往往要看预计的开发成本是否被突破，实际工期较计划工期是否有拖延。但开发商更关注的问题是：在原先预测的时间内能否以预计的租金或价格水平找到入住的客户。一般情况下，开发商为了分散风险，减轻接待压力，在项目建设前就通过预租（售）的形式落实入住客户。对于出租和出售形式的选择，要根据市场状况、开发商回收资金的迫切程度、开发项目的类型等方面加以决策。

虽然租售阶段常常处于开发过程的最后阶段，但租售战略却是初始投资分析的一个重要组成部分。

7.2.2 房地产全寿命管理的过程之二——项目管理（PM）

20 世纪 60 年代末期和 70 年代初期，工业发达国家开始将项目管理的理论和方法应用于建设工程领域，并于 20 世纪 70 年代中期前后在大学开设了与工程管理相关的专业。项目管理的应用首先在业主方的工程管理中，而后逐步在承包商、设计方和供货方中得到推广。20 世纪 70 年代中期前后兴起了项目管理咨询服务，项目管理咨询公司的主要服务对象是业主，但它也服务于承包商、设计方和供货方。

我国从 20 世纪 80 年代初期开始引进建设工程项目管理的概念，世界银行和一些国际金融机构要求接受贷款的业主方应用项目管理的思想、组织方法和手段，实施建设工程项目管理。1983年由国家计划委员会提出推行项目前期项目经理负责制；1988年开始推行建设工程监理制度；1995年建设部颁发了《建筑施工企业项目经理资质管理办法》，推行项目经理负责制；2003年建设部发布《关于建筑业企业项目经理资质管理制度向建造师执业资格制度过渡有关问题的通知》。在许多国家项目管理由专业人士——建造师担任。建造师可以在业主方、承包商、设计方和供货方从事项目管理工作，也可以在教育、科研和政府等部门从事与项目管理有关的工作。建造师的业务范围并不限于在项目实施阶段的工程项目管理工作，还包括项目决策的管理和项目使用阶段的物业管理设施管理工作。

建设工程项目管理是指自项目开始至项目完成，通过项目策划和项目控制，使项目的费用目标、进度目标和质量目标得以实现。项目管理的核心任务是目标控制，没有明确目标的建设工程就不是项目管理的对象。项目策划和项目控制贯穿于项目执行的全过程。

（1）建设工程项目策划的基本概念与内容

建设工程项目策划指的是通过调查研究和收集资料，在充分占有信息的基础上，针对项目的决策和实施，或决策和实施的某个问题，进行组织、管理、经济和技术等方面的科学分析和论证，旨在为项目建设的决策和实施增值。增值可以反映在下述诸方面，例如，人类生活和工作的环境保护；建筑环境；项目的使用功能和建设质量；建设成本和经营成本；社会效益和经济效益；建设周期；建设过程的组织和协调等。

工程项目策划是一个开放性的工作过程，需要整合多方面专家的知识，例如，组织知识；管理知识；经济知识；技术知识；设计经验；施工经验；项目管理经验；项目策划经验等。工程项目策划的过程是专家知识的组织和集成，以及信息的组织与集成的过程，其实质是知识管理的过程，即通过知识的获取，经过知识的编写、组合和整理，而形成新的知识。

项目策划的内容包括在项目决策阶段的策划和实施阶段的策划。

建设工程项目决策阶段策划的主要任务是定义开发或建设的任务和意义，其基本内容包括：建设环境和条件的调查与分析；项目建设目标论证与项目定义；项目结构分析；与项目决策有关的组织、管理和经济方面的论证与策划；与项目决策有关的技术方面的论证与策划；项目决策的风险分析等。

建设工程项目实施阶段策划的主要任务是定义如何组织开发或建设，基本内容包括：项目实施的环境和条件的调查与分析；项目目标的分析和再论证；项目实施的组织策划；项目实施的管理策划；项目实施的合同策划；项目实施的经济策划；项目实施的技术策划；项目实施的风险策划。

（2）项目控制

项目控制主要是指项目的施工成本的管理与控制、进度控制和质量控制。

1）对施工成本的管理与控制就是要在保证工期和质量满足要求的情况下，利用组织措施、经济措施、技术措施、合同措施把成本控制在计划范围内，并进一步寻求最大限度的成本节约。施工成本管理的任务主要包括：成本预测、成本计划、成本控制、成本核算、成本分析和成本考核。

2）建设工程项目管理有多种类型，代表不同利益方的项目管理（业主方和项目参与各方）都有进度控制的任务，但是，其控制的目标和时间范畴是不相同的。

业主方进度控制的任务是控制整个项目实施阶段的进度，包括控制设计准备阶段的工作进度、设计工作进度、施工进度、物资采购工作进度，以及项目动用前准备阶段的工作进度。

设计方进度控制的任务是依据设计任务委托合同针对设计工作进度的要求控制设计工作进度，这是设计方履行合同的义务。另外，设计方应尽可能使设计工作的进度与招标、施工和物资采购等工作进度相协调。

在国际上，设计进度计划主要是各设计阶段的设计图纸（包括有关的说明）的出图计划，在出图计划中标明每张图纸的出图日期。

施工方进度控制的任务是依据施工任务委托合同针对施工进度的要求控制施工进度，这是施工方履行合同的义务。在进度计划编制方面，施工方应视项目的特点和施工进度控制的需要，编制深度不同的控制性、指导性和实施性的施工进度计划，以及按不同计划周期（年度、季度、月度和旬）的施工计划等。

供货方进度控制的任务是依据供货合同针对供货的要求控制供货进度，这是供货方履行合同的义务。供货计划应包括供货所有的环节，如采购、加工制造、运输等。

3）质量控制是质量管理的一部分。质量控制包括采取的作业技术和管理活动。作业技术是直接产生产品或服务质量的条件；但并不是只要具备相关作业技术能力，都能产生合格的质量，在社会化大生产的条件下，还必须通过科学的管理来组织和协调作业技术活动的过程，以充分发挥其质量形成能力，实现预期的质量目标。建设工程项目是由业主（或投资者、项目法人）提出明确的需求，然后再通过一次性承发包生产，即在特定的地点建造特定的项目。因此工程项目的质量总目标，是业主建设意图通过项目策划，包括项目的定义及建设规模、系统构成、使用功能和价值、规格档次标准等的定位策划和目标决策来提出的。工程项目质量控制，包括勘察设计、招标投标、施工安装、竣工验收各阶段，均应围绕致力于满足业主要求的质量总目标而展开。

7.2.3 房地产全寿命管理的过程之三——物业管理（FM）

物业管理（Facility Management，FM）是指业主通过选聘物业服务企业，由业主和物业服务企业按照物业服务合同约定，对房屋及配套的设施设备和相关场地进行维修、养护、管理，维护物业管理区域内的环境卫生和相关秩序的活动。

如图 7-2 房地产全寿命管理的过程所示，房地产开发环节创造物业的设想与构思，项目实施阶段是房地产产品实物形态形成的过程，而物业管理则是实现所有设想与构思、完成房地产产品使用功能的环节，也是在房地产全寿命周期管理中实施管理行为时间最长的一个环节。因此，如果说医生对人类社会的贡献与作用在于使人的生命增值，而物业管理对房地产的贡献与作用就在于使房屋建筑物增值。因此，真正的开发高手会采用增加建筑成本的5%～10%、带来后来生命周期成本降低50%～90%、节约后期管理成本60%～90%的方法进行房地产投资。在房地产全寿命周期的各个环节体现节约资源、减少污染，创造健康和舒适的环境，这就是房地产全寿命管理能够实现的增值。如果用一个简单的公式表示就是：A＋B＝C，其中，A 代表建设房屋的处理废水、能耗、维修的投入；B 表示房子建成后在使用年限期间的所有投入；C 是两部分的总值，表示全生命周期的投入。新技术、新材料、新的管理方式的使用可以使后期的投入成几何倍数的减少，全寿命周期的成本也因此降低。

物业管理的基本工作环节一般包括：物业管理的早期介入与方案策划、物业管理的前期准备、物业管理的启动、物业管理的日常运作。

（1）物业管理的策划阶段

这一阶段的工作包括物业管理的早期介入、制定物业管理方案、选聘或组建物业管理企业 3 个基本环节。

a）物业管理的早期介入

所谓物业管理的早期介入，是指物业管理企业在接管物业以前的各个阶段（项目决策、可行性研究、规划设计、施工建设等阶段）就参与介入，从物业管理运作的角度对物业的环境布局、功能规划、楼宇设计、材料选用、设备选型、配套设施、管线布置、房屋租赁经营、施工质量、竣工验收等多方面提供有益的建设性意见，把好规划设计关、建设配套关、工程质量关和使用功能关，以确保物业的设计和建造质量，为物业投入使用后的物业管理创造条件，这是避免日后物业管理混乱的前提与基础。

早期介入并不是物业管理企业的整体介入，而只是物业管理企业的主要负责人、主要技术人员的参与，或者邀请社会上物业管理专家参加，倾听他们的意见，包括规划、设计、施工及竣工验收等阶段的参与和介入。

b）制定物业管理方案

在早期介入的同时，就应着手制定物业管理方案。由于这时物业管理企业还没有到位，物业管理方案的制定由房地产开发企业完成。房地产开发企业可聘请物业管理企业为其代做物业管理方案。作为物业管理企业，如果有能力提供这种服务，无疑会增加接受物业管理委托的机会。

物业管理方案以下主要内容：

第一，确定管理档次。根据物业类型、功能，规划物业消费水平，确定物业管理的档次。物业管理的档次必须与物业本身的档次相匹配，体现物业的消费水平，管理薄弱和管理超档都是一种浪费。一幢设施先进的高档楼宇，如果没有完善的管理，则楼宇功能不能充分发挥作用，而且维修跟不上，会使设备过早老化失去使用功能。一幢档次较低的楼宇，管理档次很高也没有实际意义。因为购买低档房屋的人多为中低收入者，物业管理的档次高，费用也高，中低收入者无法承受。

第二，确定服务标准。不同类型、功能和档次的物业，需要提供的物业管理服务项目及服务质量是有较大差别的。如普通居民住宅小区可能只需要一些最基本的管理和服务内容，如自行车存放、代订报刊、代送牛奶等。其他服务如清洁、绿化及维修等工作要求也相对低些，收费也较低廉。而高楼大厦则需要提供高水平的专业化服务，如设立总服务台，行李搬运服务，定车、租车服务，外墙定期清洁，24 小时保安巡逻，设置来访对讲机，假日装饰，洗衣等各项服务，收费也相应较高。

第三，财务收支预算。进行年度物业管理费用收支总额预算，包括：根据政府的有关规定，以物业管理服务标准为基础，进行费用的测算，确定各项目的收费标准及支出预算。每年收入总额包括管理费收入、多种经营收入和其他收入等。支出总额即每年物业管理所需的经费总额，包括管理、服务人员工资与福利费；办公费、修缮费、各项服务支出、税费、保险及预留费用等。

进行费用的分摊。根据各业主所占物业的份额，计算出按比例分摊费用的多少，明确每一个业主及使用人应交的费用，把收费标准相同的归类，分类列出维修基金和管理费应收缴的数额。

建立完善的能有效控制管理费用收支的财务制度。

物业管理方案的核心是由物业管理的档次所决定的物业管理应达到的服务标准和收费标准。

c）选聘或组建物业管理企业

在物业管理方案制定并经审批之后，即应根据方案确定的物业管理档次着手进行物业管理企业的选聘或组建工作，在开发项目全面竣工交付使用之前，首次选聘物业管理企业由房地产开发企业进行。如有条件，房地产开发企业也可自行组建物业管理企业。

上述 3 个环节的特点是均由房地产开发企业来进行。这 3 个环节是物业管理全面启动和运作的必要先决条件，房地产开发企业对此应给予足够的重视。物业管理企业确定之后，以下的各基本环节就由物业管理企业来进行。

（2）物业管理的前期准备阶段

物业管理的前期准备工作包括物业管理企业内部机构的设置与拟定人员编制、物业管理人员的选聘与培训、规章制度的制定、物业租售的介入 4 个基本环节。

a）物业管理企业内部机构的设置与拟定人员编制

物业管理企业机构一般有两种形式：一是既有管理层又有作业层的物业管理企业，管理层由具有经营决策与组织能力的人员组成；作业层由与服务内容相关的操作人员组成。二是只有管理层而无作业层的物业管理企业。这类企业不带工人队伍，而是通过合同形式与社会上的各类专业服务公司合作，需要时，以合同方式招之即来。在物业正式接管前，只要组织成立管理层；临近物业正式接管时，则要考虑安排作业层人员到位。

企业内部机构及岗位要依据所管物业的规模和特点灵活设置，其设置原则就是使企业的人力、物力、财力资源得到优化高效的配置，建立一个以最少人力资源而能达到最高运营管理效率的组织。

岗位设置和职能安排既要分工明确，又要注意各部门之间的衔接配合，并最大限度地减少冗员。具体员工数还需视实际需要确定。

b）物业管理人员的选聘和培训

物业管理工作是一项平凡、琐碎而又非常辛苦的工作，从事物业管理的人员需要具有崇尚不懈奋斗的敬业精神。另外，物业管理所涉及的各岗位工种人员应达到一定的水平并对其上岗资格进行确认，这也是物业管理专业化和现代化的要求，选聘的人员一般需要两种类型：管理类型和工程技术类型。招聘的人员应由富有经验的专业人员进行培训，培训时间应选在开展管理工作前 3～6 个月为佳；培训内容根据设置的岗位要求考虑，包括专业管理概念、紧急应变的处置、业主及用户投拆的处理，对工程技术人员还要详细讲解有关专业的专业知识。培训重点是各部门的负责人及骨干培训，目的以胜任所担负的工作为主，须特别注意的是，电梯、锅炉、配电等特殊工种应取得政府主管部门的资格认定方可上岗。

c）规章制度的制定

规章制度是物业管理顺利运行的保证。规章制度的制定应依据国家和政府有关部门的法律、法令、文件和示范文本，结合本物业的实际情况，制定一些必要的、适用的制度和管理细则。这是物业管理规范化、法制化的重要前提，也是实施和规范物业管理行为的必要措施和保证。

首先，在业主委员会成立之前，根据物业特点和外部环境，根据政府的有关规定，有针对性地编写业主公约。其次，制定管理文件，如各项守则、管理规定、各级员工岗位职责及工作程序；建立正常高效的企业运作的内、外部管理制度，并在实践中逐布补充、修改和完善。

员工管理办法是物业管理企业最基本的内部管理制度，它对员工具有普遍的约束作用，是建立严谨高效的企业管理机制，提高服务质量和效率、展现物业管理企业良好社会形象的重要保证。员工管理办法主要包括：劳动用工制度、员工行为规范、员工福利制度、奖惩制度等。制定管理办法时应遵循纪律严明、奖罚分明、能够充分调动员工积极性的原则。

d）物业租售的代理

物业的租售在其建设阶段就已开始。房地产开发企业除自行进行物业的市场营销与租赁外，通常委托给经纪代理机构进行，特别是物业管理企业开始实施物业管理后剩余物业的销售与租赁。物业管理企业在具备相应的资质后，可介入物业的租售工作，特别是租赁工作。此时，物业管理企业要注意开展市场调查，合理确定租售价格；制定规范化的购、租合同，明确双方的承诺；正确处理业主、购租房者与物业管理企业三方的关系，注意维护各方正当的合法权益等几个基本问题。

（3）物业管理的启动阶段

物业管理的全面正式启动以物业的接管验收为标志，从物业的接管验收开始到业主委员会的正式成立，包括物业的接管验收、用户入住、产权备案和档案资料的建立、首次业主大会的召开和业主委员会的正式成立4个基本环节。

a）物业的接管验收

物业的接管验收包括新建物业的接管验收和原有物业的接管验收。新建物业的接管验收是在政府有关部门和开发建设单位对施工单位竣工验收的基础上进行的再验收。接管验收一旦完成，即由开发商或建设单位向物业管理企业办理物业的交接手续，标志着物业正式进入使用阶段，物业管理就应全面启动。原有物业的接管验收通常发生在产权人将原有物业委托给物业管理企业管理之际；或发生在原有物业改聘物业管理企业，在新老物业管理企业之间。在这两种情况下，原有物业接管验收的完成也都标志着新的物业管理工作的全面开始。

物业的接管验收是直接关系到物业管理工作能否正常顺利开展的重要一环，在接管验收的过程中，物业管理企业要充分发挥自己的作用，对验收中发现的问题应准确记录在案，明确管理、维修责任，并注意审查接收的图纸资料档案。

b）用户入住

用户入住是指住宅小区的居民入住，或商贸楼宇中业主和租户的迁入，这是物业管理企业与服务对象的首次接触。用户入住时，首先要签订物业管理委托合同、业主公约，为了能有一个良好的开端，物业管理企业需要做好下列工作。

第一，通过宣传使用户了解和配合物业管理工作。采用多种宣传手段和方法，向用户进行宣传，使用户了解物业管理的有关规定，主动配合物业管理企业日后的管理工作。通常，物业管理企业都向用户发放《用户须知》和《用户手册》。

《用户手册》全面详尽地反映出用户应遵守的管理规定，同时也告知用户物业管理企业所能提供的服务项目。

第二，配合用户搬迁。无论是住宅小区还是商贸楼宇，用户搬迁对于物业管理企业都是十分关键的时刻。既要热情服务，又要让用户意识到应积极配合物业管理企业，共同维护舒适的工作和生活环境，遵守物业管理的有关规定。这方面的主要工作有；

清洁卫生。新建楼宇，一般来说环境卫生不尽如人意。物业管理企业要尽力打扫好室内外卫生，并清扫出道路。

协助用户搬迁。替用户联系搬迁公司或物业管理企业自己临时组织有偿搬迁服务，既方便用户又可得一些特约服务费。并可根据用户情况，调整搬迁时间，避免搬迁时间过于集中，造成拥挤和混乱。

指挥交通。设专人指挥搬迁车辆出入，避免发生交通事故。

第三，做好用户搬迁阶段的安全工作。用户搬迁一般时间比较集中，此时的人身安全、财产安全应引起特别关注。这一时期物业管理企业应提高警惕，加强治安管理，安排较多的保安人员值班。

第四，加强对用户装修的管理。迁入新居的住户和单位，一般都要对房屋进行不同程度的装修。对此，物业管理企业除给予积极的协助外，要特别注意加强对房屋装修的管理，包括建立对房屋的装修尤其是房屋结构的变动和室内原有设备、管线的改动的申报审批制度，对装修施工过程中的垃圾、噪声、用火和用电安全的管理，对装饰装修材料的管理等。

c）产权备案和档案资料的建立

第一，产权备案。房地产的产权备案和权属登记是不同性质的工作，权属登记是政府行政部门的行业管理，产权备案是物业管理中十分重要的一个环节。根据国家规定，产权人应按照城市房地产行政主管部门核发的所有权证规定的范围行使权利，并承担相应的义务。物业管理就是使产权人的权利得到保障，并承担所应承担的义务。物业中的公共设施和房屋公共部位，是多个产权人共有的财产，其维修养护费用应由共有人按产权份额比例分担，为准确界定每个产权人拥有产权的范围和比例，维护其合法权益，建立了产权备案制度。产权备案是实施物业管理前必须做且要做好的一项工作。

第二，档案资料的建立。档案资料包括业主或租住户的资料和物业的资料。

业主或租住户入住以后，应及时建立他们的档案资料，如业主的姓名，家庭人员情况、工作单位，平时联系的电话或地址，收缴管理费情况，物业的使用或维修养护情况等。

物业档案资料是对前期建设开发成果的记录，是以后实施物业管理时工程维修、配套、改造必不可少的依据，是更换物业管理企业时必须移交的内容之一。

档案资料的建立主要抓住收集、整理、归档、利用4个环节。要尽可能完整地归集从规划设计到工程竣工、从地下到楼顶、从主体到配套、从建筑物到环境的全部工程技术维修资料；尤其是隐蔽工程的技术资料。经整理后按照资料本身的内在规律和联系进行科学的分类与归档。可按建筑物分类，如设计图、施工图、竣工图、设备图等；也可按系统项目分类，如配电系统、供水排水系统、消防系统、空调系统等。

d）首次业主大会的召开和业主委员会的正式成立

当物业销售和用户入住达到一定比例时——按物业管理条例规定应该为

50%，应在政府主管部门指导下适时召开首次业主（含使用人）大会，制定和通过有关业主公约，选举产生业主委员会。至此，物业管理工作就从全面启动转向日常运作。

（4）物业管理日常运作阶段

物业管理的日常运作是物业管理最主要的工作内容，包括日常的综合服务与管理、系统的协调两个基本环节。

a）日常的综合服务与管理

日常的综合服务与管理是指用户入住后，物业管理企业在实施物业管理中所做的各项工作。这是物业管理企业最经常、最持久、最基本的工作内容，也是其物业管理水平的集中体现，例如，房屋修缮管理、房屋设备管理、环境卫生管理、绿化管理、治安管理、消防管理、车辆道路管理以及各项服务工作等。

按照服务性质与提供方式的不同，我们可以将物业管理综合服务的业务范围划分为以下 4 种类型：

第一，物业管理的基本业务。物业管理的基本任务就是对物业进行日常维修保养和计划修理工作。对于一项物业来说，其房屋建筑、机电设备、供电供水、公共设施等都必须时时刻刻处于良好的工作状态，否则就难以发挥该物业应有的效能。而这良好的状态则又必须通过经常性的维护保养和计划修理才能达到。因此，维护保养是物业管理最基本的业务，也是保持物业完好、延长其寿命的重要保证。

第二，物业管理的专项业务。物业管理的专项业务包括下列几个方面：

治安保卫。保安人员要加强物业管辖区范围内的安全、保卫、警戒等工作，通过值班、看守、巡逻等防火、防盗、防止各种事故的发生和及时处理突发事件，并通过一定的延伸服务为业主/住户/租户等使用人排除各种干扰，保持生产、生活、工作环境的安静，消除他们的后顾之忧。

环境卫生。清洁人员对物业管辖区范围内要定时定点收集和清运垃圾废物，及时对公共部位进行清扫保洁，包括污水、雨水的排泄，保持物业及其周围环境的干净、整洁。

庭院绿化。从事物业辖区范围内的绿化建设及保养，以提供清新适人的生态环境。

日常修理。对于业主/住户提出的报修项目，必须尽快地予以解决。

车辆交通。对进入物业管辖区范围内的各种机动车辆、非机动车辆实施统一管理和限制，除特许车辆外，其他车辆应经过允许方能入内，并按规定地点停放，保持物业辖区的道路、过道、电梯、扶梯等平面及垂直交通的畅通。

第三，物业管理的特色业务。物业管理的特色业务包括 3 个方面：代办业务、特约服务和便民服务。

物业管理的主要对象是住宅小区、高层与多层住宅楼宇、综合楼、写字楼、商业大厦、旅游宾馆、标准工业厂房、仓库等，管理范围相当广泛，除上述基本业务、专项业务服务之外，还要代表业主/使用人就有关事宜与政府或有关主管部门、服务机构或公共事业单位交涉，并代办、处理有关事宜。

特约服务主要是接受业主的委托，提供诸如车辆保管、房屋代管、室内清洁、家电维修、土建维修、装饰工程、代购车胎机票、代购商品、代付各种公用事业费、代订报刊杂志、代聘保姆、家庭护理和接选小孩等内容丰富的服务项目。

便民服务是物业管理企业和社会联合举办的服务项目，包括商业网点、文体娱乐、教育卫生、交通网点（配置必要的物业辖区与市中心的来往班车网络，并与交通部门协作在物业辖区内增设交通网点，以改善交通条件，为业主/使用人提供方便）。

第四，物业管理的多种经营业务。目前物业管理企业开设的多种经营业务一般有投资咨询、中介、代理经租、住房交换、住房改建、房屋更新、开发、装潢、设备安装和经营建材等。实行多种经营的物业管理企业则可以选择其中的若干项开展多种经营的业务。

上述 4 个类别的业务项目具有相互促进、相互补充的内在联系。其中基本业务和专项业务是物业管理的基础工作，任何物业管理企业要树立起企业形象，都必须努力完成好这两项业务，为企业的物业管理打下扎实的基础；特色业务是物业管理在基础工作上的进一步拓展，是从深度和广度上进一步满足业主和住户的需要；多种经营属物业管理企业的“副业”。

b）系统的协调

物业管理社会化、专业化、企业化、经营型的特征，决定了其具有特定的复杂的系统内、外部环境条件。系统内部环境条件主要是物业管理企业与业主、业主大会、业主委员会的相互关系的协调；系统外部环境条件就是与相关部门相互关系的协调。例如，自来水公司、供电局、煤气公司、居委会、通信部门、劳动局、工商局、环卫局、园林局、房管局、城管办等有关政府主管部门，涉及面相当广泛。物业管理企业要想做好物业管理工作，就要建立良好的内、外部环境条件，内部环境条件是基础，外部环境条件是保障。与此同时，政府还要加强物业管理的法制建设和宏观协调，否则，物业管理工作会碰到许多难以想象的困难。

7.3 房地产全寿命管理与可持续发展

全寿命周期（whole life cycle theory）是从项目的前期策划设计阶段、施工建设阶段、运营管理阶段到项目的报废回收阶段全寿命周期内，所有项目的利益相关者参与对项目的范围、时间、成本、质量、沟通、采购、人力资源以及风险的综合管理，并重视项目的集成管理。全寿命周期管理是在全寿命周期成本的基础上发展起来的一个综合性的项目管理理念。

可持续发展（sustainable development）是指既满足现代人的需求又不损害后代人满足需求的能力。在可持续发展概念的基础上实际上延伸出来了许多与之有关的概念，如环境可持续发展、资源可持续发展等。因此，房地产全寿命管理也需要符合可持续发展的理念。

基于可持续发展理念，房地产全寿命管理有以下优势：

1）可持续发展策略能使房地产的全寿命管理更加精确，避免管理过程中出现错误。

2）有可持续发展理念贯穿房地产的管理，能够增强管理能力，使其更加有效率，实现立足于全寿命周期的发展。

3）可持续发展能够有效地提高房地产在各个过程中管理能力和效果，便于促进长久地管理。

基于可持续发展理念，房地产全寿命管理必需的条件有以下几点：

1）建立科学的房地产全寿命管理的开发衡量标准；

2）大力培养高素质的房地产全寿命管理人才；

3）建立有效的沟通监督机制；

4）建立行之有效的管理方法等。

总之，房地产全寿命管理应在每个过程中都要贯彻可持续发展理念，按照理念的标准进行管理，顺应国家房地产的发展趋势。

本章要点

1. 简述房地产全寿命管理的概念以及特点。
2. 试论述房地产全寿命管理的过程以及各自的优点。
3. 简述可持续发展理念下房地产全寿命管理需具备哪些条件。

第 8 章

中国房地产业政策制度的演进

本章从宏观、中观和微观不同层面对中国房地产业政策制度进行了阐述。本章首先介绍房地产立法的基本特点，综合梳理了我国房地产立法的发展历史，展示了我国房地产立法体系的基本内容。其次主要介绍了我国住房制度的基本内容，包括不同经济发展时期的住房政策及其主要特点，并展示了我国现行住房制度体系的基本内容。同时简要介绍了我国土地使用制度，重点分析了城镇土地使用制度和农村集体土地使用的改革历程。最后，对我国房地产市场宏观调控政策的演进展开了详细的梳理。通过学习相关知识，会发现我国房地产业具有政策规范与法律规范并存、政策规范与法律规范协调作用的重要特点，这有助于学生更好地理解、掌握相关知识，并运用这些知识分析和解决相关问题。

8.1 房地产立法体系

8.1.1 房地产立法体系概述

（1）概念

房地产立法体系是指调整和指导房地产开发、经营、管理、修缮、信托与中介服务中所产生的各类法律关系的所有规范性法律文件的系统。房地产立法体系是健全我国房地产市场秩序、规范房地产从业行为、维护房地产权利人权利、履行相关义务的法律保障系统。从纵向上看，房地产立法体系由涉及房地产业的法律、行政法规、地方性法规、部门规章、地方政府性规章、规范性文件和技术文件等构成。从横向上看，房地产立法体系包括土地管理、房地产开发经营、城市房屋征收管理、房地产流转、房地产中介服务、房屋登记管理、物业管理和房地产税费等的法律规范。

（2）特征

a）立法层次丰富、结构复杂

从房地产法律的效力级别看，我国房地产立法的层次丰富，包括宪法、法律、行政法规、地方性法规、规范性文件等诸多内容。房地产立法涉及房地产业的诸多问题，这些问题具有复杂性、多样性和多变性，这决定了对于同一个问题的法律规定不能过于详细和具体，否则会使法律规范缺乏适用性和科学性。国家在立法时只对某些重要的问题作出原则性的规定，并给各行政主管部门或地方政府部门留下制定详细规范的空间，这样就同一个问题，不同的制定机关就会制定出具有不同效力级别的法律规范。加之，房地产立法涉及房产问题和土地问题，涉及国家经济建设、社会公众利益和社会生产生活的各方面，其立法范围之广、内容之多也决定了立法结构具有复杂性。

b）政策性强、行政管理色彩突出

目前虽然已经形成了比较完善的房地产立法体系，但其政策性的特点仍然突出。房地产资源尤其土地资源的稀缺性特点以及房地产业的社会地位和作用决定了房地产业的全部经营活动都必将受到国家的行政干预。从土地的无偿划拨到有偿出让、转让，从土地的利用规划到工程施工许可，从房地产开发到商品房销售，从土地登记到房屋登记，房地产业的各个环节都离不开政府的监督和管理作用。在实践中，很多房地产业的制度和举措都是通过政策文件或通知的形式下达，而非通过立法程序制定法律来确定的，特别是住房制度改革、房地产价格调控和房地产税收管理等方面的法律规定体现了较强的行政管理色彩。

c）数量庞大、更新频繁

房地产立法体系中政策性文件的数量庞大、更新频繁。房地产业迅速发展中的问题不断涌现，立法工作无法适应快速的变化，因而只能由主管部门发布指导性意见和办法予以回应，这类调控性政策文件构成了立法体系的重要组成内容。而且为了应对房地产业的快速变化，这些文件的更新也比较频繁。例如，2005—2006年国家在抑制房价上表现出的密集调控的状态，2005年3月26日国务院办公厅下发《关于切实稳定住房价格的通知》（简称“旧国八条”）提出八点要求，要求各地重视房价过快上涨问题；2005年5月11日，国务院办公厅发布《关于做好稳定住房价格工作的意见》，把控制房价作为调控的主要目标。2006年5月17日，国务院常务会议提出了促进房地产健康发展的六项措施（简称“国六条”），2006年5月29日出台《关于调整住房供应结构稳定住房价格的意见》（又称九部委“十五条”），旨在通过调整住房供应结构稳定房价，2006年7月11日，建设部联合其他五部委下发《关于规范房地产市场外资准入和管理的意见》（又称“外资限炒令”），加强对外商投资企业房地产开发经营和境外机构与个人购房的管理，等等。这种政令不断、频繁更迭的状态一直贯穿于我国房地产市场的快速发展过程中，继而产出了大量的法律规范和政策规范，构成了我国房地产立法体系的重要组成部分。

（3）房地产立法历史

a）立法酝酿期（1949—1978年）

中华人民共和国成立伊始，为了促进城市发展、规范城市土地建设活动，中共中央颁布了一系列法律规范或政策文件。1949年颁布了《公房公产统一管理的决定》，于1950年公布了《中华人民共和国土地改革法》《城市郊区土地改革条例》；1951年政务院公布《城市房地产税暂行条例》，1953年公布《国家建设征用土地办法》，1956—1965年先后公布了对私房改造的政策性文件：中央批转中央书记处第二办公室《关于目前城市私有房产基本情况及进行社会主义改造的意见》《中央主管机关负责人就私有出租房屋的社会主义改造对新华社记者发表的谈话》，1964年国务院批转《关于私有出租房屋社会主义改造问题的报告》，1964年国务院批发《关于加强全民所有制房产管理工作的报告》等。前述文件确定了我国城市土地归国家所有、农村土地归集体所有的社会主义土地公有制形式。

b）立法萌芽期（1979—1988 年）

1978 年 12 月党的十一届三中全会顺利召开，会议将全党工作重心转移到社会主义现代化建设上来。城市建设发展成为社会主义经济建设的重要议题，而房地产法制建设成为其中的重要一环。这一时期的房地产立法成果主要有：1982 年《中华人民共和国宪法》确立了社会主义土地公有制。1982 年国务院颁布了《国家建设征用土地条例》《村镇建房用地管理条例》；1983 年颁布了《城市私有房屋管理条例》《建筑税征收暂行办法》《城镇个人建造住宅管理办法》；1984 年颁布了《城市规划条例》《关于外国人私有房屋管理的若干规定》；1986 年颁布了《中华人民共和国土地管理法》《房产税暂行条例》《城市维护建设税暂行条例》；1987 年颁布了《关于加强城市建设综合开发公司资质管理工作的通知》。

c）立法形成期（1988—1998 年）

1988 年通过《中华人民共和国宪法修正案》，确立城市土地使用权可以有偿有期限依法转让。1988 年修订了《中华人民共和国土地管理法》。1989 年出台了《中华人民共和国城市规划法》。1990 年颁布《城镇国有土地使用权出让和转让暂行条例》《城市房屋拆迁单位管理规定》。1991 年颁布《建设项目选址规划管理办法》。1993 年颁布《城市国有土地使用权出让转让规划管理办法》。1992 年颁布《征地管理费暂行办法》。1994 年颁布的《中华人民共和国城市房地产管理法》成为房地产业的基本法律。1997 年通过了《中华人民共和国建筑法》。1998 年颁布《城市房地产开发经营管理条例》和《中华人民共和国土地管理法实施条例》。此外，最高人民法院出台了众多房地产方面的司法解释，相关行政主管部门也出台了多项规章，切实保障了房地产法律的贯彻和实施。

这一阶段立法的效力等级得到提升，出台了房地产业的基本法律、行政法规，对房地产开发建设、经营等市场活动发挥了重要的规范和指导作用。在调整范围上从房地产产权、私房交易和房屋租赁扩展到项目审批、开发建设、房地产交易、经营管理等新的领域，形成了房地产立法体系的雏形。

d）立法快速成长期（1998—2003 年）

伴随房地产业迅速发展，这一时期的房地产立法也进入活跃期，其立法覆盖范围进一步扩展到招投标、住房公积金、物业管理等领域，同时在房地产市场管理、房地产权交易、项目审批和土地管理方面的法律规定作了进一步的细化规定。代表性的法律文件有：1999 年的《中华人民共和国招投标法》

《建设工程施工发包与承包价格管理暂行规定》《报国务院批准的建设用地审查办法》《闲置土地处置办法》；2000 年的《房地产开发企业资质管理规定》《建设工程质量管理条例》《建设工程勘察设计管理条例》；2001 年的《城市房屋拆迁管理条例》《商品房销售管理办法》《征收土地公告办法》《工程建设项目申报材料增加招标内容和核准招标事项暂行规定》《评标委员会和评标方法暂行规定》；2002 年颁布的《住房公积金管理条例》《招标拍卖挂牌出让国有建设用地使用权规定》；[①]2003 年通过了《物业管理条例》《工程建设项目施工招标投标办法》；2004 年出台的《物业服务收费管理办法》《业主大会规程》。[②]

e）立法完善期（2003 年至今）

2003 年物业管理系列法规的出台标志着我国房地产立法在房地产业生产、流通到消费环节的全覆盖，我国房地产业基本的法律、行政法规已经完备，立法体系已经趋于完善。此后的立法工作主要通过修订旧有的法律法规，或以发布法律效力较低的法律文件的形式不断更新。代表性的有：2007 年出台《中华人民共和国城乡规划法》并于 2019 年修订；2007 年、2009 年、2019 年三次修订《中华人民共和国城市房地产管理法》；2007 年还颁布了《中华人民共和国物权法》；2011 年出台《国有土地上房屋征收与补偿条例》；2011 年、2018 年、2019 年、2020 年四次修订《城市房地产开发经营管理条例》；2014 年通过《不动产登记暂行条例》；2019 年修订《中华人民共和国土地管理法》；2020 年出台了《中华人民共和国民法典》，对合同、物权、债权等进行了全面规定。

8.1.2 我国现行房地产立法体系的内容

我国目前尚未出台“中华人民共和国房地产法”，但是已经初步形成了以《中华人民共和国宪法》《中华人民共和国民法典》《中华人民共和国城市房地产管理法》《中华人民共和国土地管理法》为基础的房地产立法体系。

从立法内容看，我国现行房地产立法体系主要包括 5 个部分：房地产法律、建设用地法律、城市房屋拆迁管理法律、规划设计及工程建设法律、住房保障制度。其中房地产法律是房地产立法体系的核心内容，包括房地产开发经营管理、房地产交易管理、房地产权属登记、房地产中介服务、物业管理和房地产税收等法律内容。而建设用地法律、城市房屋拆迁管理、规划设计及工程建设以及住房保障法律是房地产立法体系的重要组成内容。

① 法律出版社法规中心，2020 中华人民共和国房地产法律法规全书，法律出版社，2020 年。

② 林德钦，物业管理法规，武汉理工大学出版社，2010 年。

（1）房地产法律

1994 年通过了《中华人民共和国城市房地产管理法》，2007 年、2009 年、2019 年分别修订。该法是我国房地产业的一项基本法律，对加强我国城市房地产管理、维护房地产市场秩序、保障房地产权人的合法权益、促进房地产业的健康发展发挥了重要作用。

1998 年出台了《城市房地产开发经营管理条例》，也经历了多次修订。[①] 该条例主要规范房地产开发企业在城市规划区内国有土地上进行基础设施建设、房屋建设，并转让房地产开发项目或者销售、出租商品房的行为。2000 年通过、2015 年修订的《房地产开发企业资质管理规定》对房地产开发企业资质管理、企业的开发经营行为进行了规范。

1）房地产交易环节的相关法律。2001 年出台的《商品房销售管理办法》；1994 年制定、2001 年修订的《城市商品房预售管理办法》；2011 年出台的《商品房屋租赁管理办法》，2009 年出台的《关于审理城镇房屋租赁合同纠纷案件具体应用法律若干问题的解释》；1995 年制定、2001 年修订的《城市房地产转让管理规定》，1997 年出台、2001 年修订的《城市房地产抵押管理办法》。

2）房地产权属登记相关法律。2001 年发布的《城市房地产权属档案管理办法》；2014 年制定、2019 年修订的《不动产登记暂行条例》；2016 年制定、2019 年修订的《不动产登记暂行条例实施细则》。

3）房地产中介服务相关法律。1992 年通过的《城市房地产市场评估管理暂行办法》；1995 年出台的《房地产估价师执业资格制度暂行规定》和《房地产估价师执业资格考试实施办法》；1996 年发布、2001 年修订的《城市房地产中介服务管理规定》；2005 年发布，2013 年、2015 年修订的《房地产估价机构管理办法》；2007 年通过、2016 年修订的《注册房地产估价师管理办法》；2010 年公布、2016 年修订的《房地产经纪管理办法》。

4）物业管理法律法规。1996 年国家计委、建设部印发的《城市住宅小区物业管理服务收费暂行办法》；2003 年通过的《物业管理条例》《物业服务收费管理办法》《业主大会规程》；2003 年公布、2007 年和 2016 年以及 2018 年修订的《物业管理条例》；2007 年通过的《住宅专项维修资金管理办法》；2020 年财政部印发的《住宅专项维修资金会计核算办法》。这些法律构成物业管理活动的基本规范，是维护业主和物业公司合法权益的保障机制。

5）房地产税收相关法律。①房产税：1951 年政务院公布《城市房地产

① 分别是 2011 年、2018 年、2019 年、2020 年 3 月和 2020 年 11 月。

税暂行条例》，1983 年公布《建筑税征收暂行办法》，1986 年颁布、2011 年修订《房产税暂行条例》，对转让国有土地使用权、地上的建筑物及其附着物（以下简称转让房地产）并取得收入的单位和个人征收土地增值税。②土地增值税：1993 年通过、2001 年修订《土地增值税暂行条例》。③城镇土地使用税：1988 年制定，2006 年、2011 年、2013 年、2019 年修订《城镇土地使用税暂行条例》。④耕地占用税：2018 年通过《中华人民共和国耕地占用税法》，2007 年颁布的《耕地占用税暂行条例》失效。⑤契税：1997 年颁布《契税暂行条例》，2019 年修订。2020 年 8 月通过《中华人民共和国契税法》，于 2021 年 9 月 1 日起施行。⑥其他相关税收法律：1985 年发布、2011 年修订《城市维护建设税暂行条例》；2020 年 8 月通过《中华人民共和国城市维护建设税法》，2021 年 9 月 1 日起施行。1991 年颁布、2011 年修订《固定资产投资方向调节税暂行条例》，此外还有企业所得税、个人所得税、房地产税收优惠等政策规范。

此外，针对房地产交易、登记、物业管理等内容，在 2020 年通过的《中华人民共和国民法典》中也有相关的规定。

（2）建设用地法律

1982 年出台的《中华人民共和国宪法》是我国的根本大法。该法第十条规定：城市的土地属于国家所有。农村和城市郊区的土地，除由法律规定属于国家所有的以外，属于集体所有；宅基地和自留地、自留山，也属于集体所有。国家为了公共利益的需要，可以依照法律规定对土地实行征用。该条确立了我国社会主义土地公有制的基本内容。

建设用地法律法规主要包括：1986 年制定，1988 年、1998 年、2004 年、2020 年修订（正）《中华人民共和国土地管理法》。1991 年制定，1998 年、2011 年、2014 年修订《土地管理法实施条例》。2001 年制定《征用土地公告办法》，2010 年修订为《征收土地公告办法》。1990 年制定、2020 年修订《城镇国有土地使用权出让和转让暂行条例》。2002 年颁布、2007 年修订《招标拍卖挂牌出让国有建设用地使用权规定》。1999 年出台、2010 年修订《报国务院批准的建设用地审查办法》。1999 年出台、2012 年修订《闲置土地处置办法》。此外还有一些司法解释，例如，最高人民法院关于转发国土资源部《关于国有划拨土地使用权抵押登记有关问题的通知》（2004 年），对国有划拨土地抵押登记相关事项进行了解释。

（3）城市房屋拆迁管理法律

2001 年颁布的《城市房屋拆迁管理条例》、2003 年颁布的《城市房屋拆迁估价指导意见》，这两份文件已经失效。2003 年通过《城市房屋拆迁行政裁决工作规程》。2011 年出台了《国有土地上房屋征收评估办法》《国有土地上房屋征收与补偿条例》。2012 年颁布《最高人民法院关于办理申请人民法院强制执行国有土地上房屋征收补偿决定案件若干问题的规定》。

（4）规划设计及工程建设法律

1）规划设计法律：2007 年制定，2015 年、2019 年分别修订的《中华人民共和国城乡规划法》；2017 年颁布的《城市设计管理办法》。

2）工程建设法律：1980 年颁发的《工程建设标准规范管理办法》；1997 年制定，2011 年、2019 年分别修订的《中华人民共和国建筑法》；1999 年制定、2017 年修正的《中华人民共和国招标投标法》；2011 年制定，2017 年、2018 年、2019 年分别修订的《招标投标法实施条例》；2003 年发布的《建设工程安全生产管理条例》；1999 年发布，2001 年、2014 年、2018 年修订的《建筑工程施工许可管理办法》；2000 年制定，2015 年、2017 年分别修订的《建设工程勘察设计管理条例》；2001 年发布、2018 年修订的《房屋建筑和市政基础设施工程施工招标投标管理办法》；2002 年制定、2007 年修订的《建设工程勘察质量管理办法》；2005 年制定、2016 年修订的《勘察设计注册工程师管理规定》；2006 年发布，2015 年、2016 年、2020 年分别修订的《工程造价咨询企业管理办法》；2003 年制定、2013 年修订的《工程建设项目勘察设计招标投标办法》；2013 年制定、2018 年修订的《房屋建筑和市政基础设施工程施工图设计文件审查管理办法》；2017 年制定《建设工程设计招标投标管理办法》；2017 年住建部印发的《工程建设标准涉及专利管理办法》；2020 年发布的《建设工程消防设计审查验收管理暂行规定》；2007 年出台，2015 年、2016 年、2018 年修订的《工程监理企业资质管理规定》。

（5）住房保障法律

1999 年公布，2002 年、2019 年修订《住房公积金管理条例》；2012 年建设部发布《住房保障档案管理办法》；1999 年印发《住房公积金财务管理办法》；2007 年《廉租住房保障办法》；2012 年通过《公共租赁住房管理办法》；1994 年通过《城镇经济适用住房建设管理办法》；1999 年发布《已购公有住房和经济适用住房上市出售管理暂行办法》；2017 年住建部发布《关于支持北京市、上海市开展共有产权住房试点的意见》，等等。

除了上述罗列的具体法律、法规、规章以外，各级行政主管机关、各地方政府发布的规范性文件也都是我国房地产立法体系的重要组成部分。

8.2 住房制度

8.2.1 计划经济时期的住房政策（1949—1977 年）

在计划经济体制下，我国城镇住房实行公有计划配给制度，即住房由国家按计划确定投资并将投资额度配给各职工单位，单位负责住房建设、分配、管理、维修；住房产权归属于公有，以实物形式分配给职工居住，职工支付的租金远低于成本折旧价格；住房是福利物品，住房不可以出售、转让和出租。这种公有计划配给制度无法公平、有效地解决城镇居民的住房问题，反而带来了很多问题。

这一阶段颁布的法律主要有：1950 年 4 月 10 日政务院颁布了《契税暂行条例》，规定对房屋买卖、赠与、典当按照房地产价格征收契税。1956—1965 年先后公布了对私房改造的政策性文件：中央批转中央书记处第二办公室《关于目前城市私有房产基本情况及进行社会主义改造的意见》《中央主管机关负责人就私有出租房屋的社会主义改造对新华社记者发表的谈话》，1964 年国务院批转《关于私有出租房屋社会主义改造问题的报告》，1964 年国务院批发《关于加强全民所有制房产管理工作的报告》等[①]。这些文件规定了通过支付租金的方式实现城市私房改造，由国家赎买收回的形式实现对企业所占用土地的公有化。1966—1976 年，我国房地产立法处于停滞状态，城市房地产管理政策及住房制度仍然沿用之前的政策。

这一时期的住房制度带来了严重的社会弊端：第一，不能从机制上制约不合理需求，出现分配不公的现象，已有住宅不能发挥社会效益；第二，房租过低，房屋价格与价值严重背离，加大国家财政负担，使大批住宅失修；第三，造成了不合理的消费结构，助长了吃大锅饭的现象；第四，导致城镇住宅供需矛盾突出，引发了一系列社会问题。

8.2.2 住房制度改革阶段的政策（1978—1998 年）

计划经济时期的住房政策已经远远不能满足城镇居民的住房需求，1978 年 9 月，邓小平提出了住房制度改革问题。1980 年他更明确地提出了住房指改革的总体构想，提出走住房商品化道路。同年 6 月，中共中央、国务院转

① 周丽，中国房地产法律制度的经济学分析，吉林大学博士学位论文，2012 年 3 月，第 16-18 页。

批了《全国基本建设工作会议汇报提纲》，标志着我国城镇住房制度改革实质性启动。可以分为 3 个阶段：

（1）以公房出售试点为内容的住房制度改革的初始阶段（1978—1985 年）

这一阶段改革的主要内容，是在低租金、实物福利分房制度不变的情况下，向职工出售公有住房的试点，包括以成本价出售公有住房的试点和公有住宅补贴出售试点。在 1978 年邓小平关于允许城镇居民自建住房的谈话之后，国家有关部门选择河南省安阳、巩义等地区进行公建私助的建房试点，同时，1979 年选择西安、柳州、梧州、南宁 4 个城市进行新建住房向职工出售的试点，即由政府统一建房，以土建成本价向居民出售。1980 年 6 月中共中央、国务院在批转的《全国基本建设工作会议汇报提纲》中，正式提出实行住房商品化政策，准许私人建房、私人买房，准许私人拥有自己的住宅，公有住房出售的试点扩大到全国各主要城市。截至 1981 年，新建公有住房向职工出售试点扩大到 23 个省、自治区、直辖市的 60 多个城市以及部分县镇。1981 年全年，全国共出售新旧住宅 2 418 套，其中，新房 1 184 套，旧房 1 234 套，国家回收住房资金 1 278 万元。但是新建住房出售量占同期新建住房总量的比例仅为两千分之一，比例很小。

1982 年，在总结成本价出售试点的基础上，有关部门提出了国家、单位、个人合理负担的售房原则，以土建成本价出售新建住房的办法基本停止，改为公有住宅补贴出售试点，选择郑州、常州、四平、沙市 4 个城市作为新建住房“三、三制”住房试点城市。所谓“三、三制”，即地方政府、职工所在单位和职工个人分别负担三分之一。1984 年 10 月扩大试点，截至 1985 年，全国已有 27 个省、自治区、直辖市的 160 个城市和 300 个县进行了公有住房补贴出售试点工作，全国有 1 000 多万 m^2 的住宅出售给了城镇职工。由于部分地区出现了随意压低价格、贱价出售的现象，1986 年 3 月，国家城乡建设环境保护部发布了《关于城镇公房补贴出售试点问题的通知》，规定公有住宅出售原则上实行成本价。

向城镇居民出售公有住房，是我国住房制度改革的最初实验。这是探索性的改革，没有涉及租金、房价等商品性因素，只是为下一阶段改革作了酝酿。

（2）提租补贴的单项改革阶段（1986—1992 年）

这一阶段住房制度改革的主要内容，是以提高房租为切入口，同时出售公有住房实行优惠价售房。1984 年党的十二届三中全会作出了《关于经济体制改革的决定》，提出发展有计划商品经济的观点，引发人们开始从住房体制的角度探索改革的道路。从1980年起，延续到1984年的住房属性问题的大讨论，进一步明确了住房的商品性。同时提出的“二次分配”理论认为，传统住房制度是在通过国家对职工工资中住房消费因素进行统一扣除，政府统一建房，以实物形式向职工分配并无偿使用的过程中完成的，可以认为职工工资中没有包含或只有很少的住房因素，调整公房租金的同时应该给予职工足够的住房消费补贴。由此形成了“提租补贴”的思路和改革措施，即“提高工资，增加工资，变暗贴为明补，变住房实物分配为货币分配，通过提高租金促进售房”。国务院于1987年相继批准烟台、蚌埠、唐山3个城市以提租补贴相持平为原则，大幅度提高租金，同时给予相应补贴的房改方案。

在试点基础上，国务院于1988年8月召开了第一次全国住房制度改革工作会议。会议印发的《关于全国城镇分期分批推行住房制度改革实施方案》提出全国房改分为两步实施：第一步的目标是，全国所有公房均按折旧费、维修费、管理费、投资利息、房产税5项因素的成本租金计租，抑制不合理的住房要求，促进个人购房，初步实现住房商品化。第二步的目标是，随着工资调整，逐步把住房消费纳入工资，进入企业成本；在逐步增加工资和住房由成本租金提高到商品租金的基础上，进一步实现住房商品化，推动住房社会化、专业化、企业化经营。根据这一方案，到1990年全国共有12个城市、13个县镇出台了以提租补贴为主要内容的住房制度改革方案，公房租金水平从每平方米使用面积0.08～0.13元提高到1.2元左右。此外，许多城市和单位还就存量公房和增量公房方面进行了单项的租金改革试验，如实行新房新租、超标准住房加租和租赁保证金等做法。

在实践中，提租补贴的做法遇到资金来源不足的困难，同时随职工收入增加，住房消费在工资中的含量也在增加，职工个人不承担提租的负担也不合理。1990—1991年，北京、上海等地在实施住房制度改革方案中，采取了小步提租不补贴的办法，同时通过优惠出售旧公房以及建立住房公积金制度扩大住房建设资金的来源，以增加住房供给。提租补贴以一直住房不合理要求为主的思路，也就转变为增加住房供给为主、抑制住房不合理需求为辅的思路。

同时，各地多种形式的房改实践，推动了房改措施的多样性。1991年6月，国务院发出了《关于继续积极稳妥地推进城镇住房制度改革的通知》，提出了分步提租、交纳租赁保证金、新房新制度、集资工作建房、出售公房等多种形式推进房改的思路。同年10月7日召开的第二次房改工作会议，肯定了上海等地的做法，提出“多提少补”、小步提租不补的租金改革原则，并强调住房制度改革“贵在起步”。

从上述分析中可以看到，这一阶段的住房制度改革是以公有住房“提租补贴”为主要内容的，着重点是在抑制住房的不合理需求，而不是以增加住房供给、加快住宅建设为立足点，反映了指导思想上对原有城镇住房制度弊端的实质性认识不足，改革的方向和目标仍不清晰。

（3）住房制度改革全面推进、综合配套改革阶段（1992—1997 年）

这一阶段住房制度改革的主要特点是，明确了社会主义市场经济理论是城镇住房制度改革的根本指导思想，按住房商品化、市场化、社会化思路，全面设计房改的目标、原则和主要内容，从而把城镇住房制度改革推向了全新的发展阶段。

1992 年春邓小平巡视南方的重要谈话，提出了社会主义市场经济理论。1992 年 10 月，党的十四大根据邓小平的思想，确立了中国经济体制改革的目标是建立社会主义市场经济体制，特别是 1993 年 11 月党的十四届三中全会发布了《中共中央关于建立社会主义市场经济体制若干问题的决定》，指明了深化改革的方向，明确了改革措施和步骤，提出国有企业建立现代企业制度的改革目标，从根本上规定了住房制度改革方向。紧跟着 1994 年 7 月国务院发布了《国务院关于深化城镇住房制度改革的决定》（以下简称《房改决定》）。这个决定，在中国房改史上具有划时代意义：①第一次明确提出城镇住房制度改革作为经济体制改革的重要组成部分，其根本目的是：建立与社会主义市场经济体制相适应的新的城镇住房制度，实现住房商品化、社会化；加快住房建设，改善居住条件，满足城镇居民不断增长的住房需求。②全面规定了城镇住房制度改革的基本内容，包括住房建设投资体制改革、住房分配体制改革、住房管理体制改革、住房保障体系建设、住房供应体系建设、发展住房金融和住房保险、规范房地产市场等。③确立了坚持配套、分阶段推进的方针政策，提出了近期改革的认识是：全面推行住房公积金制度，积极推进租金改革，稳步出售公有住房，大力发展房地产交易市场和社会化的房屋维修、管理市场，加快经济适用房建设，到 20 世纪末初步建立起新的城镇住房制度，使城镇居民住房达到小康水平，并就具体实施办法作了具体部署。

《房改决定》的发布实施，极大地完善和规范了房改政策，统一了思想，实现了全国住房的全面深入推进。由于全国各地的认真贯彻落实，出现了前所未有的房改热潮。到 1997 年，住房公积金制度已在全国大中城市普遍建立，租金改革和公有住房出售加快，住房自有率迅速提高，大大加快了住宅建设特别是经济适用房建设，初步形成了住房供应体系和住房金融体系，职工购买商品房踊跃，推动住房市场大发展。与此同时，企业的住房制度改革也取得重要进步，以张家港港务局、淮海水泥厂、仪征化纤工业公司为代表的一批企业，加快了试点，实施了住房消费货币工资化改革，单独组建了专门的住房经营公司，住房管理向社会化、专业化迈进了一大步。

8.2.3 住房市场化阶段的政策（1998 年至今）

在住宅建设发展过程中，遇到了“实物福利分房”体制的巨大障碍，20 世纪 90 年代中期（1995—1997 年），出现了一方面职工住房水平低，另一方面商品房滞销、大量空置的矛盾现象，理论界和业内人士纷纷指出，这是福利分房体制性障碍所致，必须加快住房分配货币化改革。同时，国内的市场供求关系发生了明显变化，拓展住房消费成为扩大内需的重要方面，培育住宅业成为新的经济增长点，拉动国民经济增长，成了宏观经济发展的迫切需要。在此背景下，1998 年 7 月国务院发布《国务院关于进一步深化城镇住房制度改革加快住房建设的通知》（以下简称《房改通知》）进一步明确了住房制度改革的指导思想，除了重申推进住房商品化、社会化以外，又加进了“加快住房建设，促进住宅业成为新的经济增长点”这一点。并且确定深化城镇住房制度改革的目标是：“停止住房实物分配，逐步实行住房分配货币化；建立和完善以经济适用房为主的多层次住房供应体系；发展住房金融，培育和规范住房交易市场。”将住房分配货币化确立为首要目标，作为房改的中心环节来抓，并构建了一个房改的目标体系。《房改通知》）的出台标志着我国住宅房地产市场化的正式启动，停止实物分房切断了依赖单位实物福利分房的渠道，转变了职工“等、靠、要”的观念，调动了职工购买商品房的积极性；同时住房货币化补贴和个人购买抵押货款的支持，又增加了居民买房的能力，扩大了住房市场需求。由此带动了住宅建设发展和空置房的消化，从 1998 年开始，出现了住宅建设新高潮，房地产业出现了过热，部分城市房价增幅过快，住房问题成为一个备受关注的社会问题，也成为影响经济发展的重要问题，为此，政府出台了一系列的调控性政策，开启了我国房地产市场宏观调控的重要历程。

8.2.4 我国现行住房制度体系

住房制度是一个国家或地区关于住房的开发、投资、分配、消费、交易、价格和管理等方面的法律、法规、政策及非正式规则等调整人与自然、人与人关系，并约束人们行为的规则集。我国农村地区的住房大多通过自筹资金的方式在宅基地上建设，至今还没有成文的住房制度。所以，一般来讲我国住房制度主要是指城市住房制度①。住房制度体系主要包括住房核心制度和住房配套制度。②住房核心制度主要包括住房建设与管理制度、住房价格与交易制度、住房租赁制度、住房保障制度等。住房配套制度主要包括土地制度、金融制度、财政税收制度等。

（1）住房建设与管理制度

住房建设与管理制度是指在房地产规划设计、开发建设和监督管理环节制定的一系列法律规范，主要包括住房建设行政许可制度（如规划许可、施工许可、用地许可、安全生产许可、房地产企业及其从业人员执业许可）、住房建设管理制度（招投标制度、工程安全与质量管理、竣工验收备案）、房地产开发经营管理制度（如房地产企业管理制度、项目资本金制度）、房地产市场监管制度（价格监管、中介机构监管）、不动产登记制度、房地产信息系统等。

（2）住房价格与交易制度

住房价格与交易制度是指在房地产交易环节制定的旨在规范和监督房地产交易活动的一系列法律规范，主要包括：房地产转让、租赁、抵押的相关法律规定，商品房销售/预售许可制度，购房合同备案、房屋租赁登记备案制度，房地产价格申报制度、房地产价格评估制度、房地产价格评估人员资格认证制度，等等。

（3）住房保障制度

住房保障制度指针对中低收入者和社会“夹心层”的住房问题制定的一系列住房制度和政策。保障性住房的供应主要由政府承担。目前，我国已经重新建立了公共住房体系，公共住房分为实物保障和货币保障两种形式。实物保障性住房按照住房供应方式，可以归纳为租赁型保障房和购置型保障房。租赁型保障房有廉租房和公共租赁住房；购置型公共住房有经济适用房和限价商品房。此外各类棚户区改造住房、共有产权房也纳入保障房体系中。目前我国已经形成了购租并举、以租为主，实物补贴和货币补贴有机结合，兼具中低端商品房、共有产权房、公租房、经适房、廉租房等的多层次保障

① 高波、赵奉军等，我国城市住房制度改革研究——变迁、绩效与创新，经济科学出版社，2017年，第15页。

② 倪鹏飞，中国住房制度改革：新机制与新模式，广东经济出版社，2019年，第29页。

性住房供应体系[①]。

（4）土地制度

土地制度与住房制度紧密相关。土地制度一般包括土地所有制、土地使用制度、土地管理制度等内容。

我国实行土地的社会主义公有制，即全民所有制和劳动群众集体所有制。全民所有的土地被称为国家所有土地，简称国有土地，其所有权由国家代替全民行使。我国城市的土地属于国家所有。农村和城市郊区的土地，除由法律规定属于国家所有的以外，属于集体所有；宅基地和自留地、自留山，也属于集体所有。

我国实行土地登记制度。依据《中华人民共和国土地管理法》（2019 年第三次修正）和《国家土地管理局土地登记规则》（1995 年补充和修改），国家依法对国有土地使用权、集体土地所有权、集体土地使用权和土地他项权利进行登记。土地他项权利，是指土地使用权和土地所有权以外的土地权利，包括抵押权，承租权以及法律、行政法规规定需要登记的其他土地权利。土地登记分为初始土地登记和变更土地登记。土地登记由县级以上人民政府登记造册，确认有关土地权利并分别颁发权利证书。

我国实行土地用途管制制度。国家编制土地利用总体规划，规定土地用途，将土地分为农用地、建设用地和未利用地。严格限制农用地转为建设用地，控制建设用地总量，对耕地实行特殊保护。农用地是指直接用于农业生产的土地，包括耕地、林地、草地、农田水利用地、养殖水面等；建设用地是指建造建筑物、构筑物的土地，包括城乡住宅和公共设施用地、工矿用地、交通水利设施用地、旅游用地、军事设施用地等；未利用地是指农用地和建设用地以外的土地。使用土地的单位和个人必须严格按照土地利用总体规划确定的用途使用土地。

建设用地使用权获取主要有两种方式：出让和划拨。建设用地使用权出让是指采取拍卖、招标、挂牌和协议等方式将城市国有土地使用权有偿、有期限地出让给土地使用者；土地使用者在土地使用年限内可以转让、出租、抵押或者用于其他经济活动，其合法权利受法律保护；土地使用期限届满，需要继续使用的，经批准可以延长，同时按照市场价值补缴土地出让金。住宅建设用地的使用权一般是通过出让方式获取。建设用地使用权划拨是指县

① 高波、赵奉军等，我国城市住房制度改革研究——变迁、绩效与创新，经济科学出版社，2017 年，第 292 页。

级以上人民政府依法批准，在用地者缴纳补偿、安置等费用后将该幅土地交付其使用或者将建设用地使用权无偿交付给土地使用者使用。国家机关用地、军事用地、城市基础设施用地、公益事业用地等是通过划拨方式获取土地使用权的。

我国城乡建设用地市场在很长一段时间里都是分割的，城市建设用地使用权的出让主体只能是国家，农村集体土地使用权不能直接进入土地一级市场，而是必须先经征收为国有土地之后才能出让。据此，地方政府利用强大的“行政垄断”权力垄断土地一级市场，并从中获取巨额利润。这种“土地财政”不仅严重扭曲了住房市场，还引发了一系列的社会问题。2013 年 11 月，党的十八大通过《中共中央关于全面深化改革若干重大问题的决定》，提出建立城乡统一的建设用地市场。在符合规划和用途管制的前提下，允许农村集体经营性建设用地出让、租赁、入股，实行与国有土地同等入市、同权同价。2019 年修正的《中华人民共和国土地管理法》第六十三条规定：土地利用总体规划、城乡规划确定为工业、商业等经营性用途，并经依法登记的集体经营性建设用地，土地所有权人可以通过出让、出租等方式交由单位或者个人使用，并应当签订书面合同，载明土地界址、面积、动工期限、使用期限、土地用途、规划条件和双方其他权利义务。据此，目前，在政策和法律层面，农村集体经营性建设用地入市是合法的，但由于存在多种限制，这一规定在短期内对土地市场的供给并没有太大影响，地价也不会因此降下来。但从长远来看，它有利于我国房地产市场的健康发展。

（5）房地产税收制度

我国房地产税制体系非常庞杂，它几乎包含了我国税制结构体系中的所有税种。它涵盖了增值税、所得税、土地增值税、耕地占用税、房产税、契税、印花税、城市维护建设税等。

1）房产税：房地产保有环节的税收种类，主要由房屋产权人缴纳。依据《房产税暂行条例》（2011 年修订）规定，个人所有非营业用的房产免征房产税，这意味着占全国城镇商品房存量金额 80%以上、存量面积 90%以上的房产被纳入免征范围。而房产税主要征税对象是办公楼和商业营业性用房，这两者在全国存量房市值中占比不到 20%。

2）城镇土地使用税：以纳税人实际占用的土地面积为计税依据，依照规定税额计算征收。开征此税是为了保护土地资源的合理开发利用，调节土地级差收入，提高土地的使用效益，加强土地管理。1988 年制定了《城镇土地使用税暂行条例》，经过了 2006 年、2011 年、2013 年、2019 年几次修订后，将征税范围扩大到外商投资企业和外国企业，并且提高了税额标准。

3）土地增值税：以转让房地产所取得的增值额为课税对象，纳税人是转让国有土地使用权、地上建筑物并取得收入的单位和个人。土地增值税实行 30%～60%的四级超率累进税率。开征此税的目的是调节土地增值收益，规范房地产交易市场秩序。

4）耕地占用税：以纳税人实际占用的耕地面积为计税依据，按照规定的适用税额一次性征收，应纳税额为纳税人实际占用的耕地面积（平方米）乘以适用税额。1987 年通过《耕地占用税暂行条例》开始征税，2007 年修订该条例，2018 年通过了《中华人民共和国耕地占用税法》，原条例废止。

5）契税：因不动产买卖、典当或交换而订立产权转移变动契约时向产权承受人征收的一种税，其征税依据分别是：出售土地使用权和房屋的按成交价征收，赠与土地使用权和房屋的按市场价格核定，交换土地使用权和房屋的按交换差价征收，实行 1%～3%的幅度比例税率。

6）增值税：自 2016 年 5 月 1 日起，我国全面推开营业税改征增值税，如发生转让土地使用权和销售不动产行为时，对转让方或销售方按交易金额的 5%征税。

7）企业所得税：在中国境内从事房地产开发经营企业，不论内资、外资性质，均统一缴纳企业所得税。个人所得税指个人出售自有住房取得的所有应该按照“财产转让所得”项目征收个人所得税，并按应纳税所得额的 20%征税。对出售自有住房并拟在现住房出售后 1 年内按市场价重新购买的纳税人，其出售现住房所应缴纳的个人所得税，视其重新购房的价值可全部或部分予以免征。对个人转让自用 5 年以上并且是家庭唯一生活用房取得的所得，继续免征个人所得税。对个人出租房屋取得的所得暂且按 10%的税率征收个人所得税。

8）印花税：针对房地产买卖、产权转移变动以及相应的房地产产权凭证的书立与领受而征收的税种。房地产印花税的税率有两种：第一种是比例税率，适用于房地产产权转移书据，税率为 0.05%，同时适用于房屋租赁合同（税率为 0.1%）和房产购销合同（税率为 0.03%）；第二种是定额税率，适用于房地产权利证书，包括房屋产权证和土地使用证，税率为每件 5 元。

9）城市维护建设税：以增值税、消费税等实际缴纳的税额之和为计税依据，本质上属于一种附加税，我国于 2020 年 8 月通过《中华人民共和国城市维护建设税法》，于 2021 年 9 月 1 日起实施。

10）教育费附加：开征于 1986 年 7 月 1 日，2005 年国务院发布的《关于修改〈征收教育费附加的暂行规定〉的决定》规定从 2005 年 10 月起，教育费附加率提高 3%，分别与增值税、营业税、消费税同时缴纳。

改革开放以来，我国的房地产税制不断完善，但仍存在一些问题：房产税制目标不明确、税种设置不合理、计税依据不符合国际惯例、房地产开发流转环节税负过重、房地产税权分布机构存在缺陷[①]。

（6）住房金融制度

住房金融制度对住房开发和消费产生关键影响。住房金融制度可以分为政策性制度和商业性制度。

政策性住房金融制度是以国家信用为基础，依据政府的政策，由政策性住房金融机构或者政府委托的商业性住房金融机构以及其他机构所开办的优惠性住房金融业务[②]。政策性住房金融工具主要包括货币政策、税收优惠政策、信贷政策等。我国政策性住房金融制度的典型代表是住房公积金制度。我国于 1993 年出台了《住房公积金管理条例》，2002 年、2019 年分别进行了修订。该制度建立之初是为了筹集房建资金，缓解住房开发与资金短缺的矛盾。它是在法律上具有普遍强制性、在功能上具有互助性、在本质上具有福利性、在使用上具有专用性、具有住房保障功能的长期性住房储蓄制度。然而，随着住房制度发展，公积金制度最初的互助性、保障性功能逐渐弱化，其政策性住房金融功能得以强化，公积金制度的定位和目标开始发生转向。有学者指出，住房公积金制度应当与社会保障体系、金融体系、财税体系有效衔接，充分发挥金融市场功能，充分发挥住房公积金的金融功能，实现公积金保值增值和风险防范作用。

我国商业性住房金融制度也发展迅速，目前已经存在的制度工具包括：个人住房抵押贷款、房地产企业信贷融资、房地产企业债券融资、房地产企业权益融资。

总体而言，政策性住房金融虽然有所发展，但也存在一些问题，商业性住房金融与政策性住房金融缺乏有效衔接，住房金融制度尚未全面发挥中低收入阶层的住房保障功能。住房金融制度未来改革的方向：政策性金融领域，以现有住房公积金制度为基础，建立国家、省（区、市）住房公积金管理机构，全面拓展住房金融功能，条件成熟时改组为专业性、政策性住房银行；

① 高波、赵奉军等，我国城市住房制度改革研究——变迁、绩效与创新，经济科学出版社，2017 年，第 216 页。

② 张倩，我国政策性住房金融制度的利益分析与利益调整，浙江万里学院学报，2019 年第 1 期，第 28 页。

商业性金融领域，发挥金融杠杆功能，调节住房供求结构，创新住房金融工具和拓展住房金融服务，促使股票、债权、房地产投资信托基金（REITs）等直接融资业务和房地产证券化发展。

8.3 土地使用制度

8.3.1 计划经济时期的土地制度

中华人民共和国成立以前我国实行土地私有制度，城市土地分别由官僚资产阶级、封建地主、民族工商业者、个体劳动者和外国人所占有。中华人民共和国成立后至改革开放之前，中国全部土地实行社会主义公有制。但是城乡土地性质不同：农村土地归集体所有，城市土地归国家所有。农村土地用于农业生产、农民居住等，城市土地用于非农建设。城乡土地都不是商品，不能自由流动，通过计划配置。城乡土地分割，农村集体土地通过无偿征用转为城市国有土地，但城市国有土地没有转化为集体土地。土地使用制度完全排斥地租规律、市场机制对土地利用的调节作用，导致资源浪费、效率低下，土地难以发挥应有的作用。与此同时，合理的土地用途管制制度也严重缺失，导致了土地资源的极大浪费。

8.3.2 城镇土地使用制度的改革

计划经济时期我国城镇土地制度基本特征是对土地实行行政划拨，无偿、无期限使用，禁止土地使用者转让土地。这种土地制度存在种种弊端，也无法适应市场经济改革的步伐。20 世纪 70 年代末，随着中国经济体制改革和改革开放发展，我国城镇土地使用制度也经历了一系列的变革。主要表现在以下几个方面：

第一，征收土地使用费。征收土地使用费起初是因为对外开放举办中外合资企业提出的。1982 年深圳经济特区开始按照土地的不同等级向土地使用者征收不同标准的使用费，抚顺、广州等城市从 1984 年起也先后推行。1988 年 9 月，国务院发布了《城镇土地使用税暂行条例》，规定 1988 年 11 月 1 日起，土地使用费改为土地使用税。

第二，开展土地使用权有偿出让和转让。1987 年下半年，深圳经济特区率先开展土地使用权有偿出让和转让的试点，由国家出让土地使用权，并允许以土地使用权抵押。1988 年，福州、海口、广州、厦门、上海、天津等城市也开始了试点工作。

第三，制定地方性土地使用权有偿出让、转让法规。为了规范土地使用权有偿出让活动，1987 年 11 月起，各地先后制定了地方性的土地使用权有偿出让和转让的有关办法或规定。1987 年 11 月 29 日，上海市政府最先发布了《上海市土地使用权有偿转让办法》。1987 年 12 月广东省人大常委会通过了《深圳经济特区土地管理条例》。随后，海口、厦门、广州、天津等地也相继颁布了法律规定。

第四，修改《中华人民共和国宪法》和《中华人民共和国土地管理法》。1984 年 10 月，中央发布《中共中央关于经济体制改革的决定》，提出土地不是商品。但在 1988 年 4 月 12 日通过的宪法修正案，明确规定："土地的使用权可以依照法律的规定转让"，该规定为土地使用权制度的改革扫清了障碍。1986 年出台了《中华人民共和国土地管理法》，1988 年 12 月对《中华人民共和国土地管理法》作了相应的修改，增加了国有土地和集体所有的土地使用权可以依法转让的规定。1998 年、2004 年和 2019 年又分别对《中华人民共和国土地管理法》修订了 3 次。

第五，制定全国性土地使用权出让和转让条例。1990 年 5 月 19 日，国务院发布了《城镇国有土地使用权出让和转让暂行条例》(2020 年 11 月做了最新修订)。该条例对土地使用权出让、转让、出租、抵押、终止以及划拨土地使用权等问题做了明确规定。同日，国务院还发布了《外商投资开发经营成片土地暂行管理办法》，该办法于 2008 年废止。1994 年，全国人大常委会通过了《中华人民共和国城市房地产管理法》，明确规定：国家依法实行国有土地有偿、有期限使用制度，并对土地使用权的出让和转让做了进一步的补充规定。该法在 2007 年、2009 年和 2019 年进行了 3 次修订。

目前，我国城镇土地制度的基本框架是在不改变城市土地国有的基础上，采取拍卖、招标、协议、挂牌等方式将土地使用权有偿、有期限地出让给土地使用者；土地使用者的土地使用权在使用年限内可以转让、出租、抵押或者用于其他经济活动，其合法权利受法律保护；需要继续使用的，经批准可以延长，同时按当时市场情况补缴土地使用金。

8.3.3 农村集体土地使用的改革

自中华人民共和国成立以来，农村土地经历了个体农民向集体所有转变的过程。中华人民共和国成立之初，中央政府颁发《中华人民共和国土地改革法》，规定废除地主阶级封建剥削的土地所有制，实行农民私人土地所有制，农民不仅获得了土地，而且对拥有的土地“有权自由经营、买卖和出租”。1954—1956 年，社会主义改造中收回了土地所有权，农业改造确立了社会主义性质的土地制度。农民个人直接所有的土地，也从土地无偿入股、统一经营，发展到农村土地集体所有。1957—1978 年，农村进行了“三级所有”的土地改革。在土地集体所有的基础上，土地属于三级集体所有，即人民公社、生产大队、农村生产小队三级所有。社员集体在共有土地上统一生产和劳动，社员没有任何私有土地。改革开放以后，农村开始实行家庭联产承包责任制，中国农村的土地制度改革也开始推行。从 1983 年开始，在土地集体所有制的前提下，允许农村家庭承包经营土地，使土地所有权与使用权分离。1988 年 12 月对《中华人民共和国土地管理法》的修改还明确了农村集体土地可以依法转让。

2013 年，中国共产党十八届三中全会作出《中共中央关于全面深化改革若干重大决定》，提出建立城乡统一的建设用地市场。在符合规划和用途管制的前提下，允许农村集体经营性建设用地出让、租赁、入股，实行与国有土地同等入市、同权同价。这一决定开启了农村集体土地入市的序幕。2019 年 8 月，十三届全国人大常委会第十二次会议通过《关于修改〈中华人民共和国土地管理法〉的决定》，删除了原土地管理法“任何单位和个人建设，需要使用土地的，必须依法申请使用国有土地”的规定，明确土地利用总体规划、城乡规划确定为工业、商业等经营性用途，并经依法登记的集体经营性建设用地，土地所有权人可以通过出让、出租等方式交由单位或者个人使用。这次修订的土地管理法中提及的集体经营性建设用地入市改革，目的是改变、完善现有的建设用地供应格局。2019 年 9 月，中央农办、农业农村部印发《关于进一步加强农村宅基地管理的通知》，指出城镇居民、工商资本等租赁农房居住或开展经营的，租赁合同的期限不得超过 20 年。同时严禁城镇居民到农村购买宅基地，严禁下乡利用农村宅基地建设别墅大院和私人会馆。严禁借流转之名违法违规圈占、买卖宅基地。另外，农业农村部发布《农村土地经营权流转管理办法（修订草案征求意见稿）》，拟规定农村土地经营权流转不得改变承包土地所有权的性质及其农业用途。

目前，农村土地制度主要特征是：第一，在产权方面，农村土地实行所有权、承包权和经营权三权分离，所有权属于集体，承包权属于农户，经营权可以流转。第二，在收益分配上，农业用地在土地经营者、农户、集体和国家之间实行明确的收益分配制度；建立农村集体建设用地合理的土地增值收益分配制度，明确集体建设用地增值收益主要用于建设社区基础设施和完善公共服务。第三，在运行机制上，实行土地要素配置的市场化。建立农村承包经营权流转市场，探索建立农村集体建设用地交易中心，促进农村承包地经营权能够以市场需求为导向在更大范围内流转，推进土地适度规模经营；创建农村集体建设用地市场化的制度基础。

8.4 房地产市场宏观调控政策的演进

8.4.1 房地产市场宏观调控概述

（1）房地产市场宏观调控的目标

根据经济学基本原理，政府是调节经济运行的“看得见的手”，市场是进行资源配置和调节的“看不见的手”，在房地产领域也由“两只手”相互作用。在房地产市场经济中，存在信息不对称、竞争不完全和房屋的准公共物品属性等特点，需要政府有关部门的适时调节和干预。因此，在房地产市场领域中，政府的宏观调控十分必要。

对房地产业实行宏观调控的主要目标有：一是促进房地产市场平稳健康发展；二是稳定房价，防止房价过快上涨；三是加强保障性住房建设，解决低收入人群的住房问题；四是抑制房地产投资过热，防范金融风险；五是加强房地产市场监管。

（2）房地产市场宏观调控的手段

宏观调控手段主要有两种：直接干预和间接干预。直接干预主要是指通过行政手段对房地产市场供需、价格等进行调控。主要包括土地政策和直接的行政规制，如限购、限贷政策。

间接干预主要指通过经济手段，包括金融信贷政策、税收政策等实现调控目标。金融信贷政策主要有利率政策、存款准备金政策、信贷政策。存贷款利率上调能够有效吸收货币市场的流动性过剩，抑制房地产市场的投资规模，如果存款利率上调，房地产市场的潜在购买者会选择存款，市场流动性减少，投资与投机性购房需求减少，房价下降。反之，存款利率下降，会刺激越来越多的消费者购买住房，需求增加，房价高涨。同理可得，如果贷款利率上调，按揭成本增加自然会降低一部分投机购房需求，同时由于融资成本的增加也会使得开发商主动减小信贷规模，房地产开发投资减速。存款准备金率是指金融机构为保证客户提取存款和资金清算需要而向中央银行上交存款总额的比例。当存款准备金率提高，货币乘数变小，金融机构信贷能力降低，货币供应量减少，房地产投资会相应缩减；反之，存款准备金率下调会增加全社会货币供应量，房地产开发银行信贷会相应增加。信贷政策主要通过控制和调整信贷规模、信贷结构、投放节奏，促进房地产业协调发展。我国主要采用差别化信贷政策：针对首套房的信贷提供优惠措施，贷款比例和首付比例都较低，而针对二套房及以上的投资需求者，首付比例较高、贷款利率也提升，进而实现抑制投机性住房需求的目标。一般地，信贷政策与利率政策配合使用。

税收政策主要通过税率调整、税种的废立、税率的高低，介入房地产收益的初始分配和再分配环节，进而影响房地产经济。主要包括房地产契税、土地增值税和房产税政策。房地产契税以房屋所有权发生转移为前提，被征税人为受让方，契税对于房地产宏观调控的效应主要作用于需求方，通过对不同住宅类型实行差别化税率，让住房需求结构尽量向普通商品房特别是中小套型集中。土地增值税征收的前提是土地使用权发生转让，在土地转让环节以全额征收土地转让增值税的方式可以有效抑制开发商炒地行为。在开发商新房销售过程中，提高预征率以增加开发商囤地成本，加之待项目全部竣工后开展土地增值税清算，会大大降低开发商的利润率，抑制房地产的跟风投资。在二手房交易过程中征收土地增值税同样会增加卖方交易成本，一定程度上也可以抑制炒房行为。房产税是房地产保有环节征收的税种。由于其免税依据为合理的一定住房面积，对于刚需，征收房产税会使得购房者倾向于购买中小户型。对于投资需求，房产税会促使闲置住房出租以对冲税负压力，从而增加存量住房的有效供给。对于投机性需求，房产税的征收会增加炒房者的持有成本，有效打击囤房套利行为。

此外，通过实施保障性住房建设、棚户区改造、发展租赁房市场等政策也能在一定程度上优化住房供应结构、抑制房价、保障住房需求。

8.4.2 我国房地产宏观调控政策的演进历程

根据房地产周期性理论，在一个完整的周期内，房地产市场会经历一个下行期和一个上行期，即复苏—高速增长—衰退—萧条—再复苏的一个发展规律，而政府的调控政策会反周期而行：在房地产市场的上行期，宏观调控重点是抑制房价快速上涨，而在下行期则主要是积极复苏房地产市场、抑制房地产衰退。随着我国房地产市场化发展不断深入，房地产宏观调控作为一项极具中国特色的公共政策被决策层频繁运用。从 1998 年起，中央政府对房地产市场出台了一系列宏观调控政策，调控重心从房地产的市场化改革转变为建立房地产调控的长效机制。这一时期我国房地产市场宏观调控政策共经历了 3 个阶段：

（1）房地产宏观调控的探索阶段（1998—2002 年）

1998—2002 年，这一阶段我国房地产市场化改革进入初期，针对房地产实施的调控政策也处于探索性尝试阶段，其中具有代表性的政策主要有：

1998 年国务院发出《关于进一步深化城镇住房制度改革加快住房建设的通知》明确提出了终止住房实物分配制度，同时确定了以经济适用房为主体的住房供应体系。1998 年 7 月，建设部等部委发布了《关于大力发展经济适用住房的若干意见》，经济适用住房成为主要的保障性住房形式。

2000 年国家计委、建设部联合发出《关于房地产中介服务收费的通知》，对房地产咨询费、房地产价格评估费、房地产经纪费的收取额度作了明确规定。同年，建设部和国家工商行政管理局修订了《商品房买卖合同示范文本》。这些文件成为房地产市场交易环节的重要规范。

为了配合住房制度改革，支持住房租赁市场的发展，2000 年 12 月 7 日，财政部、国家税务总局出台《关于调整住房租赁市场税收政策的通知》。通知规定，自 2001 年 1 月 1 日起，对政府定价出租的住房，暂免征房产税、营业税，对个人按市场价格出租的居民住房，减征营业税（由 5%降为 3%）、房产税（由 12%降为 4%）、个人所得税（由 20%降为 10%）。

2002 年房地产投资持续保持较快增长，但是部分城市出现了房地产价格增长过快、市场结构不合理等问题。为了控制部分地区房地产“过热”，保障房地产市场健康发展，中国人民银行等部门联合下发《关于加强房地产市场宏观调控促进房地产市场健康发展的若干意见》，主要提出：一是加强房地产市场宏观调控，实现房地产市场供需平衡，加强房地产项目的审批管理，加快消化空置商品房；二是严格控制自有资金不足、行为不规范的房地产开发企业新开工项目；三是大力发展经济适用住房，调整房地产市场供应结构；四是加快落实住房补贴，提高职工购房支付能力。

这一阶段，中央政府一方面通过继续推进住房市场化进程，大力支持房地产行业和房地产市场的发展，另一方面出台相关政策措施对房地产开发、建设、投资、交易等环节进行规范，属于我国房地产宏观调控政策的探索阶段。

（2）房地产宏观调控的深化阶段（2003—2009 年）

2003 年以来，我国房地产市场进入快速发展阶段，房价波动频繁，稳定住房价格、引导房地产业理性发展成为这一阶段宏观调控的首要目标，国务院及相关部委也频繁发文进行调控。

2003年6月，中国人民银行下发了《关于进一步加强房地产信贷业务管理的通知》，文件规定对大户型、大面积、高档商品房、别墅等项目应适当限制，强调贷款应重点支持中低收入家庭购买的住宅项目。然而，该政策并未得到有效落实，各大银行为了自身利益，以该文件缺乏可操作性为由，架空了这些限制性的规定，对房地产开发商暗地通融①。同时，受到SARS事件影响，国务院于2003年8月颁布了《关于促进房地产市场持续健康发展的通知》，首次明确将房地产行业定位为支柱产业，并指明要坚持住房市场化基本方向，同时将“建立以经济适用住房为主的住房供应体系”改为“逐步实现多数家庭购买或承租普通商品住房”，意味着我国住房政策从改革福利住房的政策向住房市场调控政策的实质性转变。2004年9月中国银监会公布了《商业银行房地产贷款风险指引》，规定建筑商不得为开发商垫资建楼，开发商开发项目自有资金不低于项目总投资的35%，购房者的月供房款不得超过收入的50%。但是这些文件的出台，大多未能得到有效的实施，对房地产行业的快速扩张也未能有效控制。

2005年3月26日国务院下发了《关于切实稳定住房价格的通知》，共有8条内容，简称“国八条”，通知明确要求高度重视稳定住房价格工作，各地方政府要切实负起稳定住房价格的责任，大力调整和改善住房供应结构，严格控制被动性住房需求，正确引导居民合理消费预期，全面监测房地产市场运行，积极贯彻调控住房供求的各项政策措施，认真组织对稳定住房价格工作的督促检查。2005年4月27日，国务院总理温家宝主持召开国务院常务会议，分析当前房地产市场形势，提到目前房地产投资规模过大，商品房价格上涨过快，结构不合理，市场秩序比较混乱，并强调必须把解决房地产投资规模和价格上升幅度过大的问题，作为当前加强宏观调控的一个突出任务。同时提出8条措施加强引导和调控，这被业界称为新“国八条”。2005年5月9日，国务院办公厅转发《建设部等部门关于做好稳定住房价格工作意见的通知》，要求把解决房地产投资规模过大、价格上涨幅度过快等问题，作为当前加强宏观调控的一项重要任务。

为了落实稳定房价的政策，还配合出台了房地产税收领域的相关文件。2005年5月18日，国家税务总局发布了《关于进一步加强房地产税收管理的通知》，针对我国房地产税收种类多、征管难度大、税源控管存在较多漏洞提出了相应的解决方案。2005年10月7日，国家税务总局下发《关于实

① 范志勇，中国房地产政策回顾与探析，学术交流，2008年总第173期，第8期。

施房地产税收一体化管理若干具体问题的通知》，提出对存量房交易环节所涉及的税收实行“一窗式”征收，加强销售发票管理等内容。在税收征管的具体操作中，出现了大量的涉税违法违规问题，为了规范房地产市场秩序，2007 年 6 月 18 日，国家税务总局、建设部等八部门联合发布《关于开展房地产市场秩序专项整治的通知》，要求高度重视房地产市场秩序专项整治工作的重要性和紧迫性，各级税务机关要认真履行责任、扎实开展税收检查工作，及时巩固专项整治成果、建立长效机制。

从 2006 年开始，我国房地产领域外商投资增长较快，境外机构和个人在境内购买房地产也比较活跃，对此，建设部、商务部、国家发改委于 2006 年 7 月 11 日联合发布《关于规范房地产市场外资准入和管理的意见》，提出了外商投资房地产市场准入规则，要求加强外商投资企业房地产开发经营管理、严格境外机构和个人购房管理、强化和落实市人民政府监管责任。2006 年 9 月 1 日国家外汇管理局、建设部发布了《关于规范房地产市场外汇管理有关问题的通知》，就房地产市场外资准入和管理所涉及的外汇管理事宜进行了规定。

2007 年 9 月 27 日，中国人民银行、中国银行业监督管理委员会发布《关于加强商业性房地产信贷管理的通知》，对购买首套自住房且套型建筑面积在 90 m^2 以下的，贷款首付款比例（包括本外币贷款，下同）不得低于 20%；对购买首套自住房且套型建筑面积在 90 m^2 以上的，贷款首付款比例不得低于 30%；对已利用贷款购买住房、又申请购买第二套（含）以上住房的，贷款首付款比例不得低于 40%，贷款利率不得低于中国人民银行公布的同期同档次基准利率的 1.1 倍，而且贷款首付款比例和利率水平应随套数增加而大幅度提高，具体提高幅度由商业银行根据贷款风险管理相关原则自主确定，但借款人偿还住房贷款的月支出不得高于其月收入的 50%。商业用房购房贷款首付款比例不得低于 50%，期限不得超过 10 年，贷款利率不得低于中国人民银行公布的同期同档次利率的 1.1 倍，具体的首付款比例、贷款期限和利率水平由商业银行根据贷款风险管理相关原则自主确定；对以“商住两用房”名义申请贷款的，首付款比例不得低于 45%，贷款期限和利率水平按照商业性用房贷款管理规定执行。

2007 年调控思路有所转变，中央政府试图改变住房保障领域严重匮乏的状况，通过住房保障分流城市低收入家庭的住房需求，以此抑制房价上涨过快。2007 年 11 月 8 日建设部等八部委联合下发《廉租住房保障办法》，12 月 18 日财政部发布《关于下达 2007 年中央廉租住房保障专项补助资金的通知》。

为了完善对房地产市场的监管和调控，房地产市场信息系统的建立成为一种必要的技术手段。2005年5月25日，建设部发布了《关于建立房地产市场月报数据和监测报告上报制度的通知》，决定自2005年7月起，在全国40个重点城市建立房地产月报数据和监测报告上报和公布制度，随后又发布了《关于实行房地产市场月报数据和监测报告网络上报制度的通知》，要求自2005年7月起，在“中国住宅与房地产信息网”（http：//www.realestate.gov.cn）开通房地产市场月报数据和监测报告网络上报系统，实行全国40个重点城市房地产市场监测数据和监测报告网络上报制度。2007年，建设部批准了《房地产市场信息系统技术规范》（CJJ/T 115—2007），将该规范作为“中华人民共和国工程建设行业标准”备案，备案号为J662-2007。该规范的发行为各地方建立房地产市场信息系统提供了统一的技术标准，解决了原有信息系统建设标准不统一、信息系统采集指标不统一的问题，满足了房地产管理对业务集成、数据共享、决策分析的实际需要，大大提升了房地产市场信息化管理的水平，为宏观决策提供了重要的基础性条件。

2008年上半年，为了防止经济增长由偏快转向过热，中央延续了从紧的货币政策：2007年6次上调人民币存贷款基准利率，其中，一年期存款利率累计上调1.62个百分点至4.14%，一年期贷款利率累计上调1.35个百分点至7.47%。2007年10次上调存款准备金率共5.5个百分点后，2008年上半年5次上调存款准备金率共3个百分点。然而，受美国次贷危机影响，2008年下半年国内出口下降、投资信心不足、股市大幅度下滑，为了防止经济滑坡、稳定经济发展，房地产宏观调控政策发生转向。首先，金融政策出现了密集调整。2008年9—12月，中国人民银行6次发文分别下调人民币存贷款基准利率、商业性个人住房贷款利率、中国人民银行对金融机构的存贷款利率和中国人民银行对金融机构的再贷款（再贴现）利率。其次，财政政策也出台了降低税率、免除税种的规定。2008年10月22日，财政部联合国家税务总局下发《关于调整房地产交易环节税收政策的通知》，从2008年11月1日起：①对个人首次购买90 m^2及以下普通住房的，契税税率暂统一下调到1%；②对个人销售或购买住房暂免征收印花税；③对个人销售住房暂免征收土地增值税。2008年10月9日，财政部联合国家税务总局下发《关于储蓄存款利息所得有关个人所得税政策的通知》，自2008年10月9日起，对储蓄存款利息所得暂免征收个人所得税。2008年12月20日，国务院办公厅发布《关于促进房地产市场健康发展的若干意见》，意见指出：对住房转让环节营业税暂定一年实行减免政策。将现行个人购买普通住房超过5年（含5年）转让免征营业税，改为超过2年（含2年）转让免征营业税；将个人购买普通住房不足2年转让的，由按其转让收入全额征收营业税，改为按其转让收入减去购买住房原价的差额征收营业税。将现行个人购买非普通住房超过5年（含 5 年）转让按其转让收入减去购买住房原价的差额征收营业税，改为超过2年（含2年）转让按其转让收入减去购买住房原价的差额征收营业税；个人购买非普通住房不足2年转让的，仍按其转让收入全额征收营业税。

2009年以来，在宽松货币政策、抑制的市场需求集中释放、投资性需求不断释放的形势下，中国房地产市场实现“V”形反转。2009年3月，中国人民银行第一季度例会提出保持适度宽松货币政策的连续性和稳定性。2009年6月银监会规定严格遵守第二套房贷的有关政策不动摇，二套房贷政策逐渐“由松趋严”。2009年12月7日，中央经济工作会议强调继续实施积极的财政政策和适度宽松的货币政策，增加普通商品住房供给，支持居民自住和改善性购房需求，加大农村危房改造支持力度，加强廉租房等保障性住房建设，支持棚户区改造。但随后的半个月内，中央连续出台多项抑制性措施。2009 年 12 月 9 日国务院常务会议中，将个人住房转让营业税征免时限由 2 年恢复到5年，其他住房消费政策继续实施。2009年12月14日，国务院常务会议中，提出遏制部分城市房价过快上涨的势头，继续支持居民自住和改善性住房消费，但抑制投资投机性购房，加大差别化信贷政策执行力度，继续大规模推荐保障性安居工程建设。2009年12月23日，中国人民银行第四季度例会重申 2010 年要继续执行适度宽松的货币政策，表示未来可能实施差别化信贷政策。

这一阶段，抑制房地产投资过热和稳定住房价格成为调控的核心内容，房地产宏观调控政策工具也呈现出多样化、组合化的特点，特别是通过货币政策、信贷政策、税收政策等展开综合调控。

（3）房地产宏观调控的转向阶段（2010年至今）

2010年我国房地产宏观调控出现重要转向，中央严格收紧了各项政策措施，而这一阶段房地产宏观调控又可以细分为3个阶段：

第一阶段从 2010—2013 年。这一阶段中央调控收紧，抑制房价过快上涨势头，继续实施差别化信贷政策，坚定贯彻限贷、限购政策。

第二阶段从 2014—2015 年。楼市处于下行期，中央调控放松，去库存成总基调，限购、限贷政策基本放开。

第三阶段从2016—2020年。2016年房地产市场出现新的变化，中央提出房地产业定调，坚持“房子是用来住的，不是用来炒的”。这是我国房地产宏观调控的一个重要转折点。这一阶段，宏观调控持续坚持“房住不炒”的总基调，坚持贯彻因城施策的方针，加快建立房地产市场管理的长效机制，不将房地产作为短期刺激经济的手段，确保房地产市场平稳运行。

1）2010—2013 年中央调控收紧，实施差别化信贷政策，抑制房价过快上涨势头。

国务院办公厅于 2010 年 1 月 7 日发布《关于促进房地产市场平稳健康发展的通知》，通知提出：①增加保障性住房和普通商品住房有效供给；②合理引导住房消费，抑制投资投机性购房需求，加大差别化信贷政策执行力度，继续实施差别化的住房税收政策；③加强风险防范和市场监管；④加快推进保障性安居工程建设；⑤落实地方各级人民政府责任。2010 年 2 月 22 日，中国人民银行、中国银监会发布《关于贯彻落实〈国务院办公厅关于促进房地产市场平稳健康发展的通知〉的通知》中提出，各金融机构要抓紧修改完善房地产信贷业务管理操作细则，加大差别化信贷政策执行力度，加强房地产信贷风险管理。继续支持居民首次购买普通自住房的贷款需求，根据借款人信用记录和还款能力、购房用途和住房性质、抵押物价值和变现能力、当地房地产市场状况等因素，合理进行风险评估，在贷款利率下限和最低首付款比例之上确定贷款利率和首付款比例。严格抑制投机投资性购房需求。对已利用贷款购买住房又申请购买第二套（含）以上住房的家庭（包括借款人、配偶及未成年子女），贷款首付款比例不得低于 40%，贷款利率严格按照风险定价。2010 年 3 月 5 日，政府工作报告中提出，抑制投机性购房。加大差别化信贷、税收政策执行力度。完善商品房预售制度。2010 年 4 月 17 日，国务院发布《关于坚决遏制部分城市房价过快上涨的通知》（简称“国十条”），要求各级有关部门切实履行稳定房价和住房保障职责、坚决抑制不合理住房需求、增加住房的有效供给、加强保障性安居工程建设、加强房地产市场监管。坚决抑制不合理住房需求中，提出实施更严格的差别化住房信贷政策。限贷政策：对购买首套自住房且套型建筑面积在 90 m^2 以上的家庭（包括借款人、配偶及未成年子女，下同），贷款首付款比例不得低于 30%；对贷款购买第二套住房的家庭，贷款首付款比例不得低于 50%，贷款利率不得低于基准利率的 1.1 倍；对贷款购买第三套及以上住房的，贷款首付款比例和贷款利率应大幅度提高，具体由商业银行根据风险管理原则自主确定。要严格限制各种名目的炒房和投机性购房。商品住房价格过高、价格上涨过快、供应紧张的地区，商业银行可根据风险状况，暂停发放购买第三套及以上住房贷款；对不能提供 1 年以上当地纳税证明或社会保险缴纳证明的非本地居民暂停发放购买住房贷款。地方人民政府可根据实际情况，采取临时性措施，在一定时期内限定购房套数。2010 年 4 月 30 日，北京市出台“国十条”实施细则，率先规定“每户家庭只能新购一套商品房”。2010 年 5 月 26 日，住建部、央行、银监会联合发文《关于规范商业性个人住房贷款中第二套住房认定标准的通知》，规定：商业性个人住房贷款中居民家庭住房套数，应依据拟购房家庭（包括借款人、配偶及未成年子女，下同）成员名下实际拥有的成套住房数量进行认定。2010 年 9 月 29 日，中国人民银行、中国银监会发布《关于完善差别化住房信贷政策有关问题的通知》，提出：①各商业银行暂停发放居民家庭购买第三套及以上住房贷款；对不能提供一年以上当地纳税证明或社会保险缴纳证明的非本地居民暂停发放购房贷款。②对贷款购买商品住房，首付款比例调整到 30%及以上；对贷款购买第二套住房的家庭，严格执行首付款比例不低于 50%、贷款利率不低于基准利率 1.1 倍的规定。该条规定出台后，累计有上海、广州、天津、南京、杭州等 16 个一、二线城市推出限购政策。

2011 年 1 月 26 日国务院办公厅发布《关于做好房地产市场调控工作有关问题的通知》，提出：①进一步落实地方政府责任。②加大保障性安居工程建设力度。③调整完善相关税收政策，加强税收征管。④强化差别化住房信贷政策，对贷款购买第二套住房的家庭，首付款比例不低于 60%，贷款利率不低于基准利率的 1.1 倍。⑤严格住房用地供应管理。⑥合理引导住房需求，各直辖市，计划单列市，省会城市和房价过高、上涨过快的城市，在一定时期内，要从严制定和执行住房限购措施。原则上对已拥有 1 套住房的当地户籍居民家庭、能够提供当地一定年限纳税证明或社会保险缴纳证明的非当地户籍居民家庭，限购 1 套住房（含新建商品住房和二手住房）；对已拥有 2 套及以上住房的当地户籍居民家庭、拥有 1 套及以上住房的非当地户籍居民家庭、无法提供一定年限当地纳税证明或社会保险缴纳证明的非当地户籍居民家庭，要暂停在本行政区域内向其售房。已采取住房限购措施的城市，凡与本通知要求不符的，要立即调整完善相关实施细则，并加强对购房人资格的审核工作，确保政策落实到位。尚未采取住房限购措施的直辖市，计划单列市，省会城市和房价过高、上涨过快的城市，要在 2011 年 2 月中旬之前，出台住房限购实施细则。其他城市也要根据本地房地产市场出现的新情况，适时出台住房限购措施。⑦落实住房保障和稳定房价工作的约谈问责机制。⑧坚持和强化舆论引导。2011 年 7 月 14 日，国务院召开会议称部分城市房价上涨压力仍然较大，要继续严格执行限购政策，上涨过快的二、三线城市也要采取限购。

在税收政策方面，2011年7月3日，财政部、国家税务总局发布《关于推广应用房地产估价技术加强存量房交易税收征管工作的通知》，针对“阴阳合同”带来的税收风险，提出开展存量房评估工作，加强存量房交易税收征管。金融政策方面：2011年1月14日，央行上调金融机构存款准备金率。2011年1月17日银监会工作会上表示对房地产领域风险要继续实施差别化房贷政策。2011年2月8日，央行上调人民币存贷款基准利率。2011年2月9日，住建部发布《关于调整住房公积金存款利率的通知》，要求上调个人住房公积金贷款利率。2011年2月18日、3月18日、4月17日、5月12日，分别上调存款准备金率。2011年11月30日下调存款准备金率。2011年4月5日、7月6日，分别上调存贷款基准利率。

2012年，房地产政策稳中趋紧，继续保持调控不放松，支持合理性自住需求（刚需），抑制投资性需求。针对首套房贷政策松动，但未突破限购、限价红线，继续实行差别化信贷、严格限制多套房贷款。2012年5月开始，商品房销售量明显回升，新建住宅价格出现环比上涨，土地市场也随之出现了一些波动，部分城市再现高价地，引发社会热议。为了巩固调控成果，切实维护房地产市场稳定发展，原国土资源部、住建部发布《关于进一步严格房地产用地管理巩固房地产市场调控成果的紧急通知》，明确指出：各地要把落实住房用地供应计划作为下半年的工作重点切实抓好，应确保保障性安居工程用地，并以提高计划完成率、增加有效供应为首要目标，进一步加大普通商品房住房用地的供应力度。

2012年中央将调控重心放到保障性住房建设和用地管理方面，住房保障得以迅速发展。2012年1月，财政部《关于切实做好2012年保障性安居工程财政资金安全等相关工作的通知》，提出切实落实资金来源，确保不留资金缺口。2012年2月6日，住建部发布《关于进一步加强住房公积金监管工作的通知》，2012年5月28日发布了《公共租赁住房管理办法》。2012年6月20日，住建部、发改委等七部委联合发布《关于鼓励民间资本参与保障性安居工程建设有关问题的通知》，提出鼓励民间资本通过直接投资、间接投资、参股、委托代建等多种方式参与保障房建设，并提供相应的支持政策，包括商业贷款优惠、政府贴息、金融税收优惠、土地供应、配套服务等。2012年12月12日中央经济工作会议明确指出，“要继续坚持房地产市场调控政策不动摇，要继续加强保障性住房建设和管理，加快棚户区改造”。

2013年2月26日，国务院办公厅发布《关于继续做好房地产市场调控工作的通知》（又称“国五条”），要求地方人民政府更加注重区域差异，加强分类指导：对住房供不应求、房价上涨过快的特点城市应指导其增加住房及住房用地的有效供应，制定并公布年度新建商品住房价格控制目标；对存在住房供过于求等情况的城市，也应指导其采取有效措施保持市场稳定。同时提出坚决抑制投机投资性购房，进一步完善现行住房限购措施，继续严格实施差别化住房信贷政策，充分发挥税收政策的调节作用。至此，我国房地产市场宏观调控开始了分类调控、因地施策的调控阶段。

2）2014—2015 年宏观调控以“去库存、促消费”为主线。

在楼市下行背景下，2014 年基本放开限购政策，去库存成总基调，限贷政策也退出。为了加快商品房去库存，中央适度放松了房地产政策，通过公积金、契税、财税、补贴等实现去库存目标。2014 年年初，热点一、二线城市并未放松监管，力度反而有所加大。例如，2014 年 3 月 11 日，南京市政府办公厅发布《关于进一步加强我市房地产市场管理工作的通知》（简称“宁七条”），成为 2014 年首个进一步收紧房地产调控的二线城市。但是部分城市所有放松。2014 年 4 月 25 日，南宁定向放宽限购。郑州于 2014 年 5 月出台《郑州市个人住房置业贷款政策性担保管理办法（征求意见稿）》，提出购房贷款可获政策性担保。2014 年 9 月之前，很多城市正式取消限购政策，或者通过默认方式取消限购。南京在 2014 年 9 月也正式取消限购政策。这都是源于高库存压力。2014 年 5 月 12 日，中国人民银行召开金融服务座谈会，再次强调“满足首套自住房贷款者需求”（重点鼓励释放刚需）。2014 年 9 月 29 日，央行发布《中国人民银行、中国银行业监督管理委员会关于进一步做好住房金融服务工作的通知》，对个人住房贷款需求的支持力度大幅提升：首套房贷利率下限重回基准利率的 0.7 倍；已有 1 套住房并已结清相应购房贷款后再次申请贷款的，银行执行首套房贷款政策；在已取消或未实施限购措施的城市，对拥有 2 套及以上住房已结清相应购房贷款的家庭，又申请贷款购买住房的，银行自行把握并具体确定首付款比例和贷款利率水平。2014 年 10 月 9 日，住建部、财政部、央行联合下发《关于发展住房公积金个人住房贷款业务的通知》，提出降低贷款申请条件至连续缴 6 个月（含）以上，并且发放率在 85%以下的城市，提高首套自主住房的贷款额度，而针对发放率在 85%以上的城市，积极协调组合贷。同时，提出积极推进异地贷款，并简化公积金贷款申请流程，降低中间费用。2014 年 11 月 21 日，央行发布通知决定自 2014 年 11 月 22 日起，下调金融机构人民币贷款和存款基准利率。

2015 年坚持促消费、去库存的总基调，供需两端宽松政策频出，改善行业运行环境，促进市场平稳向好。行政手段趋弱，金融信贷税收等经济政策成为调控主要手段，发挥了重要作用。央行5次降息，利率降至历史低点：2015年3月1日，央行下调金融机构人民币贷款和存款基准利率0.25个百分点；2015年5月11日、6月28日、8月26日再分别下调金融机构人民币贷款和存款基准利率0.25个百分点。2015年10月24日起，央行年内第5次降息，五年以上长期贷款利率降至4.9%，五年以上公积金贷款利率降至3.25%，均处于历史低点。2015年，央行4次普遍降准，流动性大幅释放，房地产开发企业资金压力进一步缓解。此外，央行还实施了扩大逆回购、中期借贷便利（MLF）、抵押补充贷款（PSL）等多种货币政策工具组合，并改革存款准备金考核制度，开展扩围信贷资产质押再贷款试点增加市场流动性和可贷资金，引导扩大金融机构信贷投放行为，增加实体经济资金流动性，进而达到改善市场预期、提振实体经济的作用。

2015年信贷政策持续放松，“330”政策明确降低商贷二套房首付比例，鼓励改善性住房需求，同时也降低了公积金购买首套房首付比例；“901”政策明确对拥有1套住房并已结清相应购房贷款的居民家庭，公积金首付款比例降至20%；“924”政策指出在不实施限购措施的城市，商贷首套房首付比例降至25%。信贷政策的逐步放宽，明显降低了首置和部分改善需求的购房门槛，延续了楼市交易热度，并在一定程度上缓解了各级城市的库存压力。此外，公积金政策持续放宽。2015年3月13日，中央国家机关住房资金管理中心发布《关于进一步调整住房公积金个人贷款有关问题的通知》，借款申请人购买首套自住住房且贷款受理前1年之内未提取住房公积金的，将原规定的个人账户余额不足2万元按照2万元计算，调整为个人账户余额不足5万元按照5万元计算。2015年11月12日，发布《中央国家机关住房资金管理中心关于调整中央国家机关住房公积金个人贷款措施的通知》，进一步加大贷款支持力度，职工购买首套自住住房申请贷款的，不再考虑近1年内是否提取过住房公积金，计算贷款额度时，个人住房公积金账户余额不足7万元均按照7万元计算。

在此背景下，2015年年初到2016年年末，北京、上海、深圳三大一线城市的房价出现了暴涨。上海的房价上涨达80%，部分地区达到100%。2015年中上旬深圳的房价上涨达到疯狂失控地步。2016年多个城市房价同比增速惊人，恐慌性购房情况此起彼伏，在这种房价快速上涨的背景下，2016年国庆前后19个城市纷纷出台调控政策，从之前的“限购限价”提升到进一步“限售限签限转让”，回归史上最严政策。

3）2016—2020年坚持房住不炒，因城施策，建立房地产市场长效机制，完善租购并举住房制度体系。

2016年，房地产市场呈现新局面，宏观调控政策也出现新的变化。中央层面，2016年年末中央多次表态，抑制资产泡沫，防范金融风险。地方层面，地方调控经历了从宽松到热点城市持续收紧的过程：一方面，热点城市调控政策不断收紧，限购限贷力度及各项措施加码，遏制投机性需求，防范市场风险；另一方面，三四线城市仍然坚持去库存策略，从供需两端改善市场环境。同时，加强房地产长效机制建设，1亿非户籍人口在城市方案、产权保护意见等一系列规范性文件落地，区域一体化、新型城镇化等继续突破前行，住房租赁市场顶层设计出台，住房制度建设逐步完善，为房地产平稳健康发展构建良好的环境。[①]2016年3月两会政府工作报告强调因城施策化解房地产库存，促进房地产市场平稳运行。2016年4月29日中央政治局会议指出，按照加快提高户籍人口城镇化率和深化住房制度改革的要求，有序消化房地产库存，注重解决区域性、结构性问题，实行差别化的调控政策。2016年6月3日，《国务院办公厅关于加快培育和发展住房租赁市场的若干意见》正式出台，对加快培育和发展租赁市场有了更具体的规范，推动住房租赁市场更规模化、集约化、专业化，住房租赁市场发展将迎来新阶段。意见提出未来五年发展目标，到2020年，基本形成供应主体多元、经营服务规范、租赁关系稳定的住房租赁市场体系，基本形成保基本、促公平、可持续的公共租赁住房保障体系，基本形成市场规则明晰、政府有力、权益保障充分的住房租赁法规制度体系，推动实现城镇居民住有所居的目标。2016年7月14日，国家发改委就宏观经济运行情况举行发布会，指出应更加注重分类施策、因城施策，促进市场平稳发展。对一线及部分二线城市，要密切关注其库存下降情况，加大住房供应，合理引导住房消费，防止房价持续过快上涨。2016年7月26日中央政治局会议提出，去库存和补短板的指向要同有序引导城镇化进程和农民工市民化有机结合起来。2016年8月3日，国家发展改革委发布的《更好发挥对经济增长的关键作用》中提到，进一步促进房地产健康发展，因城施策加大调控力度。鼓励商品房库存较大的城市进一步加大去库存力度，一、二线等住房供应紧张的城市要采取扩大新增供地、盘活存量土地等方式扩大土地供给，防范土地价格快速上涨。2016年8月22日，住建

① 2016年中国房地产政策盘点。https://fdc.fang.com/news/2017-01-01/24003851.htm?ztzh_uuid=pc_201701/2016zgfdcpd.html.

部发布《贯彻〈法治政府建设实施纲要（2015—2020年）〉的实施方案》，明确根据房地产市场分化的实际，坚持分类调控、因城施策。建立全国房地产库存和交易监测平台，形成常态化房地产市场监测机制。2016年12月中央经济会议提出，房地产方面，强调要促进房地产市场平稳健康发展，要坚持“房子是用来住的、不是用来炒的”的定位，综合运用金融、土地、财税、立法等手段，加快研究建立符合国情、适应市场规律的基础性制度和长效机制。

2017年，房地产政策坚持“房子是用来住的，不是用来炒的”基调，地方以城市群为调控场，从传统的需求端抑制向供给侧增加进行转变，限购限贷限售叠加土拍收紧，供应结构优化，调控效果逐步显现。同时，短期调控与长效机制的衔接更为紧密，大力培育发展住房租赁市场、深化发展共有产权住房试点，在控制房价水平的同时，完善多层次住房供应体系，构建租购并举的住房制度，推动建立健全房地产市场长效机制。2017年1月，各部委工作会议陆续召开，明确2017年工作任务。全国国土资源工作会议强调根据供需形势因城因地施策，建立住宅用地供应分类管理制度，对房价上涨压力大的城市要合理增加土地供应，调整结构，提高住宅用地比例，对去库存压力大的三四线城市要减少甚至暂停住宅用地供应。2017年1月6日，央行强调要因城施策，继续落实好差别化住房信贷政策，切实防范化解金融风险。2017年1月10日，银监会提出分类实施房地产金融调控。2017年3月两会政府工作报告坚持宏观政策要稳、产业政策要准、微观政策要活、改革政策要实、社会政策要托底的政策思路，坚持以推进供给侧结构性改革为主线，适度扩大总需求，加强预期引导，深化创新驱动，全面做好稳增长、促改革、调结构、惠民生、防风险各项工作，保持经济平稳健康发展和社会和谐稳定。报告明确2017年国内生产总值增长6.5%左右的宏观目标，强调2017年要继续实施积极的财政政策和稳健的货币政策，财政政策要更加积极有效，货币政策要保持稳健中性。住房租赁市场方面：2017年1月10日，住建部、财政部印发《关于做好城镇住房保障家庭租赁补贴工作的指导意见》，明确租赁补贴具体政策，各地要结合当地住房租赁市场的租金水平、补贴申请家庭支付能力以及财力水平等因素，分档确定租赁补贴的标准。2017年7月20日，住房和城乡建设部、国家发展改革委等九部门联合印发《关于在人口净流入的大中城市加快发展住房租赁市场的通知》，要求在人口净流入、住房租赁需求旺盛的大中城市，加快发展住房租赁市场。同时选取广州、深圳、南京、杭州、厦门、武汉、成都、沈阳、合肥、郑州、佛山、肇庆等12个城市开展首批试点。

2018 年中央坚持遏制房价上涨，引导预期回归理性，地方继续坚持因城施策、精准施策。全年约有 30 个城市出台或升级了限售政策，约 22 个城市出台或升级了限购政策，海南全岛限购限售。2018 年 2 月 1 日起，四大国有银行上调贷款基准利率。2018 年 3 月两会政府工作报告强调“房子是用来住的，不是用来炒的”定位，落实地方主体责任，继续实行差别化调控，建立健全长效机制，促进房地产市场平稳健康发展。2018 年 5 月 19 日，住建部印发《关于进一步做好房地产市场调控工作的有关问题的通知》，提到一线、二线城市要在 2018 年年底前编制完成 2018—2022 年住房发展规划，切实提高中低价位、中小套型普通商品住房在新建商品住房供应中的比例。同时要求热点城市住房用地比例不应低于建设用地的 25%，力争用 3～5 年时间，租赁住房用地和共有产权住房用地供应在新增住房用地供应中的比例达到 50%以上。2018 年 8 月 7 日，住建部在辽宁沈阳召开部分城市房地产工作座谈会，要求各地加快制定实施住房发展规划，抓紧调整住房和用地供应结构，大力发展住房租赁市场。此外，2018 年重点加大房地产市场监管力度，完善房地产市场监管体系：2018 年 6 月 28 日，住建部等七部委发布了《关于在部分城市先行开展打击侵害群众利益违法违规行为治理房地产市场乱象专项行动的通知》，决定于 2018 年 7 月至 12 月底，在 30 个城市现行开展治理房地产市场乱象专项行动。

2019 年中央重申“房住不炒”定位，着力防范房地产金融风险，明确提出不将房地产作为短期刺激经济的手段，全面落实因城施策。2019 年 1 月，习近平在省部级主要领导干部坚持底线思维着力防范化解重大风险专题研讨班开班式上提出，稳妥实施房地产市场平稳健康发展长效机制方案。2019 年 3 月，两会政府工作报告提到更好解决群众住房问题，落实城市主体责任，改革完善住房市场体系和保障体系，促进房地产市场平稳健康发展。韩正到住建部调研时强调，始终坚持房住不炒定位要求，紧紧围绕稳地价、稳房价、稳预期的调控目标，夯实城市主体责任，坚决防范化解房地产市场风险。住建部部长也表示，2019 年住建部将稳妥实施房地产市场平稳健康发展长效机制的工作方案，坚持房住不炒，坚持落实城市主体责任，因城施策、分类指导，特别是要把稳地价、稳房价、稳预期的责任落到实处，保持政策的连续性和稳定性，防止楼市大起大落。2019 年 4 月，中央政治局会议重申坚持“房子是用来住的，不是用来炒的”定位，落实好一城一策、因城施策、城市政府主体责任的长效调控机制。自然资源部要求各地根据商品住房库存消化周期，制定实施 2019 年住宅用地“五类”调控目标。2019 年 5 月，住建部在此前对6个城市进行预警提示的基础上，又对新建商品住宅、二手住宅价格指数累计涨幅较大的佛山、苏州、大连、南宁4个城市进行预警提示。2019年7月，中央政治局会议进一步明确，坚持“房子是用来住的，不是用来炒的”定位，落实房地产长效管理机制，不将房地产作为短期刺激经济的手段。2019年12月，中央经济工作会议明确要坚持“房子是用来住的，不是用来炒的”定位，全面落实因城施策，稳地价、稳房价、稳预期的长效管理调控机制，促进房地产市场平稳健康发展。韩正在住建部召开座谈会时也强调要坚持房住不炒定位，保持定力，不将房地产作为短期刺激经济的手段。要坚持因城施策，落实城市政府主体责任，紧紧围绕稳地价、稳房价、稳预期的目标，完善长效管理调控机制，做好重点区域房地产市场调控工作。全国住房和城乡建设工作会也强调2020年要着力稳地价、稳房价、稳预期，长期坚持“房子是用来住的，不是用来炒的”定位，不把房地产作为短期刺激经济的手段，继续稳妥实施房地产市场平稳健康发展长效机制方案，着力建立和完善房地产调控的体制机制。

2020年房地产市场宏观调控仍然坚持“房住不炒”的定位，继续贯彻因城施策的方针，加快建立长效机制，不将房地产作为短期刺激经济的手段，确保房地产市场平稳运行。同时，受新冠肺炎疫情影响，我国房地产行业受到巨大的挫折，中央层面也出台了一些解压措施。税收方面：2020年1月20日，财政部、国家税务总局发文提出，房地产开发企业中的一般纳税人购入未完工的房地产老项目继续开发后，以自己的名义立项销售的不动产，属于房地产老项目，可以选择适用简易计税方法按照5%的征收率计算缴纳增值税。信贷方面：2020年1月26日，银保监会发文指出，对受疫情影响暂时失去收入来源的人群，要在信贷政策上予以适当倾斜，灵活调整住房按揭、信用卡等个人限贷还款安排，合理延长还款期限。2020年1月23日，央行、财政部、银保监会等五部门联合发文确保流动性合理充裕，加大货币信贷支持力度。通过适当下调贷款利率、增加信用贷款和中长期贷款等方式，支持相关企业战胜疫情灾害影响。2020年2月3日，中央政治局常委会会议指出，要全力支持和组织推动各类生产企业复工复产，加大金融支持力度，加大企业复产用工保障力度，用好用足援企稳岗政策，加大信投资项目开发力度，积极推进在建项目。2020年2月11日，国务院常委会议提出减免国有物业房租、下调贷款利率、延期还本付息、完善税收减免政策，实行临时性支持措施。2020年2月16日财政部部长发文指出，坚持“房住不炒”的定位，落实房地产长效管理机制，深入开展中央财政支持住房租赁市场发展试点、城镇老旧小区改造等工作，推动完善基本住房保障体系。2020 年 2 月 21 日，央行继续坚持“房住不炒”的定位，按照“因城施策”的基本原则，加快建立房地产金融长效管理机制，不将房地产作为短期刺激经济的手段，促进市场平稳运行。2020 年 3 月 26 日，住房和城乡建设部办公厅发布《关于印发房地产企业复工复产指南的通知》。2020 年 5 月 18 日，《中共中央、国务院关于新时代加快完善社会主义市场经济体制的意见》指出稳妥推进房地产税立法。2020 年 6 月 11 日，国务院发文强调“房子是用来住的，不是用来炒的”定位。2020 年 7 月 20 日，最高人民法院、国家发展改革委指出，坚持“房子是用来住的，不是用来炒的”定位，积极运用司法手段支持政府严控房价，防范炒地炒房投机行为。2020 年 12 月中央经济工作会议提出：“解决好大城市住房突出问题。住房问题关系民生福祉。要坚持‘房子是用来住的，不是用来炒的’定位，因地制宜、多策并举，促进房地产市场平稳健康发展。要高度重视保障性租赁住房建设，加快完善长租房政策，逐步使租购住房在享受公共服务上具有同等权利，规范发展长租房市场。土地供应要向租赁住房建设倾斜，单列租赁住房用地计划，探索利用集体建设用地和企事业单位自有闲置土地建设租赁住房，国有和民营企业都要发挥功能作用。要降低租赁住房税费负担，整顿租赁市场秩序，规范市场行为，对租金水平进行合理调控。”

总体而言，这一阶段房地产调控政策发生了巨大的变化，具体表现在：提出住房限购政策，用行政手段来抑制房地产市场风险；改变了房地产调控“一刀切”的做法，强调因城施策、分类调控，实施差别化信贷政策；重新对住房进行定位，强调住房不炒；加强保障性住房建设，增加住房有效供给，构建房地产长效机制。

本章要点

1. 我国房地产立法体系的主要内容。

2. 我国城镇住房制度改革经历了哪些阶段？每个阶段的主要特征是什么？

3. 我国现行住房制度体系包括哪些内容？

4. 我国城镇土地制度改革的主要内容是什么？

5. 我国房地产市场宏观调控政策发展经历有几个阶段？每个阶段的主要特点是什么？

第 9 章

房地产交易管理制度

房地产交易是指房地产交易主体之间以房地产这种特殊商品作为交易对象所从事的市场交易活动。房地产交易管理是指政府及其房地产行政主管部门依据法律，运用行政的、经济的手段，对房地产转让、房地产抵押和房屋租赁以及其他在房地产流通过程中的各种市场行为行使指导、监督等管理职能的行政行为。

房地产交易管理制度主要是指各级人大、政府及其房地产行政主管部门制定的房地产相关法律、法规、条例等。主要管理制度包括:《中华人民共和国城市房地产管理法》(2019 年修正)、《不动产登记暂行条例》(2019 年修正)、《城市房地产转让管理规定》(建设部，2001 年)、《商品房销售管理办法》(建设部，2001 年)、《城市商品房预售管理办法》(建设部，2004 年修正)、《房屋交易合同网签备案业务规范(试行)》(住建部，2019 年)、《商品房屋租赁管理办法》(住建部，2011 年，原为《城市房屋租赁管理办法》)、各省(区、市)人大制定的地方《房地产交易管理条例》等。

9.1 房地产转让

9.1.1 房地产转让概述

房地产转让是指房地产权利人通过买卖、赠与或者其他合法方式将其房地产转让给他人的行为。它主要有房地产买卖、交换、赠与、以房地产抵债、以房地产作价出资或者作为合作条件与他人成立法人使得房地产权利发生转移、因企业兼并或者合并房地产权属随之转移等6种方式。

房地产转让的实质是房地产权属发生转移。房地产转让，应当签订书面转让合同，合同中应当载明土地使用权取得的方式。房地产转让时，土地使用权出让合同载明的权利、义务随之转移。以出让方式取得土地使用权的，转让房地产后，其土地使用权的使用年限为原土地使用权出让合同约定的使用年限减去原土地使用者已经使用年限后的剩余年限。以出让方式取得土地使用权的，转让房地产后，受让人改变原土地使用权出让合同约定的土地用途的，必须取得原出让方和市、县人民政府城市规划行政主管部门的同意，签订土地使用权出让合同变更协议或者重新签订土地使用权出让合同，相应调整土地使用权出让金。

9.1.2 房地产转让的条件

（1）下列房地产，不得转让

1）以出让方式取得土地使用权的，不符合《中华人民共和国城市房地产管理法》第三十九条规定的条件的；

2）司法机关和行政机关依法裁定、决定查封或者以其他形式限制房地产权利的；

3）依法收回土地使用权的；

4）共有房地产，未经其他共有人书面同意的；

5）权属有争议的；

6）未依法登记领取权属证书的；

7）法律、行政法规规定禁止转让的其他情形。

（2）以出让方式取得土地使用权的，转让房地产时，应当符合下列条件

1）按照出让合同约定已经支付全部土地使用权出让金，并取得土地使用权证书；

2）按照出让合同约定进行投资开发，属于房屋建设工程的，完成开发投资总额的百分之二十五以上，属于成片开发土地的，形成工业用地或者其他建设用地条件；

3）转让房地产时房屋已经建成的，还应当持有房屋所有权证书。

（3）以划拨方式取得土地使用权的，转让房地产时，应当按照国务院规定，报有批准权的人民政府审批

有批准权的人民政府准予转让的，应当由受让方办理土地使用权出让手续，并依照国家有关规定缴纳土地使用权出让金。以划拨方式取得土地使用权的，转让房地产报批时，有批准权的人民政府按照国务院规定决定可以不办理土地使用权出让手续的，转让方应当按照国务院规定将转让房地产所获收益中的土地收益上缴国家或者作其他处理。

根据《城市房地产转让管理规定》（住建部，1995年颁布，2001年修改）规定以下几种情况可以不办出让手续：

1）经城市规划行政主管部门批准，转让的土地用于：①国家机关用地和军事用地；②城市基础设施用地和公益事业用地；③国家重点扶持的能源、交通、水利等项目用地；④法律、行政法规规定的其他用地。

2）私有住宅转让后仍用于居住的；

3）按照国务院住房制度改革有关规定出售公有住宅的；

4）同一宗土地上部分房屋转让而土地使用权不可分割转让的；

5）转让的房地产暂时难以确定土地使用权出让用途、年限和其他条件的；

6）根据城市规划土地使用权不宜出让的；

7）县级以上地方人民政府规定暂时无法或不需要采取土地使用权出让方式的其他情形。

9.1.3 房地产转让的程序

根据《城市房地产转让管理规定》，房地产转让，应当按照下列程序办理：

1）房地产转让当事人签订书面转让合同；

2）房地产转让当事人在房地产转让合同签订后90日内持房地产权属证书、当事人的合法证明、转让合同等有关文件向房地产所在地的房地产管理部门提出申请，并申报成交价格；

3）房地产管理部门对提供的有关文件进行审查，并在7日内作出是否受理申请的书面答复，7日内未作书面答复的，视为同意受理；

4）房地产管理部门核实申报的成交价格，并根据需要对转让的房地产

进行现场查勘和评估；

5）房地产转让当事人按照规定缴纳有关税费；

6）房地产管理部门办理房屋权属登记手续，核发房地产权属证书。

其中上述第6）条，根据《不动产登记暂行条例》（2014年11月24日中华人民共和国国务院令第656号公布，根据2019年3月24日《国务院关于修改部分行政法规的决定》修订），国家实行不动产统一登记制度。不动产是指土地、海域以及房屋、林木等定着物。不动产登记由不动产所在地的县级人民政府不动产登记机构办理；直辖市、设区的市人民政府可以确定本级不动产登记机构统一办理所属各区的不动产登记。自《不动产登记暂行条例》颁布执行后，由不动产统一登记机构完成房地产权属登记工作，并颁发不动产权属证书。

9.1.4 房地产转让合同

根据《城市房地产转让管理规定》，房地产转让合同应当载明下列主要内容：

1）双方当事人的姓名或者名称、住所；

2）房地产权属证书名称和编号；

3）房地产坐落位置、面积、四至界限；

4）土地宗地号、土地使用权取得的方式及年限；

5）房地产的用途或使用性质；

6）成交价格及支付方式；

7）房地产交付使用的时间；

8）违约责任；

9）双方约定的其他事项。

针对新房（一手房），根据原建设部发布的《商品房销售管理办法》（2001年），商品房销售时，房地产开发企业和买受人应当订立书面商品房买卖合同。商品房买卖合同应当明确以下主要内容：

1）当事人名称或者姓名和住所；

2）商品房基本状况；

3）商品房的销售方式；

4）商品房价款的确定方式及总价款、付款方式、付款时间；

5）交付使用条件及日期；

6）装饰、设备标准承诺；

7）供水、供电、供热、燃气、通信、道路、绿化等配套基础设施和公共设施的交付承诺和有关权益、责任；

8）公共配套建筑的产权归属；

9）面积差异的处理方式；

10）办理产权登记有关事宜；

11）解决争议的方法；

12）违约责任；

13）双方约定的其他事项。

商品房销售可以按套（单元）计价，也可以按套内建筑面积或者建筑面积计价。商品房建筑面积由套内建筑面积和分摊的共有建筑面积组成，套内建筑面积部分为独立产权，分摊的共有建筑面积部分为共有产权，买受人按照法律法规的规定对其享有权利，承担责任。

按套（单元）计价或者按套内建筑面积计价的，商品房买卖合同中应当注明建筑面积和分摊的共有建筑面积。按套（单元）计价的现售房屋，当事人对现售房屋实地勘察后可以在合同中直接约定总价款。按套（单元）计价的预售房屋，房地产开发企业应当在合同中附所售房屋的平面图。平面图应当标明详细尺寸，并约定误差范围。房屋交付时，套型与设计图纸一致，相关尺寸也在约定的误差范围内，维持总价款不变；套型与设计图纸不一致或者相关尺寸超出约定的误差范围，合同中未约定处理方式的，买受人可以退房或者与房地产开发企业重新约定总价款。买受人退房的，由房地产开发企业承担违约责任。

按套内建筑面积或者建筑面积计价的，当事人应当在合同中载明合同约定面积与产权登记面积发生误差的处理方式。合同未作约定的，按以下原则处理：

1）面积误差比绝对值在3%以内（含3%）的，据实结算房价款；

2）面积误差比绝对值超出3%时，买受人有权退房。买受人退房的，房地产开发企业应当在买受人提出退房之日起 30 日内将买受人已付房价款退还给买受人，同时支付已付房价款利息。买受人不退房的，产权登记面积大于合同约定面积时，面积误差比在3%以内（含3%）部分的房价款由买受人补足；超出 3%部分的房价款由房地产开发企业承担，产权归买受人。产权登记面积小于合同约定面积时，面积误差比绝对值在3%以内（含3%）部分的房价款由房地产开发企业返还买受人；绝对值超出 3%部分的房价款由房地产开发企业双倍返还买受人。其中，面积误差比=（产权登记面积－合同约定面积）/合同约定面积。

按建筑面积计价的，当事人应当在合同中约定套内建筑面积和分摊的共有建筑面积，并约定建筑面积不变而套内建筑面积发生误差以及建筑面积与套内建筑面积均发生误差时的处理方式。

不符合商品房销售条件的，房地产开发企业不得销售商品房，不得向买受人收取任何预订款性质费用。符合商品房销售条件的，房地产开发企业在订立商品房买卖合同之前向买受人收取预订款性质费用的，订立商品房买卖合同时，所收费用应当抵作房价款；当事人未能订立商品房买卖合同的，房地产开发企业应当向买受人返还所收费用；当事人之间另有约定的，从其约定。

房地产开发企业应当在订立商品房买卖合同之前向买受人明示《商品房销售管理办法》和《商品房买卖合同示范文本》；预售商品房的，还必须明示《城市商品房预售管理办法》。

房地产开发企业应当按照批准的规划、设计建设商品房。商品房销售后，房地产开发企业不得擅自变更规划、设计。经规划部门批准的规划变更、设计单位同意的设计变更导致商品房的结构型式、户型、空间尺寸、朝向变化，以及出现合同当事人约定的其他影响商品房质量或者使用功能情形的，房地产开发企业应当在变更确立之日起 10 日内，书面通知买受人。买受人有权在通知到达之日起 15 日内做出是否退房的书面答复。买受人在通知到达之日起 15 日内未作书面答复的，视同接受规划、设计变更以及由此引起的房价款的变更。房地产开发企业未在规定时限内通知买受人的，买受人有权退房；买受人退房的，由房地产开发企业承担违约责任。规划设计变更造成面积差异，当事人不解除合同的，应当签署补充协议。

《商品房销售管理办法》主要规范以下行为：

1）规范“一房多售”行为。

在未解除商品房买卖合同前将作为合同标的物的商品房再行销售给他人的，处以警告，责令限期改正并处 2 万元以上 3 万元以下罚款；构成犯罪的依法追究刑事责任。

2）规范“合同欺诈”行为。

房地产买卖合同中对事关购房者权益的一些重要内容必须进行明确，并规定房地产开发企业应当在订立合同之前向购房人明示《商品房销售管理办法》和《商品房买卖合同示范文本》；商品房采取预售的，还必须明示《城市商品房预售管理办法》。

3）规范交房责任。

房地产开发企业应当按照合同约定将符合交付使用条件的商品房按期交付给买受人。未能按期交付的，房地产开发企业应当承担违约责任。因不可抗力或者当事人在合同中约定的其他原因需延期交付的，房地产开发企业应当及时告知买受人。

4）规范销售程序。

要求房地产开发企业应当执行《城市房地产开发经营管理条例》和《城市商品房预售管理办法》的相关规定。

5）已设定抵押权的商品房不能再出售。

房地产开发企业销售设有抵押权商品房的，不得在未解除商品房买卖合同前将作为合同标的物的商品房再行销售给他人。

以上是针对新房（一手房）转让合同的阐述。存量房（二手房）合同是指购房者和售房者在平等协商的基础上，就房屋的买卖所签订的协议，是一方转移房屋所有权于另一方，另一方支付价款的合同。转移所有权的一方为出卖人或卖方，支付价款而取得所有权的一方为买受人或者买方。

根据《中华人民共和国民法典》（合同篇和物权篇）、《中华人民共和国城市房地产管理法》及其他有关法律、法规之规定，甲乙双方在平等、自愿、协商一致的基础上就乙方向甲方购买房地产签订二手房转让合同。合同主要内容包括：

1）当事人的名称或姓名、住所，主要是搞清当事人的具体情况、地址、联系办法等，以免出现欺诈情况；双方应向对方做详细清楚的介绍或调查；应写明是否共有财产。

2）写明房屋产权归属（要与第一条衔接）；原售房单位是否允许转卖；是否存在房屋抵押或其他权利瑕疵；是否有私搭乱建部分；房屋的物业管理费用及其他交费状况；房屋相关文书资料的移交过程。

3）价款及付款时间约定。二手房的买卖有时就直接约定每套房屋或每幢房屋所需支付的价款。在合同中一般要列一个付款时间进度表，买方按该进度表将每期所需支付的价款交付卖方。

4）主要写明交房时间、条件、办理相关手续的过程，配合与协调问题；双方应如何寻求中介公司、律师、评估机构等服务；各种税费、其他费用如何分摊；遇有价格上涨、下跌时如何处理。

5）违约责任。这里主要说明哪些系违约情形；如何承担违约责任；违约金、定金、赔偿金的计算与给付；在什么情况下可以免责；担保的形式；

对违约金或定金的选择适用问题。

6）解决争议的方式。约定争议是采用仲裁方式还是诉讼方式。如果采用仲裁的方式，则应按照《中华人民共和国仲裁法》的规定写清明确的条款。

7）合同生效条款。双方在此约定合同生效时间，生效或失效条件，生效或失效期限，免责条款。

8）合同中止、终止或解除条款。合同当事人可以中止、终止或解除房屋买卖合同。有必要在此明确约定合同中止、终止或解除的条件；上述情形中应履行的通知、协助、保密等义务；解除权的行使期限；补救措施；合同中止、终止或解除后，财产如何进行返还。

9）合同的变更与转让。在此约定合同的变更与转让的条件或不能进行变更、转让的禁止条款。

10）附件。在此说明本合同有哪些附件，附件的效力等。

9.1.5 房屋交易合同网签备案

在城市规划区国有土地范围内开展房屋转让、租赁和抵押等交易活动，实行房屋网签备案，实现新建商品房和存量房买卖合同、房屋租赁合同、房屋抵押合同网签备案全覆盖。

各地房地产主管部门应按照房地产市场监测指标体系和数据标准，建立和完善房屋网签备案系统。直辖市、设区的市房屋网签备案系统，应包含所辖全部行政区（县）房屋网签备案信息，包括新建商品房买卖、存量房买卖、房屋租赁和房屋抵押等业务模块，具备交易资金监管功能。开展房屋网签备案，应使用统一的交易合同示范文本。房屋网签备案条件：

1）办理房屋网签备案的房屋交易当事人，应具备相应的交易主体资格。以下情形不得进行房屋网签备案：买受人属于失信被执行人的；买受人和出卖人不具备购房、售房条件的。

2）办理房屋网签备案的房屋，应具备相应的交易条件。以下情形不得进行房屋网签备案：新建商品房未取得预售许可或者现售备案的；存在查封等限制交易情形的；政策性住房未满足上市交易条件的；按政策限制转让的；租赁房屋存在禁止出租情形的；属于禁止抵押范围的。

3）房屋网签备案系统应通过与自然资源、公安、财政、民政、人力资源社会保障、金融、税务、市场监管、统计等部门联网，通过人脸识别、信息共享等手段，自动核验交易当事人和房屋是否具备房屋网签备案条件。

房屋网签备案基本流程包括：

1）房屋网签备案系统用户注册；

2）提交房屋网签备案所需资料；

3）核验交易当事人和房屋是否具备交易条件；

4）网上录入房屋交易合同；

5）房地产主管备案赋码。

9.1.6 房地产预售制

商品房预售是指房地产开发企业将正在建设中的房屋预先出售给承购人，由承购人预先支付定金或房款的行为。具体来说，习惯上把在建的、尚未完成建设的、不能交付使用的、没取得房屋产权证的房屋称为期房。

商品房预售实行许可制度。开发企业进行商品房预售，应当向房地产管理部门申请预售许可，取得《商品房预售许可证》。未取得《商品房预售许可证》的，不得进行商品房预售。商品房预售许可制度的确立，是与我国房地产市场发展进程紧密联系的。长期以来，我国城镇住房总量不足，商品房供不应求，加快建设、增加住房供应是客观需要。商品房预售制加速了整个建设资金周转，提高了资金使用效率，降低了资金使用成本。

根据《城市商品房预售管理办法》，商品房预售条件包括：

1）已交付全部土地使用权出让金，取得土地使用权证书；

2）持有建设工程规划许可证和施工许可证；

3）按提供预售的商品房计算，投入开发建设的资金达到工程建设总投资的25%以上，并已经确定施工进度和竣工交付日期。

开发企业申请预售许可，应当提交下列证件（复印件）及资料：

1）商品房预售许可申请表；

2）开发企业的《营业执照》和资质证书；

3）土地使用权证、建设工程规划许可证、施工许可证；

4）投入开发建设的资金占工程建设总投资的比例符合规定条件的证明；

5）工程施工合同及关于施工进度的说明；

6）商品房预售方案。预售方案应当说明预售商品房的位置、面积、竣工交付日期等内容，并应当附预售商品房分层平面图。

开发企业进行商品房预售，应当向承购人出示《商品房预售许可证》。售楼广告和说明书应当载明《商品房预售许可证》的批准文号。开发企业应当与承购人签订商品房预售合同。开发企业应当自签约之日起 30 日内，向房地产管理部门和市、县人民政府土地管理部门办理商品房预售合同登记备案手续。房地产管理部门作出的准予商品房预售许可的决定，应当予以公开，公众有权查阅。开发企业预售商品房所得款项应当用于有关的工程建设。商品房预售款监管的具体办法，由房地产管理部门制定。预售的商品房交付使用之日起 90 日内，承购人应当依法到房地产管理部门和市、县人民政府土地管理部门办理权属登记手续。开发企业应当予以协助，并提供必要的证明文件。

尽管我国的商品房预售市场开始走上了规范化管理和健康发展的轨道。但是，由于有关法律规范还不够完善，各地方发展不够平衡，有关地方政府主管部门的管理职能作用还尚未正常发挥，导致仍有许多地方的商品房预售经营和管理活动还处于混乱状态，一些房地产开发企业违规经营或钻营法律空子，造成损害购房消费者合法利益的现象屡禁不止。尤其是当住房还处在建设过程中，购房者就支付了全部的房价款，并承担了未来全部的风险。当建成的现房与协议、广告和口头承诺出现差异时，往往是处于弱势的购房者被迫接受不符合需求的住房或者承担毁约的责任。这实际上是以期房销售的名义，实现了现房销售的实质，将经营风险转嫁给了社会。

9.2 房地产抵押

9.2.1 房地产抵押概述

房地产抵押是指抵押人以其合法的房地产以不转移占有的方式向抵押权人提供债务履行担保的行为。债务人不履行债务时，抵押权人有权依法以抵押的房地产拍卖所得的价款优先受偿。

抵押人是指将依法取得的房地产提供给抵押权人，作为本人或者第三人履行债务担保的公民、法人或者其他组织。抵押权人是指接受房地产抵押作为债务人履行债务担保的公民、法人或者其他组织。

9.2.2 作为抵押物的条件

《中华人民共和国城市房地产管理法》（2019 年修正）规定，依法取得的房屋所有权连同该房屋占用范围内的土地使用权，可以设定抵押权。以出让方式取得的土地使用权，可以设定抵押权。房地产抵押，应当凭土地使用权证书、房屋所有权证书办理。房地产抵押，抵押人和抵押权人应当签订书面抵押合同。若设定房地产抵押权的土地使用权是以划拨方式取得的，依法拍卖该房地产后，应当从拍卖所得的价款中缴纳相当于应缴纳的土地使用权出让金的款额后，抵押权人方可优先受偿。房地产抵押合同签订后，土地上新增的房屋不属于抵押财产。需要拍卖该抵押的房地产时，可以依法将土地上新增的房屋与抵押财产一同拍卖，但对拍卖新增房屋所得，抵押权人无权优先受偿。

再根据《城市房地产抵押管理办法》（建设部，2001 年修正），规定下列房地产不得设定抵押权：

1）权属有争议的房地产；

2）用于教育、医疗、市政等公共福利事业的房地产；

3）列入文物保护的建筑物和有重要纪念意义的其他建筑物；

4）已依法公告列入拆迁范围的房地产；

5）被依法查封、扣押、监管或者以其他形式限制的房地产；

6）依法不得抵押的其他房地产。

9.2.3　房地产抵押的一般规定

房地产抵押的一般规定包括：

1）同一房地产设定两个以上抵押权的，抵押人应当将已经设定过的抵押情况告知抵押权人。抵押人所担保的债权不得超出其抵押物的价值。房地产抵押后，该抵押房地产的价值大于所担保债权的余额部分，可以再次抵押，但不得超出余额部分。

2）以两宗以上房地产设定同一抵押权的，视为同一抵押房地产。但抵押当事人另有约定的除外。

3）以在建工程已完工部分抵押的，其土地使用权随之抵押。

4）以享受国家优惠政策购买的房地产抵押的，其抵押额以房地产权利人可以处分和收益的份额比例为限。

5）国有企业、事业单位法人以国家授予其经营管理的房地产抵押的，应当符合国有资产管理的有关规定。

6）以集体所有制企业的房地产抵押的，必须经集体所有制企业职工（代表）大会通过，并报其上级主管机关备案。

7）以中外合资企业、合作经营企业和外商独资企业的房地产抵押的，必须经董事会通过，但企业章程另有规定的除外。

8）以有限责任公司、股份有限公司的房地产抵押的，必须经董事会或者股东大会通过，但企业章程另有规定的除外。

9）有经营期限的企业以其所有的房地产设定抵押的，所担保债务的履行期限不应当超过该企业的经营期限。

10）以具有土地使用年限的房地产设定抵押的，所担保债务的履行期限不得超过土地使用权出让合同规定的使用年限减去已经使用年限后的剩余年限。

11）以共有的房地产抵押的，抵押人应当事先征得其他共有人的书面同意。

12）预购商品房贷款抵押的，商品房开发项目必须符合房地产转让条件并取得商品房预售许可证。

13）以已出租的房地产抵押的，抵押人应当将租赁情况告知抵押权人，并将抵押情况告知承租人。原租赁合同继续有效。

14）设定房地产抵押时，抵押房地产的价值可以由抵押当事人协商议定，也可以由房地产价格评估机构评估确定。法律法规另有规定的除外。

15）抵押当事人约定对抵押房地产投保的，由抵押人为抵押的房地产投保，保险费由抵押人负担。抵押房地产投保的，抵押人应当将保险单移送抵押权人保管。在抵押期间，抵押权人为保险赔偿的第一受益人。

16）企业、事业单位法人分立或者合并后，原抵押合同继续有效，其权利和义务由变更后的法人享有和承担。抵押人死亡、依法被宣告死亡或者被宣告失踪时，其房地产合法继承人或者代管人应当继续履行原抵押合同。

9.2.4 抵押登记

房地产抵押合同自签订之日起 30 日内，抵押当事人应当到房地产所在地的房地产管理部门办理房地产抵押登记。房地产抵押合同自抵押登记之日起生效。

办理房地产抵押登记，应当向登记机关交验下列文件：

1）抵押当事人的身份证明或法人资格证明；

2）抵押登记申请书；

3）抵押合同；

4）《国有土地使用权证》、《房屋所有权证》或《不动产权证书》，和其他共有人同意抵押的证明；

5）可以证明抵押人有权设定抵押权的文件与证明材料；

6）可以证明抵押房地产价值的资料：

7）登记机关认为必要的其他文件。

登记机关应当对申请人的申请进行审核。凡权属清楚、证明材料齐全的，应当在受理登记之日起 7 日内决定是否予以登记，对不予登记的，应当书面通知申请人。以依法取得的房屋所有权证书的房地产抵押的，登记机关应当在原《房屋所有权证》或《不动产权证书》上作他项权利记载后，由抵押人收执。并向抵押权人颁发《房屋他项权证》。

以预售商品房或者在建工程抵押的，登记机关应当在抵押合同上作记载。抵押的房地产在抵押期间竣工的，当事人应当在抵押人领取房地产权属证书后，重新办理房地产抵押登记。

抵押合同发生变更或者抵押关系终止时，抵押当事人应当在变更或者终止之日起 15 日内，到原登记机关办理变更或者注销抵押登记。因依法处分抵押房地产而取得土地使用权和土地建筑物、其他附着物所有权的，抵押当事人应当自处分行为生效之日起 30 日内，到县级以上地方人民政府房地产管理部门申请房屋所有权转移登记，并凭变更后的房屋所有权证书向同级人民政府土地管理部门申请土地使用权变更登记。

9.2.5 抵押的效力

抵押期间，抵押人转让已办理抵押登记的房地产的，应当通知抵押权人并告知受让人转让的房地产已经抵押的情况；抵押人未通知抵押权人或者未告知受让人的，转让行为无效。转让抵押物的价款明显低于其价值的，抵押权人可以要求抵押人提供相应的担保；抵押人不提供的，不得转让抵押物。经抵押权人同意、抵押人转让抵押物时，转让所得的价款，应当向抵押权人提前清偿所担保的债权或者向与抵押权人约定的第三人提存。超过债权数额的部分，归抵押人所有，不足部分由债务人清偿。

房地产抵押关系存续期间，房地产抵押人应当维护抵押房地产的安全完好，抵押权人发现抵押人的行为足以使抵押物价值减少的，有权要求抵押人停止其行为。抵押物价值减少时，抵押权人有权要求抵押人恢复抵押物的价值，或者提供与减少的价值相当的担保。抵押人对抵押物价值减少无过错的，抵押权人只能在抵押人因损害而得到的赔偿范围内要求提供担保。抵押物价值未减少的部分，仍作为债权的担保。

9.2.6 房地产抵押的受偿

抵押是一种民事法律关系，抵押权人与抵押人在法律上有平等的法律地位。这就决定了抵押必须在双方自愿的原则上进行，并应符合《中华人民共和国民法典》规定的平等、自愿、等价、有偿的一般原则。抵押合同属于经济合同，依照房地产抵押合同偿还债务是房地产抵押人的义务。房地产抵押合同一经签订，签约双方应当严格执行，债务履行期届满抵押权人未受清偿的，可以与抵押人协议折价或者以抵押物拍卖、变卖该抵押物所得的价款受偿；协议不成的，抵押权人可以向人民法院提起诉讼。处分抵押房地产所得金额依下列顺序分配：

1）支付处分抵押房地产的费用；

2）扣除抵押房地产应缴纳的税款；

3）偿还抵押权人债权本息及支付违约金；

4）赔偿由债务人违反合同而对抵押权人造成的损害；

5）剩余金额交还抵押人。

处分抵押房地产所得金额不足以支付债务和违约金、赔偿金时，抵押权人有权向债务人追索不足部分。同一财产向两个以上债权人抵押的，拍卖、变卖抵押物所得的价款按照抵押物登记的先后顺序清偿。

设定房地产抵押权的土地使用权是以划拨方式取得的，依法拍卖该房地产后，应当从拍卖所得的价款中缴纳相当于应缴纳的土地使用权出让金的款额后，抵押权人方可优先受偿。房地产抵押合同签订后，土地上新增的房屋不属于抵押财产。需要拍卖该抵押的房地产时，可以依法将土地上新增的房屋与抵押财产一同拍卖，但对拍卖新增房屋所得，抵押权人无权优先受偿。抵押权因抵押物灭失而消灭。因灭失所得的赔偿金，应当作为抵押财产。

9.3 房屋租赁管理

9.3.1 房屋租赁概述

为加强商品房屋租赁管理，规范商品房屋租赁行为，维护商品房屋租赁双方当事人的合法权益，原建设部根据《中华人民共和国城市房地产管理法》等有关法律法规，制定了《城市房屋租赁管理办法》（1995 年），2010 年 12 月 1 日，住房和城乡建设部出台《商品房屋租赁管理办法》，取代《城市房屋租赁管理办法》，于 2011 年 2 月 1 日起施行。

房屋租赁是指房屋所有权人作为出租人将其房屋出租给承租人使用，由承租人向出租人支付租金的行为。

出租人和承租人应当签订书面租赁合同，约定租赁期限、租赁用途、租赁价格、修缮责任等条款，以及双方的其他权利和义务，并向房产管理部门登记备案。住宅用房的租赁，应当执行国家和房屋所在城市人民政府规定的租赁政策。租用房屋从事生产、经营活动的，由租赁双方协商议定租金和其他租赁条款。以营利为目的，房屋所有权人将以划拨方式取得使用权的国有土地上建成的房屋出租的，应当将租金中所含土地收益上缴国家。

有下列情形之一的房屋不得出租：

1）属于违法建筑的；

2）不符合安全、防灾等工程建设强制性标准的；

3）违反规定改变房屋使用性质的；

4）法律、法规规定禁止出租的其他情形。

9.3.2 房屋租赁合同

房屋租赁当事人应当依法订立租赁合同。房屋租赁合同的内容由当事人双方约定，一般应当包括以下内容：

1）房屋租赁当事人的姓名（名称）和住所；

2）房屋的坐落、面积、结构、附属设施，家具和家电等室内设施状况；

3）租金和押金数额、支付方式；

4）租赁用途和房屋使用要求；

5）房屋和室内设施的安全性能；

6）租赁期限；

7）房屋维修责任；

8）物业服务、水、电、燃气等相关费用的缴纳；

9）争议解决办法和违约责任；

10）其他约定。

房屋租赁当事人应当在房屋租赁合同中约定房屋被征收或者拆迁时的处理办法。房地产管理部门可以会同工商行政管理部门制定房屋租赁合同示范文本，供当事人选用。

9.3.3 房屋租赁的一般规定

根据《商品房屋租赁管理办法》（住建部，2011年），房屋租赁的一般规定包括：

1）出租住房的，应当以原设计的房间为最小出租单位，人均租住建筑面积不得低于当地人民政府规定的最低标准。厨房、卫生间、阳台和地下储藏室不得出租供人员居住。

2）出租人应当按照合同约定履行房屋的维修义务并确保房屋和室内设施安全。未及时修复损坏的房屋，影响承租人正常使用的，应当按照约定承担赔偿责任或者减少租金。房屋租赁合同期内，出租人不得单方面随意提高租金水平。

3）承租人应当按照合同约定的租赁用途和使用要求合理使用房屋，不得擅自改动房屋承重结构和拆改室内设施，不得损害其他业主和使用人的合法权益。承租人因使用不当等原因造成承租房屋和设施损坏的，承租人应当负责修复或者承担赔偿责任。

4）承租人转租房屋的，应当经出租人书面同意。承租人未经出租人书面同意转租的，出租人可以解除租赁合同，收回房屋并要求承租人赔偿损失。

5）房屋租赁期间，因赠与、析产、继承或者买卖转让房屋的，原房屋租赁合同继续有效。

6）承租人在房屋租赁期间死亡的，与其生前共同居住的人可以按照原租赁合同租赁该房屋。

7）房屋租赁期间出租人出售租赁房屋的，应当在出售前合理期限内通知承租人，承租人在同等条件下有优先购买权。

9.3.4 房屋租赁登记备案

房屋租赁合同订立后 30 日内，房屋租赁当事人应当到租赁房屋所在地直辖市、市、县人民政府建设（房地产）主管部门办理房屋租赁登记备案。房屋租赁当事人可以书面委托他人办理租赁登记备案。

办理房屋租赁登记备案，房屋租赁当事人应当提交下列材料：

1）房屋租赁合同；

2）房屋租赁当事人身份证明；

3）房屋所有权证书或者其他合法权属证明；

4）直辖市、市、县人民政府建设（房地产）主管部门规定的其他材料。

房屋租赁当事人提交的材料应当真实、合法、有效，不得隐瞒真实情况或者提供虚假材料。

对符合下列要求的，直辖市、市、县人民政府建设（房地产）主管部门应当在 3 个工作日内办理房屋租赁登记备案，向租赁当事人开具房屋租赁登记备案证明：

1）申请人提交的申请材料齐全并且符合法定形式；

2）出租人与房屋所有权证书或者其他合法权属证明记载的主体一致；

3）不属于《商品房屋租赁管理办法》第六条规定不得出租的房屋。

申请人提交的申请材料不齐全或者不符合法定形式的，直辖市、市、县人民政府建设（房地产）主管部门应当告知房屋租赁当事人需要补正的内容。

房屋租赁登记备案证明应当载明出租人的姓名或者名称，承租人的姓名或者名称、有效身份证件种类和号码，出租房屋的坐落、租赁用途、租金数额、租赁期限等。房屋租赁登记备案证明遗失的，应当向原登记备案的部门补领。

房屋租赁登记备案内容发生变化、续租或者租赁终止的，当事人应当在30日内，到原租赁登记备案的部门办理房屋租赁登记备案的变更、延续或者注销手续。

直辖市、市、县建设（房地产）主管部门应当建立房屋租赁登记备案信息系统，逐步实行房屋租赁合同网上登记备案，并纳入房地产市场信息系统。

9.3.5 公共租赁住房

根据《公共租赁住房管理办法》（住建部，2012年），公共租赁住房是指限定建设标准和租金水平，面向符合规定条件的城镇中等偏下收入住房困难家庭、新就业无房职工和在城镇稳定就业的外来务工人员出租的保障性住房。公共租赁住房通过新建、改建、收购、长期租赁等多种方式筹集，可以由政府投资，也可以由政府提供政策支持、社会力量投资。公共租赁住房可以是成套住房，也可以是宿舍型住房。申请公共租赁住房，应当符合以下条件：

1）在本地无住房或者住房面积低于规定标准；

2）收入、财产低于规定标准；

3）申请人为外来务工人员的，在本地稳定就业达到规定年限。

具体条件由直辖市和市、县级人民政府住房保障主管部门根据本地区实际情况确定，报本级人民政府批准后实施并向社会公布。

公共租赁住房租赁期限一般不超过5年。市、县级人民政府住房保障主管部门应当会同有关部门，按照略低于同地段住房市场租金水平的原则，确定本地区的公共租赁住房租金标准，报本级人民政府批准后实施。公共租赁住房租金标准应当向社会公布，并定期调整。

公共租赁住房的所有权人及其委托的运营单位应当负责公共租赁住房及其配套设施的维修养护，确保公共租赁住房的正常使用。政府投资的公共租赁住房维修养护费用主要通过公共租赁住房租金收入以及配套商业服务设施租金收入解决，不足部分由财政预算安排解决；社会力量投资建设的公共租赁住房维修养护费用由所有权人及其委托的运营单位承担。公共租赁住房的所有权人及其委托的运营单位不得改变公共租赁住房的保障性住房性质、用途及其配套设施的规划用途。承租人不得擅自装修所承租的公共租赁住房。确需装修的，应当取得公共租赁住房的所有权人或其委托的运营单位同意。

承租人有下列行为之一的，应当退回公共租赁住房：

1）转借、转租或者擅自调换所承租公共租赁住房的；

2）改变所承租公共租赁住房用途的；

3）破坏或者擅自装修所承租公共租赁住房，拒不恢复原状的；

4）在公共租赁住房内从事违法活动的；

5）无正当理由连续 6 个月以上闲置公共租赁住房的。

承租人累计 6 个月以上拖欠租金的，应当腾退所承租的公共租赁住房。承租人拒不退回公共租赁住房的，市、县级人民政府住房保障主管部门应当责令其限期退回；逾期不退回的，市、县级人民政府住房保障主管部门可以依法申请人民法院强制执行。

9.4 房地产交易的基本制度

房地产交易的基本制度包括房地产成交价格申报制度、房地产价格评估制度和不动产统一登记制度。

9.4.1 房地产成交价格申报制度

《中华人民共和国城市房地产管理法》（2019 年修正）规定，“国家实行房地产成交价格申报制度。房地产权利人转让房地产，应当向县级以上地方人民政府规定的部门如实申报成交价，不得瞒报或者作不实的申报。”《城市房地产转让管理规定》（建设部，2001 年）中也规定：“房地产转让当事人在房地产转让合同签订后 90 日内持房地产权属证书、当事人的合法证明、转让合同等有关文件向房地产所在地的房地产管理部门提出申请，并申报成交价格”；“房地产管理部门核实申报的成交价格，并根据需要对转让的房地产进行现场查勘和评估”；“房地产转让应当以申报的成交价格作为缴纳税费的依据。成交价格明显低于正常市场价格的，以评估价格作为缴纳税费的依据”。这些规定为房地产价格申报制度提供了法律依据，也说明了房地产价格申报是房地产交易受法律保护的必要条件之一。

房地产权利人转让房地产、房地产抵押权人依法处分抵押房地产，应当向房屋所在地县级以上地方人民政府房地产管理部门如实申报成交价格，由国家对成交价格实施登记审验后，才予办理产权转移手续，取得确定的法律效力。房地产管理部门在接到价格申报后，如发现成交价格明显低于市场正常价格，应当及时通知交易双方，并不要求交易双方当事人更改合同约定的成交价格，但在交易双方按不低于房地产管理部门确认的评估价格缴纳了有关税费后，方为其办理房地产交易手续，核发权属证书。

如果交易双方对房地产管理部门确认的评估价格有异议，可以要求重新评估。重新评估一般应由交易双方和房地产管理部门共同认定的房地产评估机构执行。交易双方对重新评估的价格仍有异议，可以按照法律程序，向人民法院提起诉讼。

9.4.2 房地产价格评估制度

《中华人民共和国城市房地产管理法》（2019 年修正）规定，“国家实行房地产价格评估制度。房地产价格评估，应当遵循公正、公平、公开的原则，按照国家规定的技术标准和评估程序，以基准地价、标定地价和各类房屋的重置价格为基础，参照当地的市场价格进行评估”“基准地价、标定地价和各类房屋重置价格应当定期确定并公布。具体办法由国务院规定”。

9.4.3 不动产统一登记制度

2013 年 11 月 20 日召开的国务院常务会议决定，整合不动产登记职责、建立不动产统一登记制度。由国土资源部负责指导监督全国土地、房屋、草原、林地、海域等不动产统一登记，基本做到登记机构、登记簿册、登记依据和信息平台“四统一”。为整合不动产登记职责，规范登记行为，方便群众申请登记，保护权利人合法权益，2014 年 11 月 24 日中华人民共和国国务院令第 656 号公布《不动产登记暂行条例》。不动产登记由不动产所在地的县级人民政府不动产登记机构办理；直辖市、设区的市人民政府可以确定本级不动产登记机构统一办理所属各区的不动产登记。

依法取得的国有建设用地使用权，可以单独申请国有建设用地使用权登记。依法利用国有建设用地建造房屋的，可以申请国有建设用地使用权及房屋所有权登记。申请国有建设用地使用权及房屋所有权首次登记的，应当提交下列材料：

1）不动产权属证书或者土地权属来源材料；
2）建设工程符合规划的材料；
3）房屋已经竣工的材料；
4）房地产调查或者测绘报告；
5）相关税费缴纳凭证；
6）其他必要材料。

本章要点

1. 房地产转让的程序是什么？
2. 房屋交易合同网签备案有哪些基本流程？
3. 根据《城市房地产抵押管理办法》，不得设定抵押权的情况有哪些？
4. 房屋租赁登记备案证明应当载明哪些内容？
5. 房地产成交价格申报制度具体是什么？
6. 不动产统一登记制度具体是什么？

第 10 章 国内外住房保障事业的发展

住房作为人们基本的生活资料，是人们的立足之地、生存之所，是人类生存、发展和享受的基本前提，是人们安居乐业、和谐稳定的关键所在。因此，住房问题不仅是经济问题，还是民生问题、政治问题。“住有所居”是 2007 年党的十七大报告中与“学有所教、劳有所得、病有所医、老有所养”一起提出的民生建设目标。2012 年，党的十八大报告提出，在住有所居上“持续取得新进展”；2017 年，党的十九大报告提出，在住有所居上“不断取得新进展”，并第一次提出了“让全体人民住有所居”。解决广大群众的住房问题，必须从我国国情出发，在总结经验的基础上，进一步深化住房制度改革。应坚持市场机制和政府调控“两手抓”，特别是强化政府公共服务职能，形成面向高中低不同收入群体的多层次、差异化住房政策体系。概括来讲，就是要做到“低端有保障，中端有支持，高端有市场”。保障性住房的建设，在一定程度上缓解了中低收入居民的居住困难，解决了部分城市居民的安居问题，为中低收入居民实现“住有所居”的目标提供了可能，有利于体现公平正义，化解社会矛盾，促进社会和谐稳定。

10.1 国外保障事业的发展

10.1.1 美国住房保障

早在1917年，美国启动了首个现代意义上的保障房项目——资助船坞雇员住房项目。在近百年的发展中，美国的保障房政策不断完善，以满足中低收入阶层的住房需求为宗旨，关注保障房资金筹集、高效灵活运营，制度安排不断地调整、演变、完善，美国的保障房制度体系逐渐成熟，并且以效率高、市场化程度高、补贴手段丰富而成为各国保障房制度的标杆。

美国的保障房体系包括：保障房政策体系、保障房管理机构、保障房运营机构以及保障房金融工具体系（图 10-1）。制度完善、机构健全、功能明确的保障性住房运营机构方能在充分调动各种要素、发挥市场配置资源的效率的同时，为保障房用户提供完善的居住服务和住房金融服务，确保政府的住房保障政策惠及保障对象。

美国保障房体系发展的总体趋势是由“国家建设”向“住房补贴”方向发展，同时结合多种配套制度，包括税收补贴、优惠券和购房补贴等，在实现保障房供给的目标之后，降低城镇低收入家庭的房租负担，提升中低收入家庭的购房能力。美国保障房体系运作模式如图10-2所示，其不同阶段的制度目标见表10-1。

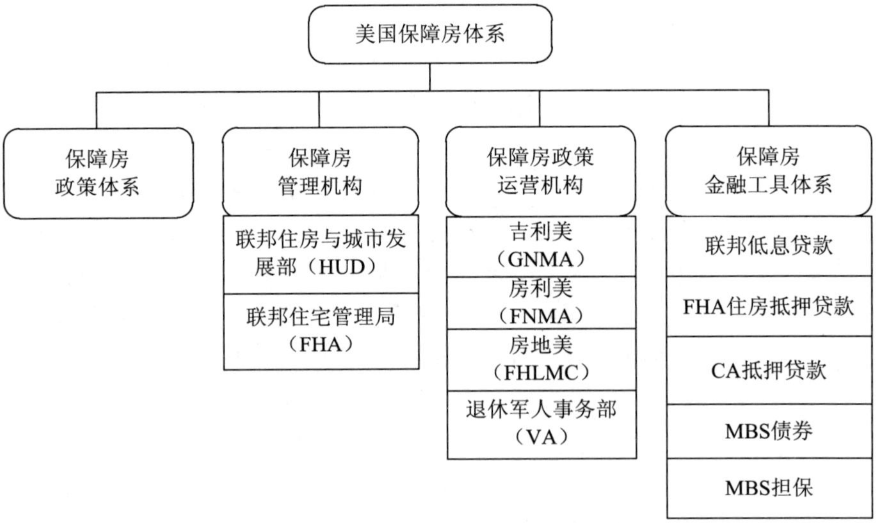

图 10-1 美国保障房体系

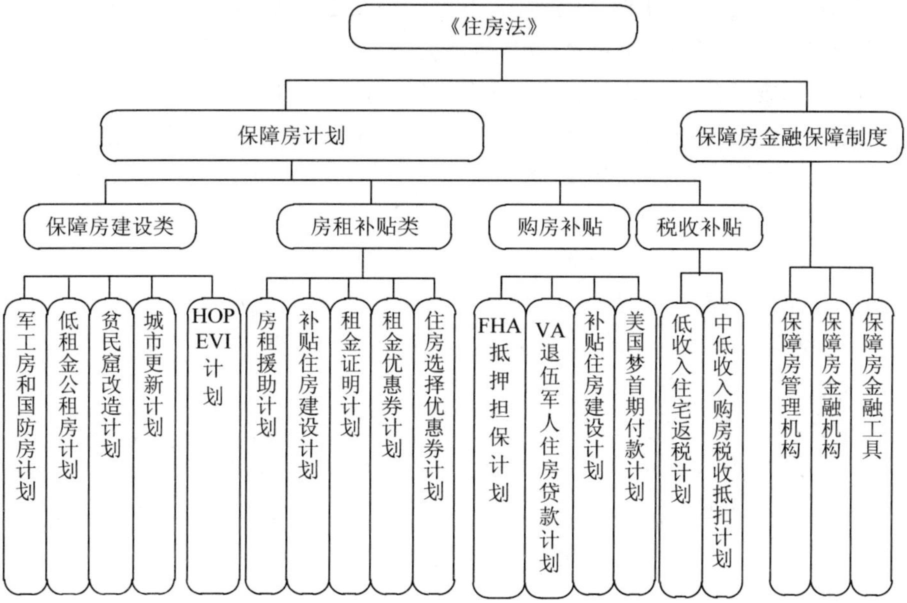

图 10-2 美国保障房体系运作模式

表 10-1 美国保障房制度目标

时期	保障房制度的目标	保障房制度惠及人群
1931 年以前 萌芽阶段	解决城市低收入家庭住房短缺问题 （非官方的民间倡议）	城市低收入家庭和弱势群体
	为军工厂工人提供临时住房 （1918—1919 年）	特定军工厂工人
	为低收入人群提供公共租赁房，创造就业机会（经济大萧条期间）（1929—1931 年）	低收入人群、失业者 （廉租房）
1932—1970 年 政府供给	改建贫民区，建设廉租房 （1937—1940 年）	低收入人群 （廉租房）
	国防人员以及退役军人住房 （1940—1948 年）	军人、军工厂工人、退役军人等
	所有家庭都拥有体面的住宅和合适的生活环境（1949—1970 年）	低收入人群（公租房） 中等收入人群（自有住房支持）
1971—1990 年 住房补贴	通过住房补贴方式提高低收入家庭的房租支付能力	中低收入阶层、特定保障人群 （公共租赁房和私人出租房）
1990 年至今 住房金融	促进购房，是让美国安全的一个因素	中低收入家庭 贫困家庭（公共租赁房）

住房选择优惠券计划是当前美国低收入家庭住房保障制度的主体。在住房选择优惠券计划中，低收入群体从地方政府领取住房补贴优惠券，符合住房补助的家庭拿出家庭总收入的25%来支付房租，实际租金超过1/4的部分用政府提供的住房优惠券来补充。随着制度的发展，住房选择优惠券计划进一步优化，其支付标准开始参照市场平均房租，定额允许上下浮动10%，最多上浮20%，并对家庭承担租金的份额作了人性化的调整，承担租金范围为家庭收入的30%～40%。打破了住房地域限制，允许租房券持有者在全国任何地区使用优惠券。计划规定 75%的租房优惠券必须分配给极低收入群体（定义为收入低于地区平均水平30%的家庭），体现了该计划受惠人群首先是满足极低收入者的刚性需求。

2002 年，“美国梦首期付款计划”把美国保障房制度惠及人群扩展到部分中产阶级。这一计划为有购房计划的中等收入家庭提供首付款资助，最高可以资助六成的首付款或者直接资助1万美元的现金，帮助部分家庭拥有自己的住房。联邦政府每年为该项计划提供2亿美元资金支持。

10.1.2 德国住房保障

德国的住房保障概念并不与特定的提供者（如政府）相联系，而用于指代所有用于（具有暂时性的）社会性住房的公共补贴。德国住房以租赁为主，具有民生导向，2006年以来，地方政府主要负责提供保障性住房，而联邦政府则主要负责为各家庭提供住房补贴及租金管理服务。总体上，当前德国的保障房供给者包括都市住房公司（Municipal Housing Companies）、住房组织（NGO）、房地产开发商及各类其他投资者。

德国已经形成由两种保障房所构成的住房保障体系：一种是政府主导模式，运用联邦、州、行政区政府的住房建设基金建造公共福利住房；另一种是市场主导模式，当房地产商或个人自有资金达到项目投资的15%以上时，向政府申请免息或低息（利率仅为0.5%）贷款，建造公共福利住房。这些公共福利住房一旦建成，须以成本租金租给低收入家庭，房租标准由政府核定，一般为市场平均租金的50%～60%。

德国租房市场繁荣，自有住房率为42%，租赁住房率为58%。这受益于法律对租房利益的严格保障，如法律对房租做上限限制：如果房东所定的房租超出合理租价的20%，就构成了违法行为；如果超出50%就构成犯罪。另外，对低收入群体进行租房补贴，补贴金额根据家庭人口、收入及房租支出情况确定，实际租金与可承受租金的差额部分由政府承担，补贴期限为15年，此后随着家庭收入的增加减少补贴的金额。领取社会救济、收入特别低的家庭的房租补贴由联邦政府和州政府各承担 50%（表 10-2）。

表 10-2 德国的房租补贴

房租补贴对象	说明
租房家庭	①向房租支付能力不足的家庭提供住房补贴； ②房租补贴按照差额制进行，具体的参考指标是家庭的人口组成，以及支付住房的能力； ③实际交纳租金要由廉租家庭的住房偏好来决定，但其上限为家庭收入的 1/4； ④补贴期限为 15 年，在这个较长的补贴时间段内，补贴的额度是一个变量，它会随着家庭条件的改善，支付能力的加强，逐年下调补贴标准。补贴资金的来源主要分为两个方向，即国家和地方政府，且两者承担的比重相同

德国的住房储蓄制度为保障房金融主要融资方式，与住房抵押贷款模式或公积金模式不同，德国实行“先存后贷”的合同储蓄模式。这种房贷的实质是“合作”而非盈利，大约占德国房贷总额的 50%。德国政府对住房储蓄的奖励情况见表 10-3。

表 10-3 德国政府对住房储蓄的奖励

储蓄奖励项目	说明
储蓄奖励	①对住房储蓄储户给予每月储蓄金额的 10%的储蓄奖励； ②对符合条件的单身家庭（16 周岁以下，年收入 5 万马克以下、每月住房储蓄额度在 1 000 马克以内）给予每月 100 马克的储蓄奖励
购房奖励	政府给予贷款总额 14%的贷款补助

10.1.3 日本住房保障

日本住房制度属于政府领导、市场主导的保障住房体制。日本建设省住宅局代表政府行使住房建设决策和管理监督的职能。在该局统管下，日本构造了以住宅金融公库、住宅都市整备公团和地方住宅供给公社为主体的社会保障性住房供应体系。日本政府对居民住房提供两种帮助：融资支持和直接建房。前者主要是通过减免一定比例的利率来提高居民的购房能力；后者主要是政府直接投资建房或者是以委托的形式建房，然后再以较低的价位卖给中低收入家庭。

日本政府的保障房规划目标是让中低收入人群中的 70%以上有保障房可住。在日本按照收入可以将家庭划分为 10 个等级，分组中 80%、90%、100%三部分为高收入家庭，其他的为中低收入家庭，前者的住房问题主要通过市场的购买来实现，而后者则主要是由政府提供资金支持或是实物方面的补贴来解决住房问题。日本保障房保障方式分类见表 10-4。

表 10-4　日本保障房保障方式分类

分类参照物	保障分类	说明
保障房类型	购买自有住房 （中低收入家庭）	①住房融资支持； ②对购房者实行税收减免支持； ③政府住房发展机构直接提供较廉价的住房
	居民租赁房屋 （低收入家庭）	①政府直接提供租赁住房； ②对民间租赁住房发展商提供优惠政策，如融资帮助、税收减免等
	建房机构/开发企业 （面向中低收入住房项目）	①住宅用地供应； ②政府为土地开发商提供融资
保障机构类型	日本都市再生机构（UR）	①保障对象主要是低收入阶层； ②提供公共租赁住房； ③对承租人的收入上限规定为收入水平最低的 25%群体
	住宅金融支援机构 （JHFA）	①贷款对象主要是中等收入人群； ②要求申请贷款者的月收入应在还款额度的 5 倍以上

日本保障房的金融体系是由金融保障制度、管理机构、供应机构、金融机构以及金融工具等部分组成（图 10-3）。日本保障房的运营模式如图 10-4 所示。

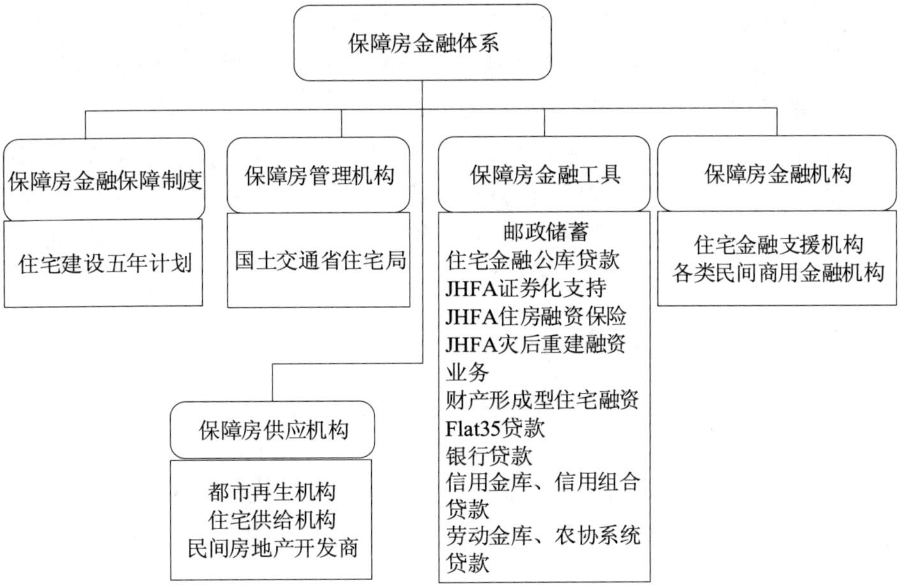

图 10-3　日本保障房金融保障制度体系

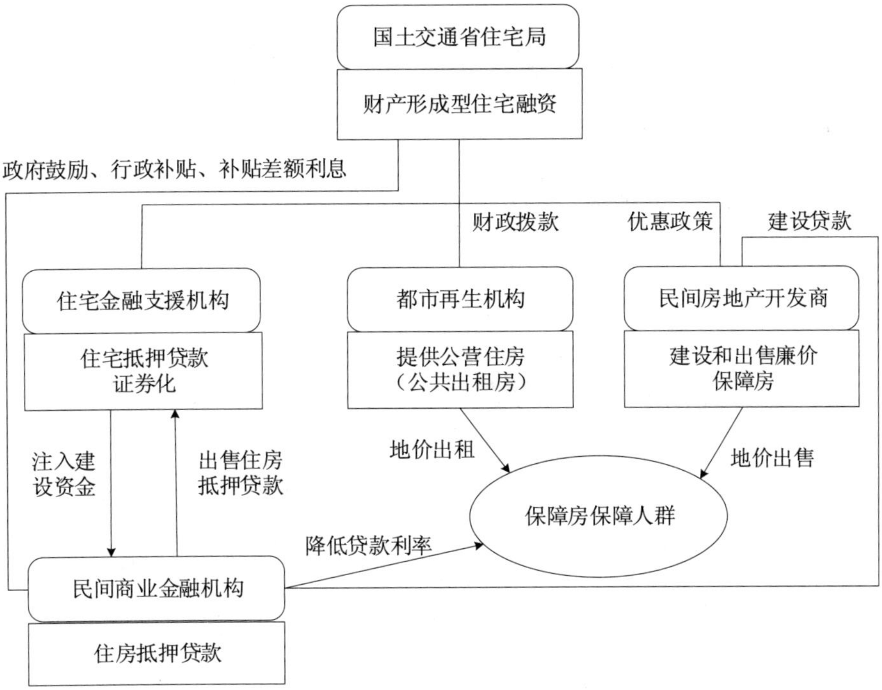

图 10-4　日本保障房运营模式

日本的保障房金融体系的特点是民间金融机构提供服务，国家来“买单”。民间金融机构对保障人群和建设项目提供低息贷款，负责相关业务，由政府补贴其中的贷款差价。为了保证民间金融机构的正常运行，日本政府甚至成立了相关的政策性金融机构，为住房抵押提供担保。这种做法有很多好处，例如，它能充分发挥民间商业机构金融网点众多、便利性强的金融服务功能，使得受保障的对象享受低息贷款服务，同时降低政策性金融机构的工作量，减低运营成本，为日本保障房的建设融入足够的资金。

10.1.4 新加坡住房保障

新加坡体系完善的公共组屋政策是新加坡住房保障的主体，而其中贡献最多的就是中央公积金制度。中央公积金不仅为公共组屋的建设提供了一个稳定的、持续性的资金来源，还为购买公共组屋的家庭提供贷款业务，是名副其实的新加坡保障房金融的核心。新加坡住房体系结构如图 10-5 所示。

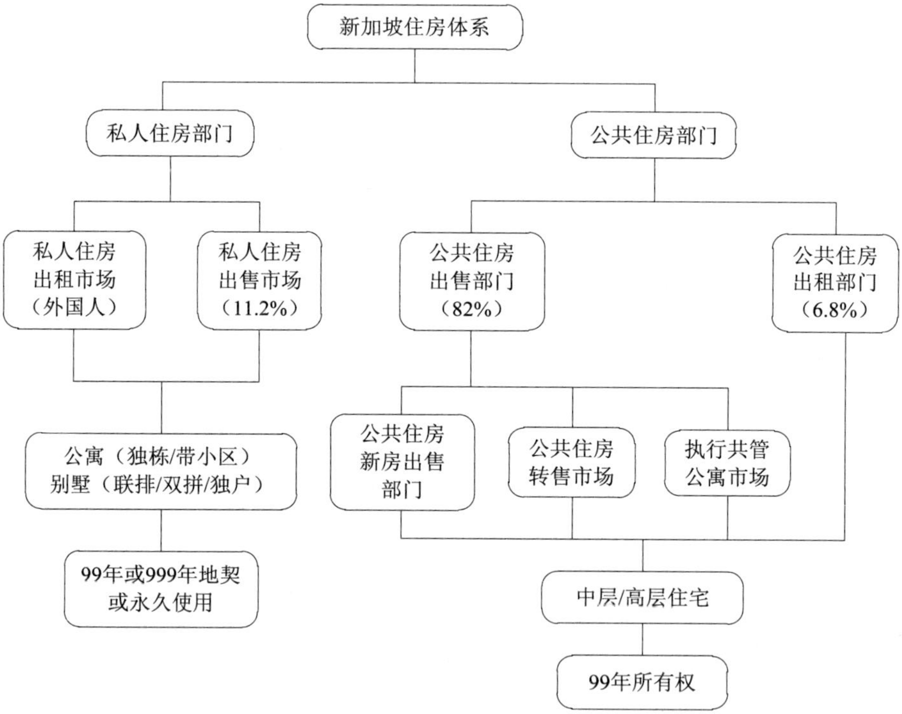

图 10-5 新加坡住房体系结构

新加坡的公共组屋其实可以分成用于出租的“组屋”和用于出售的“公屋”。前者主要是用来解决低收入家庭的住房问题，后者主要是用来解决中等收入家庭的住房问题。8 000 新元的家庭收入是公共租屋的申请线，在此线以下的家庭都有资格向政府申请租用或购买公共组屋。对于有购买公共组屋意向的家庭，其 3 年左右的家庭总收入就可以支付。当然，大部分家庭会选择分期付款，如果按照 20～25 年来计算，月还款量大约会占到家庭收入的 20%，因为政府还会有一定的补助。新加坡组屋的地契为 90 年，政府对售卖公屋的产权和市场交易有严格的规定：①公屋在售出的头 5 年内只有部分产权，5 年后方获得完全产权，因此在前 5 年内，公屋不允许在住房市场上交易，只能回卖给政府，政府按原价收回，且不收租金。②新加坡人每户只能拥有一套组屋，但有两次购买组屋的机会，在已购组屋居住满五年后，可再次申请购买更大更好的组屋，但必须在第 6 个月之内出售现有组屋。③建立公开组屋市场，售价一般比组屋原售价高 2～4 倍，对购买资格有限制，必须是 21 岁以上的新加坡公民且有核心家庭。组屋交易需要在建屋发展局办理登记和审理手续，政府对公屋交易抽取低于 25%的附加费。组屋申请标准见表 10-5。

表 10-5　新加坡租住、购买组屋申请标准

<table>
<tr><th>类型</th><th>房型</th><th>收入</th><th>家庭结构</th><th>住房情况</th></tr>
<tr><td rowspan="2">组屋租住</td><td>一房式</td><td rowspan="2">家庭月收入≤1 500 新元</td><td>新加坡公民且大于 21 岁，曾组建家庭</td><td>无私有房屋且未购买过组屋</td></tr>
<tr><td>二房式</td><td>新加坡公民且大于 21 岁，曾组建家庭，核心家庭成员不少于 3 人</td><td>无私有房屋且未购买过组屋，未享受公积金住房资助或其他政府住房补贴；有房产但达到 5 年等候资格</td></tr>
<tr><td rowspan="3">组屋购买</td><td>二房式</td><td>家庭月收入≤2 000 新元</td><td rowspan="3">新加坡公民且大于 21 岁；核心家庭有一个是常住居民</td><td rowspan="3">无私有房屋且未购买过组屋</td></tr>
<tr><td>三房式</td><td>家庭月收入≤3 000 新元</td></tr>
<tr><td>四房式或高级三房式或更大房型</td><td>家庭月收入≤8 000 新元</td></tr>
</table>

新加坡从 1990 年开始实施旧组屋区翻新计划，即把旧的住房修复到当前新住房的标准，此计划历时 22 年，于 2012 年完成，投资约 33 亿元，受

惠家庭达到 13 万户。主要翻新计划覆盖了三部分，即分区性设施：停车处、露天剧场、有盖走廊等；组屋设施：电梯、信箱等；房屋内部结构：厕所、门窗等。选择性整体重建计划是指为了更好利用土地，将一些最初建造不合理的组屋拆除，同时为受影响的居民在附近地段提供新的组屋，这些组屋的屋契为 99 年。新加坡住房升级的费用分担见表 10-6。

表 10-6　新加坡住房升级的费用分担　　　　单位：新元

标准费用	三房式	四房式	五房式
建屋发展局份额	34 900（93%）	33 600（89%）	32 300（82%）
户主份额	2 700（7%）	4 000（11%）	6 600（14%）
总额	37 600	37 600	37 600

完善的公积金制度是新加坡解决居民住房问题的重要保障，它为组屋的建设和“居者有其屋”计划提供了强大的金融支持。所有新加坡公民和永久居留的居民，都必须参与公积金储蓄。政府将一部分公积金用于组屋建设，或购买政府为住房建设贷款和补贴而发行的债券，间接支持组屋建设。这种政策可以使组屋建设获得稳定建设资金，避免商业贷款高额利息。新加坡保障房金融框架如图 10-6 所示。

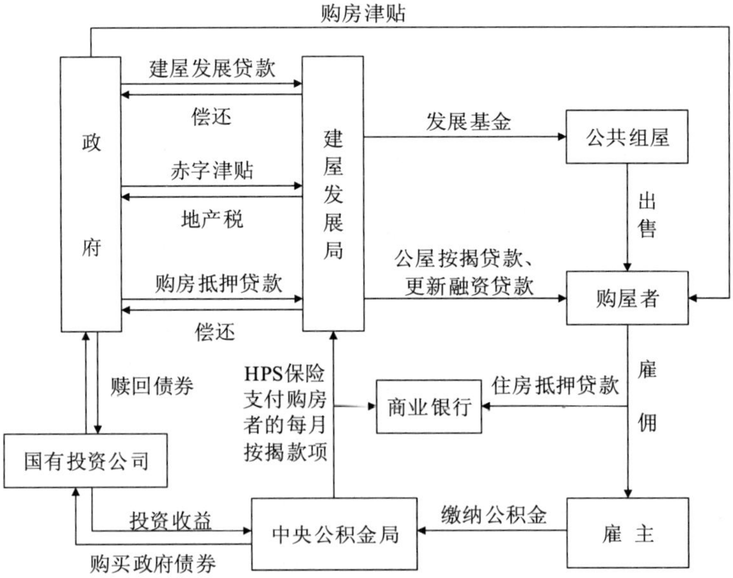

图 10-6　新加坡保障房金融框架

10.2 国内保障事业的发展

保障性住房的建设，在一定程度上缓解了中低收入居民的居住困难，解决了部分城市居民的安居问题，为中低收入居民实现“住有所居”的目标提供了可能，有利于体现公平正义，化解社会矛盾，促进社会和谐稳定。

“住有所居”是2007年党的十七大报告中与“学有所教、劳有所得、病有所医、老有所养”一起所提出的民生建设目标。2012年，党的十八大报告提出，在住有所居上“持续取得新进展”；2017年，党的十九大报告提出，在住有所居上“不断取得新进展”，并第一次提出了“让全体人民住有所居”。

以习近平新时代中国特色社会主义思想为指导，全面贯彻党的十九届二中、三中、四中、五中全会精神，坚持“房子是用来住的，不是用来炒的”定位，因地施策，不断健全和完善房地产调控机制，促进住房市场的可持续健康发展；切实解决中低收入家庭住房困难，密切关注新市民住房需求；健全多主体供应、多渠道保障、租购并举的住房体系；以提高和改善居民居住条件为出发点和落脚点，实施城市更新行动，深入全面推进老旧城区改造，在实现“住有所居”的同时向“住有宜居”迈进。

解决广大群众的住房问题，必须从我国国情出发，在总结经验的基础上，进一步深化住房制度改革。应坚持市场机制和政府调控“两手抓”，特别是强化政府公共服务职能，形成面向高中低不同收入群体的多层次、差异化住房政策体系。概括来讲，就是要做到“低端有保障，中端有支持，高端有市场”。

10.2.1 北京市住房保障

（1）政策制定

近年来，根据党中央、国务院有关住房制度、住房政策的意见和精神，北京市积极推进本市住房保障事业，制定的相关政策主要有：

1）《北京市公共租赁住房管理办法（试行）》（京建住〔2009〕525号）；

2）《关于加强本市公共租赁住房建设和管理的通知》（京政发〔2011〕61号）；

3）《北京市公共租赁住房申请、审核及配租管理办法》（2011年12月1日起施行）；

4）《关于加强本市公共租赁住房社会管理和服务的意见》（京建法〔2013〕

19号）；

5）《北京市公共租赁住房后期管理暂行办法》（京建法〔2013〕15号）；

6）《关于完善公共租赁住房租金补贴政策的通知》（北京市住房和城乡建设委员会、北京市财政局，2015年11月）；

7）《北京市人民政府关于进一步加快推进棚户区和城乡危房改造及配套基础设施建设工作的意见》（京政发〔2016〕6号）；

8）《北京市共有产权住房管理暂行办法》（京建法〔2017〕16号）；

9）《关于优化住房支持政策服务保障人才发展的意见》（京建法〔2018〕13号）；

10）《进一步加强公共租赁住房转租转借行为监督管理工作的通知》（京建法〔2018〕23号）；

11）《关于严格违规转租转借公共租赁住房家庭资格管理等工作的通知》（京建发〔2018〕491号）；

12）《关于进一步完善北京市棚户区改造计划管理工作的意见》（京建发〔2018〕455号）；

13）《关于进一步加强全市集体土地租赁住房规划建设管理的意见》（京建发〔2020〕365号）。

（2）保障住房建设情况

1）2017年4月，北京市推出面向"新北京人"专项分配公租房和自住房（后升级为共有产权房）政策，要求从公租房、自住房项目中拿出不少于30%的房源，面向符合条件的非京籍家庭配租配售。市住建委发布，推出政策一年来，本市已推出"新北京人"公租房试点项目7个、房源774套，共有产权住房项目10个、房源2 751套。共计3 525套房源已经供应给了"新北京人"。

2）2018年首次在小学入学政策中规定，北京市户籍无房家庭，长期在非户籍所在区工作、居住，符合在同一区连续单独承租并实际居住3年以上且在住房租赁监管平台登记备案、夫妻一方在该区合法稳定就业3年以上等条件的，其适龄子女可在该区接受义务教育。具体办法由各区政府结合实际情况制定。部门联动审核北京市户籍无房家庭、合法稳定就业、实际居住等入学资格条件。依托北京市住房租赁监管平台核验本市户籍无房家庭住房租赁登记备案信息，租赁信息核验自2018年5月7日与入学信息采集工作同步启动。

3）截至2018年10月底，北京市保障房新开工50 041套，100%完成北京市人民政府确定的2018年全年建设5万套的目标任务。其中，启动公租房分配 2.1 万套（户），完成全年分配公租房 1.5 万套（户）实事任务的 140%；北京市棚户区改造 2.61 万户，完成市政府 2.36 万户实事任务的 111%，其中远郊区改造 0.96 万户，完成全年任务的 117%。各类保障性住房（含共有产权房）完成投资 940.6 亿元。

4）到 2020 年提供给租赁住房和共有产权住房的用地占增量的 30%。

10.2.2 上海市住房保障

（1）廉租住房与公共租赁住房政策

近年来上海市廉租住房与公共租赁住房政策主要有：

1）《本市发展公共租赁住房的实施意见》（沪府发〔2010〕32 号）；

2）《关于本市公共租赁住房建设用地供应暂行意见的通知》（沪府办〔2011〕43 号）；

3）《上海市人民政府关于调整和完善本市廉租住房政策标准的通知》（沪府发〔2013〕25 号）；

4）《关于本市廉租住房和公共租赁住房统筹建设、并轨运行、分类使用的实施意见》（沪府发〔2013〕57 号）；

5）《市筹公共租赁住房准入资格申请审核实施办法》（沪房管规范保〔2013〕3 号）；

6）《市筹公共租赁住房准入资格申请审核实施办法》（沪房规范〔2017〕1 号）。本实施办法自 2018 年 1 月 1 日起实施，有效期至 2022 年 12 月 31 日。《市筹公共租赁住房准入资格申请审核实施办法》（沪房管规范保〔2013〕3 号）同时废止。

（2）共有产权住房政策

近年来上海市共有产权保障住房政策主要有：

1）《上海市共有产权保障住房（经济适用住房）准入标准和供应标准》（沪府发〔2013〕24 号）；

2）《上海市共有产权保障住房管理办法》已经 2016 年 2 月 29 日市政府第 109 次常务会议通过，自 2016 年 5 月 1 日起施行；

3）《上海市共有产权保障住房申请、供应实施细则》（沪建保障联〔2016〕815 号）；

4）《上海市共有产权保障住房供后管理实施细则》（沪府办〔2016〕78 号）；

5）《关于进一步完善本市共有产权保障住房工作的实施意见》（沪府办规〔2018〕27 号）。

（3）保障住房建设情况

《上海市住房发展“十三五”规划》在住房供应上设定了不少预期性的量化目标。比如在总体目标中提出，“十三五”期间新增住房供应总套数要比“十二五”增加60%左右，即达到170万套（折合12 750万 m^2），并且租赁住房供应套数占新增市场化住房总套数的比例要超过60%。这个总体目标又被具体分解为：新增市场化住房115万套（折合8 250万 m^2），包括新增供应商品住房45万套（折合4 000万 m^2），新增供应租赁住房70万套（折合4 250万 m^2），同时新增保障性住房55万套（折合4 500万 m^2）。

上海市政府有关部门在《上海市住房发展“十三五”规划》、《关于坚持留改拆并举，深化城市有机更新，进一步改善市民群众居住条件的若干意见》（2017年11月发布）等多个规划文件中提出，要在“十三五”期间完成各类旧住房修缮改造5 000万 m^2，包括重点实施纳入保障性安居工程的成套改造、屋面及相关设施改造、厨卫改造等三类旧住房综合改造1 500万 m^2，同时还把“十三五”期间完成中心城区240万 m^2 二级旧里以下房屋改造作为约束性目标。

上海市房屋管理局披露，截至2020年，上海旧改和旧住房修缮改造均已提前超额完成“十三五”目标。其中已实际完成中心城区二级旧里为主的房屋征收266万 m^2，涉及13.2万户；完成各类旧住房修缮改造逾5 300万 m^2，其中三类旧住房综合改造3 900余万 m^2。这些工作成果来之不易，然而相对上海数以亿（平方米）计的老旧住房，仍然还是不够的。

再就保障性住房的供应而言，上海过去几年兴建的包括共有产权保障性住房在内的保障性住房数量不算少，但实际效果不能算很满意。由于种种约束，那些保障房的地段往往比较偏远，交通不便，公共服务配套不足，就业机会少。这样的保障房，对受保障对象而言，仅能提供一个住所，但难以真正满足他们生活与发展的需求，甚至还增加了他们发展的障碍。上海有不少保障房处于空置或者私下转租状态，即是一种保障资源出现错配的反馈信号。这里需要有反思和思路改变，从保障“有住”走向保障“宜居”。生活在不宜居的环境，加上发展机会被阻断，对弱势群体伤害更大，因而对他们在居住方面的援助更要突出宜居性。

10.2.3 深圳市住房保障

《深圳市保障性住房条例》经深圳市第五届人民代表大会常务委员会第八次会议于2011年4月26日修正，广东省第十一届人民代表大会常务委员会第二十六次会议于2011年5月31日批准。

深圳市经济社会发展需要的各类人才将可享受人才安居保障，包括实物配置或货币补贴两种方式，2015年1月《深圳市人才安居暂行办法》（深圳市人民政府令第273号）的发布与执行，目的是加快实施人才强市战略，优化人口结构和创新创业环境，提高城市竞争力。

2016年5月，为实现公共租赁住房与廉租住房统一分配及运营管理，根据《住房和城乡建设部、财政部、国家发展改革委关于公共租赁住房和廉租住房并轨运行的通知》（建保〔2013〕178号）等有关规定，结合本市实际，深圳市住建局、财政委、发改委等部门组织制定了《深圳市公共租赁住房和廉租住房并轨运行实施办法》（深建规〔2016〕6号）。

2018年7月，深圳市人民政府发布《深圳市人民政府关于深化住房制度改革加快建立多主体供给多渠道保障租购并举的住房供应与保障体系的意见》。在总体设计上，坚持以住房供给侧结构性改革为主线。该意见要点包括：

1）总体设计上，坚持以住房供给侧结构性改革为主线，突出多层次、差异化、全覆盖，针对不同收入水平的居民和专业人才等各类群体，构建多主体供给、多渠道保障、租购并举的住房供应与保障体系。充分发挥政府、企业、社会组织等各类主体作用，优化调整增量住房结构，盘活规范存量住房市场。

2）2018—2035年，深圳市住房发展的主要目标是：统筹解决各类居民的住房问题，构建相对完备的住房供应与保障体系，确保户籍特困人员、低保及低保边缘家庭应保尽保，各类人才和中等偏下收入居民以及为社会提供基本公共服务的相关行业人员、先进制造业职工等群体的住房困难得到有效解决，有能力通过市场解决住房的需求得到较好满足。

3）全市住房供应分为市场商品住房、政策性支持住房、公共租赁住房。从2018年到2035年，分近期、中期、远期3个阶段，新增建设筹集各类住房共170万套，其中人才住房、安居型商品房和公共租赁住房总量不少于100万套。从2018年起，在新增居住用地中，确保人才住房、安居型商品房和公共租赁住房用地比例不低于60%，同时在新出让居住用地中提高“只租不售”用地比例。

4）实物供应层面：市场商品住房，占住房供应总量的40%左右，以普通商品住房为主，面向符合条件的各类居民供应，租售结合。人才住房，占住房供应总量的20%左右，重点面向符合条件的企事业经营管理、专业技术、高技能、社会工作、党政等各方面人才供应，可租可售，建筑面积以小于90 m^2为主，租金、售价分别为届时同地段市场商品住房租金、售价的60%左右。

对符合条件的高层次人才实行更加优惠的政策。安居型商品房，占住房供应总量的20%左右，重点面向符合收入财产限额标准等条件的户籍居民供应，可租可售、以售为主，建筑面积以小于 70 m^2 为主，租金、售价分别为届时同地段市场商品住房租金、售价的50%左右。公共租赁住房占住房供应总量的20%左右，面向符合条件的户籍中低收入居民、为社会提供基本公共服务的相关行业人员、先进制造业职工等群体供应，建筑面积以30～60 m^2 为主，只租不售，租金为届时同地段市场商品住房租金的30%左右，特困人员及低保、低保边缘家庭租金为公共租赁住房租金的10%。

5）出售的人才住房和安居型商品房在一定年限内实行封闭流转。封闭流转期间，因另购市场商品住房等法定事由或自身原因需要转让的，应当面向其他符合申购条件的对象转让，或由政府按规定回购。购房人自购房之日起累计在深圳缴纳社保满 15 年，或者年满 60 周岁且购房满 10 年，符合深圳市人才安居办法、安居型商品房建设和管理办法等规定条件的，可以进入市场流转，但要向政府缴纳一定比例的增值收益。

6）大力发展住房租赁市场：加快制定住房租赁管理政策法规，大力培育租赁住房供应主体，支持专业化、机构化住房租赁企业发展。鼓励发展长期租赁，支持房地产开发企业、金融保险机构、房地产经纪机构、物业服务企业等拓展住房租赁业务，调动各类主体建设筹集租赁住房的积极性，多渠道增加租赁住房。

7）房地产调控政策延续：优化市场商品住房供应户型结构，加大中小户型普通商品住房供应。正确引导居民住房消费观念，保障合理自住需求，抑制投资投机性行为。保持房地产调控政策的连续性、稳定性，严格落实各项调控措施。

10.2.4 厦门市住房保障

（1）构建分层次全覆盖的住房保障政策体系

a）厦门市保障性住房政策体系

2006 年以来，厦门市陆续出台一系列管理办法和配套文件，形成以保障性租赁房、公共租赁住房、保障性商品房等为主体的分层次、全覆盖的住房保障政策体系。目前执行的政策主要包括“一个条例，三个办法”。

- 一个条例

2009 年厦门市人大颁布实施全国第一部保障性住房地方法规《厦门市社会保障性住房管理条例》。在总结多年经验基础上，2014 年，对《厦门市社会保障性住房管理条例》进行修订，该条例就保障对象、申请条件、审核程序、使用管理、退出机制等作了规定，明确了批次轮候分配制度，强调了“保基本”的立法宗旨。

- 三个办法

条例配套的实施办法。2015 年 10 月，为推进《厦门市社会保障性住房管理条例》的顺利实施，市政府印发《厦门市社会保障性住房管理条例实施办法》（厦府办〔2015〕199 号），细化申请审核、分配、退出、租金补助标准、信用管理等方面内容，使保障性租赁房在建设、分配、管理等方面更具可操作性。该办法于 2020 年 10 月修订为《厦门市社会保障性住房管理条例实施办法》（厦府办规〔2020〕16 号）。

公共租赁住房管理办法。2016 年 7 月，为进一步扩大住房保障覆盖面，市政府研究通过并印发《厦门市市级公共租赁住房管理办法（试行）》（厦府〔2016〕294 号），2018 年 8 月，修订出台了《厦门市公共租赁住房管理办法》（厦府〔2018〕235 号），明确公共租赁住房的建设、分配、租后管理等具体要求，将本市中等收入、中等偏上收入的“夹心层”家庭、各类人才以及在厦门稳定就业的其他无住房职工的纳入住房保障范围，满足其过渡性、阶段性住房需求。

保障性商品房管理办法。为满足住房困难的本市居民“居者有其屋”的需求，厦门市政府于 2017 年 2 月印发《厦门市保障性商品房管理办法》（厦府〔2017〕37 号），明确保障性商品房房源筹集方式、申请审核程序、销售价格比例、管理退出机制等具体规定。

b）厦门市保障性住房分类情况

经过多年的探索和实践，目前厦门市保障性住房分为 3 种类型，一是以配租方式保障的保障性租赁房，二是以配租方式保障的公共租赁住房，三是以配售方式保障的保障性商品房。

- 保障性租赁房

面向本市户籍低收入、中等偏下收入住房困难家庭租赁使用，以申请量最多的 2～3 人户为例，低收入家庭年收入不高于 6 万元，中等收入家庭年收入不高于 10 万元，对符合条件的申请家庭按家庭收入情况予以 90%、80%、70%、40%四个档次的分档租金补助，对符合条件的低收入家庭予以 40%的物业管理费补助。

- 公共租赁住房

面向本市户籍家庭年收入为中等收入、中等偏上收入的住房困难家庭，未享受政府其他住房优惠政策且在厦门无住房的各类人才，在厦门稳定就业的其他无住房职工等三类租赁对象租赁使用。符合条件的人才和在厦门稳定就业无住房职工不设户籍和收入限制，由单位集体申请。按市场租金标准计租，原则上由运营企业按市场租金标准的30%予以优惠。

- 保障性商品房

面向本市符合条件的无住房家庭配售，销售价格原则上按市场评估价的45%确定。其中，本市户籍无住房的高层次人才和骨干人才可单独批次配售，高层次人才的建筑面积控制标准可适当上调，一般A类人才不高于120 m^2，B类人才不高于100 m^2，C类人才不高于80 m^2，骨干人才不高于70 m^2。保障性商品房交付使用5年内不得上市交易，满5年可上市交易，交易时的增值收益应按优惠比例补缴土地收益等价款。

（2）保障住房建设情况

a）围绕建设目标，夯实建设总量

开展“多规合一”平台入库工作，加快产业园区公租房等规划落地，推动城市规划、土地规划与保障性住房建设规划衔接，优化并保证保障性住房建设空间，推进项目滚动发展，确保建设总量。2017年开工建设约4.12万套，2018年新开工约2.7万套，2019—2020年开工建设约3.1万套。

b）保障企业需求，服务产业发展

以保障企业员工住房需求、服务产业发展为切入点，重点结合软件园二期和三期、五缘湾医疗园区、同翔高新技术产业基地等产业园区发展趋势，按照就近居住、便捷通达的原则规划项目用地，推进项目生成，进一步加大产业园区及周边保障性住房项目策划力度，改善产业园区员工居住条件。

c）提高质量品质，打造地铁社区

以“地段佳、配套好、品质高、功能全、规模大”的理念为指导，推出“地铁站点+保障性住房”的全新理念，在岛外4个区邻近轨道站点的优质地段选址，打造保障房地铁社区项目，4个地铁社区总用地1 126.51 hm^2，计划建设保障性住房约6.8万套。

10.2.5 苏州市住房保障

（1）苏州市住房保障政策体系

a）构建完善的住房保障体系

为了落实党的十九大关于加快建立多主体供给、多渠道保障、租购并举的住房制度的部署，形成苏州市相对完善的住房保障体系，继续解决城镇中等偏低及以下收入住房困难家庭住房保障问题，实现低收入及低保住房困难家庭“应保尽保”；同时坚持解决城镇新就业人员和外来务工人员阶段性住房困难问题，其中重点保障环卫、公交、教育、卫生、基础科研、公共管理等公共服务行业、重点发展产业的青年职工、引进人才和外来务工人员住房困难问题；全面执行人才乐居计划；继续推进城市危旧房和城中村改造，进一步扩大住房保障覆盖率，最终形成完善的住房保障体系。

b）优化住房保障供应侧结构

积极推进棚户区（危旧房）改造项目货币化安置，制定推进棚改货币化安置相关政策措施，提升棚改货币化安置比例；拓宽保障性住房房源渠道，采取新建、改建、收购、置换、公房腾退等多种方式组织保障住房房源，采取增量建设、存量购买以及单位定向建设分配集宿制等多种方式组织保障住房房源，适时化解房地产库存，促进房地产业持续发展；积极推进城镇中等偏低及以下收入住房困难家庭货币化保障，减少供需错位，加快住房保障实施进程。分年逐步解决城镇新就业人员和外来务工人员的住房保障，引导和支持企事业、社会组织等利用自有土地、自筹资金建设公共租赁住房，或改造现有闲置房作为公共租赁住房，用于解决用工单位和工厂区就业人员的居住问题。

c）逐步扩大住房保障覆盖范围

截至 2022 年，公共租赁住房供给覆盖面达到 5%左右；城镇中等偏低及以下收入住房困难家庭住房保障覆盖率实现 100%的全覆盖；新增保障性住房完成率实现 100%。

分年建立解决城镇新就业人员和外来务工人员住房困难的支持机制，逐步解决环卫、公交、教育、卫生、基础科研、公共管理等公共服务行业、重点发展产业的青年职工、引进人才和外来务工人员的阶段性住房问题。

建立低收入与中等偏低收入标准分别在上年度市区城镇人均可支配收入的 50%和 80%左右内予以调整的动态机制，低收入与中等偏低收入标准年调整幅度维持在 7%～9%。

d）建立货币化保障标准的市场化机制

货币化保障标准市场化是推进棚改货币化安置、推进城镇中等偏低及以下收入住房困难家庭货币化保障、实现“精准保障”和住房保障制度财务“精算平衡”的基础。

逐步建立棚改货币化安置价格、租赁补贴标准、公租房租金、直管公房租金市场化形成机制，通过设计不同的减免幅度，结构性地确定不同住房保障家庭的公租房租金缴纳标准和直管公房租金缴纳标准。

逐步将租赁补贴标准、公租房租金、直管公房租金并轨到市场水平；根据住房保障家庭的收入水平和人口数量，对租赁补贴进行结构调整，实现“精准保障”和“精算平衡”；租赁补贴标准年综合平均调整幅度（含结构调整因素）维持在8%～10%。

e）保障供给渠道

- 集中建设供给

保障住房建设项目的选址应当根据城乡规划，统筹规划、合理布局，结合开发建设的条件和成本，在交通较便捷、生活设施较齐全的区域优先安排。

保障住房建设项目由区（县）人民政府指定的建设管理机构通过项目法人招标投标方式，确定具有相应资质和良好社会信誉的房地产开发企业开发建设；或者由区（县）人民政府直接组织开发建设。

可以利用符合土地利用总体规划、城乡规划确定宗地用途为居住用地的集体建设用地建设租赁住房及配套设施。

本市发展改革、生态环境、规划、自然资源、住建等相关行政管理部门应当优先办理共有产权保障住房建设项目的相关手续。

- 在商品住房中配建供给

在商品房住宅项目中配建的方式建设保障性住房，保障性住房配建比例不低于住宅供地量的5%。配建的保障性住房应与商品住房建设项目一并规划设计和建设，其建筑外形、风格、色彩和品质应与商品住房基本一致，并共享商品住房项目的公建配套设施、公共停车位和公共通道。配建的保障性住房建筑面积原则上应集中布局到楼栋或者单元，并与商品住宅同步建设和交付。

- 在有需求的开发区和产业园区建设集体宿舍形式的公租房

新就业无房职工和外来务工人员较为集中的开发区和产业园区，可增加集体宿舍形式的公租房供应，优先面向开发区和产业园区用工单位或就业人员出租，促进职住平衡。

- 盘活政府持有的存量住房用作公租房
- 工业、商业用房的改建

在符合住房设计规范和消防设施完好、房屋使用安全的条件下，允许将工业、商业房屋等按住房设计规范改造后用于租赁住房，利用存量商业、办公、工业、仓储等用房，改造成集中式或分散式公寓，因地制宜形成公租房片区。调整后用水、用电、用气价格应当按照居民标准执行，并给予税收上的优惠。

还可以通过市场化租赁扩大公租房房源供给渠道，实现公租房可持续发展。

- 分层分类货币补贴

对符合条件的城镇中等偏下收入住房困难家庭，根据保障对象的家庭人口和收入水平实行分档补贴，使保障对象领取租赁补贴后，能够到市场上租赁到适宜的住房。对新就业无房职工、在城镇稳定就业的外来务工人员，租赁补贴先从保障符合条件的公共服务行业职业做起，逐步扩大范围，具体补贴标准由市人民政府确定。

（2）苏州市保障性住房建设情况

2016 年，苏州市完成建设保障性安居工程 53 770 套；2017 年，完成建设保障性安居工程 29 052 套；2018 年，完成建设保障性安居工程 27 196 套；2019 年，苏州市区完成建设公租房约 3 000 套；2020 年，苏州市区完成租赁补贴约 7 000 户。按照苏州市政府住房保障规划，到 2022 年年末公租房保障覆盖到城镇常住人口家庭的 5%左右。

（3）苏州市保障性住房建设保障措施

a）组织保障

市委、市政府成立领导小组，相关部门和各市、区政府主要领导亲自抓，统一思想，把住房保障工作作为最重要的民生工作之一放在政府工作的重要位置。各工作组密切配合，通力合作，形成住房保障创新工作机制和工作成效。

b）用地保障

1）建立住房保障土地储备制度，优先单独列出保障性住房项目用地指标，明确具体地块和空间布局。确保保障性住房建设用地落实到位，严禁改变保障性住房建设用地用途。涉及新增建设用地的，要提前确定地块，开展房屋征收等前期工作，确保及时供地。

2）盘活存量土地。对于重建片区尤其是棚户区老旧改造区，强化土地集约利用，提高存量土地利用强度，将增量优先用于保障房项目。

3）新增住宅用地上规定配建保障房。

4）各类企事业单位、社会组织机构以及农村集体在被允许情况下依规合法利用自有用地配建保障房。

c）政策保障

- 土地政策

在土地利用规划和年度土地供给计划中，必须优先安排用于保障性住房的土地。年度土地供给计划中必须有保障性住房用地安排且单独列出。

- 金融及财税政策

继续优化和制定相关优惠和支持政策。包括但不限于银行信贷、增值税、印花税、营业税、房产税、所得税以及事业性收费等方面。诸如：免收建设中的行政事业性收费与城市基础设施配套费等政府性基金；免收民防工程建设费；获取金融机构政策性融资支持及贷款利率优惠等。

- 住房公积金政策

支持中等偏低收入家庭改善住房困难情况，减轻住房消费负担，充分发挥住房公积金制度的住房保障作用。扶持弱势群体，支持房租消费，发挥住房公积金的住房保障功能。

- 保障新市民安居的支持政策

针对新市民，降低保障准入门槛，增加公租房有效供应，因地制宜发展共有产权住房。外来务工人员集中的工厂区，可在规划区域内集中建设公租房，用于解决用工单位和工厂区就业人员的居住问题。外来务工人员相对较少、没有建设用地的中小企业，可通过合资合股合作的方式建设公租房。

- 与时俱进、因地制宜、实时动态调整相关支持政策

各区应根据实际的经济和社会发展以及住房保障工作进展等实际情况，适时调整住房保障的范围、对象、条件、租金，以及年度实施计划等相关政策规定，并及时向社会公布。支持各区的企事业单位建设公租房。

- 人才住房政策

硕士及高层次人才引进会同人才管理部门，依据已出台的各类人才政策，各区根据具体情况，对于符合条件的对象，应纳入保障房受益群体。

本章要点

1. 美国住房保障制度对我国的启示。
2. 德国住房保障制度对我国的启示。
3. 日本住房保障制度对我国的启示。
4. 新加坡住房保障制度对我国的启示。

第 11 章 房地产相关执（职）业资格

以房地产为依托所形成的房地产行业，为社会提供了大量的就业岗位，但由于房地产自身所具有的特殊性，如不可移动性、耐久性、价值量高、投资量大、建设周期长，尤其是房地产交易中严格的法律规定与控制，都要求房地产从业人员必须具有一定的房地产专业知识，尤其在房地产中介、交易过程中所提供的各种服务，均要求从业人员不仅要具备相应的执（职）业能力，而且要具备相应的执（职）业资格，这几乎已成为一种国际惯例。这里，我们主要就当前我国实施注册执业资格和资质管理的房地产估价师、土地估价师、房地产经纪人/协理、咨询工程师（投资）作以下的介绍和分析。

11.1 房地产估价师

11.1.1 房地产估价及其相关的概念

房地产估价，全称房地产价格评估，又称房地产评价，英文为 real estate appraisal 或 real property valuation；日本和韩国称为不动产鉴定评价，简称不动产鉴定；我国台湾地区多称为不动产估价，也有称不动产鉴定；香港地区称为物业估价。我国从 1993 年开始推行房地产估价师制度，1994 年 7 月 5 日颁布的《中华人民共和国城市房地产管理法》中即规定了“国家实行房地产价格评估制度”和“国家实行房地产价格评估人员资格认证制度”。

如果要给房地产估价下一个更加具体的定义，则是指房地产专业估价人员，根据估价的目的，遵循估价的原则，按照估价的程序，采用科学的估价方法，并结合估价经验与对影响房地产价格因素的分析，对房地产的真实、客观、合理的价格做出估计、推测和判断。

正确认识房地产估价最核心的是要把握以下两个方面：

第一，房地产估价是科学也是艺术与经验的结合。

正确的房地产价格的估计、推测和判断，必须依赖一整套科学而严谨的房地产估价理论和方法，但又不能完全拘泥于有关的理论和方法，必须依赖估价人员的经验，因为房地产价格形成的因素复杂多变，不是任何人用某些数学公式就能计算出来的。为此，世界许多国家和地区都建立了房地产估价制度，规定要成为估价师，不但要具备相当程度的估价理论知识，还必须具有一定年限以上的估价实务经验，只有取得了估价师资格，才能独立地开展估价业务。

第二，房地产估价不是对房地产价格的主观给定，而是把房地产的客观实在的价值通过评估活动正确地反映出来。

房地产估价是基于对房地产客观实在的价值的认识，运用科学的估价理论、方法和长期积累的估价经验将其表达出来，而不是把某个主观想象的数据强加给估价对象房地产，尽管估价表现为一种主观活动，有时甚至有一些主观色彩。为此，世界上许多国家和地区在建立的房地产估价制度中，制定了职业道德要求，估价人员与估价对象房地产若有利害关系要采取回避的办法；有时还主张估价收费标准不能与估价额完全挂钩，以避免刺激估价人员过分高估价格；同时有的还制定了股价规范和标准，防止因无准则而导致不同的估价人员对同一宗房地产的估价结果出现较大的偏差。

实际上，在当前的经济社会中，无论是房地产买卖、交换、租赁、入股、抵押贷款、典当、保险、课税、征用拆迁补偿、纠纷处理，还是企业合资、合作、承包经营、股份制改组、兼并、分割股权、破产清算、结业清算，以及房地产投资决策、管理和会计成本分析等，都需要进行房地产估价。房地产估价是房地产开发经营全过程中一项必不可少的基础性工作，在国际惯例中房地产评估价格是房地产交易的参照依据。以下我们陈述几个相关的概念。

（1）房地产专业估价人员

房地产专业估价人员是指经房地产估价人员资格考试合格，由有关主管部门审定注册，取得资格证书后专门从事房地产经济价值的评估，并将其结果用货币来表现的专门技术人员。

要成为一个合格的房地产专业估价人员应符合以下要求：

1）有扎实的房地产估价理论和方法及房地产制度政策、开发经营、城市规划、建筑等方面的知识；

2）有丰富的房地产估价实务经验；

3）有市场调查及推理判断的才能；

4）有良好的职业道德修养。

为保证房地产估价的公正性、权威性和科学性，现今世界上许多国家和地区都建立有房地产估价制度，如日本、韩国、美国、英国、新西兰、德国以及我国香港地区等，规定没有取得估价专业资格的人员（如日本为不动产鉴定士、香港为测量师）不能独立从事房地产估价业务。

（2）房地产估价的目的

房地产估价是为某种需要而评估房地产的价格，是为买卖，还是为银行衡量抵押房地产的价值，或是为政府掌握划拨土地使用权进入市场应补缴的地价款等。不同的估价目的将影响估价结果，因为估价目的不同，考虑的估价原则、因素和采取的估价方法就可能不同。不同的估价目的源于不同的估价需要，估价目的具体可分为买卖、交换、租赁、入股、抵押、典当、保险、课税、征用拆迁补偿和投资决策、会计成本分析等。而估价目的不同所涉及的评估的价格类型也必然不同。房地产的价格类型主要有：买卖价格、租赁价格、入股价格、抵押价格、典当价格、投保价格、课税价格、征用价格等。

（3）房地产价格取得的途径

房地产价格通常可以通过3个途径来求取：①最近同类的房地产在市场

上是以何种价格进行交易的；②重新建造同类的房地产需要多少费用；③如果利用该房地产可以得到多大的收益。由此，在房地产估价上有三大基本方法，即：比较法、成本法、收益法。除此之外，还有一些其他方法，如基准地价修正法、路线价法、标准价调整法、多元回归分析法、修复成本法、损失资本化法、价差法等。每种估价方法都有其特定的使用范围和条件，有时可以同时并用，以相互验证，但有时也是相互补充的。在评估一宗房地产的价格时一般要求同时采用两种以上的方法。

（4）房地产估价的原则

人们在房地产估价的反复实践和理论探索中，基于对房地产价格形成运动规律的认识，总结出了一些简明扼要的在估价活动中应当遵循的法则、标准或应当注意的问题。主要有：独立、客观、公正原则，合法原则，价值日期原则，替代原则，最高最佳利用原则等。

（5）房地产估价的程序

房地产价格工作应按下列程序进行：

1）受理估价委托；

2）确定估价基本事项；

3）编制估价作业方案；

4）搜集估价所需资料；

5）实地查勘估价对象；

6）选用估价方法进行测算；

7）确定估价结果；

8）撰写估价结果；

9）审核估价报告；

10）交付估价报告；

11）保存估价资料。

（6）影响房地产价格评估的因素

房地产价格评估受到诸多因素影响，可以将其分为外部因素和内部因素两个方面。外部因素主要是指自然、环境、经济、人口、文化、社会治安、制度政策、心理、国际局势等因素引起的价格特征。不同的时间、不同的地方，各种因素对房地产价格的影响程度和方向是大不相同的。内部因素主要是指因估价机构、估价师本人、估价制度本身等所导致的价格变化。

11.1.2 我国房地产估价行业的发展

1993年人事部、建设部共同认定了第一批房地产估价师。在这20多年历程中，我国房地产估价行业得到了长足的发展：

1）确立了基本制度，房地产价格评估制度、房地产价格评估人员资格认证制度，成为国家的法定制度；

2）房地产估价执业人员队伍不断壮大，全国注册房地产估价师队伍从1993年的140人发展到目前的5万多人；

3）行业基础性建设开始起步，发布了国家标准《房地产估价规范》，使房地产估价有了国家统一的执业标准；

4）加强了行业组织建设，成立了全国和地方的房地产估价行业自律性组织，有效地组织估价人员学习政策法规，研究行业建设，开展学术交流，加强行业自律管理；

5）估价机构改革取得重要突破，房地产估价机构由最初的房地产管理部门的内设或下设机构，改制为由注册房地产估价师出资的有限责任公司或合伙企业，真正成为市场经济的主体；

6）估价业务走向市场服务社会，房地产估价服务对象从单一为房地产权属登记机关服务，发展成为金融、司法、税务等部门及个人服务，在国民经济和社会生活中发挥着越来越重要的作用。

我国的房地产估价师执业资格制度的建立与国外相比时间虽然较短，房地产估价行业还是一个朝阳行业，但房地产估价行业的重要作用和地位已很显著。发达国家和地区的实践也证明，房地产估价行业的发展与国家的社会经济发展及人民群众的切身利益密切相关。随着房地产与金融的更紧密结合，随着房地产增量市场与存量市场的联动，注入房地产业的金融资本越来越多，房地产权属的交易也会越来越频繁，房地产估价的任务越来越重，特别是随着现代产权制度的建立和健全，权属清晰、权责明确、保护严格、流转顺畅的产权制度将进一步完善，切实维护公有财产权、保护私有财产权，促进各类资本的流动和重组，形成良好的信用基础和市场秩序，房地产估价的重要性也将越来越明显和突出。房地产估价做得好，可以有效地规避贷款风险和投资风险，合理调配资金，使整个金融环境和资本市场保持稳定，保证国民经济持续健康发展；房地产估价工作如果滞后于经济形势的发展和资本市场的改革进程，不但会影响公众利益、社会经济秩序，甚至会影响整个社会和国民经济正常发展的基础。

党的十六届三中全会《中共中央关于完善社会主义市场经济体制若干问题的决定》对积极发展中介服务机构和行业协会的要求，为我们办好各类房地产估价机构和房地产估价师学会指明了继续发展的目标和深化改革的原则，即要“独立公正”“规范运作”和遵循“市场化原则”。

房地产估价机构是直接为市场提供中介服务的机构，这种专业化的中介机构，必须改变政府化的倾向而与各级政府完全脱钩，要成为真正独立的经济实体，实行企业化经营管理。现在我们这方面的改革应该说是完成了阶段性的目标，改制工作取得一定的成绩。从发展方向和改革的深化来讲，应该大力推行合伙制，对此我们还要进一步提高认识，创造条件和大力推进。因为房地产估价提供的服务责任重大，按出资额为限承担有限责任，被认为是执业过错成本太低，不利于克服和杜绝估价中的错估错评现象。因此，按照发展市场经济的要求和国际惯例，这类机构的改革方向是实行合伙制。

房地产估价师既是执业的个人更是社会执业分工的一个群体。任何一个房地产估价师在职业道德和估价技术方面出现问题，都会影响到整个房地产估价师群体的形象。因此，要在房地产估价全行业内形成人人自觉维护房地产估价师声誉的良好氛围。近 10 年来，我国房地产估价师队伍总体素质是好的，但也出现了一些受利益驱动而出具不实估价报告、转借个人资格、长期不参加继续教育的情况。对于这些问题，我们不能姑息迁就，一旦发现和证实，除应在行业组织内部进行及时处理外，还要报请政府有关部门予以处理，决不能因个别人的不良行为，毁坏了房地产估价师、整个房地产估价行业的社会公众形象。要通过建立严格的清出机制，保证房地产估价师队伍具有必要的素质，唯此才能完成繁重而严肃的房地产估价业务。

公正、公开、公平是市场存在的基本法则。作为房地产市场一部分的房地产估价市场，诚信制度极其重要。人无信不立，事无信不成。目前，注册房地产估价师信用档案、一级房地产估价机构信用档案体系都已建立并投入使用。二、三级房地产估价机构信用档案也逐步建立。要通过信用档案全面及时掌握房地产估价师及整个房地产估价行业的信用状况。对房地产估价机构、房地产估价师实行“告诫”谈话制度，建立诚信预警机制、失信惩戒机制，构筑房地产估价行业良好的社会信用基础。

房地产估价是智力型行为，房地产估价师的专业素质是其执业的技术保证。伴随房地产估价理论和实践的不断发展和深入，房地产估价师的专业水平也必须不断改进、提高、创新，要通过房地产估价师继续教育等多种形式，对旧有的知识结构和技术经验进行更新，使房地产估价师适应不断变化的市场经济发展的要求。同时，行业协会也应在多渠道开展国际交流、合作与互认，以此提升我国房地产估价师在国际上的影响力和竞争力。

11.1.3 与房地产估价相关的制度

（1）房地产中介服务行业管理制度

房地产估价与房地产咨询、房地产经纪三大活动统称为房地产中介服务，是具有专业执业资格的人员在房地产投资、开发、销售、交易等各个环节，为当事人提供专业服务的一系列经营活动。为规范房地产中介服务管理，保障当事人的合法权益，依照《城市房地产管理法》的有关规定，1996 年 1 月建设部发布并实施《城市房地产中介服务管理规定》（以下简称《规定》）。《规定》主要从 3 个方面实施行业监督和管理，即房地产中介服务人员资格管理、房地产中介服务机构资质管理、房地产中介服务业务管理。《规定》中明确："国家实行房地产价格评估人员资格认证制度。房地产价格估价人员分为房地产估价师和房地产估价员。""房地产估价师必须是国家统一考试、执业资格认证，取得《房地产估价师执业资格证书》，并经注册登记取得《房地产估价师注册证》的人员。未取得《房地产估价师注册证》的人员，不得以房地产估价师的名义从事房地产估价业务。"

（2）房地产评估机构管理

国家鉴于房地产估价活动与公共服务、公共利益、金融活动等社会经济活动的密切相关性，为加强对房地产估价机构的管理、规范房地产估价行为，依据《中华人民共和国行政许可法》，国务院下发了《国务院对确需保留的行政审批项目设定行政许可的决定》将房地产估价机构自治核准列为确需保留的 500 项行政许可项目之一，由建设部负责房地产估价机构自治核准工作。2005 年 10 月，建设部根据上述法律、行政法规，发布了《房地产估价机构管理办法》，2005 年 12 月 1 日起施行。之后该办法于 2013 年 10 月 16 日根据住房和城乡建设部令第 14 号修正，2015 年 5 月 4 日根据住房和城乡建设部令第 24 号修正。

房地产估价机构的概念。房地产估价机构，是指依法设立并取得房地产估价机构资质，从事房地产估价活动的中介服务机构。

房地产估价机构的组织形式。房地产估价机构由自然人出资，主要由房地产估价师个人发起设立，组织形式有：①合伙制。由 2 名以上（含 2 名）专职注册房地产估价师合伙发起设立。合伙人按照协议约定或法律规定，以各自的财产承担法律责任，对机构的债务承担无限连带责任。②有限责任制。由 3 名以上（含 3 名）专职注册房地产估价师共同出资发起设立。出资人以其出资额为限承担法律责任，房地产估价机构以其全部财产对其债务承担责任。

房地产估价机构资质等级。房地产估价机构资质等级分为一、二、三级。新设立中介服务机构的房地产估价机构资质等级核定为三级资质，并设 1 年的暂定期。具体标准见表 11-1。

表 11-1　房地产估价机构资质等级标准

等级 标准	一级	二级	三级
从业时间	• 连续 6 年以上 • 取得二级资质 3 年以上	取得三级资质 4 年以上	—
注册资本金与出资额	• 有限责任公司：200 万元以上 • 合伙企业：120 万元以上	• 有限责任公司：100 万元以上 • 合伙企业：60 万元以上	• 有限责任公司：50 万元以上 • 合伙企业：30 万元以上
专职注册房地产估价师人数	15 名以上	8 名以上	3 名以上
业绩	前 3 年平均每年完成估价标的物建筑面积 50 万 m^2 以上或者土地面积 25 万 m^2 以上	前 3 年平均每年完成估价标的物建筑面积 30 万 m^2 以上或者土地面积 15 万 m^2 以上	在暂定期内完成估价标的物建筑面积 8 万 m^2 以上或者土地面积 3 万 m^2 以上

（3）房地产估价师执业资格制度

我国房地产估价师制度起步于 20 世纪 80 年代，学习、借鉴发达国家和地区房地产估价方面的先进经验，1988 年开始实行房地产从业人员持证上岗，1993 年、1994 年建设部和人事部共同组织认定了两批共 346 名房地产估价师。1995 年《中华人民共和国城市房地产管理法》颁布实施后，“房地产价格评估人员资格认证制度”即成为一项法定制度，并于同年开始，在全国实行统一的房地产估价师执业资格考试。2004 年，内地房地产估价师与香港测量师实现了资格互认。2004 年 7 月 1 日《中华人民共和国行政许可法》开始实施，房地产估价师执业资格注册属于国家行政许可项目。

11.1.4 注册房地产估价师考试要求

（1）考试内容

注册房地产估价师考试科目根据该行业发展对从业人员的要求，目前设置的考试科目为4个：房地产基本制度与政策、房地产开发经营与管理、房地产估价理论与方法、房地产估价案例与分析。

（2）报考条件

凡中华人民共和国公民，遵纪守法并具备下列条件之一者，可申请参加房地产估价师执业资格考试：

1）取得房地产估价相关学科（包括房地产经营、房地产经济、土地管理、城市规划等，下同）中等专业学历，具有8年以上相关专业工作经历，其中从事房地产估价实务满5年；

2）取得房地产估价相关学科大专学历，具有6年以上相关专业工作经历，其中从事房地产估价实务满4年；

3）取得房地产估价相关学科学士学位，具有4年以上相关专业工作经历，其中从事房地产估价实务满3年；

4）取得房地产估价相关学科硕士学位或第二学位、研究生班毕业，从事房地产估价实务满2年；

5）取得房地产估价相关学科博士学位的；

6）不具备上述规定学历，但通过国家统一组织的经济专业初级资格或审计、会计、统计专业助理级资格考试并取得相应资格，具有10年以上相关专业工作经历，其中从事房地产估价实务满6年，成绩特别突出的。

人事部《关于做好香港、澳门居民参加内地统一举行的专业技术人员资格考试有关问题的通知》（国人部发〔2005〕9号）文件规定，自2005年起，凡符合考试相应规定的香港、澳门居民，均可按照规定的程序和要求，报名参加相应专业考试。在报名时应向当地考试报名机构提交本人身份证明，凡报名条件中有专业学历和从事相关专业工作年限规定的，在报名时，还应提交国务院教育行政部门认可的相应专业学历或学位证书，以及相应专业机构从事相关专业工作年限的证明。

《关于向台湾居民开放部分专业技术人员资格考试有关问题的通知》（国人部发〔2007〕78号）文件规定，为促进海峡两岸专业技术人员的交流与合作，经与国务院有关部门研究，从当年起再向台湾居民开放15类（项）专业技术人员资格考试。

（3）考试管理

全国房地产估价师执业资格考试成绩实行两年为一个周期的滚动管理办法。参加考试的人员，须在连续两个考试年度内通过全部科目的考试方可获得执业资格。

2021 年 10 月，住房和城乡建设部、自然资源部制定了《房地产估价师职业资格制度规定》《房地产估价师职业资格考试实施办法》（建房规〔2021〕3 号）。原建设部、人事部《关于印发〈房地产估价师执业资格制度暂行规定〉和〈房地产估价师执业资格考试实施办法〉的通知》（建房〔1995〕147 号）同时废止。

11.1.5　估价职业道德

《房地产估价规范》规定，房地产估价师与房地产估价机构必须遵守以下职业道德：

1）房地产估价师和房地产估价机构应诚实正直、勤勉尽责，严禁作任何虚假的估价，不得按估价委托人或其他单位、个人预先设定的价值或价格，以及高估或低估要求进行估价。

2）房地产估价师和房地产估价机构必须回避与自己、近亲属、关联方及其他利害关系人有利害关系的房地产估价业务。

3）房地产估价师和房地产估价机构不得承接超出自己专业胜任能力的估价业务，对于部分超出自己专业胜任能力的工作，应聘请具有相应专业胜任能力的专业人员或专业机构提供帮助，并在估价报告中披露或说明。

4）房地产估价师和房地产估价机构应尽职做好每项估价工作，包括对估价委托人提供的估价所依据的资料进行审慎检查，努力收集估价所需资料，对估价对象进行认真的实地查勘。

5）房地产估价师和房地产估价机构应在估价假设等重大估价事项上，向估价委托人详细说明，务求估价委托人清楚估价的限制条件和估价结果的使用限制。

6）房地产估价师和房地产估价机构应保守在执业活动中知悉的国家秘密、当事人的商业秘密和技术秘密，不得泄露个人隐私；应妥善保管估价委托人提供的资料，未经估价委托人同意，不得擅自将其公开或泄露给他人。

7）房地产估价师和房地产估价机构应维护房地产估价行业声誉，不得采取迎合估价委托人或估价利害关系人不当要求、恶性低收费、支付回扣、贬低同行、对自身能力虚假宣传等不正当手段承揽估价业务，不得索贿、受贿或谋取合同约定费用外的其他利益。

8）房地产估价师和房地产估价机构不得允许其他个人或单位以自己的名义从事估价业务，不得以估价者身份在非自己估价的估价报告上签名、盖章，不得超越本机构资质等级许可的业务范围或以其他房地产估价师、房地产估价机构的名义从事估价业务。

9）房地产估价师和房地产估价机构应经常开展内部研讨，积极参加继续教育，努力学习专业知识，持续积累估价经验，不断提高专业胜任能力，勇于承担社会责任。

11.2 土地估价师

11.2.1 土地估价及其相关概念

（1）土地估价发展过程

土地估价就是估价人员依据土地估价的原则、理论和方法，在充分掌握土地市场交易资料的基础上，根据土地的经济和自然属性，按地产的质量、等级及其在现实经济活动中的一般收益状况，充分考虑社会经济发展、土地利用方式、土地预期收益和土地利用政策等因素对土地收益的影响，综合评定出某块土地或多块土地在某一权利状态下某一时点的价格的过程。

改革开放以来，随着我国城镇土地使用制度的改革和土地进入市场进行转让交易，客观上对土地估价中介服务业务提出了客观需要，特别是 1986 年《中华人民共和国土地管理法》颁布后，土地估价中介服务有了更快的发展。随着市场化改革的进展，对原为划拨土地的存量建设用地，需要通过市场机制进行重新配置；国有企业改革和战略性结构调整中土地资产需要重新盘活；农用地市场开始形成，农村集体建设用地市场已经发育；各级政府逐步提高了土地出让过程中的招标、拍卖比例，等等。这些市场化取向的改革都对土地估价中介服务提出了更多的市场需求，客观上要求土地评估中介服务业务的拓展。为适应市场上的客观要求，1993 年，国家土地管理局制定了《土地估价师资格考试暂行办法》，规定对土地估价资格实行全国统一考试。

可以说，土地估价行业是伴随着土地使用制度改革而产生并发展起来的，至今已有 20 多年的历史。在这 20 多年里，土地估价行业在服务于市场经济建设和国有企业改革、服务于土地使用制度改革与土地市场建设中不断发展壮大，已成为我国市场经济体系中一个重要的中介行业，并取得了辉煌的成就。

1）建立了与我国市场经济体系相适应的土地估价制度和土地估价师资格制度。在我国土地使用制度改革与土地市场建设过程中，地价问题一直是核心问题和前提条件。从城镇土地分等定级到城市基准地价测算，从出让地价到国企改革中土地资产管理，从土地有偿使用到经营城市，土地估价从无到有，建立了一系列的制度和体系。例如，建立了基准地价、标定地价、宗地地价、城市地价动态监测系统，征地区片价等地价体系；建立了从估价机构注册与公示、估价报告备案、土地资产处置审批改革的管理制度；建立了土地估价师资格考试、继续教育、信息公示等土地估价人员和机构的监督管理机制。

2003 年 12 月 19 日国务院办公厅转发了《财政部关于加强和规范评估行业管理意见的通知》（国办发〔2003〕101 号），明确规定土地估价师是根据目前我国社会主义市场经济发展的客观需要设置的六类资产评估专业资格之一，进一步明确了土地估价师在社会主义市场经济建设中的地位和作用，这是国务院对土地估价行业 20 多年来改革和发展的充分肯定。

2）形成了一整套具有中国特色的土地估价理论方法体系与土地估价的技术标准体系。已先后颁布了《城镇土地估价规程》《城镇土地分等定级规程》《农用地分等规程》《农用地定级规程》《农用地估价规程》两个国家标准和三个行业标准，以及《土地估价报告规范格式》《城市地价动态监测技术规范》等技术标准，出版了《土地估价师资格考试系列教材》《城市土地价格调查与动态监测》《中国城市地价图集》《城市地产评估》等专著和众多研究报告，有超过 60 个高等院校开设了土地估价的专业课程，形成了从本科、硕士到博士的系列教育和理论研究体系。

3）形成了一支具有规模、专门提供土地估价中介服务的专业队伍。全国共有 2 万多名具有资格的土地估价师，其中执业注册的土地估价师上万人，执业土地估价机构 2 000 家。经过脱钩改制、改革土地估价结果确认和土地资产处置审批制度、改革土地估价人员和机构监督管理方式的三次改革，土地估价行业的人员素质、机构规模、业务能力、竞争风险意识等都有很大的提升，已经形成了一批具有规模的，能够自我发展、自我约束、自主经营、自担风险的土地估价专业队伍。

4）有力地配合土地使用制度改革和土地市场建设。据有关部门的不完全统计，1992 年以来，全国土地出让金收入累计达 1 万多亿元。土地出让金收入主要用于地方城市建设，对改善城市环境、加快城市基础设施建设，推进土地市场建设起了积极作用。这其中出让地价评估和城市基准地价评估是土地使用权出让和土地市场建设的基础工作。

5）有力地配合国有企业改革。据不完全统计，全国共完成了近 6 万家改制企业的土地评估工作，显化资产几千亿元，仅由原国家土地管理局和现国土资源部确认和处置的企业数就达 200 多家，涉及宗地超过 10 万宗，其中包括中石油、中石化、中国联通、中国电信、中国移动等特大型集团公司的改制等，在显化国有土地资产、促进国有经济的战略性调整、防止土地资产流失等方面曾发挥了重要作用。

6）土地估价行业已初步走上政府监管、行业自律、独立公正、自主发展的道路。2002 年，国土资源部按照国务院改革行政审批制度的要求，改革了土地估价行业监督管理方式，强化了行业自律，有力地促进了行业自律组织建设。已有 28 个省、自治区、直辖市成立了土地估价师协会，仅 2004 年，就有 10 多个省（区、市）成立了土地估价的行业自律组织。

（2）土地估价作用

1）土地估价有助于土地交易的顺利进行。随着经济的发展，土地交易日趋频繁，而土地经济价值却随着经济的发展而日益变化。由于土地市场具有强烈的地域性，因而，在市场上不容易获得完整的价格资料。而土地交易除专业经营公司之外，一般人很少具有这方面的经验，有必要事先对土地进行估价。只有经过专业人员收集资料，分析评定，买卖双方才不致有上当受骗的担心，交易自然迅捷。

2）土地估价有助于企业投资决策。土地作为一种重要的生产要素，常常是企业决策的主要考量之一。根据替代原理，在资金一定的情况下，为了达到某一生产水平，土地投资的多少直接影响其他要素的投资。若地价昂贵，则可减少土地投资而增加资本、劳动的投入；若地价低廉，则可增加土地投资而减少资本、劳动投入。另外，作为资金融通的手段，也必须对土地进行估价。

3）土地估价有助于土地市场的完善。我国开始土地使用制度改革以来，城镇土地逐步由无偿使用改为有偿使用，土地市场也逐步建立。土地资源要实现市场配置，土地市场要进一步完善。我国城镇国有土地的配置方式已趋多样化，有土地出让、作价入股、授权经营、国有土地租赁和行政划拨等多种形式。行政划拨范围正在逐步缩小，市场配置范围逐步扩大。市场配置的基础是土地资产的量化，而量化的基本手段是估价。另外，城镇土地使用税、土地增值税等土地税的征收，土地抵押、发行土地债券等土地融资手段，也要以土地资产的量化为前提。

4）土地估价有助于土地市场管理。土地市场管理是土地管理的一项重要内容，而土地市场管理的核心又是土地价格管理。土地价格随市场因素波动较大，同时，波动幅度又比经济增长波动更大，因此，土地投机极易发生。为防止地价波动过大及土地投机行为，必须了解该地区的土地真实价值，把专业人员估定的有代表性的地块价格作为控制地价水平的依据。

（3）土地估价作用

《中华人民共和国城市房地产管理法》第三十三条规定："国家实行房地产价格评估制度。房地产价格评估，应当遵循公正、公平、公开的原则。"一般地讲，土地价格评估应遵循以下原则。

a）公平原则

遵循公平原则是指估价人员在土地估价中，应以公正的态度，在公开市场条件下求得一个公平合理的土地价格。土地估价是一种主观与客观相结合的艺术，估价人员的主观判断对估价结果影响较大。因此，估价人员必须公正廉洁，认真客观地评估，决不能受任何私念的影响，偏袒一方。同时，为求得一个公平价格，估价人员还必须全面地了解市场上土地供需情况及其他影响因素，提高估价专业水平，严格遵循估价工作程序。

b）最有效利用原则

遵循最有效利用原则是指在一般情况下，土地估价应以估价对象的最有效利用为前提。土地的权利、经济用途和利用程度是多方面的。不同的权利形态及不同的用途下，土地的价值不同；同一用途不同利用程度下土地价值也不同。只有当土地利用在当时当地处于最有效利用状态时，其土地价值才最大。以土地的最大价值进行土地资源配置，有利于土地资源的最有效利用。因此，土地价格评估要以土地的最有效利用为前提。但是，在现实土地利用中，土地的不合理利用和非最佳利用很多，当待估宗地处于非最有效利用时，除个别行政性政策性评估外，应以最有效利用为前提估价。几种特殊的土地利用是：基准地价评估以估价对象的现状利用为最有效利用；企业改制、资产清算、地税征收、公益用地等估价，以估价对象的现状利用为最有效利用；农地估价中，未获得转用许可的农地以现状利用为最有效利用，可转为建设用地者，以实际最佳用途为最有效利用。

c）替代原则

根据经济替代原理，在同一公开市场上同质的商品应有相同的价格。根据市场规律，在同一商品市场中，价格相同效用大者需求大，效用相同价格低者需求大。一种商品的价格升高会引起另一种商品的需求增大，则称这两种是互为替代品。土地作为一种特殊商品也是如此，在同一供需圈、同一时期同一或类似区域，同一用途土地彼此间形成竞争，价格互相影响最后趋于一致。这一原则是市场比较法的理论基础。即在评估一宗地的价格时，可以在同一供需圈内，或同一区域内，调查取得发生的多宗同一用途或类似用途的土地交易实例，通过对地价因素的比较修正，可求得待估宗地的价格。

d）预期收益原则

土地价格是土地未来收益的资本化。过去的土地收益不决定土地价格，但有助于帮助估价人员推测未来收益的变化趋势。遵循预期收益原则是指土地估价应以估价对象在正常利用下的未来客观有效的预期收益为基准。预测的未来收益必须是客观的、合理的，是在正常的市场状况、经营管理水平下的土地纯收益。这要求估价人员必须了解过去的收益状况，认真分析土地市场的现状、发展趋势，以及对土地市场产生影响的政治经济形势、各项政策，合理预测各种土地投资行为在正常情况下的客观的投入产出状况。对预期收益的预测分析，往往是运用收益还原法和剩余法评估土地价格的关键。

e）供需原则

由于土地的位置固定性和市场的地域性，土地的供给与需求不同于一般商品的供给与需求，它们也带有强烈的地域性特点。土地的自然供给是固定的、无弹性的：土地的经济供给因土地用途不同、地域不同和政策不同而有多种表现。一般情况下，土地价格主要取决于需求方的竞争，同时，由于土地的经济供给在一定程度上是可变的，它对市场价格的影响也很大。由于土地市场的不完全性，以及我国城镇土地一级市场由国家垄断，所以，土地价格不可能完全由市场的供给与需求决定，在运用此估价原则时，一定要结合预期收益原则，并充分考虑一些非市场因素对土地价格的影响。

f）保证农民基本生活原则

我国农村集体土地实行集体经济组织所有、农民个人承包经营的两权分离模式。土地，对于农民来说，它不但是一种生产资料，更是一种最基本的生存保障财产。由于我国农村还没有充分建立公共医疗、社会养老等社会化保障体系，农民的生老病死一定程度上由农民自己解决，所以，农地既具有生产资料的经济功能，又具有保障生活的社会功能。尽管农地收益较少，但它对农民起到保险箱作用。农地估价一定要考虑农地的双重功能。如果只根据农地纯收益，不考虑土地对农民的社会保障作用，即土地的社会效益等因素，土地价格就不客观。遵循农民基本生活保证原则，就是指因集体转移土地所有权而致农民失去土地时，其价格补偿应以能保证农民的最基本生活为条件。

（4）土地价格影响因素

影响土地价格的因素主要有：

1）一般因素。指影响城镇地价总体水平的自然、社会、经济和行政因素等，主要包括地理位置、自然条件、人口、行政区划、城镇性质、城镇发展过程、社会经济状况、土地制度、住房制度、土地利用规划及计划、社会及国民经济发展规划等。

2）区域因素。指影响城镇内部区域之间地价水平的商服繁华程度及区域在城镇中的位置、交通条件、公用设施及基础设施水平、区域环境条件、土地使用限制和自然条件等。

3）个别因素。指宗地自身的地价影响因素，包括宗地自身的自然条件、开发程度、形状、长度、宽度、面积、土地使用限制和宗地临街条件等。

土地估价时对影响因素的分析、选择要根据因素影响程度的大小，分主次分析、确定影响因素。

11.2.2 注册土地估价师考试管理

（1）考试内容

1993 年国家土地管理局根据我国有关法律、法规，颁布了《土地估价师资格考试暂行办法》，并成立了土地估价师资格考试委员会。2006 年国土资源部颁布《土地估价师资格考试管理办法》，并于 2007 年 1 月 1 日起开始施行。根据管理办法，国家实行土地估价师资格认证制度。通过全国土地估价师资格考试，方可取得土地估价师资格。

土地估价师资格实行注册登记制度，有效期暂定为 3 年。获此资格者应于期满之前，到主管部门申请办理注册登记，否则资格将自行失效。取得土地估价师资格者，可受聘于具有土地评估资格的合法机构，并在其中独立承担土地估价业务。

土地估价师资格考试主要测试应试人员所应具备的土地估价专业知识和执业能力。土地估价师资格考试的内容包括：

1）土地管理基础知识；

2）土地估价理论与方法；

3）土地估价相关经济理论与方法；

4）土地估价实务。

（2）报考条件

凡中华人民共和国公民，具有完全民事行为能力，遵纪守法，并具备下列条件之一的，可以报名参加土地估价师资格考试：

1）取得大专学历且从事相关工作满两年；

2）取得本科学历且从事相关工作满一年；

3）取得博士学位、硕士学位、第二学士学位或者研究生班毕业。

不具备前款第 1）、2）、3）项规定的国家承认的学历或学位要求，但具有国家认可的中级以上相关专业技术职称。

有下列情形之一的人员，不能报名参加土地估价师资格考试；已经办理报名手续的，报名无效：

1）因故意犯罪受刑事处罚，在服刑期间及自刑罚执行完毕之日起至报名之日止未满五年的；

2）被取消土地估价师资格未满五年的；

3）被取消考试资格未满两年的；

4）在评估或相关业务中受到行政处罚或者撤职以上行政处分，自处罚、处分之日起至报名之日止未满两年的。

（3）考试管理

自然资源部组织全国土地估价师资格考试委员会，对土地估价师资格考试涉及的重大事项进行协调、决策。中国土地估价师协会根据全国土地估价师资格考试委员会的决策，具体组织实施土地估价师资格考试工作。

土地估价师资格考试每年举行一次。报考人员自由选择报考科目的种类和数目，各科考试成绩在 3 个连续考试年度内有效。

按照《中华人民共和国资产评估法》和《国务院关于取消和调整一批行政审批项目等事项的决定》（国发〔2014〕50 号）、《人力资源和社会保障部关于公布国家职业资格目录的通知》（人社部〔2017〕68 号）要求，原土地估价师职业资格将进行整合改革。原已取得土地估价师职业资格的人员，执业和继续教育等活动仍正常开展，不受影响。

（4）职业素养

1）对竞争公平守道。评估机构和评估专业人员应尊重同行，团结合作，良性竞争，坚决反对不正当竞争；不以明显低于工作客观成本的价格进行项目竞标，不采用行贿等不正当手段承揽业务；不夸大事实误导宣传；不伤害同行信誉和损害同行利益。评估机构应杜绝“挂证”行为的发生；不得允许其他土地评估机构以本机构名义开展业务，或者冒用其他土地评估机构名义开展业务。评估专业人员不以个人名义接受委托、承办业务、收取费用；不冒用他人名义开展业务；不同时在两个及以上土地评估机构从事土地评估业务。

2）对行业自律守信。评估机构和评估专业人员应严格遵守行业监督管理办法和自律规范，廉洁自律，不利用执行业务之便，索贿、受贿或者谋取除委托合同约定收取费用外的不正当利益；持续学习，诚信执业；积极参与行业公益活动，维护职业形象和行业信誉。

3）对委托公正守约。评估机构和评估专业人员应尊重客户，与客户充分沟通，按合同约定提供服务并承担相应责任；回避与自己、近亲属以及其他相关利害关系人有利害关系的业务；不承接超出专业胜任能力的业务，审慎执业；不准违反规定泄露商业秘密。

4）对项目独立守职。评估机构和评估专业人员应恪尽职守，严格履行现场查勘和查证核实义务；采取措施保持独立性，在评估中不受任何单位和个人的影响，拒绝委托人或者其他组织、个人对评估行为和评估结果的非法干预。

5）对报告客观守真。评估机构和评估专业人员应树立“以质量求生存”的意识，严格遵守规程，保证出具报告质量，客观、公正地反映评估对象真实情况，不弄虚作假。

11.3 房地产经纪人/协理

11.3.1 房地产经纪及其相关概念

（1）房地产经纪的概念

经纪，是指为他人介绍订约机会或充当订约媒介行为。所谓介绍订约机会，指接受委托人的委托，帮助寻找、搜集可与委托人订约的第三人，并将找到的第三人介绍给委托人；所谓充当订约媒介，指介入具体的协商过程，不但要报告订约机会，还要周旋于委托人与第三人之间，协调双方意见，促使或撮合委托人与第三人最后订约成交。而在现实中，各类经纪人的行为内容并不限于居间，其作用除为委托人牵线搭桥促成交易外，还可接受委托人的委托，帮助代签合同，甚至可以以自己的名义代替委托人购销商品。这表明“经纪”行为具有“代理”或“行纪”的特征。

“经纪”（brokerage）或“经纪人”概念是来自英美法国家，他们在其法律制度上并不着意对经纪人、代理人和代销人及其行为作严格区分，说到“经纪”即指一种营业、行业或职业性的行为，在性质上视情况相当于大陆法系国家所说的居间、代理或行纪。因此，可以认为，“经纪”表示一种营业或职业性的行为，是以提取佣金为经营特征来为交易双方提供中介服务。

房地产经纪是指受委托人委托，为委托人提供房地产信息和房间代理业务的经营活动。

房地产经纪，是房地产中介服务中最主要和最典型的一项业务，它比较集中地反映了中介活动的本质特征。在现实生活中，房地产经纪业务与房地产中介服务体系中的其他各项业务是互相联系、互相渗透、相辅相成的。例如，一项房地产活动如物业投资的完成，在需要居间介绍的同时，往往也需要物业估价、政策咨询等其他中介职能的介入。因此，房地产经纪人或房地产经纪机构根据自身条件和有关规定可承担多项中介业务。

（2）房地产经纪人员

房地产经纪人员是指在房地产经纪机构中直接执行房地产经纪业务的人员，是依法取得房地产经纪人员相应的职业资格证书并经有关主管部门注册生效的人员。房地产经纪人员职业资格分为房地产经纪人执业资格和房地产经纪人协理从业资格。

1）房地产经纪人的职业技术能力：

- 具有一定的房地产经济理论和相关经济理论水平，并具有丰富的房地产专业知识。
- 能够熟练掌握和运用与房地产经纪业务相关的法律、法规和行业管理的各项规定。
- 熟悉房地产市场的流通环节，具有熟练的实务操作的技术和技能。
- 具有丰富的房地产经纪实践经验和一定资历，熟悉市场行情变化，有较强的创新和开拓能力，能创立和提升企业的品牌。
- 有一定的外语水平。

2）房地产经纪人协理的职业技术能力：

- 了解房地产的法律、法规及有关行业管理的规定。
- 具有一定的房地产专业知识。
- 掌握一定的房地产流通的程序和实务操作技术及技能。

（3）房地产经纪活动的主要内容

房地产经纪是一种专业性的营业或职业活动。其活动的主要内容有：①从事现房交易活动，为买者代买或为卖者代卖，交易成功，获取一定佣金；②从事期房交易，代买者买进或代卖者卖出，交易成功，按一定比例提取佣金；③从事地产交易，为用地者找到地源；④从事房地产抵押业务，为产权人申请抵押贷款，办好有关手续；⑤从事房屋租赁代理；⑥从事有关房地产的合资、合作或联营的项目交易活动；⑦从事有关房地产的广告策划、过户纳税、产权调换、售后服务等代理活动。

（4）房地产经纪存在的必要性

在市场经济条件下，房地产经纪的存在是非常必要的，这主要表现在：

1）房地产市场机制客观上要求房地产经纪的存在。因为房地产市场不同于一般商品市场，具有非物流性，即是产权交易，而不是实物交易，这特别需要居间人的作用，由他奔波周旋于买卖双方和房地产商品之间，提供有针对性的代理服务。再则，房地产市场结构层次复杂、流通方式多样，交易活动所涉及的专业性和个案性都相当强，一般人会因规范不明和手续繁杂而难以胜任，因此，在大多数情况下不得不求助于行家的指导和帮助。

2）房地产商品的特殊性要求房地产经纪的存在。房地产是高价值、耐久性的特殊商品，其价值和使用价值的构成要素比较复杂，不仅包括建筑结构、层次、朝向、设备等物业要素，而且包括地段、交通、生活服务设施等环境要素，另外还包括邻里关系、社区风气等人文要素。因此，人们对房地产商品价值和使用价值的认识不可能像对一般商品那样，可以通过若干次交换过程的总结来积累经验，人们一般很少重复购买。这样，置业者往往需要借助他人来获取有关信息和经验。由此，房地产经纪作为专业性的服务活动势在必然。

（5）房地产经纪的作用

房地产经纪活动在房地产业中具有积极作用，这主要表现在：

1）有助于打通和拓宽房地产流通渠道。

2）房地产经纪人作为经纪活动的主体，可以在交易双方起到穿针引线、互通有无的作用，特别是对于一些分散、零星、老旧和产权私有的房屋交易，由于涉及非常具体烦琐的问题，非官方管理部门所能顾及，而由房地产经纪人办理，则如鱼得水。

3）有助于为房地产市场提供信息、反馈信息。

4）房地产经纪人熟悉业务，社会联系广泛，市场信息灵通，因此通过其经纪活动可以传递大量的信息源。

5）有助于缩小房地产市场时空差距，加速成交率，减少交易成本。

6）有助于给房地产市场注入竞争机制。

11.3.2 我国房地产经纪业的发展

（1）我国房地产经纪人的历史沿革

我国房地产经纪人的出现可以追溯到很早以前。据元《通制条格》卷十八《关市》记载，“凡买卖人口、马匹、房屋及一切货物，须要牙保人等与卖主明白书写籍贯住坐去处，仍召知买卖主人或正牙保人保管画完押字，许令成交，然后赴务投税”。这说明早在元代时从事经纪活动的人已是大量存在了。当时从事经纪活动即房屋买卖说合的中介被称为“房牙”。

1840年鸦片战争之后，随着通商口岸的设立以及租界的设立，许多外商纷纷在中国投资房地产，从事土地买卖、房屋建造、房屋租赁及房地产抵押等经营活动，在攫取暴利的同时也活跃了房地产市场。随着房地产市场的兴旺，房地产经纪活动便随之产生。最先出现在中国房地产经纪人历史舞台的是“二房东”。在当时，大的房地产投资商主要经营的业务是房屋的直接出租，即将其修建的大楼以高价直接出租给各类商店、银行或其他大的承租户。与此同时，由于这些大的房地产投资商不愿直接经营零散的小住户承租业务，所以，他们还采取转手出租的方式进行经营。在转手出租的方式下，大的房地产业主将房产的出租业务委托给一个可信赖的人经营，这个专门为房地产业主经营和转手出租房屋的人，即被称为“二房东”。“二房东”转手出租房屋，在房租上进行盘剥。同时，“二房东”还伺机以各种名义额外收取费用。由于有“二房东”的帮助，房地产业主基本能够按时收取零散承租者的房租。较早推行转手承租的是上海。1907年，著名的外国房地产投资商——沙逊洋行在上海同沈志贤和马小眉签约，规定每月月底，由沈、马二人将这个月其所监管的全部房屋的房租汇总交沙逊洋行。沙逊洋行对沈、马二人利用监管权的额外所得，则一概不问。其后上海乃至全国的各大房地产主相继采取转手出租的方式经营零散承租业务。“二房东”作为一个社会阶层也由此逐渐形成，并一直沿续至中华人民共和国成立初期。

民国之后，尤其是在20世纪20年代至30年代的10余年中，中国的房地产业处于上升时期，发展较快。国外及国内的一些大房地产投资商大规模兴建高层大厦，出租获利。相继从海外回乡的华人也加入到房地产投资经营行列，使房地产业再掀高潮。相应的房地产经纪活动也十分活跃，出现了一大批专门从事房地产经纪活动的从业人员，如在上海，出现了专靠介绍房屋租赁从中取利的房屋经纪人，上海人将其称为“白蚂蚁”。“白蚂蚁”从事经纪活动有两种方式，一是以“顶屋公司”的形式；二是以“单干个体户”的形式。“顶屋公司”有固定的经营场所，以在报纸上刊登广告的方式招揽生意，一般出租人委托公司出租房屋时，只需登记房屋的地点、朝向、大小等情况，并注明“顶手费”的上下幅度即可。而承租人则要向公司填写委托书，并在成交时交付佣金（一般为顶费总数的 1/10）及若干委托费。至于“单干个体户”则以茶楼为其经营的据点，他们在那里交换信息，撮合成交。经纪人所收的佣金一般为成交总额的 2.5%左右，其中田单买卖的佣金则高达 5%。再如在北京，从事房屋买卖说合的经纪人俗称为“房纤”或“纤手”，“房纤”分布于市内各区，每区均有“纤头”（即房纤里的代表人物）。纤头们一般配有若干位助手，协助其从事房屋交易的经纪活动。平时房纤们“专为访问何人欲买房，何处有房出售，稍知门径，即自行寻去，担任撮合者。”“因买卖两家，各不相识，无中人说项，似不能对面讲说。且此项纤手，于买房人实有利益，如某处房不净，某处房有纠葛，非此等人莫知其详。且房产交易后，纤手可代换转移凭单、立案、投税、领契等事，较买房人自己办理尤妥”。买卖撮合成功后，按房屋成交总价，买卖双方共同出资 5%作为付纤手的佣金。民国时期，“盖平市纤手通例，置产者出中费 3%，让产者出中费 2%，俗云成三破二”。通过纤手买卖房产，其程序大体如下：①委托纤手作介绍。买房之人将自己的意向告知纤手，纤手则根据自己所掌握的卖房者的信息，为其物色房子。②约期看房。在买方初步看中纤手为其介绍的房子后，纤手与其约定时间，带领买房者看房。③递价、让价、收取定金。若买方中意所看的房子，则买卖双方会通过纤手讨价还价，最终议定价钱，并由纤手代卖方向买方收取定钱（定钱一般为房价的 10%）。④立字、过款。按北京“典三卖四”的习俗，即自立字之日起，典押房屋的要在三个月内、卖房的要在四个月内将房腾空（如房内尚有租客，旧房主要付给租客若干搬家费）。所以，买方在立字之后只需付若干成房价给卖方，以后分几次付清。双方就腾房时间、付款方式达成一致意见后，就立正式契约。在办完全部手续后，买卖双方及纤手互相祝贺，入席就餐。当年鲁迅先生在购买八道湾的房屋时，就是通过纤手购得的。鲁迅买的八道湾的房屋，房价共 3 500 元，分 3 次付款。第一次付房价的 50%，再加 175 元佣金；第二次付款 400 元，收房 9 间，第三次付清剩下的全部房款，全部收房。

1937 年卢沟桥事变后，北平市内的房屋租金不断上涨，房纤见有利可图，也增加了房屋租赁代理内容。房屋租赁，其佣金的收取方式与买卖不同，当时有两份三份之说：“两份者，即所租之房，初迁入时，一起交租金两份，又名一茶一房，意即一份为租房，一份为茶钱，作为打扫费之意。其中费由租房人酌给纤手，数约房租之半。其三份者，除一茶一房外，余归中费。”

中华人民共和国成立初期，民间的房地产经纪活动仍较为活跃。如北京，当时专业的和兼职的房纤约有 5 000 人。由于客观原因，社会上对房屋需求量较大，使一部分不法房纤趁机用欺骗、威胁等手段，对房东、房客或房屋的买主、卖主实行敲诈，索取高额纤费，并哄抬房价。因此，当时整个房地产经纪活动显得比较混乱。从 20 世纪 50 年代初开始，政府加强了对经纪人的管理，采取了一系列如淘汰、取代、改造、利用以及惩办投机等手段，整治了房地产经纪业。如广东，在 1950 年 3 月，市人民政府发布了《广州市房屋租赁暂行办法》，同年取缔了二房东，将在出租过程中收取“批头”“鞋金”等行为视为非法，并于 1952 年 3 月成立房屋租赁介绍所，为市民提供租赁介绍服务。1950 年 9 月，市政府批准成立了“广州市房地产交易所”，负责办理政府机构及个人委托买卖房地产交易业务。1951 年 5 月，市工商局公布《广州市经纪人管理暂行办法》，规定经纪人在从事经纪活动时，必须持有经纪人许可证，同时按规定的范围收取佣金。1952 年 6 月，市房地产管理局发出《关于成立房地产经纪学习班分批审查本市房地产经纪的布局》，对全市 137 名经纪人进行调查，严肃查处在经纪活动中敲诈财物、欺骗实价、偷漏契税等违法行为。1953 年 3 月，市房地产管理局公布了《广州市试行房地产交易员暂行办法》，取缔了经纪人，并在房地产信托公司下设置交易员（从原来经登记的经纪人中，挑选素质较好的担任），明确交易员应具备的条件、工作守则、佣金及有关奖惩办法等。交易员必须经审查批准，取得交易员证之后，方可从事经纪活动。这一系列管理措施实行之后，有力地抵制了房地产经纪人的违法行为，取得了较好的效果。

1978 年改革开放前，在原有的计划经济体制下，住房继续作为“福利品”由国家分配，而不是通过市场交易，随之民间的房屋交易活动也减少到最低限度，在这种情形下，客观上使得房地产经纪活动不被需要，而主观上对经纪活动的认识是一种投机倒把行为，将其视为非法，坚决予以取缔。因此，在这一时期，房地产经纪活动基本消失。

改革开放以后，直到现在，随着我国房地产市场的快速发展，我国房地产经纪业也得到了快速发展，经纪人经历了从“地下”到“地上”的过程，即从 20 世纪 80 年代初期、中期的不合法经营引导到 20 世纪 80 年代末 90 年代初期的合法经营。据不完全统计，1996 年年底，全国共有近万家房地产经纪机构，从业人员达几十万人。房地产经纪业以新的面貌逐步被人们所认识、接纳，并在活跃、繁荣房地产市场方面发挥了一定的积极作用。

（2）我国房地产经纪业的发展现状

自改革开放以后，随着城镇国有土地有偿使用和住房制度改革的逐步推进，特别是 1992 年邓小平同志南巡讲话的发表，我国房地产业得到了迅猛的发展，房地产经纪人及经纪企业顺应房地产市场发展的要求，如雨后春笋般地涌现出来。由于房地产具有价值大、位置固定、使用期长和交易过程复杂等特点，房地产市场活动中交易各方往往需要有关专门知识和信息的帮助，因此，在我国房地产市场快速发展中，房地产经纪作为房地产市场的一个重要环节，发挥了重要的作用，成为活跃房地产市场的一个重要方面。特别是《中华人民共和国城市房地产管理法》和《房地产中介服务管理规定》的相继出台，各地如上海、广州、深圳、北京、汕头、苏州等城市都制定了房地产经纪行业管理的专门性法规政策。这些法规及政策措施的实施，为规范房地产经济行为，加强对房地产经纪人员和经纪活动的管理起到了促进作用。房地产经纪行业的地位已逐步为社会所承认，并在促进房地产交易，规范市场行为，改善人们的生活、学习、工作条件等方面发挥了显著的作用。

随着国家房地产市场健康发展的引导，注册房地产经纪人作用将显现。据悉，为贯彻《国务院办公厅转发建设部等部门关于调整住房供应结构稳定住房价格意见的通知》（国办发〔2006〕37 号），营造主体诚信、行为规范、监管有力、市场有序的房地产市场环境，建设部、国家发展和改革委员会、国家工商行政管理总局于 2006 年 7 月 6 日联合下发了《关于进一步整顿规范房地产交易秩序的通知》（建住房〔2006〕166 号，以下简称《通知》），将加强房地产经纪管理作为整顿规范房地产交易秩序的重要内容之一，要求各地房地产、发展改革（价格）、工商管理部门建立工作联动机制，相互协调、密切配合加强房地产经纪监管。房地产经纪是房地产交易过程中的重要环节，《通知》规定房地产、发展改革（价格）、工商管理部门将从 3 个方面入手，加强房地产经纪的管理。

1）严格执行备案制度。早在 2001 年，《城市房地产中介服务管理规定》（建设部令第 97 号）就要求房地产经纪机构在工商注册之后，要到当地的房地产管理部门备案，这次《通知》重申：“凡从事房地产经纪活动的经纪机构及其分支机构，应向工商行政管理部门申领营业执照，并在一个月内到房地产管理部门办理备案。”备案制度是房地产管理部门对房地产经纪进行归口管理的手段之一，旨在加强房地产经纪行业的法人主体准入管理。

2）强制采用示范合同，实行房地产经纪人签名制。过去对房地产经纪活动采用的合同没有明确的要求，这次《通知》明确规定“房地产经纪人承办经纪业务，应当采用房地产、工商管理部门制定的房地产经纪合同示范文本，并附有执行该项经纪业务的房地产经纪执业人员的签名”。标准的示范合同推行能够减少合同欺诈，利用虚假合同套取银行贷款、偷逃税款等违法违规行为。

3）联合查处违法、违规行为。房地产经纪不规范是扰乱房地产交易秩序的重要原因之一，为此房地产、发展改革（价格）、工商管理部门应按各自职责依法查处或联合查处。《通知》规定：“对房地产经纪人利用虚假信息骗取中介费、服务费、看房费等费用，在代理买卖过程中赚取差价等违规行为，由房地产、发展改革（价格）、工商管理部门依据各自职责，依法从严查处或联合予以查处。”另外，在一手房代理业务中，发布虚假信息、炒卖房号、捂盘惜售、囤积房源等恶意炒作、哄抬房价，或者房地产经纪企业纵容雇佣工作人员炒作房价，扰乱市场秩序的，也将由房地产、发展改革（价格）、工商管理部门依据各自职责，依法从严查处。部门联合执法，房地产经纪活动中的违法、违规行为屡治不绝的现状将会有所改善。

4）建立房地产经纪信用档案。《通知》要求房地产管理部门进一步完善房地产信用档案体系。目前，房地产开发、估价、物业企业都已建立信用档案，房地产经纪企业建立信用档案已迫在眉睫。房地产经纪信用档案建立起来后，房地产经纪公司、房地产经纪人的失信行为要记入信用档案，情节严重的，要通过新闻媒体予以曝光。这样可以提升整个房地产经纪行业的诚信水平。

为了规范房地产经纪活动，保护房地产交易及经纪活动当事人的合法权益，促进房地产市场健康发展，根据《中华人民共和国城市房地产管理法》《中华人民共和国合同法》等法律法规，制定《房地产经纪管理办法》，2011年1月20日住房和城乡建设部、国家发展和改革委员会、人力资源和社会保障部令第8号发布，自2011年4月1日起施行。2016年3月1日根据住房和城乡建设部、国家发展和改革委员会、人力资源和社会保障部令第29号修正，自2016年4月1日起施行。

2016年7月29日，住建部等七部门联合发布《住房和城乡建设部等部门关于加强房地产中介管理促进行业健康发展的意见》（建房〔2016〕168号），就近年来部分中介机构和从业人员存在的经营行为不规范、侵害群众合法权益、扰乱市场秩序等问题，分别从规范中介服务行为、完善行业管理制度、加强中介市场监管等方面提出意见，具体如下。

a）规范中介服务行为

1）规范中介机构承接业务。中介机构在接受业务委托时，应当与委托人签订书面房地产中介服务合同并归档备查，房地产中介服务合同中应当约定进行房源信息核验的内容。中介机构不得为不符合交易条件的保障性住房和禁止交易的房屋提供中介服务。

2）加强房源信息尽职调查。中介机构对外发布房源信息前，应当核对房屋产权信息和委托人身份证明等材料，经委托人同意后到房地产主管部门进行房源信息核验，并编制房屋状况说明书。房屋状况说明书要标明房源信息核验情况，房地产中介服务合同编号，房屋坐落、面积、产权状况、挂牌价格、物业服务费、图片等，以及其他应当说明的重要事项。

3）加强房源信息发布管理。中介机构发布的房源信息应当内容真实、全面、准确，在门店、网站等不同渠道发布的同一房源信息应当一致。房地产中介从业人员应当实名在网站等渠道上发布房源信息。中介机构不得发布未经产权人书面委托的房源信息，不得隐瞒抵押等影响房屋交易的信息。对已出售或出租的房屋，促成交易的中介机构要在房屋买卖或租赁合同签订之日起 2 个工作日内，将房源信息从门店、网站等发布渠道上撤除；对委托人已取消委托的房屋，中介机构要在 2 个工作日内将房源信息从各类渠道上撤除。

4）规范中介服务价格行为。房地产中介服务收费由当事人依据服务内容、服务成本、服务质量和市场供求状况协商确定。中介机构应当严格遵守《中华人民共和国价格法》、《关于商品和服务实行明码标价的规定》及《商品房销售明码标价规定》等法律法规，在经营场所醒目位置标识全部服务项目、服务内容、计费方式和收费标准，各项服务均须单独标价。提供代办产权过户、贷款等服务的，应当由委托人自愿选择，并在房地产中介服务合同中约定。中介机构不得实施违反《中华人民共和国价格法》《中华人民共和国反垄断法》规定的价格违法行为。

5）规范中介机构与金融机构业务合作。中介机构提供住房贷款代办服务的，应当由委托人自主选择金融机构，并提供当地的贷款条件、最低首付比例和利率等房地产信贷政策，供委托人参考。中介机构不得强迫委托人选择其指定的金融机构，不得将金融服务与其他服务捆绑，不得提供或与其他机构合作提供首付贷等违法违规的金融产品和服务，不得向金融机构收取或变相收取返佣等费用。金融机构不得与未在房地产主管部门备案的中介机构合作提供金融服务。

6）规范中介机构涉税服务。中介机构和从业人员在协助房地产交易当事人办理纳税申报等涉税事项时，应当如实告知税收规定和优惠政策，协助交易当事人依法诚信纳税。税务机关对在房地产主管部门备案的中介机构和取得职业资格的从业人员，其协助房地产交易当事人办理申报纳税事项诚信记录良好的，应当提供方便快捷的服务。从业人员在办理涉税业务时，应当主动出示标明姓名、机构名称、国家职业资格等信息的工作牌。中介机构和从业人员不得诱导、唆使、协助交易当事人签订“阴阳合同”，低报成交价格；不得帮助或唆使交易当事人伪造虚假证明，骗取税收优惠；不得倒卖纳税预约号码。

b）完善行业管理制度

1）提供便捷的房源核验服务。市、县房地产主管部门要对房屋产权人、备案的中介机构提供房源核验服务，发放房源核验二维码，并实时更新产权状况。积极推行房地产中介服务合同网签和统一编号管理制度。房地产中介服务合同编号应当与房源核验二维码关联，确保真实房源、真实委托。中介机构应当在发布的房源信息中明确标识房源核验二维码。

2）全面推行交易合同网签制度。市、县房地产主管部门应当按照《国务院办公厅关于促进房地产市场平稳健康发展的通知》（国办发〔2010〕4号）要求，全面推进存量房交易合同网签系统建设。备案的中介机构可进行存量房交易合同网上签约。已建立存量房交易合同网签系统的市、县，要进一步完善系统，实现行政区域的全覆盖和交易产权档案的数字化；尚未建立系统的，要按规定完成系统建设并投入使用。住房和城乡建设部将开展存量房交易合同网签系统建设和使用情况的专项督查。

3）健全交易资金监管制度。市、县房地产主管部门要建立健全存量房交易资金监管制度。中介机构及其从业人员不得通过监管账户以外的账户代收代付交易资金，不得侵占、挪用交易资金。已建立存量房交易资金监管制度的市、县，要对制度执行情况进行评估，不断优化监管方式；尚未建立存量房交易资金监管制度的，要在2016年12月31日前出台监管办法，明确监管制度并组织实施。省级住房和城乡建设部门要对所辖市、县交易资金监管制度落实情况进行督促检查，并于2016年12月31日前将落实情况报住房和城乡建设部。

4）建立房屋成交价格和租金定期发布制度。市、县房地产主管部门要会同价格主管部门加强房屋成交价格和租金的监测分析工作，指导房屋交易机构、价格监测机构等建立分区域房屋成交价格和租金定期发布制度，合理引导市场预期。

c）加强中介市场监管

1）严格落实中介机构备案制度。中介机构及其分支机构应当按规定到房地产主管部门备案。通过互联网提供房地产中介服务的机构，应当到机构所在地省级通信主管部门办理网站备案，并到服务覆盖地的市、县房地产主管部门备案。房地产、通信、工商行政主管部门要建立联动机制，定期交换中介机构工商登记和备案信息，并在政府网站等媒体上公示备案、未备案的中介机构名单，提醒群众防范交易风险，审慎选择中介机构。

2）积极推行从业人员实名服务制度。中介机构备案时，要提供本机构所有从事经纪业务的人员信息。市、县房地产主管部门要对中介从业人员实名登记。中介从业人员服务时应当佩戴标明姓名、机构名称、国家职业资格等信息的工作牌。各地房地产主管部门要积极落实房地产经纪专业人员职业资格制度，鼓励中介从业人员参加职业资格考试、接受继续教育和培训，不断提升职业能力和服务水平。

3）加强行业信用管理。市、县房地产主管部门要会同价格、通信、金融、税务、工商行政等主管部门加快建设房地产中介行业信用管理平台，定期交换中介机构及从业人员的诚信记录，及时将中介机构及从业人员的基本情况、良好行为以及不良行为记入信用管理平台，并向社会公示。有关部门要不断完善诚信典型“红名单”制度和严重失信主体“黑名单”制度，建立健全守信联合激励和失信联合惩戒制度。对诚实守信的中介机构和从业人员，在办理房源核验、合同网签、代办贷款等业务时，可根据实际情况实施“绿色通道”等便利服务措施；在日常检查、专项检查中优化检查频次；在选择中介机构运营管理政府投资的公租房时，优先考虑诚信中介机构。对违法违规的中介机构和从业人员，有关部门要在依法依规对失信行为作出处理和评价的基础上，通过信息共享，对严重失信行为采取联合惩戒措施，将严重失信主体列为重点监管对象，限制其从事各类房地产中介服务。有关部门对中介机构作出的违法违规决定和“黑名单”情况，要通过企业信用信息公示系统依法公示。对严重失信中介机构及其法定代表人、主要负责人和对失信行为负有直接责任的从业人员等，要联合实施市场和行业禁入措施。逐步建立全国房地产中介行业信用管理平台，并纳入全国社会信用体系。

4）强化行业自律管理。充分发挥行业协会作用，建立健全地方行业协会组织。行业协会要建立健全行规行约、职业道德准则、争议处理规则，推行行业质量检查，公开检查和处分的信息，增强行业协会在行业自律、监督、协调、服务等方面的功能。各级行业协会要积极开展行业诚信服务承诺活动，督促房地产中介从业人员遵守职业道德准则，保护消费者权益，及时向主管部门提出行业发展的意见和建议。

5）建立多部门联动机制。省级房地产、价格、通信、金融、税务、工商行政等主管部门要加强对市、县工作的监督和指导，建立联动监管机制。市、县房地产主管部门负责房地产中介行业管理和组织协调，加强中介机构和从业人员管理；价格主管部门负责中介价格行为监管，充分发挥12358价格监管平台作用，及时处理投诉举报，依法查处价格违法行为；通信主管部门负责房地产中介网站管理，依法处置违法违规房地产中介网站；工商行政主管部门负责中介机构工商登记，依法查处未办理营业执照从事中介业务的机构；金融、税务等监管部门按照职责分工，配合做好房地产中介行业管理工作。

6）强化行业监督检查。市、县房地产主管部门要加强房地产中介行业管理队伍建设，会同有关部门建立健全日常巡查、投诉受理等制度，大力推广随机抽查监管，建立"双随机"抽查机制，开展联合抽查。对存在违法违规行为的中介机构和从业人员，应当责令限期改正，依法给予罚款等行政处罚，记入信用档案；对违法违规的中介机构，应按规定取消其网上签约资格。对严重侵害群众权益、扰乱市场秩序的中介机构，工商行政主管部门要依法将其清出市场。

（3）我国房地产经纪业发展的趋势

根据西方国家及港台地区房地产经纪业发展现状，结合目前我国房地产经纪业的实践，我国房地产经纪业将会朝着下述六大趋势发展。

1）房地产经纪企业的规模化。从现代企业发展的状况来看，规模小相对应的是企业的实力弱——无论是经济实力还是专业实力，这不利于房地产经纪企业良好形象的树立。还有效率低下，因规模小，信息量及信息的流通范围就极其有限，导致成交效率不高。因此，房地产经纪企业要想生存、发展，在激烈的市场竞争中占有一席之地，就必须朝规模化的方向发展。这种趋势在一些市场经济较为发达的大、中城市已初露端倪。如上海、苏州等地的少部分经纪企业已开始连锁化经营，在市区的各个区域逐步建立自己的连锁店，统一店面形象，统一着装等，建立品牌形象，以扩大服务范围，提高信息的收集量，加快流通速度，扩大流通范围，从而明显提高成交效率，提高信息服务质量。同时，也使客户感到便捷、安全。

上述的在总公司下依区域不同设立分店（行），只是经纪企业走向规模化经营的一个途径。另一途径是一些有一定知名度的实力企业可以对外输出其无形资产——企业品牌形象及管理软件，使一些小的经纪企业加入其麾下，一致对外服务，从而也达到连锁化经营之目的。

2）房地产经纪企业的专业化。这主要有两方面的含义，一是其从业人员操作水平的专业化；二是经纪企业组织分工的专业化。一方面，从业人员素质低下，是目前我国大多数经纪企业存在的一个问题，也是致使该行业自身形象难以树立以及难以普遍为社会所认同的一个重要方面。另一方面，随着我国房地产市场逐步发育、完善，对房地产经纪业的服务内容、服务质量提出了更高的要求。如房地产投资分析、营销策划、法律咨询、营销顾问、产品规划等。因此，为了树立自身良好形象，适应房地产市场的发展需要，房地产经纪企业提高其服务的专业化水平势在必行。只有提高了自身的专业水准，房地产经纪企业界的服务才更容易为人们所看重，其服务的价值也容易为人们所接受，公司也才能发展壮大。目前的一些有影响力的经纪企业，无一不是因为其专业性水准而赢得市场的尊敬。

要提高从业人员的专业素质，作为一个房地产经纪企业来说，必须建立一个健全的培训制度。一方面，要对新员工进行职前培训，学习房地产方面的专业知识，并进行必要的考试；另一方面，对在职员工也要不断地进行在职培训教育，定期或不定期由公司资深员工或聘请有关专家讲课，或让其参加在外举行的各种培训班，从而不断提高其专业水平，为进一步为客户提供优良服务打好基础。

经纪企业组织分工的专业化，是指经纪企业要按照操作流程，对内部员工进行合理分工，使其各司其职，如市场调查部、业务开发部、项目策划部、产品规划部、广告设计制作部等，以提高其专业操作水平。只有各部门专业人员协同作战，才能做好经纪服务这一行。

3）房地产经纪企业的规范化。目前，我国房地产经纪业处于一个起步阶段，经纪企业良莠不齐。部分房地产经纪企业操作的不规范，如乱收费，甚至欺骗客户，是制约我国房地产经纪业健康发展的一个重要因素。随着住宅建设的加快、住房制度改革的深化，房地产交易市场将日趋活跃，而房地产经纪业在流通领域的重要性将进一步凸显出来。因此，规范房地产经纪企业的行为，使房地产经纪业健康、有序发展，必将是政府、行业协会及经纪企业自身迫切需要加以解决的问题。一方面，政府将进一步制定、完善房地产经纪业方面的法律、法规及有关规定，进一步加强对房地产经纪企业的监督力度；另一方面，房地产经纪业的行业协会将逐步成立，这对加强行业内部的自律、规范行业行为，加强行业管理、监督起到十分重要的作用。再者，规范化操作也是房地产经纪企业自身发展的需要。特别对于一些有一定规模、实力，且欲长远发展的经纪企业更是如此，因为这对于树立其自身的良好形象是必不可少的。

因此，房地产经纪企业的规范化，既是房地产市场对其提出的客观要求。同时，也是经纪业自身发展的需要。政府将顺应房地产市场发展要求，在立法、制度、管理规定等方面对经纪企业的规范化起到一个根本性的推动作用，而企业自身的需要则是经纪企业规范化的内在动力。

4）房地产经纪企业信息网络化与共享化。一方面，当今社会正处于一个信息时代、网络时代，在这样一个时代，客户对房地产经纪企业的服务提出了更高的要求，这就是：方便、迅速、安全。另一方面，房地产经纪企业为了提高成交率，提高服务质量，增加收入，迫切需要改变目前的运作方式。因此，为了适应消费者的需求，以及企业自身经营的需要，房地产经纪企业实行信息网络化与共享化势在必行。

房地产经纪企业信息的网络化与共享化可表现为如下 4 个方面：

- 房地产经纪企业内部信息网络化与共享化

这是房地产经纪企业实行连锁化经营的必然要求。由于实行连锁化经营，企业总部与各分店以及支分店遍布全市乃至全省、全国各区域，因地域分隔，传统的信息传输手段已完全不能适应连锁化经营方式的要求，这就必然引入电脑网络，以实现信息在总部、各分店之间的快速传递与共享，也便于总部加强管理，对客户的需求作出快捷的反应。

- 房地产经纪企业之间信息网络化与共享化

正如上面所指出的，房地产经纪企业为了适应客户对经纪业提出的更高要求以及经纪企业自身提高经营收入的需要，房地产经纪企业间团结协作，摒弃目前的信息封锁的行为和排斥同业、自立门户等小农经济意识，实行信息网络化与共享化，从而形成联合销售，消除人为的销售障碍，将是其必然选择。如南京市房地产交易市场实行的“信息联网委托代理”、苏州市五家中介企业推出的“五强联锁网”，都是这种运行方式的雏形。

- 全国性的房地产经纪企业信息网络化与共享化

随着经济的进一步发展，人口流动的更加频繁，物流的更加通畅，人们对异地房地产的需求也会日益增加，出租、出售、承租、承购物业将更加频繁。因而在将来的某个时候建立全国性的经纪企业信息网络化与共享化平台是必要的。在人流、物流通畅的基础上，实现信息的通畅流动。建立全国性的经纪企业信息网络化与共享化，可通过全国房地产经纪协会，实行会员制，由会员单位把房地产经纪信息输入网络中心，以实现信息共享，形成联合销售，提高成交效率。同时，大大方便了异地客户。

- 房地产经纪企业与客户间信息网络化与共享化

随着电脑的普及和互联网（Internet）成本的降低，信息产品进入家庭的步伐逐步加快，这样，房地产经纪企业与客户之间实现信息的网络化与共享化不仅有必要，而且成为可能。一方面，客户可足不出户，通过使用家中电脑，在任何时候即可在网上取得他所需要的物业资料，甚至该物业的实景图片，然后再通过经纪企业达成交易，真正做到所谓的“方便、快捷”。另一方面，客户也可以把自己需要出租、出售或交换等物业信息通过电子邮件传递给经纪企业，委托其代为物色顾客。这应是未来经纪业的发展趋势。目前，已有一些中介机构利用联网同电台、电视台等新闻媒介合作，或与邮局合作，共同开办房地产信息专栏、专线等，利用微机安装 PC 卡收看图文电视信息等，这可以说是这一趋势的初级阶段。

5）房地产经纪企业服务的品牌化。服务品牌，是促进房地产经纪企业与客户沟通的有效手段，是在激烈的市场竞争中制胜的有力武器，目前，房地产经纪企业众多，市场竞争日趋激烈。在这样的背景下，一批具有一定实力、规模、运作规范的经纪企业为巩固市场，提高市场占有率及竞争力，将通过塑造其服务品牌，建立其独特的服务形象，在竞争中脱颖而出，成为名牌企业，而一些人员素质低、操作不规范的经纪企业则将被市场无情淘汰。如北京市从事和参与房地产经纪业务的各类企业一度达 3 000 余家，良莠不齐，大小并存。经过几年的市场竞争，现存 1 100 多家，而经资质认定的仅 300 多家，其中有较大社会知名度的只有十余家。

当然，服务品牌的塑造，并不是一蹴而就的，有赖于企业一整套专业的管理制度，较高的企业员工的素质和专业水平，优异的服务理念，规范的操作及有效的传播手段等。

可以说，房地产经纪业的发展过程，也是其自身形象不断塑造的过程。

6）政府、专业协会、经纪企业、消费者的相互关系明晰化。随着房地产业的进一步发展，房地产经纪业的日趋规范化，政府、专业协会、经纪企业、客户将围绕保护当事人的合法权益及促进房地产经纪业的健康发展各司其职，四者间的相互关系将日趋明晰化。

具体如下：

政府。政府的主要职能是负责制定房地产经纪业方面的法律、法规政策（如我国房地产经纪人的资格认证制度），负责对经纪人资格的认证和经纪企业资质的认定，规范代理行为、收费方式与收费标准，并对经纪行为进行监督管理，对违规者依法予以相应的处罚。同时，政府也有责任规范其自身行为。房地产经纪行为是市场行为，必须符合市场经济规律的基本要求。因此，政府行政部门必须与其属下的房地产经纪企业脱钩。政府部门不能既是行政管理的主体，同时又是经纪企业经营的主体，身兼二任，不利于房地产经纪业健康有序地发展。另外，对于房地产经纪人的资格认证与经纪企业的资质认定，也必须严格把关，加强监督管理，防止某些行政人员滥用权力。

专业协会。房地产经纪人专业协会是在房地产主管部门指导下，从事房地产经纪活动的企业自愿组成的房地产经纪业的行业自律性社会团体。它是政府的助手，也是经纪企业、客户与政府之间沟通的桥梁，其宗旨是“服务、促进、协调、提高”。

经纪企业。房地产经纪企业应以不断提高自身的专业水平、强化服务意识、提高服务质量、维护客户的合法权益为己任，依法规范经营，并努力以此来赢得客户的信任。为活跃房地产市场，促进房地产市场的繁荣，做出自己的一份贡献。

客户。客户与房地产经纪企业之间的关系是委托与被委托的关系。作为委托人，既有自身的合法权益需要得到经纪企业保护的权利，同时，也有对经纪企业提供的服务支付合理佣金的义务，即不能与经纪企业介绍的客户私下接触，达成交易，以避付佣金。

11.3.3 房地产经纪人及其地位与作用

房地产经纪人的存在，是由房地产业自身的特点所决定的。

首先，房地产是一种商品，然而房地产具有固定性、相对永久性，这使得房地产市场是一个地域性很强的市场。在房地产商品的交易中，买卖双方往往会受到地点、交通、时间以及信息传递等因素的制约，从而增加了成交的难度，此时就需要经纪人周旋于买卖双方之间，传递信息、提供服务、促成交易。

其次，房地产是具有异质性的物业，它包含着结构型式、平面布置、室内装修、楼层、朝向、设备、年代等质量因素；地段、交通、生活服务设施等环境因素；社区文化、邻里关系等社会因素以及更为深奥的城市规划、建筑设计、建筑经济等其他因素。这些因素的不同组合满足各置业者的不同层次的需求，而这些因素的变动更会影响着物业的价格及升值率。由于房地产的价格较为昂贵，置业者的购买行为一般也不会重复，在经验和专业知识缺乏的情况下，置业者不可能在短时间内正确判断各种不同的因素对物业质量、使用功能以及价格的影响，而经纪人因长期置身于房地产交易市场，具有较丰富的经验和专业知识；并掌握大量的信息，在他们的帮助下置业者方能较快捷妥当地觅得使用价值和价值都相对满意的物业。

再次，房地产的交易行为具有复杂性，它涉及权属的变更、有关的政策法规、城市规划、交易程序和交易手续等一系列的问题，置业者或投资者就很容易掉进人为的或非人为的陷阱，蒙受巨大的经济损失，而在经纪人的帮助下，他们将能顺利办妥各种必要的手续，并获得应有的法律保障。

最后，房地产的投资具有投资金额大、回收期长的特点；其利润高但投资风险也大，只有通过经纪人对市场信息进行收集、反馈和分析，对投资项目进行精心策划，以及对推出物业进行良好的促销代理，方能在最大限度上防止投资失误、规避投资风险。

以上种种使房地产经纪人的存在成为必然，并在房地产中介舞台上发挥着越来越重要的作用。

（1）促成交易，繁荣房地产市场

房地产商品的固定性、地域性，以及房地产市场的不完全开放性，决定了房地产经纪人能以其拥有的优势和特点，居于买卖双方之间，一方面房地产经纪人运用丰富的信息、熟悉的法律条款、有效的公关技巧、丰富的判断经验、良好的声名信誉，影响说合买卖双方，协调在房地产交易中出现的具体的各种关系，为双方排忧解难，最终达成圆满的交易，从而可以起到穿针引线、互通有无、促成交易的作用；另一方面又可以通过实施专业化的营销策略，采取强有力的促销手段，提高交易运作的效率，以达到增加交易总量、加速资金循环周转、繁荣市场的目的。

（2）收集、处理、反馈和传播市场信息

房地产的特性决定了房地产商品的流通不同于一般商品的流通，而房地产市场本身又存在信息缺乏的特点，因而，房地产经纪人从其自身经营的需要出发，必须不断地收集大量的信息并加以处理，而这些经过处理且较具系统性和连续性的信息，在经纪人的经营活动过程中又以不同的方式及不同的渠道传播开来，并为社会各界人士所利用。

同时，房地产交易的政策性强、法制性强、涉及面广，交易顺利进行的基础是必须要有灵通而有效的信息，而房地产经纪人正是集有大量的房地产供求信息，有各种传递的方式方法，能有效地为买卖双方牵线搭桥，从而活跃房地产市场的中间人。

（3）提供广泛的服务

房地产经济活动的相关环节很多，各个环节的交易活动涉及许多专门知识，如房地产产权，房地产价格构成，房地产税收，房地产交易手续，房地产的抵押、按揭、典当等。房地产经纪人可以利用自己掌握的知识、信息及其他的有利条件，为房地产买卖双方代办某些具体事务，例如，代办产权过户登记、代办有关税费、代为联系房屋装修、代为办理其他与房地产交易相关的事务，从而发挥良好的服务作用。除此之外，还包括提供房源信息、介绍市场行情；解释、宣传房地产交易过程中所涉及的法律、法规、政策和交易程序；代办烦琐的交易手续；提供优良的售后服务；等等。

总之，房地产经纪人从消费者有置业动机的瞬间开始，就必须为置业者提供详尽的服务，直至协助置业者完成置业的全部步骤，并尽最大可能保护消费者的利益不受损害。

（4）充当投资者的良师，促进资源的合理布置

房地产经纪人处于房地产市场的前沿，对市场的供求情况和市场的走势把握得较为准确，通过市场分析和项目策划，经纪人可协助发展商作出正确的投资决策，减少投资的盲目性。而只有投资方向正确，才能保证新建成的物业符合社会的需求，才能保证社会资源得到最合理有效的利用，才能避免社会财富遭受巨大的损失。

（5）规范市场行为，为政府的决策和实施有效的管理提供依据

经纪人周旋于房地产买卖的双方，在促成交易的同时，为双方宣传有关的法规政策，甚至为双方办妥有关的法律手续。一方面，可以避免因当事人缺乏法律知识而产生不合法的行为；另一方面，又可以减少房地产纠纷，因为房地产涉及的产权问题非常复杂，极易产生纠纷，由经纪人作为中介的房地产交易按法律程序办理一切手续，进行规范化操作，从而可以有效地避免纠纷的发生；再一方面，也可以使政府的有关法规政策得到贯彻执行，为此政府不需要直接插手房地产市场而只需要利用经纪人的合法活动，便可达到规范房地产市场运作的目的。与此同时，政府还可以通过经纪人的活动收集到房地产市场的有关问题，从而为其作出合理的决策、制定行之有效的管理措施提供有力的依据。

总之，在房地产经济活动中，房地产经纪人发挥着十分重要的作用，不仅促进了房地产交易，活跃了房地产市场，加速了房地产的流通，而且起到了推动房地产业发展的作用。尤其是在我国当前房地产业飞速发展的今天，房地产经纪人的作用显得尤其重要。因而，我们必须重视房地产经纪人队伍的建设，大力培养训练有素的房地产经纪人，促进我国房地产业的健康发展。

11.3.4 房地产经纪人/协理执业资格考试要求

（1）考试性质

根据《国务院机构改革和职能转变方案》和《国务院关于取消和调整一批行政审批项目等事项的决定》（国发〔2014〕27 号）有关取消房地产经纪人职业资格许可的要求，为加强房地产经纪专业人员队伍建设，适应房地产经纪行业发展，规范房地产经纪市场，在总结原房地产经纪人员职业资格制度实施情况的基础上，2015 年 6 月 25 日我国发布《人力资源和社会保障部　住房和城乡建设部关于印发〈房地产经纪专业人员职业资格制度暂行规定〉和〈房地产经纪专业人员职业资格考试实施办法〉的通知》（人社部发〔2015〕47 号）。自本通知发布之日起，原人事部、原建设部发布的《关于印发〈房地产经纪人员职业资格制度暂行规定〉和〈房地产经纪人执业资格考试实施办法〉的通知》（人发〔2001〕128 号）同时废止。

国家设立房地产经纪专业人员水平评价类职业资格制度，面向全社会提供房地产经纪专业人员能力水平评价服务，纳入全国专业技术人员职业资格证书制度统一规划。

房地产经纪专业人员职业资格分为房地产经纪人协理、房地产经纪人和高级房地产经纪人 3 个级别。房地产经纪人协理和房地产经纪人职业资格实行统一考试。房地产经纪专业人员英文为：Real Estate Agent Professionals。

通过房地产经纪人协理、房地产经纪人职业资格考试取得相应级别职业资格证书的人员，表明其已具备从事房地产经纪专业相应级别专业岗位工作的职业能力和水平。

人力资源和社会保障部、住房和城乡建设部共同负责房地产经纪专业人员职业资格制度的政策制定，并按职责分工对房地产经纪专业人员职业资格制度的实施进行指导、监督和检查。中国房地产估价师与房地产经纪人学会具体承担房地产经纪专业人员职业资格的评价与管理工作。

（2）考试内容

房地产经纪人协理职业资格考试设《房地产经纪综合能力》和《房地产经纪操作实务》2 个科目。考试分 2 个半天进行，每个科目的考试时间均为 2.5 小时。

房地产经纪人职业资格考试设《房地产交易制度政策》、《房地产经纪职业导论》、《房地产经纪专业基础》和《房地产经纪业务操作》4 个科目。考试分 4 个半天进行，每个科目的考试时间均为 2.5 小时。

（3）报考条件

申请参加房地产经纪专业人员职业资格考试应当具备的基本条件有：

1）遵守国家法律、法规和行业标准与规范；

2）秉承诚信、公平、公正的基本原则；

3）恪守职业道德。

申请参加房地产经纪人协理职业资格考试的人员，除具备上述基本条件外，还必须具备中专或者高中及以上学历。

申请参加房地产经纪人职业资格考试的人员，除具备上述基本条件外，还必须符合下列条件之一：

1）通过考试取得房地产经纪人协理职业资格证书后，从事房地产经纪业务工作满 6 年；

2）取得大专学历，工作满 6 年，其中从事房地产经纪业务工作满 3 年；

3）取得大学本科学历，工作满 4 年，其中从事房地产经纪业务工作满 2 年；

4）取得双学士学位或研究生班毕业，工作满 3 年，其中从事房地产经纪业务工作满 1 年；

5）取得硕士学历（学位），工作满 2 年，其中从事房地产经纪业务工作满 1 年；

6）取得博士学历（学位）。

（4）考试管理

房地产经纪人协理、房地产经纪人职业资格实行全国统一大纲、统一命题、统一组织的考试制度。原则上每年举行 1 次考试。

中国房地产估价师与房地产经纪人学会负责房地产经纪专业人员职业资格评价的管理和实施工作，组织成立考试专家委员会，研究拟定考试科目、考试大纲、考试试题和考试合格标准。

人力资源和社会保障部、住房和城乡建设部指导中国房地产估价师与房地产经纪人学会确定房地产经纪人协理、房地产经纪人职业资格考试科目、考试大纲、考试试题和考试合格标准，并对其实施房地产经纪人协理、房地产经纪人职业资格考试工作进行监督、检查。

房地产经纪专业人员职业资格各科目考试成绩实行滚动管理的办法。在规定的期限内参加应试科目考试并合格，方可获得相应级别房地产经纪专业人员职业资格证书。

参加房地产经纪人协理职业资格考试的人员，必须在连续的 2 个考试年度内通过全部（2 个）科目的考试；参加房地产经纪人职业资格考试的人员，必须在连续的4个考试年度内通过全部（4个）科目的考试。

房地产经纪人协理、房地产经纪人职业资格考试合格，由中国房地产估价师与房地产经纪人学会颁发人力资源和社会保障部、住房和城乡建设部监制，中国房地产估价师与房地产经纪人学会用印的相应级别《中华人民共和国房地产经纪专业人员职业资格证书》（以下简称房地产经纪专业人员资格证书）。该证书在全国范围内有效。

（5）登记服务

房地产经纪专业人员职业资格证书实行登记服务制度。取得房地产经纪专业人员职业资格证书的人员，按照相应规定进行登记，应当自觉接受中国房地产估价师与房地产经纪人学会的自律管理和社会公众的监督。中国房地产估价师与房地产经纪人学会（以下简称中房学）负责全国房地产经纪专业人员职业资格证书登记服务的具体工作，接受国务院住房和城乡建设行政管理部门、人力资源和社会保障行政管理部门的指导和监督。房地产经纪专业人员登记证书（以下称登记证书）是房地产经纪专业人员从事房地产经纪活动的有效证件，执行房地产经纪业务时应当主动向委托人出示。

房地产经纪专业人员职业资格证书登记服务工作（以下称登记服务工作）包括初始登记、延续登记、变更登记，以及登记注销和登记取消。初始登记、延续登记的有效期为3年，有效期起始之日为登记结果公告之日。初始登记、延续登记有效期间的变更登记，不改变初始登记、延续登记的有效期。

登记服务申请人应当具备下列条件：

1）取得房地产经纪专业人员职业资格证书；

2）受聘于在住房和城乡建设（房地产）主管部门备案的房地产经纪机构（含分支机构，以下称受聘机构）；

3）达到中房学规定的继续教育合格标准；

4）最近3年内未被登记取消；

5）无法律法规或者相关规定不予登记的情形。

有下列情形之一的，中房学予以登记取消，记入信用档案并向社会公示：

1）以欺骗、贿赂等不正当手段获准登记的；

2）涂改、转让、出租、出借登记证书的；

3）受到刑事处罚的；

4）法律法规及中房学规定应当予以登记取消的其他情形。

房地产经纪专业人员死亡、不具有完全民事行为能力或者登记有效期届满未申请延续登记的，其登记证书失效。

11.4 咨询工程师（投资）

11.4.1 工程咨询

工程咨询是指遵循独立、科学、公正的原则，运用工程技术、科学技术、经济管理和法律法规等多学科方面的知识和经验，为政府部门、项目业主及其他各类客户的工程建设项目决策和管理提供咨询活动的智力服务，包括前期立项阶段咨询、勘察设计阶段咨询、施工阶段咨询、投产或交付使用后的评价等工作。

根据《工程咨询行业管理办法》（发改委〔2017〕第 9 号）规定，工程咨询业务按照以下专业划分：

1）农业、林业；

2）水利水电；

3）电力（含火电、水电、核电、新能源）；

4）煤炭；

5）石油天然气；

6）公路；

7）铁路、城市轨道交通；

8）民航；

9）水运（含港口河海工程）；

10）电子、信息工程（含通信、广电、信息化）；

11）冶金（含钢铁、有色）；

12）石化、化工、医药；

13）核工业；

14）机械（含智能制造）；

15）轻工、纺织；

16）建材；

17）建筑；

18）市政公用工程；

19）生态建设和环境工程；

20）水文地质、工程测量、岩土工程；

21）其他（以实际专业为准）。

工程咨询的服务范围包括：

1）规划咨询：含总体规划、专项规划、区域规划及行业规划的编制；

2）项目咨询：含项目投资机会研究、投融资策划，项目建议书（预可行性研究）、项目可行性研究报告、项目申请报告、资金申请报告的编制，政府和社会资本合作（PPP）项目咨询等；

3）评估咨询：各级政府及有关部门委托的对规划、项目建议书、可行性研究报告、项目申请报告、资金申请报告、PPP 项目实施方案、初步设计的评估，规划和项目中期评价、后评价，项目概预决算审查，以及其他履行投资管理职能所需的专业技术服务；

4）全过程工程咨询：是业主对工程项目的组织实施进行全过程的管理、咨询和服务，由全过程工程项目管理师采用多种服务方式组合，为项目决策、实施和运营持续提供局部或整体解决方案以及管理服务。有关工程设计、工程造价、工程监理等资格，由国务院有关主管部门认定。

工程咨询的特点有：

1）工程咨询业务弹性很大，可以是宏观的、整体的、全过程咨询，也可以是某个问题、某项内容、某项工作的咨询；

2）每一项咨询任务都是一次性、单独的任务，只有类似性而无重复性；

3）工程咨询是高度智能化服务，需要多学科知识、技术、经验、方法和信息的集成及创新；

4）工程咨询牵涉面广，包括政治、经济、技术、社会、文化等领域，需要协调和处理方方面面的关系，考虑各种复杂多变因素；

5）投资项目受相关条件的约束较大，咨询结果是充分分析、研究各方面约束条件和风险的结果，可以是肯定结论，也可以是否定结论。结论为“项目不可行”的评估报告，也可以是质量优秀的咨询报告；

6）工程咨询的成果带有预测性、前瞻性，咨询的成果除了接受咨询单位自我评价外，还要接受委托方或外部的验收评价，要经受时间和历史的考验；

7）工程咨询提供智力服务，咨询成果（或产出品）属于非物质产品。

工程咨询的原则有：

1）独立。独立是指工程咨询单位应具有独立的法人地位，不受客户和其他方面偏好、意图的干扰，独立自主地执业，对自己完成的咨询成果独立承担法律责任。工程咨询单位的独立性，是其从事市场中介服务的法律基础，是坚持客观、公正立场的前提条件，是赢得社会信任的重要因素。

2）科学。科学是指工程咨询的依据、方法和过程应具有科学性。工程咨询的科学性，要求实事求是，了解并反映客观、真实的情况，据实比选，据理论证，不弄虚作假；要求符合科学的工作程序、咨询标准和行为规范，不违背客观规律；要求体现科学发展观，运用科学的理论、方法、知识和技术，使咨询成果经得住时间和历史的检验。工程咨询科学化的程度，决定工程咨询的水准和质量，进而决定咨询成果是否可信、可靠、可用。

3）公正。公正是指在工程咨询工作中，坚持原则，持公正立场。工程咨询的公正性，并非无原则地调和或折中，也不是简单地在矛盾的双方保持中立。在业主、咨询工程师、承包商三者关系中，咨询工程师不论是为业主服务还是为承包商服务，都要替委托方着想，但这并不意味盲从委托方的所有想法和意见。当委托方的想法和意见不正确时，咨询工程师应敢于提出不同意见，或在授权范围内进行协调或裁决，支持意见正确的另一方。特别是对不符合宏观规划、政策的项目，要敢于提出并坚持不同意见，帮助委托方优化方案，甚至作出否定的咨询结论。这既是对国家、社会和人民负责，也是对委托方负责，因为不符合宏观要求的盲目发展，不可能取得长久的经济和社会效益，最终可能成为委托方的历史包袱。因此，工程咨询是原则性、政策性很强的工作，既要忠实地为委托方服务，又不能完全以委托方满意度作为评价工作好坏的唯一标准。

11.4.2 咨询工程师（投资）考试管理

（1）考试性质

为加强工程咨询（投资）专业技术人员队伍建设，适应工程咨询业发展需要，根据《国务院机构改革和职能转变方案》和《国务院第六批取消和调整行政审批项目的决定》（国发〔2012〕52号）有关取消“注册咨询工程师（投资）执业资格认定”行政审批项目的要求，在总结原注册咨询工程师（投资）执业资格制度实施情况的基础上，人力资源和社会保障部、国家发展改革委制定了《工程咨询（投资）专业技术人员职业资格制度暂行规定》和《咨询工程师（投资）职业资格考试实施办法》，并于2015年6月30日发布。自发布之日起，原人事部、原国家发展计划委员会发布的《关于印发〈注册咨询工程师（投资）执业资格制度暂行规定〉和〈注册咨询工程师（投资）执业资格考试实施办法〉的通知》（人发〔2001〕127号）同时废止。

国家设立工程咨询（投资）专业技术人员水平评价类职业资格制度，面向全社会提供工程咨询（投资）专业技术人员能力水平评价的服务，纳入全国专业技术人员职业资格证书制度统一规划。评价结果与经济系列或者工程系列相应级别职称衔接，是用人单位使用本专业人才的依据。

工程咨询（投资）专业技术人员职业资格分为咨询工程师（投资）和高级咨询工程师（投资）2 个级别。咨询工程师（投资）职业资格实行考试的评价方式。咨询工程师（投资）英文译为 Consulting Engineer。

通过咨询工程师（投资）职业资格考试并取得职业资格证书的人员，表明其已具备从事工程咨询（投资）专业技术岗位工作的职业能力和水平。

人力资源和社会保障部、国家发展改革委共同负责工程咨询（投资）专业技术人员职业资格制度的政策制定，并按职责分工对工程咨询（投资）专业技术人员职业资格制度的实施进行指导、监督和检查。中国工程咨询协会具体承担工程咨询（投资）专业技术人员职业资格评价工作。

取得咨询工程师（投资）资格证书的人员，应当具备的职业能力：

1）经济社会发展规划、计划咨询；

2）行业发展规划和产业政策咨询；

3）经济建设专题咨询；

4）投资机会研究；

5）工程项目建议书的编制；

6）工程项目可行性研究报告的编制；

7）工程项目评估；

8）工程项目融资咨询、绩效追踪评价、后评价及培训咨询服务；

9）工程项目招投标技术咨询；

10）国家发展改革委规定的其他工程咨询业务。

（2）考试内容

咨询工程师（投资）职业资格考试设《宏观经济政策与发展规划》、《工程项目组织与管理》、《项目决策分析与评价》和《现代咨询方法与实务》4 个科目。

咨询工程师（投资）职业资格考试分 4 个半天举行。《宏观经济政策与发展规划》、《工程项目组织与管理》和《项目决策分析与评价》3 个科目的考试时间均为 2.5 小时，《现代咨询方法与实务》科目的考试时间为 3 小时。

（3）报考条件

遵守国家法律、法规，恪守职业道德，并符合下列条件之一的，均可申请参加咨询工程师（投资）职业资格考试：

1）取得工学学科门类专业，或者经济学类、管理科学与工程类专业大学专科学历，累计从事工程咨询业务满 8 年；

2）取得工学学科门类专业，或者经济学类、管理科学与工程类专业大学本科学历或者学位，累计从事工程咨询业务满 6 年；

3）取得含工学学科门类专业，或者经济学类、管理科学与工程类专业在内的双学士学位，或者工学学科门类专业研究生班毕业，累计从事工程咨询业务满 4 年；

4）取得工学学科门类专业，或者经济学类、管理科学与工程类专业硕士学位，累计从事工程咨询业务满 3 年；

5）取得工学学科门类专业，或者经济学类、管理科学与工程类专业博士学位，累计从事工程咨询业务满 2 年；

6）取得经济学、管理学学科门类其他专业，或者其他学科门类各专业的上述学历或者学位人员，累计从事工程咨询业务年限相应增加 2 年。

（4）考试管理

咨询工程师（投资）职业资格实行全国统一大纲、统一命题、统一组织的考试制度。原则上每年举行 1 次考试。

考试成绩实行 4 年为一个周期的滚动管理办法，在连续的 4 个考试年度内参加全部（4 个）科目的考试并合格，可取得咨询工程师（投资）职业资格证书。

中国工程咨询协会负责咨询工程师（投资）职业资格考试的组织和实施工作，组织成立考试专家委员会，研究拟定考试科目、考试大纲、考试试题和考试合格标准。

人力资源和社会保障部、国家发展改革委对中国工程咨询协会实施的考试工作进行监督和检查，指导中国工程咨询协会确定咨询工程师（投资）职业资格考试科目、考试大纲、考试试题和考试合格标准。

咨询工程师（投资）职业资格考试合格，由中国工程咨询协会颁发人力资源和社会保障部、国家发展改革委监制，中国工程咨询协会用印的《中华人民共和国咨询工程师（投资）职业资格证书》。该证书在全国范围内有效。

本章要点

1. 房地产评估的含义是什么？
2. 土地估价的含义是什么？
3. 房地产经纪的含义是什么？
4. 工程咨询的含义是什么？
5. 房地产估价师应具备哪些素质？
6. 土地估价师应具备哪些素质？
7. 房地产经纪人员应具备哪些素质？
8. 咨询工程师（投资）应具备哪些素质？

第 12 章

苏州街坊改造与房地产开发的实践

苏州，不仅是一座人口密集的现代城市，更是一座拥有 2 500 年历史的古老城市，她悠久的历史风貌不仅是姑苏人繁衍的见证，更因其自建城以来始终没有改变过城池格局而著称于天下……改革开放四十余年，苏州古城经过点—线—面有序的城市更新，已发展成为一个古代与现代并存的时空“开放”的城市，于 1995 年开启的苏州老街坊改造与房地产开发的实践活动及其结果，更是中国社会进步在古城保护与城市更新有机结合发展的集中体现。

12.1 苏州街坊改造的实践

12.1.1 古城区 54 个街坊格局的形成

1986 年，苏州规划部门与上海同济大学共同合作进行苏州古城保护的课题研究，并根据苏州古城街巷、河流的走向与组合的实际情况以及历史典籍，提出将苏州古运河方位内面积为 14.2 km^2 的苏州古城区大致划分为 54 个街坊（表 12-1），其中，最大一个街坊地块面积为 70.22 hm^2（2 号街坊），最小的一块为 8.3 hm^2（30 号街坊）。

表 12-1 54 个街坊规划的基本数据

街坊号	规划面积/hm^2	人口数量/人	人口密度/（人/hm^2）	绿地面积/hm^2
1	27.24	6 906	214	0.86
2	70.22	14 547	217	1.82
3	61.30	1 188	191	1.50
4	35.85	5 542	142	0.60
5	28.24	7 526	263	0.04
6	25.76	6 517	236	0.82
7	16.80	5 544	328	0.68
8	11.61	5 020	302	0.63
9	22.97	7 477	318	0.93
10	15.42	5 292	357	0.70
11	18.51	4 384	283	0.53
12	21.40	5 500	270	0.69
13	16.66	3 744	214	0.50
14	26.42	572	286	0.10
15	29.46	13 795	392	1.72
16	26.56	5 472	246	0.70
17	38.66	8 836	273	1.23
18	29.13	7 720	273	0.97
19	28.86	7 211	270	0.90
20	29.54	8 706	268	1.00
21	27.50	8 646	305	1.10

街坊号	规划面积/hm²	人口数量/人	人口密度/（人/hm²）	绿地面积/hm²
22	25.25	5 327	275	0.70
23	21.58	4 555	223	0.57
24	20.90	6 966	294	0.87
25	29.45	6 794	259	0.85
26	21.48	6 162	230	0.77
27	14.65	2 886	213	0.36
28	19.64	6 137	299	0.77
29	12.69	3 821	286	0.48
30	8.30	656	74	0.70
31	10.68	3 002	236	0.38
32	24.54	5 713	246	0.71
33	33.05	6 794	259	0.75
34	21.89	6 168	192	0.52
35	15.60	1 685	105	0.21
36	20.95	4 727	267	0.59
37	23.87	4 361	186	0.55
38	60.2	5 211	90	0.65
39	14.46	2 438	77	0.30
40	17.27	5 133	266	0.64
41	22.37	3 879	193	0.48
42	12.12	2 721	251	0.34
43	18.06	3 049	174	0.38
44	26.65	5 095	203	0.64
45	29.39	7 005	117	1.38
46	34.94	10 344	294	1.29
47	25.79	1 587	90	0.20
48	27.39	1 544	69	0.19
49	47.30	1 750	88	0.90
50	22.72	1 737	100	0.22
51	35.31	5 874	234	0.11
52	26.85	5 151	205	0.10
53	41.55	4 459	161	0.56
54	51.85	—	—	—

苏州传统生活居住形态在历史上曾以“坊”为基本单位，根据历史典籍记载，苏州在唐代曾有过“坊市六十”的说法，宋代绍定二年郡守李寿朋也曾排定过 65 个街坊。当然，查证历史我们也可以看到，唐宋时期的“坊”与现代的“街坊”还是有一定区别的，当时的“坊”主要是指街巷中的石门式标志的建筑及周围的建筑群落，有时“坊”也作为行政管理的单位出现在古籍中，为了便于统治管理，“坊”也曾实行严格的管理制度——日出开坊门，日落时敲街鼓六十下关坊门。而现在划分的 54 个“街坊”对于苏州古城来说，有其特有的城市规划的含义——在国内有些城市称为“历史街区”，在日本叫做“传统町区”，联合国有关文件称为“历史街区”。苏州的 54 个街坊，大多数都有着很高的历史传统文化内涵，大多都可以被认定为历史文化地段。因此，以街坊为单位进行大量而艰苦的调查、统计、计算和数据处理，并将各街坊的建筑和绿地面积、人口数量与密度、工厂及各单位情况进行电子录入，不但实现了对苏州古城 54 个街坊的划分，而且分区建立了档案，运用电子检索，可以了解各街坊的建筑和绿地面积、人口数量和密度、工厂及各单位情况等，为苏州古城的规划、更新做了基础工作，提供了第一批科学的、系统的数据资料。

1988 年年初，苏州城市建设主管部门再次邀请了国内一流的高等院校和规划部门，在对 54 个街坊深入分析的基础上，选择了 7 个具有代表性的街坊，并分别对这 7 个街坊编制控制性详细规划。这 7 个街坊分别是：

拥有古典名园旅游点的 12 号街坊；

体现“小桥流水人家”的平江保护区 21、22 号街坊；

位于商业和交通枢纽的 52、53 号街坊；

以居住为主的 1 号街坊；

具有综合性质的 37 号街坊。

根据这些街坊格局特点，在规划处理上采取了不同的手法。其中：

平江保护区 21、22 号街坊，采用了形态学总结、继承、发扬传统的空间组合手法，结合现代生活的要求，尝试性地采用了现代建筑中支撑体系的灵活组合，解决了在比较窄小的街巷中安置各种市政管网的问题；

处于商业和交通枢纽的 52、53 号街坊规划，运用市场机制安排用地，通过土地置换全面考虑了交通、人流、商业之间的关系；

1 号街坊的规划则尝试性运用了“规划载体理论”的模式，对控制性详细规划作了较为深入的探讨和研究，以此提高规划的科学性与可操作性；

37 号街坊是 7 个重点更新街坊中最复杂的一个。37 号街坊规划在充分认识和分析现状特点的基础上，重点研究了文物古迹的保护和传统风貌的继承及发展问题，在较为合理的规划方案和规划指标的基础上，率先明确提出了保留特色民居的重要性，并利用市场机制，有效地处理了保护与保留的关系，这种有益的尝试为古城改造及其他街坊的规划、更新、设计与改造探索了一条“多赢”的道路。

在上述街坊改造的基础上，尤其是 10、16、37 号 3 个街坊解危安居工程初见成效的经验，给后期街坊改造工程奠定了基础。1997 年，第二批 7 个街坊（11、12、17、33、36、39、43 号）改造工程再次全部启动，首期动迁总户数达 2 805 户。可以说，苏州街坊改造是苏州古城改造具有历史和区域性特色的核心工程。

12.1.2　古城改造与更新中单个民居更新方式的探索

通过对苏州古城大量旧民居的调查分析发现，苏州古城民居在规划上必须保留或拆除的旧民居都只占少数，而多数处于中间状态——这些民居尚可使用一段时间，但缺少必要的基础设施与生活设施。大多数虽然具有一定的传统特色，但不属于保护对象，从长久来说也无保留的价值。它们在古城中的数量最大，处理好这些民居对于最大限度地维护古城风貌，对于社会网络的稳定和延续都有着积极的意义。

1988 年，苏州市建委牵头，首先以试验的方式对单个民居进行更新。

（1）典型江南宅院——36 号街坊十梓街 50 号宅院的试点性改造

36 号街坊十梓街 50 号宅院，这是一个典型的江南四进二落式宅院，西部一落为苏州市第一人民医院职工宿舍，东部一落为已是半破败的庭院。鉴于此对东西两个部分采用了不同的改造更新方式。西部采取了加固大修的办法，对内部设施进行更新，重新分割空间等措施，并引入适应现代生活的各种管线，分割独用厨卫，使其成为成套的住宅，但建筑外观上基本保持不变。东部则采取旧房拆除重建的方式，按江南民居的风格重新建造起院落式的三层楼房。可以说这两种更新模式各有利弊，西部所采用的原房改善的模式，由于住户为同一单位，所以，在资金投放和分户协调方面得到了较好的解决，而技术上较为复杂，如在通风采光上尚不够理想，设置下水设施也较为困难。东部的重建模式增加了建筑面积和建筑寿命，减少了维修量，外观风貌上也基本上保持了原有的传统特色，但大规模的拆迁、建设对周边的环境和居民日常的生活影响较大。

（2）传统民居——山塘街 480 号、干将路 144 号、十全街 275 号的保护性改造

在上述典型江南宅院试点改造之后，又进一步选择了列为一般保护的 3 幢传统民居进行了保护性的改造，这 3 幢民居各具特色，其中：山塘街 480 号为临河民居，干将路 144 号，即孝友堂为庭园民居，十全街 275 号为临街民居。1991 年，在“合理利用、适当调整、保护风貌、充实完善”原则的基础上，3 幢传统民居实施了保护性改造，并实现了“当年设计、当年施工、当年竣工”的工作目标。

以上 3 幢传统民居分别位于山塘街、干将路和十全街 3 条历史街区，对这 3 个单独院落民居更新改造的成功，为苏州古城传统民居地段的保护与更新创出一条新路，对社会经济的贡献也十分显著。第一，保护传统的居住环境是维护苏州古城风貌的物质体现；第二，原有居民的回迁，维持了原有的社会网络，有利于保持社会稳定和气氛；第三，对改造与更新后回迁的居民采取了“国家补一点，单位出一点，居民拿一点”的办法，解决了回迁居民的购房费用问题；第四，除回迁居民外还部分地采用了市场分配的方式，对一部分改造更新后的住宅以房地产市场价格机制为基础、以商品房的形式出售，解决了改造更新中的部分资金，使投入产出趋于平衡，摸索出了一条国家投资不多，而且可以进行大面积改造旧住宅的路子；第五，规划与建设设计密切结合实际，居民作为改造更新的决策者的一员始终参与其中，使改造更新的结果更加人性化。

12.1.3 古城改造与更新中成片改造的试点

（1）桐芳巷小区改造工程

桐芳巷小区位于拥有拙政园、狮子林等较多著名古典园林旅游景点的 12 号街坊，是原建设部确定的全国第三批住宅建设试点小区，也是苏州古城区成片改造最早启动的一个片区。小区占地面积 3.5 hm^2，原有住宅大多为民国时期和 20 世纪六七十年代的建筑，建筑物都很破旧，室内阴暗，无厨卫设施，通风不良，地势低洼，居住条件很差。1992 年 11 月，作为苏州市政府的实事工程，对桐芳巷小区实施了全面改造，工程历时 3 年，于 1996 年 7 月竣工。这是当时全国唯一一个对历史文化名城进行成片综合改造的探索性项目，没有任何可以借鉴的经验。桐芳巷小区投资 1.5 亿元，建设中在保护古城风貌，对古城实施综合开发，实现社会效益、环境效益、经济效益的和谐统一等都取得了一定的成绩，被誉为拥有苏州特色的居住群。但是，桐芳

巷的改造采取的是将原有房屋的大部分进行拆除，然后在老基地上重新建造新房——这应该属于重建甚至可以说是新建，已没有历史的遗存，也不属于保护的范畴。由于桐芳巷改造投资巨大，重新建造后的房屋销售价格较高，已不再是工薪阶层所能承受的普通住宅，新建后的桐芳巷的业主主要为来自我国香港、台湾地区以及海外人士和本地一些高收入的家庭。由于所有原本地居民均未回迁，从某种程度上一度造成原有社会网络的消失，这不能不说是一大遗憾，因此，桐芳香的这种改造仅仅只能是一个特例——在后期其他片区的古城改造中没有再继续采用这种做法。

（2）古城区主干道——干将路的改造

干将路是苏州古城区的主干道。1992 年 10 月，开始了对这一主干道的大规模改造工程。对干将路规划与设计的原则是“既要有传统风貌，又要有时代精神”，并主要从以下几个方面着手进行全面实施：

保护水乡城市河街相间的格局，扩大水面，丰富街道景观；

保护沿街历史文化遗迹，并以此引申为沿街寓有传统意境的景点，使之成为苏州文化传承的脉络；

在建筑空间环境上注意整体的街道风貌，严格控制与古城格格不入的空间体型和不协调的材质与色彩，并严格控制层高；

规划中注意引导单体建筑设计创造出融有苏州传统特色的新建筑。

1994 年，横贯苏州古城东西的干将路拓宽改造工程顺利实施并完成。干将路工程建设与改造中共涉及 8 000 多户居民，200 多个企业在改造中拆迁，综合开发面积达 20 多万 m^2。对整个苏州古城保护与更新来说，干将路改造的意义是重大的，尽管众说纷纭。因为，在苏州古城区范围内，拥有庞杂的小街小巷，多少年来都无法解决基础设施问题，通过干将路大规模的拓宽动迁改造，使水、电、煤气、通信、排污等各种管线得以在古城中心地段向两侧辐射，为其他相邻街坊的更新与改造提供了基础设施的先决条件。同时，干将路改造的完成也为有关部门提供了有利的政策依据和动迁经验。

12.1.4　古城街坊保护与更新的全面启动

经过几年的努力，在积累了一定经验和物质的基础上，通过调查了实践，实践后再调查，1995 年，苏州市委、市政府在苏州古城改造点、线、面探索的基础上，决定对苏州古城结合道路、环境、民居进行全面综合改造，并制定了“重点保护，合理保留，普遍改善，局部改造”的指导思想，实施以整个街坊为块面、以解危安居为前提的街坊改造方案。1995 年，10 号、16 号、

37 号 3 个街坊作为全面推进古城更新与改造的第一批试点——亦即“解危安居”工程得以实施。

这 3 个街坊的原有共性是：①房屋破旧，危房比例高达 70%；②住房拥挤，户均住房面积仅为 43 m^2；③住房成套率仅为 10%，室内设施落后，无厨卫设备；④居住环境低劣，建筑密度高，活动空间小，住房采光通风不足，道路绿化排水等基础设施匮乏。

根据以往经验，改造过程中以全面保护古城风貌为原则，在“重点保护，合理保留，普遍改善，局部改造”的指导思想下，力求达到改善居民居住条件、实现古城基础设施现代化、松动古城、积极保护古城的目的，做到了动迁与建设同步，住宅与配套同步，改造与保护同步。3 个街坊动迁居民共计 4 019 户，占总动迁户的 87%，新建住宅 110 栋（11.8 万 m^2），新建公共建筑 18 栋（3.2 万 m^2）。

12.2 街坊改造工程的功能定位与管理

12.2.1 街坊改造工程的功能定位

苏州古城的街坊改造与更新，以 54 个街坊格局的划分为标志，改造过程中以全面保护古城风貌为原则，通过对 36 号街坊十梓街 50 号典型江南宅院的试点性改造，山塘街 480 号、干将路 144 号、十全街 275 号的传统民居的保护性改造等单个民居更新方式的探索，以及桐芳巷小区、干将路成片改造的试点和 10 号、16 号、37 号安居解危旧民居改善工程的实施，加之东部苏州-新加坡工业园区和西部苏州国家高新技术区的建设与发展的配合，基本实现了当初以“重点保护，合理保留，普遍改善，局部改造”为指导思想，工程实施过程中始终以改善居民居住条件、实现古城基础设施现代化、松动古城、积极保护古城为目的。事实证明，街坊改造基本实现了在一定时期范围内保护古城风貌、体现地方人文传统、传承历史文化与建设现代基础设施的结合，也实现了“以解危安居为前提”的最初决策。可以说街坊改造是苏州古城保护与更新工程的灵魂和核心，是正确处理和解决好改造与改善、保护与更新的重大举措。

12.2.2 对街坊改造工程的管理

苏州古城区的街坊改造工程以街坊改造总体规划为依据，其中 10 号、

16 号、37 号街坊改造在整个苏州古城区街坊改造中属于解危安居工程，也即旧民居的改善工程。所谓旧民居改善，就是对旧街坊中一部分能够体现苏州古城风貌和建筑特色的旧民居房屋，运用科学的方法，调整合理的平面布局，整修和加固房屋结构，改善居住功能，提高居住质量。对此苏州市人民政府办公室在 1995 年 10 月曾发布了《苏州古城区街坊解危安居工程旧民居改善的实施办法》，该办法明确规定了改善的原则、要求，以及改善安置的原则和改善工程资金筹措与补偿的办法。

（1）旧民居改善的原则

苏州古城区街坊解危安居工程民居改善的原则是：所有产权的旧民居房屋必须服从街坊旧民居改善的整体规划要求，要有利于古城保护，有利于松动古城区人居，改善旧住宅区居民的居住环境，做到保护与改善相结合，既要满足居民日常生活功能要求，又要保留旧民居的传统风貌。

（2）旧民居改善的要求

1）根据旧民居木结构承重的特点，改造系统性基础设施，完善旧民居住宅厨、卫配套设施，进一步提升综合功能。

2）处理好实际和现状的密切关系，在控制好面积标准的前提下，根据现状进行定点、定时的设计，合理调整内部布局。

（3）旧民居改善的安置原则

1）旧民居改善可原地回迁安置，也可古城外异地安置。

2）异地古城外安置应做到一次性到位，原地回迁安置应自行过渡，过渡期为 12 个月，最长不得超过 18 个月，并发给每人每月 40 元的过渡费。

3）旧民居改善原地回迁安置户原则上控制在人均建筑面积 15 m^2 左右，改善前人均居住建筑面积超过 15 m^2 以上的住户可按改善的具体情况适当增加安置面积，私房户原则上原地原面积安置。

4）旧民居原住户人均建筑面积小于 15 m^2，原则上在古城外安置，原地原面积改善后成套的也可原地回迁安置。古城外安置按照《苏州古城区街坊解危安居工程房屋拆迁补偿安置办法》执行。

5）建设单位应协助房管部门为回迁户办理好调整产权和租赁等变更手续。

（4）旧民居改善资金筹措与补偿的办法

旧民居改善经费包括配套级基础设施、增设厨卫设施费和异地安置动迁户补偿费三部分。

1）旧民居改善按照政府扶持，建设单位、产权单位、居住人三方共同承担的原则，回迁户应合理分担配套费、基础设施费、厨卫设施成本费，增加面积的还应分摊增加面积的相关费用。其中：

旧民居改善原面积部分按照 360 元/m^2 结算。

在原面积内公房回迁户由住户本人、产权单位和建设单位各承担 1/3；私房租赁和由使用人、私房产权任何建设单位各承担 1/3，产权属于原所有权人所有。

旧民居改善超过原面积部分按照 1 900 元/m^2 结算。

超过原面积部分的公房回迁户承担 320 元/m^2，建设单位承担 1 580 元/m^2，并户后回迁户面积的产权属于原所有权人；古城外异地安置户公房面积的产权归建设单位所有；私房自住户按 1 900 元/m^2 作价（售价），产权归原产权人私人所有；私房租赁户由使用人承担 320 元/m^2，私房产权人承担 1 580 元/m^2，产权归私房产权人所有，或全部由使用人按 1 900 元/m^2 出资，产权就此归使用人所有；私房租户外迁的，按照《苏州市古城区街坊解危安居工程房屋拆迁补偿安置办法》执行。

2）在旧民居改善调整结构布局的过程中，公房减少的部分按照被改善房的重置价补偿给产权单位；私房自住户减少的面积部分按照被改善房的“重置价结合成新加一倍”补偿给私房产权人；对租赁使用人减少的面积部分按照被改善房的“重置价结合成新减半”奖励。

3）对于旧民居非住宅性质的房屋由产权人按面积自筹资金改善或由建设单位按照苏州市人民政府颁布的有关拆迁安置的规定执行。

12.3 改造与改善、保护与更新的结合与协调

根据世界上各个国家古城保护与旧城改造的经验与改善的有关措施，针对苏州古城所面临的各种改造与改善、保护与更新的问题，1995 年，苏州市委、市政府在总结苏州历年来古城改造在“点、线、面”探索的基础上，对苏州古城展开了全方位的街坊改造工程——这一工程以旧居住区的改造与更新为重点，在街坊改造工程的实施过程中注意处理好改造与改善、保护与更新的相互关系。经过多年的努力，基本做到了保护古城风貌、体现地方人文传统、建设现代基础设施三者的结合。这里，我们以 37 号街坊改造项目为例，从一个侧面了解一下苏州古城街坊改造工程的具体实践和做法。

37 号街坊是苏州古城较为典型的旧式街坊之一，也是古城区 54 个街坊中首批批准实施改造的街坊之一。该项目由苏州新沧浪房地产开发有限公司承接，1995 年初动工，1998 年 8 月全面竣工，整个工程从规划、设计、拆

迁、施工、安置历时近4年，改造总投资金额达2.5亿元。

37 号街坊，位于沧浪区东北隅，南起十梓街，北至干将路，东邻官太尉河，西迎凤凰街。这里遍布小桥流水、曲径深巷、粉墙黛瓦、飞檐斗拱，具有浓重的水乡色彩，街坊内至今保存着历史上著名的古寺、古塔、古桥、古居、古树和一些古建筑等宝贵文化遗产，所以，它又是一个具有历史艺术价值，适宜游览、观光、怀旧的居住小区。

37 号街坊占地面积 22.08 hm^2，其中居住用地占 40.9%，公共建筑用地占 1.2%，单位用地占 41.5%，道路用地占 10.2%。街坊内总计建筑面积 18.02 万 m^2，其中居住建筑面积占 38.01%，公共建筑面积占 1.78%，其他建筑（包括小区内商业服务业用房、街心花园、定惠寺禅园、双塔公园等）面积占 60.21%（表 12-2 和表 12-3）。

表 12-2　37 号街坊用地结构

用地类型	面积/hm^2	占整个街坊用地面积的比例/%
居住用地	9.02	40.9
公共建筑用地	0.27	1.2
单位用地	9.16	41.5
道路用地	2.26	10.2
其他	1.37	6.2
街坊总占地面积	22.08	100

表 12-3　37 号街坊建筑构成

建筑类型	面积/万 m^2	占整个街坊建筑面积的比例/%
居住建筑	6.85	38.01
公共建筑	0.32	1.78
其他建筑	10.85	60.21
街坊内总建筑面积	18.02	100

改造前的 37 号街坊内原有居民户数为 1 837 户，总人口数 4 804 人。从改造前的状况来看，住房破旧，居住拥挤，户均建筑面积只有 34 m^2，成套率不足 20%。整个街坊内活动空间小，居屋采光、通风都不足，绿化也少，道路狭窄，基础设施薄弱，供水排水设施不全，大多数居民仍靠“三桶一炉”（即马桶、浴桶、吊桶与煤球炉）生活，有的地方是“狭弄”，连水管也难以铺入，居民们要求改变这一现状的呼声很高。对此，37 号街坊改造工程以充

分调查、掌握第一手资料为基础，遵照市政府关于实施解危安居工程的总体规划部署，始终遵循和执行市政府制定的“重点保护，合理保留，普遍改善，局部改造”的十六字方针，坚持“在保护中更新、在更新中保护”，极其慎重地处理好保护与建设的关系，通过现场踏勘，对现有建筑质量和建筑风貌进行了认真评定，并结合其历史、景观价值，合理确定了“绝对保护区”“风貌防调区”“普遍改善区”“局部改造区”的范围，使保护、保留、改善与改造并举。同时，规定了改造面积、改造地块容积率、建筑密度、回迁率、绿地率等重要规划指标，使改造工作有据可依。在街坊改造规划中，要求降低居住密度，调整产业结构，并建设与居住相配套的商业公建、小区绿地，拓宽道路，铺设一应所需管线，使街坊居民生活达到基本现代化要求。街坊改造，既要降低古城街区密度，引导部分人员分流出城，又要保证古城居民安居乐业，这些都必须有一套合理的政策规范，特别是改造中难度最大的资金问题。改造中需要资金规模庞大，除政府减免政策性收费外，其余均由建设单位通过改造开发来加以平衡，因此更需要制定必需的政策规定，以保障改造的顺利进行。在市领导的关怀和专家的指导下，精心组织，合理安排，反复研究，细密运作，并在各方面的协作配合和支持下，做到了因地制宜、妥善处理，该保护的都保护下来，该改造更新的也都得到了相应的改造和更新。改造后的 37 号街坊实现了再现苏州民居“青砖小瓦马头墙，回廊疏落花格窗”的典型风貌。

在 37 号街坊改造中最让人称赞的是建设者们挽救了一批既有历史价值的文物古迹和名人故居，保护了苏州古城区范围内最具特点的“一条巷”“一座寺”“一栋楼”“一条河”，再现了古苏州的历史风貌，使已经荒疏的古迹得以重见天日。

（1）一条巷——定慧寺巷

定慧寺巷，其名源于巷内有一座著名的寺，即定慧寺，该寺始建于唐代咸通年间（公元 860—873 年）。定慧寺历来以“巷因寺名、寺以巷彰”而闻名于苏州古城。但在 37 号街坊改造之前，古寺被工厂占用，定慧寺早已名存实亡。为了使苏州古城内这座最大的佛教寺院恢复原有的规模和光彩，建设者无数次与苏州市宗教局、市建委协商，并专门采访了西园戒幢律寺的主持释•普仁法师，希望定慧寺能够成为西园戒幢律寺的下院，同时通过土地置换方式出资请原占用寺院的工厂搬出古寺。现在当人们路过凤凰街时，就会被这古朴典雅的牌坊所吸引，而这座曾经留下过苏轼、周琛、匡仲等名人唱和历史佳话的古寺院终于在古城改造中恢复了昔日光彩。

（2）一座塔——双塔

在定慧寺巷的中部，有一个闻名遐尔的国家重点保护单位——双塔。双塔始建于唐代咸通二年（公元811年），沧桑变迁，1 000多年来这座古塔几废几兴。改造前仅存有双塔和罗汉院大殿前的石杵矗立在荒草之中。保护双塔，并形成以双塔为核心的37号街坊，保护好这一历史街区的整体环境风貌，并在建筑高度、体量和风格上都能够遵循整体协调的原则，在双塔的四周留有视觉走廊，从37号街坊的外围也能够间断地看到双塔的秀姿，这成为建设者们追求的目标——改造后的双塔已成功地做到了。

（3）一栋宅——袁学澜故居

袁学澜是清朝显赫一时的大学士，其故居是苏州260座故宅中极为罕见的坐西朝东的建筑。整修后的袁学澜故居已成为最具苏州特色风格的建筑之一。

（4）一条河——官太尉河

官太尉河，是古代书生来苏州赶考的交通要道。在这里望星桥、寿星桥、吴王桥、官太尉桥，东西南北桥相望。如今的官太尉河，磊堤驳岸、水榭平台、杨柳岸、晓风残月的景象依稀可见，再现了苏州古城历史上河、路、桥相映成趣的城市形态，站在官太尉河旁，小桥流水人家的水乡风貌尽收眼底。

37号街坊改造的成功，做到了领导满意、专家满意和群众满意。今天，当您静静地徜徉在这古寺、古塔、古巷、古河、建筑故居之间的时候，您一定可以享受到“日出推窗，喜见塔影；夜深闭户，静听橹声”的美妙意境。

总结和探讨37号街坊改造实践的经验，我们不妨可以归结为以下3个方面：

第一，街坊改造在规划设计上别具一格，充分考虑了居住质量、交通设施及周边环境的统一，极大地改善了群众的居住条件，为市民办了一件扎实有效的好事、实事。

经过几年的改造、更新与建设，37号街坊原来街区动迁的1 056户居民住进了宽敞舒适、设施齐全的房屋。主要体现在以下几方面：一是居住面积增加了，平均每户从原来的34 m^2增加到62 m^2，平均增加近30 m^2；二是设施改善了，街坊根据规划拓宽路幅10 m，改变了原来交通中心瓶颈现象。区内道路要求作出相应变化，供水、雨水、污水、电力、煤气、电信、有线电视、路灯等8根管线一次性排入地下，还新建了变电站和煤气调压站，居民们从此甩掉了原来“三桶一炉”的简陋设备，住上了煤卫设施齐全的新房子；三是环境优化了，由于街区规划的起点较高，规划建筑密度较小，绿化率为27%，建筑密度低，建筑间距大于1∶1.2，使住户有了一个比较科学合理的生活空间；四是街坊改造充分体现了古色古香的传统风貌，具有浓郁的苏州地方特色，玲珑别致，清淡素雅，整个街坊的建筑处处显示了古城苏州传统街坊的绰约风姿，蕴含着极为丰富的文化底蕴。

第二，街坊改造实施中做到了三个结合：历史古迹与仿古建筑相结合，传统风貌与现代化设施相结合，景观价值与商业价值相结合。

保护苏州古城风貌就是要保护古城经历了 2 500 余年所构成的形态，只要是历史上流传下来的东西，风貌便蕴含其中、体现在外了，蕴含着的是历史，体现的是古老，由众多历史遗存所构成的风貌才是真正的古城风貌。从这一指导思想出发，为了保护 37 号街坊内丰富的历史文化遗产和传统的建筑艺术风貌，苏州新沧浪房地产开发有限公司组织了大量人力、物力和财力，改造前对每一栋建筑的质量、建造年代、建筑高度与风格等进行分类研究，分别确定它们的保护、保留、改善、整饰或更新的方式与价值，对古建筑采取“修旧如旧”的方式，整个街区的修建与其中旧有古建筑形成整体，与苏州的水乡风貌浑然一致。改造后的 37 号街坊已成为苏州古城的缩影之一。街坊改造实施者慎重而精心地处理了保护传统风貌与完善现代化设施两者的关系，正如原建设部副部长叶如棠先生所说：“即使是历史名城，有条件实行全面保护传统风貌的也只是少数”。“在多数历史名城中，选择若干历史街区加以重点保护，以这些局部地段来反映古城的风貌特征，是一个现实可行的办法，所以保护历史街区也将是历史文化名城保护工作的重点”。

苏州是一座历史文化名城，蕴藏着极其丰富、深厚的文化底蕴。据记载，苏州的历史文物保护单位有 110 处，其中全国重点保护单位 9 处。这些文物古迹是苏州宝贵的历史文化遗产，它就如一颗颗璀璨的明珠镶嵌在江南水乡之上，给地方带来了光彩，但也给古城改造带来了相当的难度。在全国，99 个国家级的历史文化名城中，国务院要求全面保护古城风貌的仅苏州一市，这就是要求苏州的街坊改造更应慎重地处理好保护与开发的关系，如何“在保护中更新”，这是街坊改造中一直在探索的问题。在实施中主要面临两个方面的问题：一是对有些历史古迹如何确定保留价值；二是如何加以保护。在街坊改造的实施过程中，以市政府提出的“重点保护、合理保留、普遍改善、局部改造”十六字方针为指导思想，苏州新沧浪房地产开发有限公司在 37 号街坊改造中做到了：凡是国家规定的保护对象，一律花代价予以保护，使之同地方特色结合起来，为该地区增光添彩，提高该区域的品位。

在 37 号街坊内，有古桥——官太尉桥、吴王桥、寿星桥、望星桥，古居——周瘦鹃故居等，古寺——定慧寺，古塔——双塔，古河——官太尉河，古树——定慧寺前两棵百年银杏树，历史文物古迹相对集中，而且集中分布于定慧寺巷两侧及官太尉河沿岸，根据这一特点，开发商将 37 号街坊原本相对分散的开发区域划分成以定慧寺巷及官太尉河为古城风貌保护的重点建设区，以明末清初风格重塑定慧寺巷一条街。在实施中考虑到三个结合：一是历史古迹与仿古建筑相结合，浑然一体形成风格；二是传统风貌与现代化设施相结合，既能充分发挥地方人文景观特色，又能迎合现代化生活使用功能；三是景观价值与商业价值相结合，做到以景托“价”，以“价”带景。

在实施中，较注意对历史古迹的保护、利用和再生。37 号街坊的主轴是定慧寺巷，该巷确如著名书画家谢孝思为双塔照壁题词“唐宋遗韵”所书一样是条唐宋仅有的古街，双塔禅寺内的“罗汉院正殿遗址”是最好的见证。

37 号街坊改造为定慧寺巷抹上了重重浓彩。定慧寺巷全长 296 m，从凤凰街走进吴王桥，遥对苏州大学的文景阁钟楼，小巷逶迤曲折，古朴典雅，街景优美怡人，铺面鳞次栉比，小品点缀其间，可谓“移步换景，步步有景，家家有诗，户户入画”，如此优美的环境，这般秀丽的小巷堪称是苏城古巷的代表，是古城苏州的特征标志。

在定慧寺巷一条街的实施中，苏州新沧浪房地产开发有限公司始终以双塔为轴心，注意保护这一历史区域的整体环境风貌，突出历史文化特色，该区域内所需改造或新建的建筑高度、体量、风格都遵循整体协调的原则，严格控制周边建筑高度，注重建筑风格，在定慧寺巷两侧的建筑一般都是二层或三层，并在四周留有视觉走廊，从街坊外围也都能间断看到双塔秀姿，层次错落有致，立面丰富。

与此同时，还进行了大量细致的调查研究工作，不仅对原有的文物古迹绝对保护，还对有价值的历史遗迹进行挖掘。定慧寺便是一处颇有价值的历史遗迹，由于历史原因，曾有苏州塑料七厂使用，百年古树旁堆放着易燃物品，雄伟的大殿成为仓库，寺内粉墙剥落，屋面零乱，通道不畅，搭建杂乱，完全失去了原有光彩。这次街坊改造时，工程改造实施者多次到现场踏勘，决定挖掘这份宝贵的文化遗产。于是，他们四处奔波，八方呼吁，竭尽全力要让定慧寺得以恢复，经过多次与宗教部门、市建委、轻工局等有关部门协商，反复研讨恢复方案，并邀请了从国家到地方的各级领导专家到实地踏勘，最后，在宗教部门、市建委、轻工局以及塑料七厂的理解、支持、配合下，达成共识：工厂调整地块外迁，归还佛教协会西园寺。目前这座苏州古城区内最大的佛教寺院的修复工作正在顺利进行，不久就能对外开放。

在定慧寺东段，原是一排平房，很有苏州民居气息，经反复论证，为使其风貌既保持原有民居特色，又和对面商业用房相互协调，最后确定将绝大部分建筑保留修复，迁走原住户，调整使用性质，对其中用红砖砌过的、无保留价值的房屋拆除重建，建新仿古，与周围房屋风貌相统一，沿街以老式铺面为主，配以古井、绿化，使之立面丰富，饱含历史韵味，并具有浓厚的生活气息，这样既保持了传统特色，又有所继承发扬。这种做法在国外的古城保护与更新中被称为“一层皮”，这种保留方式既能实现对原有住宅基础设施的更新，又能够实现对原有建筑的保留。

为使 37 号街坊尤其是定慧寺巷的建筑风貌更加协调，也为提高居民的居住质量，苏州新沧浪房地产开发有限公司对定慧寺对面的一幢二层民居进行了改造，即结构不变，外部以苏州建筑风貌包装，增加阳台，增设卫生间，适当扩大居住面积，使之独立成套。对沿街与整体街景不协调、无保留价值且影响消防通道的建筑予以拆除，对沿街一幢结构完好的民居给予适当点缀，加上女儿墙、堵头、漏窗等苏州传统建筑符号，使近代新建的屋宇与传统风格一条街融为一体。

屋面是中国建筑立面富有特色的重要组成部分。为了保持屋面的传统美观，在 37 号街坊改造中做细、做好“屋面文章”，工程实施者们还对各条屋脊分别使用了传统的“哺鸡脊”“哺龙脊”“纹头脊”“甘蔗脊”“风穿牡丹”“福禄寿三星”等民间题材的传统雕塑，在房屋堵头上，也配以各种花卉图案，各式各样的屋脊构成了街坊一大景色，夜间灯火明亮，完整地勾勒出古色古香建筑群的优美造型。

门窗也仿效园林的六角、八角、定胜空窗，再饰以回纹、席纹，尽显古朴风貌。37 号街坊改造，从外观上始终充分体现苏州古典园林建筑特色，不仅注意恢复原貌，而且建新仿古，就连增建的建筑物也与整体建筑相协调，诸如定慧寺巷口的牌坊，定慧寺双塔对面的新照壁，亭台、回廊、漏窗等处处显露着苏州韵味。定慧寺巷铺就了石板路，以保持历史风貌街巷的民间特色，路边、空地广植树木，点缀小品，峰石巧峙，或翠竹几簇，或芭蕉几丛；既有唐诗宋词叹咏的小桥、流水、枕河人家风味，又不失苏州传统街坊古朴幽静如画之处。

37 号街坊的改造除充分考虑地方特色、保持传统风貌外，还投入巨额资金进行基础设施建设。为适应现代交通需要，定慧寺巷由原来 3～4 m 拓宽至 6～8 m，官太尉沿河相应拓宽，同时引进现代设施，供电、邮电、电视、路灯、自来水、雨水、污水、煤气等系统管网全部到位：为满足人们的日常起居和现代化生活的需要，街坊内还设有地上公共停车场和半地下停车场，做到建筑外观基本保持传统风貌，内部设施齐全，生活方便，无论是新建的、改善修复的，家家户户都有了现代设施，告别了“三桶一炉”。

改造后的37号街坊，已是古迹遍布、苏韵苏味更浓、极富文化气息的街坊，不时荡漾在街景之间的吴侬软语、评弹昆曲、江南小调更是展现了人间天堂的一处美韵，定慧寺巷—双塔小区正在成为苏州古城风貌游览的一隅。

第三，街坊改造在方案中始终以三个效益统一为指导思想和工作要求，即要以社会效益、环境效益和经济效益相统一的指导思想来操作实施，这三者是一个完整的系统，相辅相成，缺一不可，只有总体把握，才能使街坊改造平衡协调发展。

37号街坊解危安居工程作为苏州市委、市政府为民造福的实事工程，要求既要改善居住条件，又要保护古城风貌。整个项目不能仅以盈利为目标，更不能牟取暴利，但是经济运作又必须做到资金平衡，这也是街坊改造可持续发展的必要条件。

37号街坊总改造面积达10万m^2，总投资额约2.5亿元。如何既改善人民群众的居住条件，又能够取得一定的经济效益，使街坊改造可持续进行下去，在这个问题上政府与建设单位千方百计，争取资金平衡，基本做法有：

1）政府政策性“让利”，提供银行贷款，免征部分税收；建设单位多方筹措资金，并通过居民出资购房回收部分资金。

2）建立完善的大营销思路，精心包装，扩大宣传，不断强化品牌意识，利用多渠道、多方位的营销策略促进销售，加速资金回笼。目前，商品房销售回收已达1.2亿元，缓解了建设资金矛盾，缩短了资金周转周期。

3）通过地块置换，调整土地利用结构与空间，扩大开发面积，争取商品房面积。37号街坊通过置换六菱公司8亩地和苏建二分公司13亩地，缓解了动迁房矛盾，增加开发面积，大大降低了原有成本，取得了一定的经济效益。

4）通过强化管理制度，加强内部核算，控制成本，节约开支。在实际操作中，为能使资金周转、减少成本支出，具体做法是：①动迁居民尽量做到按规定回收；②增加规划用地，增加建筑面积；③搞好精品，提高小区商业价值；④采用置换办法，拓展营销渠道。

为能提高小区的经济效益，在37号街坊改造中还因地制宜，针对消费层次要求高的客户，开发了独院式住宅，既增加小区房屋的档次，又适当提高了经济效益；并利用现代化的营销手段，推出了差价换房、贷款售房等措施，拓宽了销售渠道。

同时，开发商根据苏州市古城区街坊安居解危拆迁的管理办法，对 37 号街坊的原有居民实施了一定的补偿，这种补偿也使得原有居民中的一部分有能力回迁，而这些回迁居民对于维系和传承古老街区社会网络起到了承上启下的作用，这种社会效益将是对苏州古城人文传承的一大潜在贡献。

在街坊改造中，工程实施者们还深深地意识到，古城改造如何进行是一个内容丰富的课题，但是建设好还要管理好也是一个重要课题，而实现建设好与管理好有机结合更是具有十分重要的现实意义。官太尉 15～17 号为清朝诗人袁学澜故居，建于太平天国之前，为苏州典型的清代建筑，故居坐西朝东、面河，占地 3 000 m^2，故居内原有居民 60 户，建筑年久失修、损坏严重。对此，开发商动迁了原宅内的全部住户，对故居整体进行改造和整修。整修后袁学澜故居至今仍然由专人看管，以备合适时机出售。开发商这种对古城保护的做法实在是让人钦佩。2002 年，开发商将袁学澜故居上网出售，意在寻找有识之士，这一做法吸引了大量的海外人士前来咨询，同时更是开名人故居运用现代销售手段促销之先河。

另外，在 37 号街坊建设过程中开发商从考虑后期管理的角度出发，组建双塔物业管理有限公司提前介入，并对物业公司的有关运转设施和街坊的公共设施及安全设施的建设结合起来，通过完善的物业管理为小区居民提供多方面的服务，从而吸引了更多的客户入住小区，提高了小区的知名度。

街坊改造是一项复杂的系统工程，37 号街坊改造的成功，为古城保护与更新积累了经验，为保护与保留、更新与改造，为协调和解决古城的传承性与现代化找到了一条可行之路。

12.4 街坊改造对古城风貌与社会发展的作用

苏州，作为一座始建于春秋时期的历史文化名城，虽几经兴衰，但繁华如故，格局未变，韵味依然。如果说苏州古城内呈双棋盘状交错的河流、街巷是古城的血脉和骨架，那么，数十条街坊中的一组组民居建筑、一处处庭园院落、一条条的弄堂甬道就是苏州古城的肌腱和经络。河道水港、大街小巷、民居群落、园林构筑、四周城貌组合成苏州古城风貌的载体，是江南水乡韵味的象征。

但苏州古城不同于国外一些无人居住的博物馆式的城市，在这里长期居住着数十万城市居民。城市格局的限制，造成了道路交通拥挤、环境脏乱差日益严重，与国内其他历史性城市一样，也存在大量的危房陋屋，基础设施匮乏，人口密度大，整体环境质量日趋恶化，居民企盼着能够与其他世人一样享受现代文明。1988 年统计资料显示：苏州建成区人均绿地面积为 1.66 m^2，是当时全国平均水平的 1/5。古城区住房成套率不足 20%，400 万 m^2 的传统民居中已有 60%破旧不堪，危房面积达 24 万 m^2。苏州古城中大多数居民尚无基本的卫生设施，生活污水直接排放入河。因此，无论是为保护古城风貌，还是为改善居住环境，进行苏州古城的更新都是十分迫切而实际的。

1986 年，在国务院对《苏州城市总体规划》的批复中指出，“在保护古城风貌和优秀历史文化遗产的同时，加强旧城基础设施的改造，积极建设新区”，这一方针使苏州古城的保护与更新工作开始走上正轨并得以健康而全面的展开。

经过上述街坊改造与更新，以及苏州整个城市化建设的总体规划与建设，苏州城市的总体面貌已经发生了巨大的变化，城市基础设施发生了根本的改变（表 12-4），其中：市区人均居住面积 17.2 m^2，比 1990 年改造前提高了 45.8%。古城区基本的卫生设施与生活污水排放都得到了较大的改善，污水处理率从 1990 年的 12.9%提高到了 2001 年的 78.1%。市区人均拥有道路面积达 9.87 m^2。苏州建成区人均绿地面积为 6.2 m^2，建成区绿地覆盖率 33.4%。

表 12-4 苏州部分年份市区城市设施水平

指标	1985 年	1990 年	1995 年	2000 年	2001 年
人均住宅使用面积/m^2	7.0	11.8	13.1	16.0	17.2
每万人拥有公共交通车辆/台	—	4.7	9.8	12.8	10.2
人均拥有道路面积/m^2	1.6	2.7	7.0	10.9	9.9
排水管道密度/（km/km^2）	8.6	11.2	11.3	12.7	9.4
污水处理率/%	—	12.9	52.0	80.7	78.7
煤气及液化气普及率/%	—	52.3	81.0	98.5	82.0
建成区绿化覆盖率/%	15.3	16.0	26.0	31.1	33.4
人均公共绿地面积/m^2	0.76	1.6	4.3	5.5	6.2
人均日常生活用水量/L	—	257.8	342.5	248.2	268.0
用水普及率/%	—	81.2	100	100	100

资料来源：《苏州统计年鉴》。

通过对苏州古城区街坊的建设、改造与更新，人们认识到，在像苏州这样的历史文化名城的改造过程应注意：①对于改造与更新的启动区及其启动区位置和规模的选择。规模较小，建设周期则短，易于见成效，不仅能在居民中建立良好的形象，也有利于有关决策部门及时总结经验教训。同时，启动区位置的选择，必须使开发商能够在其开发中基本保持投入与产出的平衡，例如，37 号街坊启动区总投入是 3 716.33 万元，如果免征收土地划拨费、住宅配套费、白蚁翻给、教育附加费、新材料发展基金，以及投资方向调节税、营业税等，项目可盈利 267.16 万元。②古城改造与更新的管理模式的选择。在这 3 个街坊的改造与更新中采用了政府控制下的房地产开发的形式，政府控制、企业运作，一方面，较好地体现了政府进行古城改造的意志，使得街坊的改造实现了以保护为主，重视古城风貌的维护；另一方面，也考虑到了房地产开发企业的效益，实现了保护古城风貌与实现企业盈利的双赢局面；同时，改造项目注意考虑居民的回迁率，一定程度上维持了原有社会网络的存在，对社区和社会网络的稳定起到了积极的作用。

参考文献

[1] 周云，倪莉. 房地产概论[M]. 北京：中国环境科学出版社，2006.

[2] 周云，高荣. 房地产经纪概论[M]. 南京：东南大学出版社，2012.

[3] 余源鹏. 地产开发流程：房地产项目报批报建实操一本通[M]. 北京：机械工业出版社，2016.

[4] 潜进. 一本书看透房地产：房地产开发全流程强力剖析[M]. 北京：中国市场出版社，2015.

[5] 保罗•A•萨缪尔森，威廉•D•诺德豪斯. 经济学[M]. 16 版. 北京：华夏出版社，1999.

[6] 尹伯成. 西方经济学简明教程[M]. 上海：上海人民出版社，1995.

[7] 高荣. 经济学基础[M]. 北京：中国环境科学出版社，2011.

[8] 张永岳，陈伯庚，孙斌艺，等. 房地产经济学[M]. 3 版. 北京：高等教育出版社，2016.

[9] 谢经荣，吕萍，乔志敏. 房地产经济学[M]. 3 版. 北京：中国人民大学出版社，2013.

[10] 土学东. 商业房地产投融资与运营管理网[M]. 北京：清华大学出版社，2015.

[11] 中国房地产估价师与房地产经纪人协会. 房地产交易制度政策[M]. 北京：中国建筑工业出版社，2020.

[12] 邹晓燕. 房地产法律制度[M]. 北京：化学工业出版社，2010.

[13] 林德钦. 物业管理法规[M]. 武汉：武汉理工大学出版社，2010.

[14] 法律出版社法规中心.2020 中华人民共和国房地产法律法规全书[M]. 北京：法律出版社，2020.

[15] 倪鹏飞. 中国住房制度改革：新机制与新模式[M]. 广州：广东经济出版社，2019.

[16] 中国房地产估价师与房地产经纪人学会. 房地产基本制度与政策[M]. 北京：中国建筑工业出版社，2008.

[17] 高波，等. 我国城市住房制度改革研究——变迁、绩效与创新[M]. 北京：经济科学出版社，2017.

[18] 国务院住房制度改革领导小组办公室. 城镇住房制度改革[M]. 北京：改革出版社，1994.

[19] 范广垠. 我国房地产政策宏观分析的模型与方法———以 1998—2009 年房地产政策为例[J]. 同济大学学报（社会科学版），2010（1）：7.

[20] 李高凯，王瑞芳. 艰难启动与初步成效：新中国城镇住房制度的改革[J]. 兰州学刊，2020（12）：89-100.

[21] 范志勇. 中国房地产政策回顾与探析[J]. 学术交流，2008（8）：60-66.

[22] 楼文龙，张娟. 中国房地产宏观调控政策变迁研究——基于间断—均衡模型的解释[J]. 四川行政学院学报，2019（5）：57-65.

[23] 张倩. 我国政策性住房金融制度的利益分析与利益调整[J]. 浙江万里学院学报，2019，32（1）：6.

[24] 周丽. 中国房地产法律制度的经济学分析[D]. 长春：吉林大学，2012.

[25] 黄泽宇. 房地产企业组织结构演变探究——以万科集团为例[J]. 中国人力资源开发，2016（12）：6.

[26] 沙勇. 房地产企业集团管理模式研究[J]. 财会通信，2013（4）：3.

[27] 王俊. 房地产市场的需求弹性和供给弹性[J]. 中国房地产，2011（10）：2.

[28] 张天一. 我国保障性住房制度法律问题研究[D]. 镇江：江苏大学，2018.

[29] 胡懿. 我国保障性住房制度的理论与实践研究[D]. 南昌：南昌大学，2018.

[30] 李勇勃. 美国包容性住房实践及保障机制研究[D]. 哈尔滨：哈尔滨工业大学，2015.

[31] 洪亮平，王旭. 美国保障性住房政策变迁及其启示[J]. 城市发展研究，2013，20（6）：129-134.

[32] 郑云峰. 德国住房保障：制度构成、特征及启示[J]. 北华大学学报（社会科学版），2016，17（2）：117-120.

[33] 郦大海，王盛. 住房保障制度与制度创新——德国和新加坡的经验[J]. 华南理工大学学报（社会科学版），2010，12（6）：88-90.

[34] 周建高，王凌宇. 日本公营住宅制度与住房保障[J]. 中国名城，2014（4）：43-49，67.

[35] 刘乔明. 我国保障性住房与日本公营住宅的差异[J]. 住宅科技，2010，30（8）：8-10.

[36] 杨晔. 新加坡住房制度研究[D]. 天津：天津师范大学，2012.

[37] 王微. 住房制度改革[M]. 北京：中国人民大学出版社，1999.